Vertrauensschutz im intertemporalen Scheidungsunterhaltsrecht

Studien zum deutschen und internationalen Familien- und Erbrecht

Herausgegeben von Martin Lipp, Christoph Benicke
und Marina Wellenhofer

Band 5

PETER LANG
Frankfurt am Main · Berlin · Bern · Bruxelles · New York · Oxford · Wien

Ulla Möhn

Vertrauensschutz im intertemporalen Scheidungsunterhaltsrecht

Zugleich eine Analyse des § 36 Nr. 1 EGZPO

PETER LANG
Internationaler Verlag der Wissenschaften

Bibliografische Information der Deutschen Nationalbibliothek
Die Deutsche Nationalbibliothek verzeichnet diese Publikation in der Deutschen Nationalbibliografie; detaillierte bibliografische Daten sind im Internet über http://dnb.d-nb.de abrufbar.

Zugl.: Frankfurt (Main), Univ., Diss., 2010

Gedruckt auf alterungsbeständigem,
säurefreiem Papier.

D 30
ISSN 1864-497X
ISBN 978-3-631-60155-6

www.peterlang.de

Vorwort

Die vorliegende Arbeit wurde im Wintersemester 2009/2010 vom Fachbereich Rechtswissenschaft der Johann Wolfgang Goethe-Universität Frankfurt am Main als Dissertation angenommen. Bis zur Drucklegung konnten noch vereinzelt aktuelle Entscheidungen und Veröffentlichungen berücksichtigt werden.

Mein Dank gilt *Prof. Dr. Marina Wellenhofer-Klein,* die nicht nur die Bearbeitung des Themas angeregt und die Entstehung der Arbeit in allen Phasen begleitet hat, sondern es mir ermöglichte, als Mitarbeiterin an ihrem Lehrstuhl von ihr zu lernen. Ebenfalls danke ich *Prof. Dr. Ludwig Salgo* für die Erstellung des Zweitgutachtens, *Prof. Dr. Moritz Bälz* für die Übernahme des Vorsitzes der Prüfungskommission sowie *Prof. Dr. Christoph Benicke, Prof. Dr. Martin Lipp* und meiner Doktormutter für die Aufnahme in diese Schriftenreihe.

Ich danke zudem meinen Eltern *Karin und Günther Möhn* für ihre Unterstützung im Studium und beim Fertigen der Arbeit sowie für das entgegengebrachte Verständnis in sämtlichen Phasen des Schreibens. Desgleichen bedanke ich mich bei meinen Kolleginnen und Freundinnen *Elena Götzel, Linda Schlegel und Thi-Hong Phuong Nguyen;* jede von ihnen hat mich beim Entstehen dieser Monographie auf ihre besondere Art und Weise unterstützt.

Mein besonderer Dank gilt meinem Lebensgefährten *Dr. Jochen Reuter.* Ohne Deine unerschöpfliche Geduld und Liebe hätte ich diese Arbeit nicht schreiben können.

Berlin, im April 2010 Ulla Möhn

Inhaltsverzeichnis

Einleitung ... 17

I. Problemstellung ... 17

II. Gang der Untersuchung ... 19

Erstes Kapitel:
Rechtstatsächliche und rechtliche Grundlagen ... 21

I. Veränderungen der Rechtswirklichkeit ... 21
1. Einschätzung des Gesetzgebers ... 21
2. Analyse der statistischen Daten und sozialwissenschaftlichen Erkenntnisse ... 22
a) Ansteigende Instabilität von Ehen und Zunahme von „Zweitfamilien“ ... 22
b) Wachsende Vielfalt der Familienstrukturen ... 24
c) Verteilung der Erwerbstätigkeit in den Familien ... 26
d) Wertewandel und größere Akzeptanz des Grundsatzes der Eigenverantwortung ... 30
aa) Gewandelte Wertvorstellungen ... 30
bb) Akzeptanz des Grundsatzes der Eigenverantwortung ... 32
3. Fazit: Notwendigkeit der Differenzierung zwischen den Generationen.. 33

II. Neuerungen im Scheidungsunterhalt und Anwendungsfälle für ein Abänderungsverfahren ... 35
1. Betonung des Grundsatzes der Eigenverantwortung ... 36
2. Herabsetzung und zeitliche Beschränkung von Unterhaltsansprüchen ... 37
a) Rechtliche Veränderungen durch die Reform ... 37
b) Abänderung bestehender Unterhaltsregelungen ... 39
3. Betreuungsunterhalt des Ehegatten ... 41
a) Betreuungsunterhalt des § 1570 BGB a.F. nach dem Altersphasenmodell ... 41
b) Betreuungsunterhalt nach § 1570 BGB n.F. unter Berücksichtigung der Betreuungsmöglichkeiten ... 43
c) Abänderung bestehender Unterhaltsregelungen ... 48
4. Rangverhältnisse im neuen Unterhaltsrecht ... 49
a) Überblick über die Rangordnung ... 49
b) Relevanz im Mangelfall ... 50
c) Auswirkungen auf bestehende Unterhaltsregelungen ... 52
5. Wiedereinführung des Mindestunterhalts ... 52
6. Modifizierungen durch die Rechtsprechung ... 53
a) Dreiteilungsgrundsatz ... 53

b) Splittingvorteil 54
c) Relevanz für § 36 Nr. 1 EGZPO 55
7. Fazit 55

III. Überblick über die Übergangsbestimmung, § 36 Nr. 1 EGZPO 55
1. Grundlagen und Regelungsbereich 55
2. Tatbestand des § 36 Nr. 1 EGZPO 57

IV. Fazit: Bedürfnis nach angemessenem Vertrauensschutz 59

Zweites Kapitel:
Die Bedeutung des Vertrauens im Eherecht 61

I. Einführende Überlegungen zum Vertrauensgedanken in der Gesellschaft und der Rechtsordnung 61

II. Vertrauen als Basis der personalen Beziehung im Eherecht 64
1. „Doppelnatur“ der Ehe 64
2. Vertrauen als personaler Aspekt 64

III. Bezugspunkte des Vertrauens in der Ehe und deren rechtliche Auswirkungen 66
1. Kontinuitätsvertrauen und Verzicht auf rechtsgeschäftliches Handeln 66
a) Vertrauen in den Bestand der Ehe 66
b) Auswirkungen in rechtlicher Hinsicht 66
2. Vertrauen in die Kontinuität interessengerechter gesetzlicher Ausgleichssysteme 68
a) Vertrauen in die Schutzmechanismen des Eherechts 68
b) Ausgleichssysteme des Scheidungsfolgenrechts 69
c) Vertrauensschutz durch materielles Scheidungsunterhaltsrecht 70
d) Notwendigkeit der gesetzgeberischen Intervention 72
aa) Fehlende Kompensationsmöglichkeiten des enttäuschten Vertrauens durch privatautonome Regelung 72
bb) Rückgriff auf staatliche Ausgleichssysteme 73
3. Vertrauen nach Auflösung der Lebensgemeinschaft 74
a) Vertrauen in Unterhaltsregelungen 74
b) Fragile Ausgestaltung des Unterhaltsanspruchs 75

IV. Fazit 78

Drittes Kapitel:
Verfassungsrechtliche Grundlagen des Vertrauensschutzes 81

I. Einführung und Abgrenzung der Begrifflichkeiten 81

II. Herleitung des Vertrauensschutzprinzips aus dem Grundsatz von Treu und Glauben 82

III. Strukturprinzipien der Verfassung als dogmatische Grundlage des Vertrauensschutzes ... 84
1. Herleitung des Vertrauensschutzes aus dem Sozialstaatsprinzip ... 84
2. Das Rechtsstaatsprinzip als verfassungsdogmatische Grundlage des Vertrauensschutzes ... 86
a) Überblick ... 86
b) Voraussetzungen des rechtsstaatlichen Vertrauensschutzes ... 87
aa) Vertrauensgrundlage ... 88
bb) Vertrauensbildung ... 88
(1) Kenntnis ... 88
(2) Vertrauensdichte ... 90
cc) Vertrauensbetätigung ... 92
(1) Erforderlichkeit einer Disposition? ... 92
(2) „Dispositionen" im Eherecht ... 92
(3) Erforderlichkeit von Kausalität? ... 94
c) Kritik am rechtsstaatlichen Vertrauensschutz ... 94
aa) Schlechte Handhabbarkeit der Kriterien ... 94
bb) Abgeschlossener Grundrechtskatalog ... 95
cc) Objektive Ausrichtung des Rechtsstaatsprinzips ... 95
d) Fazit ... 96

IV. Vertrauensschutz durch Grundrechte ... 96
1. Grundsatz der Spezialität ... 97
2. Vertrauensschutz aus Art. 2 Abs. 1 GG ... 97
3. Art. 3 Abs. 1 GG als dogmatische Grundlage des Vertrauensschutzes ... 98
4. Spezielle Grundrechte als Vertrauensgrundlage ... 100
5. Art. 6 Abs. 1 GG als vertrauensschützendes Grundrecht ... 101
6. Fazit: Lückenhafter Schutz durch Grundrechte ... 102

V. Rückwirkungs- und Vertrauensschutzjudikatur des BVerfG ... 103
1. Die Rückwirkung von Gesetzen in der Rechtsprechung des Ersten Senates des BVerfG ... 103
a) Retroaktive Rückwirkung ... 104
b) Retrospektive Rückwirkung ... 106
c) Differenzierungskriterium und Prüfmaßstab ... 107
aa) Abgrenzungsmerkmale ... 107
bb) Prüfmaßstab ... 107
d) Kritik an den gewählten Abgrenzungskriterien ... 108
2. Die Rechtsprechung des Zweiten Senates des BVerfG ... 111
a) „Rückbewirkung von Rechtsfolgen" und „tatbestandliche Rückanknüpfung" ... 111
b) Bewertungsmaßstäbe ... 112
c) Kritiktische Bewertung der Abgrenzungskriterien des Zweiten Senates ... 112

d) Divergenz der Rechtsprechungsansätze und Entwicklungstendenzen ... 113
VI. Fazit: Vertrauen als Kriterium der Gesetzgebungskontinuität ... 115
1. Verfassungsrechtliche Konzeption des Vertrauensschutzes ... 115
2. Anforderungen an den Gesetzgeber ... 116

Viertes Kapitel: Verwirklichung des Vertrauensschutzes bei Gesetzesänderungen ... 119
I. Erforderlichkeit einer Interessenabwägung ... 119
1. Das Änderungsinteresse des Gesetzgebers ... 120
2. Das Kontinuitätsinteresse der Betroffenen ... 121
3. Berücksichtigung von Drittinteressen ... 121
4. Fazit ... 123
II. Herstellung praktischer Konkordanz als Ziel der Abwägung ... 123
III. Gestaltungsmöglichkeiten zur Verwirklichung praktischer Konkordanz ... 125
1. Der zeitliche Wirkungsbereich von Recht als Mittel zur Herstellung praktischer Konkordanz ... 125
2. Übergangsregelungen als Gestaltungsinstrument ... 126
a) Allgemeines ... 126
b) Überprüfbarkeit durch die Gerichte ... 127
3. Gestaltungsmöglichkeiten von Übergangsrecht ... 128
a) Uneingeschränkter Bestandsschutz ... 128
b) Stichtagsregelungen ... 130
c) Beschränkte Aufrechterhaltung des überkommenen Rechts ... 132
d) Härtefallklauseln ... 132
e) Finanzielle Kompensation des enttäuschten Vertrauens ... 133
4. Pflicht zum Erlass von Übergangsrecht? ... 134
IV. Fazit: Notwendigkeit der Herstellung praktischer Konkordanz durch eine Übergangsregelung ... 135
V. Umsetzung der verfassungsrechtlichen Vorgaben in § 36 Nr. 1 EGZPO ... 136
1. Vereinbarkeit mit dem Bestimmtheitsgebot ... 136
2. Vereinbarkeit mit der Rückwirkungsjudikatur des BVerfG ... 138
a) Anwendung des neuen Rechts auf bereits Geschiedene ... 138
b) Anwendung des neuen Rechts auf Verheiratete ... 141
3. Fazit: Verfassungsmäßigkeit bei verfassungskonformer Auslegung ... 143

Fünftes Kapitel:
§ 36 Nr. 1 EGZPO - Vertrauensschutz im Übergangsrecht zum Gesetz zur Änderung des Unterhaltsrechts vom 21.12.2007 145
I. Allgemeines zur Konkretisierung des Vertrauensmerkmals in § 36 Nr. 1 EGZPO 145
1. Dogmatische Einordnung der Vertrauensprüfung in den Prüfungsaufbau des Abänderungsverfahrens 145
a) Zulässigkeitsfragen 146
b) Begründetheitsprüfung 146
2. Grundlegende Kritik an der bisherigen Handhabung in der Rechtsprechung 147
3. Notwendigkeit der Typisierung 150
4. Vertrauen als Tatbestandsmerkmal 150
a) Vertrauen als inneres Merkmal 150
b) Eingrenzung nach Wortlaut sowie Sinn und Zweck 151
c) Rückgriff auf Kriterien des verfassungsrechtlichen Vertrauensschutzes 153
II. Kriterien für schutzwürdiges Vertrauen 154
1. Vertrauensschutz bei Dispositionen 155
a) Weiter Dispositionsbegriff 155
b) Keine Erforderlichkeit eines „finalen Elementes“ 157
c) Keine Einschränkung durch das Gewicht der Disposition 158
d) Ergebnis 159
2. Zeit als vertrauensbegründendes Merkmal 159
a) Bestandsdauer der Unterhaltsvereinbarung 160
b) Zeitpunkt der Geltendmachung des Änderungsinteresses 162
aa) Parallele zur Verwirkung gemäß § 242 BGB 162
bb) Unterschiede zur Verwirkung eines Unterhaltsanspruchs 163
c) Zeitpunkt der Titulierung 165
aa) Unterhaltsvereinbarungen und -titel 165
bb) Anwendbarkeit von § 36 Nrn. 5, 6 EGZPO 167
3. Billigkeit des bisherigen Unterhaltsrechts 167
a) Allgemeine Billigkeitserwägungen 167
b) Rückgriff auf die Kriterien des § 1579 BGB 169
4. Möglichkeit zur eigenen Versorgung 170
5. Art der Titulierung 172
6. Das eigene Verhalten als vertrauenszerstörendes Merkmal 172
7. Fazit 173
III. Zumutbarkeit der Abänderung 174
1. Berücksichtigung der Interessen Dritter 174
a) Berücksichtigung der weiteren Unterhaltsgläubiger 174
b) Berücksichtigung der weiteren Unterhaltsschuldner 176

2. Anpassung im Einzelfall ... 176
a) Stufenweise Anpassung mittels Übergangsfrist ... 176
b) Vollständiger Bestandsschutz ... 178
3. „Durchbrechung" der Rangpriorität ... 179
a) Grundsätzliche Erwägungen ... 179
b) Vereinbarkeit mit dem Kindeswohl ... 180
aa) Privilegierung der eigenen Kinder ... 181
bb) Keine Privilegierung der „Zweitfamilie" ... 183
c) Vereinbarkeit mit der Gleichstellung nichtehelicher Kinder ... 185
4. Fazit ... 186
IV. Vertrauensschutz bei umfassenden finanziellen Regelungen ... 186
1. Abänderung von Unterhaltsvereinbarungen allgemein ... 186
2. Besonderheiten der Abänderung von Gesamtvereinbarungen ... 187
V. Abgrenzung zu § 1578b BGB ... 189
1. Ähnliche Abwägungskriterien ... 190
2. Verschiedene Regelungsintentionen ... 191
3. Unterschiedliche Rechtsfolgenseiten ... 193
4. Fazit ... 194
VI. Vertrauensschutz bei noch nicht Geschiedenen - Anwendung des Rechtsgedankens des § 36 Nr. 1 EGZPO? ... 194
1. Notwendigkeit des Vertrauensschutzes ... 194
2. Ausformung des Vertrauensschutzes ... 196
a) Ausgleich durch Billigkeits- und Härtefallregelungen des materiellen Rechts ... 196
b) Anwendung des Rechtsgedankens des § 36 Nr. 1 EGZPO ... 197
c) Orientierung am Schutzumfang des § 36 Nr. 1 EGZPO ... 199
d) Zwischenergebnis ... 200
VII. Fazit: Weite Auslegung des Vertrauensmerkmals unter Berücksichtigung von Sinn und Zweck des Vertrauensschutzes ... 200

Zusammenfassung und Ausblick ... 203
I. Allgemeine Vorgaben zum Vertrauensschutz im Scheidungsunterhaltsrecht ... 204
II. Vertrauensschutz durch § 36 Nr. 1 EGZPO ... 205
III. Ausblick auf zukünftige Reformprojekte ... 208

Abkürzungsverzeichnis

a.A.	anderer Ansicht
a.a.O.	am angegebenen Ort
Abs.	Absatz
AbzG	Abzahlungsgesetz
a.F.	alte Fassung
AG	Amtsgericht
Alt.	Alternative
Anm.	Anmerkung
AO	Abgabenordnung
AöR	Archiv des öffentlichen Rechts
Art.	Artikel
Aufl.	Auflage
BAG	Bundesarbeitsgericht
BB	Der Betriebsberater
Bd.	Band
BeckRS	Beck-Rechtsprechung
Begr.	Begründer
Beschl.	Beschluss
BFHE	Entscheidungen des Bundesfinanzhofs
BGB	Bürgerliches Gesetzbuch
BGBl.	Bundesgesetzblatt
BGH	Bundesgerichtshof
BGHZ	Entscheidungen des Bundesgerichtshof in Zivilsachen
BMFSFJ	Bundesministerium für Familie, Senioren, Frauen und Jugend
BRD	Bundesrepublik Deutschland
BSHG	Bundessozialhilfegesetz
BT-Drs.	Bundestagsdrucksache
BVerfG	Bundesverfassungsgericht
BVerfGE	Entscheidungen des Bundesverfassungsgerichts
BVerwG	Bundesverwaltungsgericht
BVerwGE	Entscheidungen des Bundesverwaltungsgerichts
bzgl.	bezüglich
bzw.	beziehungsweise
ca.	circa
dass.	dasselbe

ders.	derselbe
dies.	dieselbe
DDR	Deutsch Demokratische Republik
DIJuF	Deutsches Institut für Jugendhilfe und Familienrecht
Diss.	Dissertation
DÖV	Die Öffentliche Verwaltung
DRiZ	Deutsche Richterzeitung
DStR	Deutsches Steuerrecht
DVBl.	Deutsches Verwaltungsblatt
EGZPO	Einführungsgesetz zur Zivilprozessordnung
EheRG	Gesetz zur Reform des Ehe- und Familienrechts
Einf.	Einführung
EStG	Einkommensteuergesetz
e.V.	Eingetragener Verein
f.	folgende
ff.	fortfolgende
FF	Forum Familienrecht
FamFG	Gesetz über das Verfahren in Familiensachen und den Angelegenheiten der Freiwilligen Gerichtsbarkeit
FamRÄndG	Gesetz zur Vereinheitlichung und Änderung familienrechtlicher Vorschriften
FamRB	Familien-Rechts-Berater
FamRZ	Zeitschrift für das gesamte Familienrecht
Fn.	Fußnote
FG	Festgabe
FGG-Reformgesetz	Gesetz zur Reform des Verfahrens in Familiensachen und in den Angelegenheiten der freiwilligen Gerichtsbarkeit
FS	Festschrift
FuR	Familie und Recht
FPR	Familie, Partnerschaft, Recht
GG	Grundgesetz
ggf.	gegebenenfalls
GSZ	Großer Senat für Zivilrecht
Hrsg.	Herausgeber
HS	Halbsatz
HStR	Handbuch des Staatsrechts
IAQ	Institut für Arbeit und Qualifikation
IPR	Internationales Privatrecht

i.S.d.	im Sinne des/der
ISSP	International Social Survey Programme
i.V.m.	in Verbindung mit
JA	Juristische Arbeitsblätter
JAmt	Das Jugendamt - Zeitschrift für Jugendhilfe und Familienrecht
jur.	juristisch
JuS	Juristische Schulung
JZ	Juristen-Zeitung
Kap.	Kapitel
KAS	Konrad-Adenauer-Stiftung
KG	Kammergericht
LPartG	Gesetz über die Eingetragene Lebenspartnerschaft
LSG	Landessozialgericht
m.	mit
MDR	Monatsschrift für Deutsches Recht
MittBayNot	Mitteilungen des Bayerischen Notarvereins, der Notarkasse und der Landesnotarkammer Bayern
MüKo	Münchener Kommentar
m.w.N.	mit weiteren Nachweisen
n.F.	neue Fassung
NJW	Neue Juristische Wochenschrift
NJW-RR	Neue Juristische Wochenschrift - Rechtsprechungsreport
Nr./Nrn.	Nummer/Nummern
NVwZ	Neue Zeitschrift für Verwaltungsrecht
OLG	Oberlandesgericht
OLGR	OLG Report
RabelsZ	Rabels Zeitschrift für ausländisches und internationales Privatrecht
RegE	Regierungsentwurf
RegelbedarfVO	Regelbedarfverordnung
Regelbetrag-VO	Regelbetragverordnung
Rn./Rnrn.	Randnummer/Randnummern
RNotZ	Rheinische Notar-Zeitschrift
S.	Seite

SGB	Sozialgesetzbuch
St.	Sankt
u.	und
u.a.	und andere/unter anderem
UÄndG	Gesetz zur Änderung des Unterhaltsrechts
Urt.	Urteil
v.	von/vom
VersAusglG	Gesetz über den Versorgungsausgleich
vgl.	vergleiche
VwGO	Verwaltungsgerichtsordnung
VVDStRL	Veröffentlichungen der Vereinigung der Deutschen Staatsrechtslehrer
VwVfG	Verwaltungsverfahrensgesetz
z.	zu
Ziff.	Ziffer
zit.	zitiert als
ZKJ	Zeitschrift für Kindschaftsrecht und Jugendhilfe
z.B.	zum Beispiel
ZPO	Zivilprozessordnung
ZRP	Zeitschrift für Rechtspolitik
ZZP	Zeitschrift für Zivilprozess

Einleitung

I. Problemstellung

„Die Ehe ist der Anfang und der Gipfel aller Kultur.“[1] So charakterisiert *Johann Wolfgang von Goethe* in seinen „Wahlverwandtschaften“ die rechtliche Verbindung von Mann und Frau. Die Ehe stellt demnach mehr als ein bloßes Rechtsinstitut dar, welches der Gesetzgeber nach Belieben modifizieren kann. Sie bildet zugleich einen Teil des Fundamtes, auf das unsere Gesellschaft gestützt ist. Dadurch ist die Macht in Bezug auf Änderungen des Eherechts von vornherein begrenzt;[2] der Gesetzgeber muss stets auch gesellschaftliche Fragestellungen ausreichend beachten. Insofern enthält jede Gesetzesänderung des Scheidungsfolgenrechts eine Stellungnahme des Gesetzgebers, wie er die Ehe einordnet und welchen Wert er ihr zumisst. Im nachehelichen Unterhaltsrecht konkretisiert sich dies darauf, inwiefern aufgrund der Eheschließung den Ehegatten Verantwortung füreinander über den Bestand der Ehe hinaus zugeschrieben wird. Der Gesetzgeber hat diese Frage mit der Reform des Unterhaltsrechts vom 21.12.2007[3] eindeutig dahingehend beantwortet, dass er die Eigenverantwortlichkeit nach der Ehe besonders hervorhebt und die nacheheliche Solidarität zugunsten eines an ehebedingten Nachteilen orientierten Scheidungsunterhalts stark vermindert hat. Damit ist er der zunehmenden Kritik nachgekommen, welche die bisherige Rechtspraxis der Gewährung von Scheidungsunterhalt als zu ausufernd erachtete. Tatsächlich wird nun aber nach den ersten Erfahrungen mit dem neuen Recht eine gegenläufige Tendenz sichtbar: Es wird diskutiert, inwieweit das geltende Recht Frauen und Mütter benachteiligen und sich negativ auf den Kinderwunsch jüngerer Frauen auswirken könnte.

Unabhängig davon, ob das neue Recht wirklich „gerechter“ ist, führt die Gesetzänderung zu einem weiteren Problem. Denn der Gesetzgeber versteht das veränderte Recht nicht lediglich als eine neue Ordnungsvorstellung für künftige Ehepaare, sondern erstreckt seine Geltung prinzipiell auch auf bereits verheiratete oder schon geschiedene Paare, die sich auf die bisherige Rechtslage eingestellt haben.[4] Geht man davon aus, dass in ca. jedem 10. Scheidungsverfahren der Scheidungsunterhalt eine Rolle spielt,[5] so ergeben sich allein für die gerichtlichen Unterhaltsregelungen aus den letzten 10 Jahren rund 200.000 potenziell

1 *Johann Wolfgang von Goethe,* Wahlverwandtschaften, 1. Teil 9. Kapitel, S. 86.

2 *Wellenhofer-Klein,* Negative Härteklausel, S. 1.

3 BGBl. I, 3189; BT-Drs. 16/1830. Zum Gesetzgebungsverfahren siehe *Menne/Grundmann,* S. 21 ff.

4 Vgl. BT-Drs. 16/1830, S. 32 ff.

5 Einschätzung von *Heinke,* S. 199. Zusätzlich sind noch die außergerichtlichen Vereinbarungen über Unterhaltsansprüche zu berücksichtigen, da diese ebenfalls einer Abänderung unterliegen können.

von der Änderung Betroffene, in deren langfristige Lebensplanung bei plötzlicher Anwendung eines veränderten Unterhaltsrechts möglicherweise eingegriffen wird. Natürlich besteht keine Garantie auf den Fortbestand eines Unterhaltsanspruchs, zumal dieser beispielsweise bei Entfallen der Leistungsfähigkeit des Pflichtigen wegfallen kann. Muss man aber damit rechnen, dass der Gesetzgeber in einen bestehenden Anspruch eingreift?[6] Wird hier nicht der Rechtsfriede, der durch die getroffene Unterhaltsregelung herbeigeführt wurde, unnötig gestört?[7] Ist das Vertrauen in den Fortbestand einer Unterhaltsregelung nicht schutzwürdig?

Verdeutlicht sei die Problematik an folgendem Fallbeispiel einer an der traditionellen Hausfrauenehe orientierten Rollenverteilung. Die Ehegatten haben im Jahr 1977 geheiratet, als die Ehefrau 20 Jahre alt war. Aus der Ehe sind drei Töchter hervorgegangen. Die erste Tochter wurde 1979 geboren, die letzte 1998. Die Ehefrau hatte zwar vor der Eheschließung eine Ausbildung zur Sekretärin absolviert, anschließend aber nur kurz in ihrem Beruf gearbeitet. Während der Ehe war sie dann nicht erwerbstätig, widmete sich stattdessen dem Haushalt und der Kinderbetreuung sowie der Pflege der erkrankten Schwiegereltern. Die Ehe wurde 1999 rechtskräftig geschieden. Nach der Scheidung übernahm die Ehefrau weiterhin die Betreuung der noch nicht volljährigen Töchter. Sie erhielt monatlich einen Ehegattenunterhalt in Höhe von 900,- €. Die Ehefrau ging und geht keiner Beschäftigung nach. Neben der geschiedenen Ehefrau zahlt der Ehemann noch Unterhalt für ein behindertes Kind aus einer nachehelichen Verbindung sowie Betreuungsunterhalt für die Mutter dieses Kindes.

Nach dem alten Unterhaltsrecht hatte die geschiedene Frau weitreichende Unterhaltsansprüche aufgrund ihrer Betreuungsarbeit und war grundsätzlich mit ihrem Anspruch als erstrangig einzustufen. Unter Anwendung des neuen Unterhaltsrechts ist ihre Anspruchsberechtigung bereits dem Grunde nach fraglich. Zumindest aber würde ihr Unterhaltsanspruch keinesfalls mehr vorrangig gegenüber dem der Mutter des vierten Kindes ihres geschiedenen Ehemanns befriedigt. Im schlimmsten Fall könnte sie bei nur teilweiser Leistungsfähigkeit ihres geschiedenen Gatten leer ausgehen. Obwohl sie jahrelang die eigene Berufstätigkeit zugunsten ihrer Familie zurückgestellt hat, wodurch auch das berufliche Fortkommen ihres Ehemannes befördert wurde, und sich aufgrund der schon sehr langen Bezugsdauer des Unterhalts mit der Lebensführung auf den Unterhaltsanspruch eingestellt, mithin Vertrauen in den Fortbestand des Anspruchs entwickelt hat, würde sie nun in Anwendung des neuen Unterhaltsrechts grundsätzlich auf eine gesteigerte Eigenverantwortlichkeit verwiesen. Dieser

6 Verneinend *Wellenhofer,* FamRZ 2007, 1282, 1289.

7 Davon ging der Gesetzgeber zumindest in der Begründung zum 1. EheRG aus, siehe BT-Drs. 7/650, S. 233.

kann sie aber schon alleine wegen der jahrzehntelangen Berufspause kaum nachkommen.

Um einer solchen Unbilligkeit zumindest teilweise zu begegnen, hat der Gesetzgeber folgende Übergangsregelung geschaffen:

> **§ 36 Nr. 1 EGZPO[8]:** „Ist über den Unterhaltsanspruch vor dem 1. Januar 2008 rechtskräftig entschieden, ein vollstreckbarer Titel errichtet oder eine Unterhaltsvereinbarung getroffen worden, sind Umstände, die vor diesem Tag entstanden und durch das Gesetz zur Änderung des Unterhaltsrechts erheblich geworden sind, nur zu berücksichtigen, soweit eine wesentliche Änderung der Unterhaltsverpflichtung eintritt und die Änderung dem anderen Teil unter Berücksichtigung seines Vertrauens in die getroffene Regelung zumutbar ist."

§ 36 Nr. 1 EGZPO versucht die oben aufgezeigte Problematik einzudämmen, bezieht sich aber ausdrücklich nur auf bereits Geschiedene. Wann aber ist eine Änderung dem anderen Teil unter Berücksichtigung seines Vertrauens in die getroffene Regelung nicht zumutbar? Welche Kriterien müssen erfüllt sein, um von einem schutzwürdigen Vertrauen auszugehen? Reicht die durch § 36 Nr. 1 EGZPO erfasste Fallkonstellation tatsächlich aus, um alle denkbaren und schützenswerten Aspekte von Vertrauen zu berücksichtigen? Oder wäre es verfassungsrechtlich und gesellschaftspolitisch erforderlich gewesen, einen absoluten Bestandsschutz für sämtliche „Altfälle" - also auch noch nicht geschiedene Ehegatten - zu gewähren?

II. Gang der Untersuchung

Gegenstand dieser Untersuchung ist die Umsetzung des Vertrauensschutzes im Gesetz zur Änderung des Unterhaltsrechts vom 21.12.2007 in § 36 Nr. 1 EGZPO. Es soll versucht werden, die vom Gesetzgeber gewählte Übergangsregelung, die aufgrund ihrer unbestimmten Rechtsbegriffe auf den ersten Blick äußerst schwammig und wenig greifbar erscheint, mit Leben zu füllen, damit sie allen schutzwürdigen Fallkonstellationen gerecht werden kann. Die untersuchungsleitende Frage richtet sich insoweit auf das Erkenntnisinteresse, auf welche Art und Weise der Gesetzgeber den Vertrauensschutz umgesetzt hat und wie die gewählten Kriterien auszulegen sind, um den verfassungsrechtlichen und gesellschaftlichen Vorgaben tatsächlich gerecht zu werden. Dabei soll aufgezeigt werden, dass die derzeitige Handhabung in der Rechtsprechung der Rechtswirklichkeit nicht vollumfänglich gerecht wird und der Gesetzgeber die Bedeutung des Vertrauensschutzes unterschätzt hat.

---

8 Die Einfügung in das EGZPO kann damit erklärt werden, dass die Regelung sich verfahrensrechtlich auswirkt. Siehe *Hohloch,* Konzeption und Ziele der Unterhaltsrechtsreform, S. 7, 27.

Im ersten Teil der Untersuchung werden die rechtstatsächlichen und die rechtlichen Grundlagen für den Vertrauensschutz im intertemporalen Scheidungsunterhaltsrecht dargelegt. Zunächst wird eine Analyse der gesellschaftlichen Verhältnisse, die in Bezug auf die Modifizierung des Scheidungsunterhaltsrechts relevant sind, versucht sowie ein Überblick über die aktuellen Veränderungen im Unterhaltsrecht gegeben. Daraus kann gefolgert werden, inwieweit tatsächlich ein Bedürfnis für den Schutz von „Altfällen“ besteht. Daran schließt sich im zweiten Teil eine Betrachtung der vielschichtigen Aspekte des Vertrauens im Eherecht an, denn in materiell-rechtlicher Hinsicht ist die Übergangsregelung dem Familienrecht zuzuordnen und muss sich insofern an diesem orientieren. Als Übergangsrecht hingegen greift sie den verfassungsrechtlichen Vertrauensschutz auf. Daher sollen zur Einordnung des Vertrauensschutzes im dritten und vierten Teil der Darstellung die grundgesetzlichen Grundlagen des Vertrauensschutzes sowie die generellen Möglichkeiten zu dessen Umsetzung aufgezeigt werden. Dabei soll herausgearbeitet werden, inwiefern sich aus dem Grundgesetz Vorgaben für den Erlass von Übergangsregelungen ergeben.

Kern der vorliegenden Arbeit ist die Analyse von § 36 Nr. 1 EGZPO im fünften Teil der Untersuchung. Hier soll der Versuch unternommen werden, sachgerechte Kriterien für die Anwendung der Übergangsregelung zum UÄndG 2007 zu finden, welche den zuvor herausgestellten Besonderheiten des Eherechts sowie den grundgesetzlichen Vorgaben zum Übergangsrecht gerecht werden. Diesbezüglich richtet sich das Augenmerk vornehmlich auf das Tatbestandsmerkmal des Vertrauens in § 36 Nr. 1 EGZPO. Abschließend soll untersucht werde, ob § 36 Nr. 1 EGZPO tatsächlich alle Fälle schutzwürdigen Vertrauens erfassen kann oder insofern nicht eine Ausweitung des Vertrauensschutzes auch auf Ehegatten, die noch nicht geschieden sind, notwendig ist.

Erstes Kapitel:

Rechtstatsächliche und rechtliche Grundlagen

Als Grundlage zur Analyse der Übergangsregelung des Gesetzes zur Änderung des Unterhaltsrechts vom 21.12.2007[9] bedarf es zunächst einer Auseinandersetzung mit den Rechtstatsachen sowie den Änderungen im Unterhaltsrecht, denn diese bilden den Rahmen für eine an der Lebenswirklichkeit der Betroffenen ausgerichtete Untersuchung des Geltungsbereichs des neuen Unterhaltsrechts für „Altfälle". Das Übergangsrecht muss nämlich einerseits an den gesellschaftlichen Vorstellungen von Ehe und Scheidung orientiert sein, andererseits diese aber nur insoweit berücksichtigen, als das materielle Scheidungsfolgenrecht diese Aufgabe nicht erfüllt. Daraus lässt sich ermitteln, in welchen Fällen sich überhaupt eine Notwendigkeit für Vertrauensschutz ergibt.

I. Veränderungen der Rechtswirklichkeit

1. Einschätzung des Gesetzgebers

Mit der Novellierung des Unterhaltsrechts verfolgt der Gesetzgeber im Wesentlichen drei Ziele: Die Förderung des Kindeswohls, die Stärkung der Eigenverantwortung der Ehegatten nach einer Scheidung sowie die Vereinfachung des Unterhaltsrechts insgesamt.[10] Die Förderung des Kindeswohls soll im Wesentlichen durch die Veränderung der Rangfolge, die Wiedereinführung des Mindestunterhalts und die Verbesserung der Rechtsstellung betreuender Elternteile erreicht werden.[11] Zur Stärkung der Eigenverantwortung nach der Ehe soll insbesondere die Neufassung des § 1569 BGB beitragen, der die Eigenverantwortung und die Erwerbstätigkeit zu Obliegenheiten macht.[12] Zudem dienen neben der Generalklausel die verstärkten Beschränkungsmöglichkeiten für alle Unterhaltstatbestände nach der Scheidung diesem Ziel, ebenso wie die veränderten Anforderungen hinsichtlich zumutbarer Erwerbspflichten des Unterhaltsberechtigten.

9 BGBl. I, 3189; in Kraft getreten ist das Gesetz zur Änderung des Unterhaltsrechts zum 1.1.2008.

10 BT-Drs. 16/1830, S. 13 ff.

11 Inwiefern die Stellung betreuender Elternteile angesichts des § 1570 BGB n.F. tatsächlich verbessert wurde, ist indes zweifelhaft. Kritisch dazu auch *Bosch,* FF 2007, 293, 301, sowie *Börger,* FPR 2009, 71, 72.

12 *Peschel-Gutzeit,* Unterhaltsrecht aktuell, Rn. 19. Bereits § 1569 BGB a.F. ging von der grundsätzlichen Eigenverantwortung jedes Ehegatten für seinen Lebensunterhalt aus. In der Praxis lief die Gewährung von Unterhalt jedoch häufig auf eine Umkehr des Regel-Ausnahme-Verhältnisses hinaus, da insbesondere die Begrenzungs- und Befristungsmöglichkeiten lange ein „Schattendasein" fristeten. Die Neufassung der Norm soll nun dem Grundsatz der Eigenverantwortung neue Rechtsqualität verleihen und stärker als bisher für die Auslegung der einzelnen Unterhaltstatbestände herangezogen werden.

Eine Vereinfachung des Unterhaltsrechts[13] versucht der Gesetzgeber zu erreichen durch eine gesetzliche Definition des Mindestunterhalts minderjähriger Kinder, eine neue Rangfolgenregelung, eine vereinfachte Regelung zur Behandlung des Kindergeldes sowie durch die Modifizierung der Verwirkungsvorschrift des § 1579 BGB, deren Auffangklausel nun durch die Einführung der neuen Nr. 2 entlastet wurde.[14]

Zur Reformierung des Unterhaltsrechts sah sich der Gesetzgeber veranlasst durch die „geänderten gesellschaftlichen Verhältnisse und den eingetretenen Wertewandel".[15] Die gesellschaftlichen Veränderungen entnahm er vor allem den steigenden Scheidungszahlen, insbesondere bei Ehen kurzer Dauer, der zunehmenden Anzahl von „Zweitfamilien" und einer stetig wachsenden Zahl von Kindern, deren Eltern in nichtehelicher Lebensgemeinschaft leben oder alleinerziehend sind, sowie einer geänderten Rollenverteilung innerhalb der Ehe mit einer Tendenz zur Berufstätigkeit beider Ehegatten.[16] Der Gesetzgeber stützte sich dabei auf diverse, im Auftrag verschiedener Bundesministerien erfolgte Studien und auf das Datenmaterial des Statistischen Bundesamtes.

2. Analyse der statistischen Daten und sozialwissenschaftlichen Erkenntnisse

Indes ist fraglich, ob die statistischen Daten und Untersuchungen tatsächlich den Schluss stützen, dass ein gesellschaftlicher Wandel in diesem Umfang stattgefunden hat. Diese Frage stellt sich nicht nur hinsichtlich der Legitimation für die Modifizierung des Unterhaltsrechts, sondern auch und insbesondere für die Berücksichtigung des Vertrauensschutzes und für die Bestimmung von Fallgruppen, die möglicherweise Vertrauensschutz genießen sollten. Denn ein (teilweises) Festhalten am überkommenen Recht kann gerade in Fällen angezeigt sein, deren Lebenswirklichkeit auf die Grundlage des alten Rechts ausgerichtet ist und bei denen keine „geänderten gesellschaftlichen Verhältnisse" und kein „Wertewandel" zu verzeichnen sind.

a) Ansteigende Instabilität von Ehen und Zunahme von „Zweitfamilien"

Der vom Gesetzgeber angeführte Anstieg der Scheidungszahlen lässt sich grundsätzlich statistisch belegen. Seit 1995 hat die Anzahl der Scheidungen zugenommen, nämlich von 169.425 auf 187.072 Scheidungsfälle in 2007.[17] Den-

---

13 Fraglich bleibt allerdings, ob die Änderungen tatsächlich zu einer Vereinfachung des Unterhaltsrechts beitragen haben, zumal die Vielzahl an Billigkeitserwägungen die Rechtssicherheit nicht gerade fördert. Kritisch im Hinblick auf die Schaffung von § 1578b BGB *Triebs,* FPR 2008, 31, 32, und *Gutjahr,* NJW 2008, 1985, 1990, bezüglich § 36 EGZPO. Vgl. auch *Born,* NJW 2008, 1, 7 f.

14 Zu den Zielen der Reform siehe *Peschel-Gutzeit,* Unterhaltsrecht aktuell, Rn. 18 ff.

15 BT-Drs. 16/1830, S. 1.

16 BT-Drs. 16/1830, S. 12.

17 Statistisches Bundesamt, Jahrbuch 2009, S. 60, Tabelle 2.32.

noch lag der Höchststand der Scheidungszahlen in den Jahren 2003 und 2004 bei 213.975 bzw. 213.691 Scheidungsfällen pro Jahr,[18] sodass wieder ein leichtes Absinken zu verzeichnen ist.[19] Obgleich zwar ebenfalls die Anzahl der neu geschlossenen Ehen abgenommen hat, nämlich von 418.550 im Jahr 2000 auf 368.922 im Jahr 2007,[20] lässt sich auch in Relation zu den insgesamt bestehenden Ehen der Hochpunkt der Scheidungszahlen in den Jahren 2003 und 2004 mit 113,8 bzw. 114,6 pro 10 000 bestehende Ehen verzeichnen. Im Jahr 2007 ergab die Relation der Scheidungen zu den insgesamt bestehenden Ehen „nur noch" 102,7.[21] Es ist also ein Anstieg der Scheidungsfälle in den vergangenen Jahren festzustellen, allerdings sind die Scheidungszahlen mittlerweile wieder leicht rückläufig.

In Korrelation zu den hohen Scheidungszahlen hat auch die Anzahl der „Zweitfamilien" deutlich zugenommen. Im Jahr 2007 waren 26,4 % der Bräutigame und 26,5 % der Bräute vor der Eheschließung bereits ein- oder mehrmals verheiratet.[22] Dass der Gesetzgeber in dieser Entwicklung einen Anlass für eine Reformierung des Unterhaltsrechts erblickte, welches gerade finanzielle Aspekte betrifft, spricht dafür, dass er die wirtschaftliche Belastung der „Zweitfamilie" als überhöht empfand.[23] Dazu ist zu sagen, dass der „Zweitfamilie" zwar durchaus die „Altlasten" des Unterhaltsverpflichteten aufgebürdet werden, allerdings wussten alle Beteiligten von der „wirtschaftlichen Hypothek" der Unterhaltsverpflichtung und konnten sich darauf einstellen.[24] Außerdem verfügt die „Zweitfamilie" über eine durchaus nicht geringe wirtschaftliche Potenz. Schließlich bringt der Unterhaltsverpflichtete seine Arbeitskraft, seine familiäre Mithilfe sowie sein Einkommen zumindest in Höhe seines Selbstbehalts[25] in diese Familie ein.[26] Gleichzeitig eröffnet das Zusammenleben als Wirtschaftsgemeinschaft der Zweitfamilie einige finanzielle Vorteile, beispielsweise durch Pro-Kopf-

18 Statistisches Bundesamt, Jahrbuch 2009, S. 60, Tabelle 2.32.

19 Einen Zusammenhang zwischen „Zeiten von Not und politischer oder wirtschaftlicher Umwälzung" und der Scheidungsrate sieht *Peschel-Gutzeit,* ZRP 2005, 177, 179. Berücksichtigte man dies, so wäre wohl in nächster Zeit mit einem erneuten Anstieg der Scheidungszahlen zu rechnen.

20 Statistisches Bundesamt, Jahrbuch 2009, S. 54, Tabelle 2.23.

21 Statistisches Bundesamt, Jahrbuch 2009, S. 60, Tabelle 2.32.

22 Statistisches Bundesamt, Jahrbuch 2009, S. 55, Tabelle 2.24.

23 Vgl. BT-Drs. 16/1830, S. 12 f.

24 So auch BVerfGE 66, 84, 98 zur Frage der Belastung von „Zweitehen".

25 Nach der Düsseldorfer Tabelle, Stand 1.1.2010, A. 5., B. IV. beträgt der notwendige Selbstbehalt gegenüber minderjährigen unverheirateten und volljährigen unverheirateten Kindern bis zur Vollendung des 21. Lebensjahres, die im Haushalt der Eltern oder eines Elternteils leben und sich noch in der allgemeinen Schulausbildung befinden, beim nicht erwerbstätigen Unterhaltspflichtigen 770 € monatlich, beim erwerbstätigen Unterhaltspflichtigen monatlich 900 €. Der angemessene Eigenbedarf beläuft sich auf monatlich 1100 €. Gegenüber Ehegatten beläuft sich der Selbstbehalt auf 1000 €.

26 *Klein/Schlechta,* FPR 2005, 496, 497.

Einsparungen bei der Miete oder durch Unterstützung bei Betreuungsleistungen.[27]

In der „Erstfamilie" ist der Unterhaltsberechtigte hingegen auf sich selbst gestellt. Dabei lässt sich feststellen, dass Frauen - welche weitaus häufiger Unterhaltsgläubiger sind als Männer - durchschnittlich nach der Trennung ein sehr viel geringeres Haushaltseinkommen zur Verfügung steht, insbesondere wenn man die Anzahl der Personen berücksichtigt, die von diesem Einkommen leben müssen.[28] Ein Jahr nach der Trennung betragen die (bedarfsgewichteten) Pro-Kopf-Einkommen der Frauen nach Abzug der Wohnkosten ca. 2/3 der entsprechenden Pro-Kopf-Einkommen ihrer ehemaligen Ehemänner.[29] Verglichen mit ihrer wirtschaftlichen Lage während der Ehe haben die Frauen damit rund 1/3 verloren, während Männer durchschnittlich nur etwas mehr als 1/10 einbüßen.[30] Zugleich sind Frauen nach der Trennung einer erhöhten Armutsgefahr ausgesetzt. Ihre Armutsquote verdoppelt sich nach der Trennung nahezu (von 20 % auf 34 %), während die der Männer nur unwesentlich ansteigt (von 7 % auf 11 %).[31] Fünf Jahre nach der Trennung haben sich zudem die Pro-Kopf-Einkommen der Männer wieder dem Eheniveau angenähert.[32]

Damit lässt sich die Zunahme von Scheidungen und „Zweitfamilien" durchaus verzeichnen, mit der auch eine finanzielle Belastung einhergeht. Diese ist jedoch nicht zwangsläufig so hoch, dass nach der Scheidung die wirtschaftliche Potenz des Unterhaltsschuldners gegen Null liefe und damit drastische Einschnitte in das Unterhaltsrecht legitimieren könnte. Selbst wenn man aber von einer zu starken wirtschaftlichen Belastung ausginge, so rechtfertigte dies noch nicht die einseitige Schlechterstellung der „Erstfamilie".

b) Wachsende Vielfalt der Familienstrukturen

Festzustellen ist, dass sich die Familienstrukturen in den vergangenen Jahren und Jahrzehnten deutlich geändert haben. Während ursprünglich die Ehe die einzige gesellschaftlich akzeptierte Form eines partnerschaftlichen Zusammenlebens darstellte,[33] wirken nun zunehmend andere Lebensformen gesellschaftsprägend. Insbesondere die Anzahl derjenigen Personen, die in einer nichtehelichen Lebensgemeinschaft leben, ist signifikant angestiegen. 2007 lebten 2,411

---

27 *Klein/Schlechta,* FPR 2005, 496, 497.

28 *Andreß/Borgloh/Güllner/Wilking,* S. 302.

29 Diese Geschlechterunterschiede lassen sich vor allem verzeichnen bei Ehen mit klassischer Rollenteilung oder Zuverdienerehen. Sie verringern sich in dem Maße, in dem die Ehefrauen zum gemeinsamen Einkommen der Ehegatten beitragen, vgl. *Andreß/Borgloh/Güllner/Wilking,* S. 303 f.

30 *Andreß/Borgloh/Güllner/Wilking,* S. 302.

31 *Andreß/Borgloh/Güllner/Wilking,* S. 303.

32 A.a.O.

33 Siehe dazu *Schwab,* FamRZ 2007, 1, 3.

Millionen Erwachsene in einer nichtehelichen Lebensgemeinschaft zusammen.[34] In 31,7 % aller nichtehelichen Lebensgemeinschaften lebten im Jahr 2003 Kinder.[35] Allerdings ist hier festzustellen, dass es zwischen den alten und neuen Bundesländern erhebliche Unterschiede gibt. Untersucht man die langfristige Entwicklung diesbezüglich in Westdeutschland[36] seit 1972, so lässt sich feststellen, dass der prozentuale Anteil der nichtehelichen Lebensgemeinschaften mit Kindern nicht so deutlich angestiegen ist, wie man vielleicht hätte erwarten können; 1972 gab es in 18,4 % aller nichtehelichen Lebensgemeinschaften Kinder, 2003 konnten Kinder in 26,3 % der nichtehelichen Lebenspartnerschaften verzeichnet werden.[37] Gleichwohl hat sich aber die absolute Anzahl in diesem Zeitraum mehr als verzehnfacht, sodass dies verstärkt Einfluss auf gesellschaftliche Wertvorstellungen hat. Zudem ist die Anzahl der außerehelichen Lebendgeborenen im Zeitraum von 1990 bis 2007 von 102.921 auf 211.053 angestiegen bei gleichzeitigem Rückgang der Geburtenzahlen insgesamt von 905.675 auf 684.862 Lebendgeburten.[38] Damit zeigt der Anteil der außerehelichen Geburten einen Zuwachs von 11,4 % auf rund 30 %.[39] Familie entkoppelt sich also zunehmend von Ehe.[40]

Obgleich damit zwar die Bedeutung der Ehe zurückgedrängt wird, ist es nach wie vor vielen Menschen ein Bedürfnis, ihre Beziehung in rechtlicher Hinsicht abzusichern; dies zeigt sich auch in der Forderung von gleichgeschlechtlichen Paaren, auch für sie die Ehe zu ermöglichen.[41] Auch die Statistik zeichnet ein solches Bild. Die Ehe ist nach wie vor noch immer die am weitesten verbreitete Form des partnerschaftlichen Zusammenlebens. 2003 lebten 30,0 % der erwachsenen Bevölkerung allein mit ihrem Ehepartner, 26,8 % in einer Ehe mit Kindern.[42] Damit waren fast 60 % aller Erwachsenen verheiratet. Rechnet man die Zahl verwitweter oder noch nicht verheirateter junger Erwachsener heraus, so zeigt sich eine deutliche gesellschaftliche Relevanz der Ehe. Lediglich 4,9 % der

---

34 Statistisches Bundesamt, Statistisches Jahrbuch 2009, S. 47, Tabelle 2.16.

35 Statistisches Bundesamt, Aktualisierte Tabellen zum Datenreport „Die Familie im Spiegel der amtlichen Statistik“, Tabelle A1 - 22.

36 Aufgrund der lückenhaften Datenlage hinsichtlich Ostdeutschlands in der Zeit vor der Wiedervereinigung lassen sich keine verlässlichen langfristigen Entwicklungen für Gesamtdeutschland darstellen.

37 Statistisches Bundesamt, Aktualisierte Tabellen zum Datenreport „Die Familie im Spiegel der amtlichen Statistik“, Tabelle A1 - 22.

38 Statistisches Bundesamt, Jahrbuch 2008, S. 50, Tabelle 2.22.

39 Damit liegt die BRD im europäischen Trend. In Schweden liegt der Anteil der nichtehelichen Geburten sogar bei über 50 %, in Großbritannien bei über 40 %. Im asiatischen und muslimischen Raum hingegen ist die Geburtenrate nichtehelicher Kinder deutlich geringer. Vgl. *Frank,* FamRZ 2009, 649, 649 f.

40 *Dethloff,* Gutachten, S. A 12.

41 *Schwenzer,* RabelsZ 2006, 705, 713.

42 Statistisches Bundesamt, Aktualisierte Tabellen zum Datenreport „Die Familie im Spiegel der amtlichen Statistik“, Tabelle A1 - 7.

Erwachsenen lebten in einer nichtehelichen Lebensgemeinschaft, weitere 3,3 % in einer nichtehelichen Lebenspartnerschaft mit Kindern.[43] Dabei ist auch zu berücksichtigen, dass seit den 1970er Jahren nichteheliche Lebensgemeinschaften häufig eine Vorstufe zur Ehe darstellen.[44] Nach Schätzungen münden ca. 1/3 aller nichtehelichen Lebensgemeinschaften in der Ehe.[45]

Zudem spielt gerade im Zusammenhang mit der Familiengründung die Ehe weiterhin eine bedeutende Rolle.[46] Ca. 3/4 aller Eltern-Kind-Gemeinschaften sind nach wie vor verheiratete Eltern mit Kindern.[47] Ab dem 31. Lebensjahr verdoppelt sich der prozentuale Anteil verheirateter Frauen mit Kindern nahezu von 23 % auf 45,8 % der erwachsenen weiblichen Bevölkerung.[48] Wenn man berücksichtigt, dass das durchschnittliche Heiratsalter lediger Frauen im gleichen Jahr bei 29 Jahren lag und die meisten Kinder in den Jahren direkt nach der Eheschließung geboren werden,[49] zeigt sich, dass traditionelle Vorstellungen nach wie vor Bestand haben.

Fasst man diese gegenläufigen Tendenzen nun zusammen, lässt sich von einer neuen Vielfalt der Familientypen insgesamt sprechen.

c) Verteilung der Erwerbstätigkeit in den Familien

Weitere Veränderungen konstatierte der Gesetzgeber bei der Verteilung der Erwerbstätigkeit innerhalb der Familie. Frauen, insbesondere auch mit Kindern, seien in größerer Zahl erwerbstätig; in Familien seien zunehmend beide Elternteile erwerbstätig. Tatsächlich sind immer mehr Frauen berufstätig, auch wenn sie Familie haben.[50] Im Jahr 2007 gingen in 51,3 % der Familien mit zwei Elternteilen beide Elternteile einer Erwerbstätigkeit nach.[51] Jedoch sind diese Zah-

---

43 Statistisches Bundesamt, Aktualisierte Tabellen zum Datenreport „Die Familie im Spiegel der amtlichen Statistik", Tabelle A1 - 7.

44 *Dethloff,* Gutachten, S. A 13; *Nave-Herz,* FPR 2001, 3, 5.

45 *Duderstadt,* S. 5.

46 *Hohmann-Dennhardt,* FF 2007, 174, 176; Statistisches Bundesamt, Familienland Deutschland, S. 5; Pressemitteilung Nr. 264 des Statistischen Bundesamtes vom 22.7.2008, abrufbar unter: http://www.destatis.de/jetspeed/portal/cms/Sites/destatis/Internet/DE/Presse/pk/2008/Familienland/Familienland__Uebersicht,templateId=renderPrint.psml#Wechsel%20zur%20Pressekonferenz; *Dethloff,* Gutachten, S. A 13; Konrad-Adenauer-Stiftung, Familienreport 2005, S. 24 ff.; *Glatzer,* S. 31.

47 Konrad-Adenauer-Stiftung, Familienreport 2005, S. 6, 15 ff.

48 Statistisches Bundesamt, Aktualisierte Tabellen zum Datenreport „Die Familie im Spiegel der amtlichen Statistik", Tabelle A1 - 7.

49 Statistisches Bundesamt, Statistisches Jahrbuch 2005, S. 52, Tabelle 2.24 und S. 53, Tabelle 2.26.

50 Vgl. *Wiegmann,* FF 2006, 135, 136, mit statistischen Belegen.

51 Statistisches Bundesamt, Familienland Deutschland, S. 18; Pressemitteilung Nr. 264 des Statistischen Bundesamtes vom 22.7.2008, abrufbar unter: http://www.destatis.de/jetspeed/portal/cms/Sites/destatis/Internet/DE/Presse/pk/2008/Familienland/Familienland__Uebersicht,templateId=renderPrint.psml#Wechsel%20zur% 20Pressekonferenz.

len durchaus kritisch zu hinterfragen. Schließlich wurden in die Statistik sämtliche Erwerbstätigkeiten unabhängig vom tatsächlichen Beschäftigungsumfang aufgenommen; damit sind auch Teilzeitbeschäftigte in der Statistik erfasst, deren Anzahl sich kontinuierlich erhöht hat, wobei vor allem Frauen in Teilzeitarbeitsverhältnissen beschäftigt werden. Alleine von 1991 bis 2004 stieg die Zahl der Teilzeitarbeitsverhältnisse um 2,4 Millionen auf 7,2 Millionen.[52] Wiederum 6,1 Millionen dieser Beschäftigungsverhältnisse wurden von Frauen besetzt.[53] Die Teilzeitquote bei Frauen ist damit im Zeitraum zwischen 2001[54] und 2006 von 39,9 % auf 45,8 % angestiegen.[55] Bei den erwerbstätigen Müttern konnte aktuell insgesamt eine Teilzeitquote von 73 % festgestellt werden.[56] Damit ist zu verzeichnen, dass zwar alles in allem mehr Frauen in einem Beschäftigungsverhältnis stehen, diese in großer Zahl aber nicht vollzeit-, sondern lediglich teilzeitbeschäftigt oder geringfügig beschäftigt („400-Euro-Jobs") sind. Eine Teilzeitbeschäftigung wird aber in vielen Fällen kaum dazu ausreichen, den gesamten eigenen Lebensbedarf zu erwirtschaften, weshalb parallel zum Zuwachs der Frauenerwerbstätigkeit kein vergleichbarer Zuwachs der eigenständigen Existenzsicherung von Frauen verzeichnet werden kann.[57] Daher kann nicht davon ausgegangen werden, dass sich die wirtschaftliche Situation der Frauen in Deutschland insgesamt verbessert hat;[58] zwar sind durchaus immer mehr Frauen erwerbstätig, pro Kopf bringen sie allerdings weniger Arbeitsstunden pro Woche in den Arbeitsmarkt ein.[59]

Hauptgrund für diese Erwerbssituation ist nach wie vor indirekt oder direkt eine asymmetrische Rollenverteilung in der Familie.[60] Ehe[61] und Kinder üben nach

---

52 Statistisches Bundesamt, Ergebnisse Mikrozensus 2004, Pressebroschüre, S. 44, abrufbar unter: http://www.destatis.de/jetspeed/portal/cms/Sites/destatis/Internet/DE/Presse/pk/2005/Mikrozensus/Pressebroschuere__Mikrozensus2004,property=file.pdf

53 A.a.O.

54 Seit Inkrafttreten des Gesetzes über Teilzeit und Befristung von Arbeitsverhältnissen am 1.1.2001, BGBl. I Nr. 59, S. 1966 ff. (2000), besteht sogar ein Rechtsanspruch auf Teilzeitbeschäftigung.

55 *Kümmerling/Jansen/Lehndorff,* IAQ-Report 2008-04, S. 2, abrufbar unter: http://www.iaq.uni-due.de/iaq-report/2008/report2008-04.pdf.

56 Statistisches Bundesamt, Familienland Deutschland, S. 15; Pressemitteilung Nr. 264 des Statistischen Bundesamtes vom 22.7.2008, abrufbar unter: http://www.destatis.de/jetspeed/portal/cms/Sites/destatis/Internet/DE/Presse/pk/2008/Familienland/Familienland__Uebersicht,templateId=renderPrint.psml#Wechsel%20zur%20Pressekonferenz.

57 *Klammer,* S. 135, 137.

58 Mit weiteren Daten dazu *Wiegemann,* FF 2006, 135, 136. Insgesamt zustimmend auch *Peschel-Gutzeit,* Unterhaltsrecht aktuell, Rn. 22.

59 *Kümmerling/Jansen/Lehndorff,* IAQ-Report 2008-04, S. 2 f., abrufbar unter: http://www.iaq.uni-due.de/iaq-report/2008/report2008-04.pdf.

60 *Hohnerlein,* S. 65.

61 Insgesamt lässt sich für sämtliche verschiedengeschlechtliche Paarbeziehungen feststellen, dass Frauen in diesen häufig in Teilzeit oder gar nicht erwerbstätig sind. Siehe dazu *Klammer,* S. 135, 141.

wie vor einen maßgeblichen Einfluss auf die Erwerbstätigkeit und die Arbeitszeit von Frauen aus.[62] Bei der Arbeitsverteilung in Ehen lässt sich feststellen, dass 2007 in 3/4 der Ehen mit zwei erwerbstätigen Partnern und Kindern unter 15 Jahren die Mutter teilzeiterwerbstätig war, während der Vater einer Vollzeitbeschäftigung nachging.[63] Gleichzeitig herrscht noch immer die funktionale Arbeitsteilung in vielen Familien vor.[64] Auch wenn anstelle der traditionellen Haushaltsführungsehe oder des klassischen Ernährermodells heute insbesondere in den westlichen Bundesländern das Phasenmodell oder die (zeitlich beschränkte) Hauptverdienerehe der Lebensrealität von Ehepaaren entspricht,[65] so sind es nach wie vor insbesondere Frauen, die zugunsten der Familie ihre Berufswünsche zurückstellen.[66] Regelmäßig schränken sie nach der Geburt eines Kindes ihre Erwerbstätigkeit ein, während Männer diese teilweise sogar noch ausweiten.[67] Statistisch gesehen bedeutet die Familiengründung für jede dritte Mutter einen langfristigen Ausstieg aus dem Beruf; die Familienväter hingegen gehen zu 80 bis 90 % einer Erwerbstätigkeit, zur überwiegenden Mehrheit in Vollzeit, nach.[68] In nichtehelichen Lebensgemeinschaften zeichnet sich, wenn auch nicht ganz so stark, ein ähnliches Bild ab. Auch hier steht die Erwerbstätigkeit von Frauen in einem engen Zusammenhang mit dem Vorhandensein und dem Alter von Kindern.[69] Auch subjektiv erleben Frauen die Familie als Grund, ihre Erwerbstätigkeit aufzugeben oder einzuschränken. Mehr als die Hälfte aller abhängig und in Teilzeit beschäftigten Frauen in Deutschland geben als Grund für die Beschäftigung in einem Teilzeitarbeitsverhältnis familiäre oder persönliche Verpflichtungen an.[70] Zusammenfassend lässt sich also feststellen, dass unab-

62 *Kümmerling/Jansen/Lehndorff,* IAQ-Report 2008-04, S. 4, abrufbar unter: http://www.iaq.uni-due.de/iaq-report/2008/report2008-04.pdf; *Hohnerlein,* S. 65; *Klammer*, S. 135, 140, weist darauf hin, dass auch Mütter, die nach der Geburt ihres Kindes vollzeiterwerbstätig sind, häufig im Zusammenhang mit den familiären Anforderungen bei der Wahl der Ausbildung Zugeständnisse gemacht, auf Karrieremöglichkeiten verzichtet oder ein Beschäftigungsverhältnis unterhalb des erreichten Qualifikationsniveaus akzeptiert haben, wodurch häufig auch die Verdienstmöglichkeiten und damit die Möglichkeit zur eigenständigen Existenzsicherung eingeschränkt wurden.

63 Statistisches Bundesamt, Familienland Deutschland, S. 19; Pressemitteilung Nr. 264 des Statistischen Bundesamtes vom 22.7.2008, abrufbar unter: http://www.destatis.de/jetspeed/portal/cms/Sites/destatis/Internet/DE/Presse/pk/2008/Familienland/Familienland__Uebersicht,templateId=renderPrint.psml#Wechsel%20zur% 20Pressekonferenz.

64 *Dethloff,* FS Schwab (2005), S. 343, 344.

65 *Born,* NJW 2008, 2289; *Dethloff,* Gutachten, S. A 17; MüKo/*Wacke,* §1356 Rn. 4, spricht von der Zuverdienstehe.

66 *Hohnerlein,* S. 65.

67 *Dethloff,* Gutachten, S. A 16; BMFSFJ, 7. Familienbericht, BT-Drs. 16/1360, S. 106; *Peuckert,* S. 140, 264 ff.

68 BMFSFJ, 7. Familienbericht, BT-Drs. 16/1360, S. 108.

69 Vgl. *Dethloff,* Gutachten, S. A 18.

70 *Kümmerling/Jansen/Lehndorff,* IAQ-Report 2008-04, S. 4, abrufbar unter: http://www.iaq.uni-due.de/iaq-report/2008/report2008-04.pdf.

hängig von der Ehe Frauen in Paarbeziehungen ihre Erwerbstätigkeit häufig verringern, sobald Kinder in den Familien leben.

Neben der Tendenz zur zunehmenden Teilzeiterwerbstätigkeit von Frauen zeichnet sich aber gleichzeitig eine gegenläufige Richtung ab. Vielfach wird in Beziehungen die klassische Hausfrauenehe praktiziert. 2007 lebten 36,1 % der Ehepaare mit Kindern und 29,6 % der nichtehelichen Lebensgemeinschaften mit Kindern in klassischer Rollenteilung.[71] Frauen mit Kindern unter drei Jahren waren sogar zu 58,7 % nicht erwerbstätig.[72] Frauen übernehmen zudem den größten Teil der Familienarbeit,[73] insbesondere leisten sie anhaltend den größten Teil der Betreuungsarbeit.[74] Traditionelle Rollenmuster in diesem Bereich erweisen sich als auffällig änderungsresistent.[75] Zugleich wird auch die Pflege kranker Angehöriger in der überwiegenden Zahl der Fälle von Frauen übernommen. In 33 % aller Fälle pflegen Töchter und Schwiegertöchter die Angehörigen, die Zahl der Söhne oder Schwiegersöhne beträgt hier lediglich 5 %.[76]

Diese Rollteilung führt bei den Frauen zwangsläufig zu einem Ausstieg oder Teilausstieg aus dem Erwerbsleben. Als Folge der Erwerbsunterbrechung ergeben sich für Frauen weitreichende berufliche Nachteile, insbesondere deshalb, weil die Erwerbsunterbrechung genau in die Phase der Erwerbsbiographie fällt, in der die entscheidende Weichenstellung für Karrierechancen vollzogen wird.[77] Selbst nach einem Wiedereinstieg in eine Vollzeitbeschäftigung können die Einkommenseinbußen im Vergleich zu kinderlosen Frauen nicht wieder aufgeholt werden.[78]

---

71 Statistisches Bundesamt, Familienland Deutschland, S. 18; Pressemitteilung Nr. 264 des Statistischen Bundesamtes vom 22.7.2008, abrufbar unter: http://www.destatis.de/jetspeed/portal/cms/Sites/destatis/Internet/DE/Presse/pk/2008/Familienland/Familienland__Uebersicht,templateId=renderPrint.psml#Wechsel%20zur%20Pressekonferenz.

72 A.a.O.

73 BMFSFJ, 7. Familienbericht, BT-Drs. 16/1360, S. 108; *Peuckert,* S. 141. Unter den Begriff der Familienarbeit werden alle im Zusammenhang mit der Haushaltsführung und der Kinderbetreuung fallenden Tätigkeiten gefasst.

74 *Hohnerlein,* S. 65.

75 BMFSFJ, 7. Familienbericht, BT-Drs. 16/1360, S. 107 f.; *Dethloff,* Gutachten, S. A 18.

76 *Dethloff,* Gutachten, S. A 18 f.

77 *Born,* NJW 2008, 2289; *Dethloff,* Gutachten, S. A 19; *Cornelißen,* S. 292, abrufbar unter: http://www.bmfsfj.de/bmfsfj/generator/Publikationen/genderreport/01Redaktion/PDF-Anlagen/gesamtdokument,property=pdf,bereich=genderreport,sprache=de,rwb=true.pdf.

78 *Luef,* Frauen verdienen ein Leben lang weniger, abrufbar unter: http://www.familien-handbuch.de/cmain/f_Fachbeitrag/a_Familienforschung/s_1773.html.

d) Wertewandel und größere Akzeptanz des Grundsatzes der Eigenverantwortung

Als Pauschalargument für die Reform zog der Gesetzgeber „gewandelte Wertvorstellungen“ sowie eine größere Akzeptanz des Grundsatzes der Eigenverantwortung heran, ohne jedoch genauer zu umschreiben, was er darunter versteht oder woraus er dies ableitet.

aa) Gewandelte Wertvorstellungen

Bezüglich der Wertvorstellungen stellt der Gesetzgeber offenbar auf gewandelte Anschauungen hinsichtlich der Rollenverteilung in der Ehe ab. Hier ist zu verzeichnen, dass besonders junge Frauen vermehrt den Wunsch hegen, Familie und Beruf miteinander in Einklang zu bringen.[79] Die traditionelle Hausfrauenehe wird von den 15- bis 25-Jährigen zunehmend abgelehnt.[80] Allerdings ist dies keine aktuelle Tendenz der jetzigen Generation; vielmehr zeichnete sich eine derartige Entwicklung bereits in den 1980er Jahren ab.[81] Nach wie vor klaffen diesbezüglich Wünsche und Realität der Mütter weit auseinander.[82] Daran wird sich auch nichts ändern, solange nicht flächendeckend eine ausreichende Kapazität an qualitativ hochwertigen Kinderbetreuungsplätzen geschaffen ist[83] und die Vereinbarkeit von Beruf und Familie von den Arbeitgebern nicht in stärkerem Maße gefördert wird. Dazu würde auch gehören, dass das noch immer bestehende Lohngefälle zwischen Männern und Frauen beseitigt wird, aufgrund dessen einige Frauen um des Familieneinkommens willen dem Ehemann den Vortritt bei der Erwerbstätigkeit einräumen.[84] Bevor diese Ziele nicht erreicht sind, kann keinesfalls von einem tatsächlichen Wandel der gesellschaftlichen Verhältnisse gesprochen werden. Insofern ist Familien*recht* immer auch Familien*politik*, die selbst wiederum mit der Sozial-, Finanz-, Steuer- und Arbeitsmarktpolitik in Einklang stehen muss, um überhaupt erst eine Vereinbarkeit von

79 15. Shell-Jugendstudie, Jugend 2006, S. 36 f.

80 15. Shell-Jugendstudie, Jugend 2006, S. 36.

81 Siehe dazu Brigitte-Untersuchung „Kind? Beruf? Oder Beides?“, Brigitte Hamburg, Deutsches Jugendinstitut München, 1988, S. 20 ff.

82 Bundesinstitut für Bevölkerungsforschung, Kinderwünsche in Deutschland, Konsequenzen für eine nachhaltige Familienpolitik, 2006, S. 56. Tatsächlich lebten in Westdeutschland 77 % der Familien mit Kindern unter drei Jahren in der klassischen Rollenteilung, lediglich 14 % strebten diese Rollenverteilung auch an.

83 Beim Betreuungsangebot ist zwischen Ost- und Westdeutschland zu differenzieren: Während in Ostdeutschland ein hoher Betreuungsstandard besteht, sind vor allem in Westdeutschland flächendeckende Ganztagsangebote (noch) nicht vorhanden. Vgl. dazu Konrad-Adenauer-Stiftung, Familienreport 2005, S. 43 ff. Ausführlich zur gegenwärtigen Lage der Kinderbetreuungseinrichtungen in der Bundesrepublik *Sell,* FPR 2009, 101.

84 Durchschnittlich liegen Frauengehälter 23 % unter denen von Männern, Spiegel online, „Lohnabstand von Frauen in Deutschland wird größer“, 23.2.2009, abrufbar unter: http://www.spiegel.de/wirschaft/0,1518,609256,00.html. Im EU-Vergleich weist Deutschland besonders große Einkommensdifferenzen auf, *Klammer,* S. 135, 140.

Beruf und Familie zu ermöglichen.[85] Selbst wenn aber durch den geplanten Ausbau von Betreuungsplätzen für Kleinkinder und anderweitige Maßnahmen zur Förderung der Vereinbarkeit von Erwerbstätigkeit und Familie diese Ziele erreicht werden, wird dies allein nicht zwangsläufig dazu führen, dass Mütter regelmäßig einer Vollzeiterwerbstätigkeit nachgehen werden. Studien ergeben nämlich, dass ca. 2/3 aller Mütter lediglich eine Teilzeiterwerbstätigkeit anstreben.[86] Dies steht auch in Zusammenhang damit, dass bei Weitem nicht alle Erwerbstätigkeiten zur Selbstverwirklichung beitragen, sondern bisweilen als reiner Broterwerb betrachtet werden. Das Erwerbsverhalten von Müttern und Vätern wird sich allenfalls langfristig im Verlauf weiterer Generationen verändern.

Aus der Sichtweise der Männer zur Rollenverteilung kann man von „verbaler Aufgeschlossenheit bei weitgehender Verhaltensstarre"[87] sprechen. Die jungen Männer stehen der Emanzipation offen gegenüber, es fällt ihnen allerdings schwer, diese Vorstellungen auch zu realisieren.[88] Dies zeigt sich am Beispiel des Elterngeldes. Obgleich 12 % der Anträge auf Gewährung von Elterngeld von den Vätern gestellt wurden, richteten sich knapp 2/3 dieser Anträge lediglich auf einen Bezugszeitraum von zwei Monaten.[89] Von einem wirklichen Rollenwandel kann noch lange nicht gesprochen werden.

Insgesamt ergibt sich ein gespaltenes Bild. Auf der einen Seite verfolgen insbesondere junge Menschen moderne Lebenskonzepte. Andererseits können viele diese dann aufgrund äußerer Faktoren und Parameter nicht umsetzen. Die tatsächlichen Gegebenheiten bleiben daher weiterhin häufig dem traditionellen Männer- und Frauenbild verhaftet.[90] Frauen übernehmen nach wie vor vermehrt Verantwortung für Aufgaben der Betreuung, Versorgung und Erziehung von Kindern sowie für den Haushalt, während die Ehemänner sich auf die außerhäusliche Erwerbstätigkeit konzentrieren.[91] Zwar lassen sich abweichende Vorstellungen durchaus beobachten, allein in ihrer Realisierung aber noch nicht in einer so starken Form, dass von einem echten Wertewandel gesprochen werden könnte. Immerhin waren in den alten Bundesländern weiterhin 40 % der Befrag-

---

85 *Brudermüller,* Eigenverantwortung vs. Solidarität, S. 55, 62.

86 *Dethloff,* Gutachten, S. A 17.

87 So *Beck,* S. 169.

88 Vgl. *Beck,* S. 163, 169; *Peschel-Gutzeit,* Unterhaltsrecht aktuell, Rn. 22; *Klein/Schlechta,* FPR 2005, 496.

89 Statistisches Bundesamt, Familienland Deutschland, S. 19 f.; Pressemitteilung Nr. 264 des Statistischen Bundesamtes vom 22.7.2008, abrufbar unter: http://www.destatis.de/jetspeed/portal/cms/Sites/destatis/Internet/DE/Presse/pk/2008/Familienland/Familienland_Uebersicht,templateId=renderPrint.psml#Wechsel%20zur%20Pressekonferenz. Vgl. auch *Klein/Schlechta,* a.a.O.

90 15. Shell-Jugendstudie, Jugend 2006, S. 37.

91 Zu diesem Ergebnis, allerdings auf Datenbasis von 2005, kommen auch *Klein/Schlechta,* FPR 2005, 496, 497.

ten der Ansicht, es sei richtig, wenn der Mann allein berufstätig sei und die Frau sich um Haushalt und Kinder kümmere.[92]

bb) Akzeptanz des Grundsatzes der Eigenverantwortung

Es ist indes auch fraglich, worauf der Gesetzgeber seine Einschätzung, der Grundsatz der Eigenverantwortung stoße auf immer größere Akzeptanz, stützt. Zunächst einmal müsste dazu begründet werden, auf welchen Vergleichszeitraum sich diese Prärogative bezieht und welche Personengruppe dabei betrachtet wird. Zur Rechtfertigung auf die Literatur zu verweisen, die den Grundsatz der Eigenverantwortung nach der Ehe stärker betone und die Möglichkeiten zur Beschränkung nachehelichen Unterhalts thematisiere, genügt einerseits nicht, weil für die Rechtspraxis die Rechtsprechung in einem viel größeren Maße erheblich ist und diese nur sehr verhalten und erst in jüngster Zeit tendenziell mehr die bestehenden gesetzlichen Instrumente zur Beschränkung von Unterhaltsansprüchen nach altem Recht nutzte. Andererseits spiegeln die Literaturstimmen Expertenempfinden wider, sagen aber noch nichts über das Rechtsgefühl des durchschnittlichen Gesetzesunterworfenen aus. Da aber das Unterhaltsrecht von der breiten Bevölkerung akzeptiert und als angemessen empfunden werden soll, ist auch deren Rechtsempfinden zu berücksichtigen.

Sofern man der Gesetzesbegründung einen Hinweis auf die ständig steigende Unterhaltslast entnimmt,[93] deutet dies gleichfalls nicht darauf hin, dass die tatsächlichen Gegebenheiten hier mit den gefühlten Realitäten übereinstimmen. Ca. 2/3 der unterhaltsberechtigten Frauen und jeder zehnte unterhaltsberechtigte Mann sind von unzureichenden oder ausbleibenden Unterhaltszahlungen betroffen.[94] Von allen unterhaltsberechtigten Frauen machen mindestens 3/4 einen ihnen persönlich zustehenden Unterhaltsanspruch nicht geltend.[95] Daraus kann jedoch nicht geschlossen werden, dass der Grundsatz der Eigenverantwortung auf größere Akzeptanz stoße. Zwar wird durchaus auch der Wunsch nach Unabhängigkeit vom ehemaligen Partner als Grund für die fehlende Einforderung des Ehegattenunterhalts genannt, allerdings wird als Hauptgrund auf die geringe Leistungsfähigkeit des Unterhaltspflichtigen verwiesen.[96] Weitere Gründe stellen u.a. die mangelnde Zahlungsbereitschaft des Partners, die fehlende Kraft für weitere Auseinandersetzungen und der mit rechtlichen Schritten verbundene Aufwand dar.[97]

---

92 *Hohmann-Dennhardt,* FF 2007, 174, 177, auf Basis der statistischen Daten und Erhebungen aus dem Datenreport 2006, Zahlen und Fakten über die Bundesrepublik Deutschland, Statistisches Bundesamt (Hrsg.) Bonn 2006.

93 So *Peschel-Gutzeit,* Unterhaltsrecht aktuell, Rn. 21 f.

94 *Andreß/Borgloh/Güllner/Wilking,* S. 203.

95 *Andreß/Borgloh/Güllner/Wilking,* S. 205.

96 *Andreß/Borgloh/Güllner/Wilking,* S. 196, Tabelle 5.25.

97 Überblick zu allen Gründen bei *Andreß/Borgloh/Güllner/Wilking,* a.a.O.

Auch aus den wirtschaftlichen Gegebenheiten nach einer Scheidung lässt sich nicht zwangsläufig auf eine größere Akzeptanz der Eigenverantwortlichkeit schließen. Die wirtschaftliche Last von Trennung und Scheidung wird vor allem von den Frauen getragen, da diese häufiger die wirtschaftlich schwächeren Parteien waren. Frauen betreuen in signifikanter Anzahl nach der Auflösung der Ehe die gemeinsamen Kinder, werden aber nur teilweise und vielfach unzureichend durch Unterhaltszahlungen für ihre Betreuungsarbeit entschädigt.[98] Die alleinerziehenden Mütter haben im Unterschied zu alleinerziehenden Vätern auch viel häufiger die Ehewohnung verlassen und sich eine neue Wohnung suchen müssen.[99] Viele Anzeichen deuten darauf hin, dass die erhöhte Umzugsmobilität eine Folge der begrenzten Einkommenskapazität ist.[100] Allerdings lässt sich auch daraus nicht schließen, dass die Eigenverantwortlichkeit vermehrt Akzeptanz findet; zumeist tragen Frauen die finanzielle Belastung als notwendige Konsequenz.

3. Fazit: Notwendigkeit der Differenzierung zwischen den Generationen

Insgesamt zeigt sich also, dass durchaus ein gesellschaftlicher Wandel zu verzeichnen ist. Seit Abkehr vom Verschuldensprinzip und Einführung der Zerrüttungsscheidung im Jahre 1977 sind fast zwei Generationen von Bürgern herangewachsen. Dass damit auch ein Wandel in den Vorstellungen einhergeht, liegt auf der Hand. Gleichzeitig hat infolge der Wiedervereinigung ein Bevölkerungszuwachs stattgefunden durch in der ehemaligen DDR sozialisierte Bürger. Deren Vorstellungen von Ehe und nachehelicher Solidarität sind durch die dort geltende Rechtsordnung geprägt, die dem Grundsatz der Eigenverantwortlichkeit verhaftet war.[101] Zudem hat auch die fortschreitende Globalisierung mit der damit einhergehenden Vermischung verschiedener Gesellschaften und ihrer Wertvorstellungen dazu beigetragen, dass die traditionellen Vorstellungen von Ehe und Familie sich verändert haben. Ausgehend von alldem gestaltet sich das Familienbild heute wesentlich bunter und weniger konstant als in der Vergangenheit.[102] Es zeigt sich, dass gesellschaftliche Umbrüche im Werden sind und vor allem die jüngere Generation zunehmend alte Rollenbilder überkommt. Jüngere Frauen durchlaufen heute in großer Zahl eine qualifizierte Berufsausbildung und wollen auch nach Gründung einer Familie weiterhin berufstätig sein. Zunehmend werden die Betreuungsmöglichkeiten für Kinder berufstätiger Eltern in die politische Diskussion eingebracht und verbessert, obwohl hier noch einiges zu tun bleibt. Daher sind insgesamt Modifizierungen des Scheidungsfolgenrechts angemessen, auch wenn die jüngste Reform nicht alle Herausforderungen zufriedenstellend lösen konnte.

---

98 *Andreß/Borgloh/Güllner/Wilking,* S. 301 f.

99 *Andreß/Borgloh/Güllner/Wilking,* S. 302.

100 A.a.O.

101 Siehe *Peschel-Gutzeit,* Unterhaltsrecht aktuell, Rn. 24.

102 Zu diesem Ergebnis gelangt auch *Hohmann-Dennhardt,* FF 2007, 174, 177; *dies.,* ZKJ 2007, 382, 383 f.

Gleichwohl zeigt sich aber, dass die Statistiken diesen Wandel in Bezug auf die Gesamtbevölkerung nicht in dem von dem Gesetzgeber propagierten Maße feststellen lassen. Dies liegt einerseits daran, dass die von traditionellen Rollenmustern losgelösten Vorstellungen sich nicht immer verwirklichen lassen, andererseits zeigt sich ein solcher Wandel auch nicht in allen Bevölkerungsteilen. Die Gesellschaft besteht nicht nur aus jungen, modern eingestellten Paaren, sondern auch aus „Wertkonservativen"; zudem prägen vermehrt ältere Generationen das Erscheinungsbild. Das Scheidungsfolgenrecht trifft auch und gerade Ehepaare, die bereits vor Jahrzehnten unter den bisher geltenden Voraussetzungen die Ehe geschlossen haben. Dies zeigt sich auch in den Statistiken zur Ehedauer. Die Scheidungszahlen sind signifikant hoch nach einer Ehedauer von 16 und mehr Jahren, sowohl in absoluten Zahlen als auch in Relation zu Ehen gleicher Ehedauer.[103] Berücksichtigt man hierbei das durchschnittliche Eheschließungsalter der Frauen in den Jahren von vor 1990,[104] so ergibt sich, dass die betroffenen Frauen mittlerweile ca. 50 Jahre und älter sind. Zudem fallen hierunter Ehegatten, die noch auf der Basis des bis zum 1.7.1977 geltenden Rechts die Ehe geschlossen haben, wonach insbesondere dem schuldlos geschiedenen Ehegatten eine lebenslange Versorgung gewährleistet wurde. Auch danach galt lange ein Unterhaltsrecht, welches in Bezug auf den Betreuungsunterhalt durch das Altersphasenmodell gekennzeichnet war und im Übrigen an den gemeinsam erreichten Lebensstandard anknüpfte[105] und insofern als „hausfrauenfreundlich" eingestuft werden konnte. Das neue Recht betrifft also auch Paare, in denen die Ehefrau keine Ausbildung absolviert hat, weil dies nicht für notwendig erachtet wurde („Du heiratest ja sowieso!") oder der Ehemann die Erwerbstätigkeit der Frau verhinderte („Meine Frau muss nicht arbeiten und zuverdienen!") sowie Verbindungen, in denen eine zusätzliche Erwerbstätigkeit wegen der steuerlichen Auswirkungen kaum lohnenswert erschien.[106] Sofern sich die Ehegatten auf diese Funktionsteilung eingestellt haben, sind sie häufig nicht dazu in der Lage, dies noch zu revidieren, weil bereits ein zu langer Zeitraum verstrichen ist. Gleichsam sind die Ehepartner, die nicht erwerbstätig waren, Jahre oder gar Jahrzehnte nach ihrem Ausscheiden aus dem Arbeitsmarkt - sofern sie überhaupt jemals einer Erwerbstätigkeit nachgegangen sind - kaum in der Lage, noch eine angemessene Beschäftigung zu finden.[107]

Demnach ist die heutige Situation vor allem durch Pluralisierung gekennzeichnet:[108] Traditionelle Rollenbilder bestehen weiter fort, während gleichzeitig neue

103 Statistisches Bundesamt, Statistisches Jahrbuch 2009, S. 61, Tabelle 2.33. Eine, wenn auch nicht ganz so signifikante Ausprägung, erfahren die Scheidungszahlen nach vier bis sieben Jahren Ehedauer.

104 Statistisches Bundesamt, Statistisches Jahrbuch 2009, S. 56, Tabelle 2.25.

105 *Börger,* FPR 2009, 71, 73.

106 A.a.O.

107 So auch *Peschel-Gutzeit,* Unterhaltsrecht aktuell, Rn. 25.

108 *Schwenzer,* RabelsZ 2006, 705, 708.

Lebensmuster entwickelt und gelebt werden.[109] Diese Ergebnisse legen damit zugleich den Gedanken nahe, dass es dem Gesetzgeber gar nicht unbedingt ausschließlich darum ging, ein an den bestehenden gesellschaftlichen Verhältnissen ausgerichtetes Unterhaltsrecht zu schaffen, sondern auch die angestrebte Entwicklungsrichtung der gesellschaftlichen Wirklichkeit zu beeinflussen.[110] Auch mögen wohl Aspekte der Umverteilung in Zeiten leerer Haushaltskassen und einer schwierigen Wirtschaftslage sowie in Anbetracht der vielen Mangelfälle eine größere Rolle gespielt haben, als die Gesetzesbegründung zu erkennen gibt.[111] Für das Übergangsrecht gilt aber zu berücksichtigen, dass das neue Unterhaltsrecht nicht nur für jene Ehen und Familien Anwendung findet, die ein solch gewandeltes Lebenskonzept verfolgen, sondern auch für Ehegatten, die bereits vor Jahrzehnten geheiratet haben und seit längerer Zeit in traditioneller Vorstellung von Ehe und Familie leben, sich mithin darauf eingestellt haben. Besonders für diese Fälle zeigt sich das Bedürfnis eines angemessenen Vertrauensschutzes.

II. Neuerungen im Scheidungsunterhalt und Anwendungsfälle für ein Abänderungsverfahren

In welchem Umfang das Schutzbedürfnis für „Altfälle" tatsächlich besteht, lässt sich allein dadurch ermitteln, dass die Änderungen im Scheidungsunterhaltsrecht aufgezeigt werden. Sofern die Reform nämlich keine größeren Veränderungen für die Parteien mit sich brächte, wäre die grundsätzlich universale Geltung des neuen Rechts auch für „Altfälle" nicht weiter problematisch. Ein Überblick über die bedeutendsten Änderungen im Scheidungsunterhalt - eingeschränkt auf ihre mögliche Auswirkung auf Abänderungsfälle von Scheidungsunterhaltsregelungen -[112] soll zeigen, inwieweit die Geltung des neuen Unterhaltsrechts für Unterhaltsgläubiger oder -schuldner überhaupt Änderungen mit sich bringt und in welchen Fällen sich damit ein möglicher Anwendungsbereich für § 36 Nr. 1 EGZPO ergibt.

---

109 Dieses Nebeneinander der verschiedenen Rollenvorstellungen zeigt *Volz,* S. 163, am Beispiel der Vaterrolle in Deutschland auf. Zu einem anderen Ergebnis kommt insoweit *Eickelberg,* RNotZ 2009, 1, 6, der ein neues Unterhaltsrecht für insgesamt erforderlich hält.

110 Andeutungen in diese Richtung bei *Meder,* S. 81, 83, der die Frage aufwirft, inwieweit der Gesetzgeber mit dem Unterhaltsrecht auf den gesellschaftlichen Wandel reagiert hat oder eine in die Zukunft gerichtete Steuerung verfolgte. Daran anknüpfend stellt sich die Frage nach der Steuerungsfunktion gesellschaftlicher Prozesse durch Recht insgesamt. Vgl. auch *Bertram,* ZKJ 2006, 373, 275, nach dessen Auffassung die Politik der gesellschaftlichen Entwicklung in Bezug auf die Familie voraus ist.

111 Vgl. dazu auch *Derleder,* S. 153, 156.

112 Einen Überblick über alle geänderten Normen bietet *Bosch,* FF 2007, 293. Zur Änderung des § 1612 BGB vgl. *Erdrich,* FPR 2005, 490; zu § 1585c BGB n.F. siehe *Langenfeld,* FPR 2008, 38; *Bergschneider,* FamRZ 2008, 17. Ausführlich zum Anspruch nach § 1615l BGB *Zimmermann,* FPR 2009, 97.

1. Betonung des Grundsatzes der Eigenverantwortung

Die gesamte Reform ist dadurch gekennzeichnet, dass das Gewicht zwischen Eigenverantwortung und nachehelicher Solidarität zugunsten der Eigenverantwortlichkeit verschoben wurde. Bereits im alten Unterhaltsrecht galt zwar der Grundsatz der Eigenverantwortung als Leitprinzip. Neben § 1569 BGB a.F. fand er Niederschlag in § 1573 Abs. 1 BGB a.F. sowie in § 1577 BGB a.F. Jedoch hatte der Gesetzgeber das Prinzip der Eigenverantwortlichkeit nicht konsequent umgesetzt, zumal sehr umfassende Unterhaltstatbestände geschaffen wurden, die einen Schwerpunkt auf die fortwirkende wirtschaftliche Verantwortung und Solidarität der Ehegatten auch nach der Scheidung legten. [113] Das Regel-Ausnahme-Verhältnis von Eigenverantwortung und nachehelicher Solidarität wurde durch die teilweise sehr extensive Handhabung in der Praxis häufig ins Gegenteil verkehrt.[114]

Nach wie vor findet sich im aktuellen Unterhaltsrecht eine Balance aus fortwirkender nachehelicher Solidarität und dem Grundsatz der Eigenverantwortung, allerdings mit nachdrücklicher Betonung der Eigenverantwortlichkeit. Die Unterhaltstatbestände sind bis auf § 1570 BGB unverändert geblieben, lediglich die Maßstäbe wurden modifiziert.[115] § 1569 BGB wurde neu gefasst und soll fortan stärker als bisher die Eigenverantwortlichkeit nach der Scheidung betonen und als Leitprinzip dem gesamten Nachscheidungsunterhaltsrecht zugrunde gelegt werden.[116] Dabei kommt der Norm vor allem Programmwirkung für die Auslegung der nachfolgenden Normen zu.[117]

In diesem Sinne ist auch die Modifizierung des § 1574 BGB zu verstehen. Nach alter Fassung musste der geschiedene Ehegatte nur eine *ihm angemessene Tätigkeit* ausüben, während nach neuer Regelung ihm die Ausübung einer *angemessenen Tätigkeit* obliegt. Damit ist zukünftig nicht mehr auf die ehelichen Verhältnisse abzustellen, sondern darauf, was eine objektiv angemessene Tätigkeit darstellt. Diesbezüglich ist nach Abs. 2 auch das hinzugefügte neue Kriterium der früheren Erwerbstätigkeit einzubeziehen. Wenn es beispielsweise nach altem Recht für eine Chefarztgattin nicht zumutbar erschien, in ihrem vor Jahrzehnten ausgeübten Beruf der Krankenschwester tätig zu werden, so mag dies im neuen Recht stärker berücksichtigt werden. Zudem ist eine Beweislastverschiebung derart erfolgt, dass der Gläubiger einwenden und beweisen muss, dass eine Tätigkeit unzumutbar ist. Damit verliert im neuen Recht die Orientierung an den ehelichen Lebensverhältnissen weiter an Bedeutung.

---

113 *Peschel-Gutzeit,* Unterhaltsrecht aktuell, Rn. 29.

114 A.a.O. Zur Nutzung der Beschränkungsmöglichkeiten von Unterhaltsansprüchen in den letzten Jahren, insbesondere in 2007 („Vorwirkungen der Reform"), siehe *Schürmann,* FuR 2007, 445.

115 *Peschel-Gutzeit,* Unterhaltsrecht aktuell, Rn. 30.

116 *Kemper,* FuR 2008, 169.

117 *Brudermüller,* Eigenverantwortung vs. Solidarität, S. 55, 56.

2. Herabsetzung und zeitliche Beschränkung von Unterhaltsansprüchen

a) Rechtliche Veränderungen durch die Reform

Eine deutliche Verschiebung der Balance zwischen Eigenverantwortung und nachwirkender ehelicher Solidarität zugunsten der Unterhaltsschuldner findet sich im neuen § 1578b BGB. Zwar war auch nach altem Recht die Befristung einiger Unterhaltsansprüche möglich, allerdings wurde in der Rechtsprechung der Instanzgerichte davon nur sehr begrenzt Gebrauch gemacht.[118] Der neu eingeführte § 1578b BGB ermöglicht jetzt sowohl eine Herabsetzung als auch zeitliche Begrenzung aller nachehelichen Unterhaltstatbestände anhand objektiver Maßstäbe und insbesondere dem Kriterium des ehebedingten Nachteils sowie eine Kombination beider Reduzierungsmöglichkeiten.

Im Gegensatz zur Begrenzungsmöglichkeit des Unterhaltsanspruchs nach altem Recht handelt es sich nunmehr in Anbetracht des Wortlauts nicht länger um eine Ermessensvorschrift („ist" statt „könne").[119] Liegen die Tatbestandsvoraussetzungen vor, muss der Unterhaltsanspruch nach seiner Höhe oder Gewährungszeit begrenzt oder beide Möglichkeiten müssen kombiniert werden. Somit verbleibt es zwar formal nach § 1578 BGB bei der Lebensstandardgarantie nach den ehelichen Verhältnissen,[120] im Ergebnis führen die Beschränkungsmöglichkeiten allerdings zu deren Aufhebung.[121] Zudem gelten Begrenzungs- und Befristungsmöglichkeit fortan für sämtliche Unterhaltstatbestände, grundsätzlich auch für den Betreuungsunterhalt nach § 1570 BGB. Dennoch wird sich hier wohl nur selten eine Befristung ergeben, da eine solche bereits aufgrund der Altersstufen des Kindes regelmäßig aus dem Tatbestand selbst erfolgt.[122] Zudem enthält § 1570 Abs. 2 BGB bereits eine Billigkeitsabwägung, sodass diesbezüglich eine Anwendung von § 1578b BGB nicht in Betracht kommt.[123] Bedeutung für die Rechtsanwendungspraxis erlangt die Norm für einen Unterhaltsanspruch nach §§ 1571, 1572 BGB oder den Aufstockungsunterhalt nach § 1573 Abs. 2 BGB, der auch schon nach altem Recht eingeschränkt werden konnte. Die Billigkeitsabwägung erfolgt alleine aufgrund objektiver Umstände.[124] Eheliches Fehlverhalten soll im Rahmen des § 1578b BGB keine Rolle spielen.[125]

---

118 *Peschel-Gutzeit,* Unterhaltsrecht aktuell, Rnrn. 77, 11; *Eickelberg,* RNotZ 2009, 1, 4 f.

119 *Viefhues,* FPR 2008, 36. Ein Ermessensspielraum wird allerdings hinsichtlich der konkreten Umsetzung durch die vielen heranzuziehenden und zu bewertenden Kriterien gewährt; vgl. *Granold,* FF 2008, 11, 13.

120 Sofern auch nacheheliche Veränderungen sich als eheprägend herausstellen, ist die Lebensstandardgarantie sowieso fraglich. Siehe dazu BGH, Urt. v. 15.3.2006 - XII ZR 30/04 = BGH, FamRZ 2006, 683 = NJW 2006, 1654.

121 *Born,* NJW 2008, 1, 6; *Eickelberg,* RNotZ 2009, 1, 19.

122 *Büttner,* FamRZ 2007, 773, 774; *Peschel-Gutzeit,* Unterhaltsrecht aktuell, Rn. 83.

123 BGH, Urt. v. 6.5.2009 - XII ZR 114/08; Hoppenz/Hülsmann/*Hülsmann,* § 1578b Rn. 2.

124 *Triebs,* FPR 2008, 31, 35.

125 BT-Drs. 16/1830, S. 19. Zu Überschneidungen mit § 1579 BGB und Abgrenzungsproblemen vgl. *Triebs,* FPR 2008, 31, 35; Hoppenz/Hülsmann/*Hülsmann,* § 1578b Rn. 15.

In seiner Höhe ist der Unterhalt auf den angemessenen Unterhalt abzusenken. Dabei orientiert sich die bisherige Rechtsprechung insbesondere an einem über dem Existenzminimum[126] liegenden, der Lebensstellung vor der Ehe und ohne Ehe entsprechenden Lebensstandard.[127] Eine Absenkung unter den Selbstbehalt von 1000 € ist keinesfalls möglich.[128] Maßgeblich für die Verringerung des Anspruchs ist, inwieweit der Unterhaltsgläubiger einen ehebedingten Nachteil erlitten hat. Damit wird der Scheidungsunterhalt faktisch zu einem Schadensersatzanspruch, dessen Schaden die als Folge der Ehe verschlechterten Einkommensmöglichkeiten sind.[129] Freilich unterscheidet sich der nacheheliche Unterhaltsanspruch von einem Schadensersatzanspruch dadurch, dass es auf Bedürftigkeit und Leistungsfähigkeit ankommt und die personale Schuld am Scheitern der Ehe keine Rolle spielt.[130] Künftig dürfte vor allem entscheidend sein, in welchem Maße sich aufgrund der Ausgestaltung der Ehe, insbesondere der Aufgabenteilung innerhalb der Ehe hinsichtlich der Kinderbetreuung und Haushaltsführung, eine wirtschaftliche Abhängigkeit des Unterhaltsgläubigers ergeben hat[131] und inwieweit diese fortdauert.[132] Im Zusammenhang damit muss die hypothetische Entwicklung des Unterhaltsberechtigten festgestellt werden, was in der Praxis beweisrechtlich nur sehr schwer zu handhaben sein dürfte.[133] Zur näheren Konkretisierung der Billigkeitserwägungen kann diesbezüglich auf die bisherige Rechtsprechung des BGH zur Inhaltskontrolle von Eheverträgen[134] zurückgegriffen werden,[135] welche sich mit der „Wertigkeit" der einzelnen Unterhaltsansprüche auseinandergesetzt hat. In Anbetracht der „Wertigkeit" des Anspruchs werden dann verschiedene Anforderungen an die Billigkeitsabwägung

---

Zur Frage der Anwendbarkeit des § 1578b BGB auf den Trennungsunterhalt siehe *Eickelberg,* RNotZ 2009, 1, 20.

126 OLG Düsseldorf, FamRZ 1992, 951, 952; Hoppenz/Hülsmann/*Hülsmann,* § 1578b Rn. 11; Palandt/*Brudermüller,* § 1578b Rn. 16. Für eine Bemessung nach dem notwendigen Selbstbehalt OLG Saarbrücken, FamRZ 2004, 1293; für eine Bemessung nach dem angemessenen Selbstbehalt OLG München, FamRZ 2003, 1110, 1110 f.; Wendl/Staudigl/*Pauling,* § 4 Rn. 587.

127 BGH, NJW 1986, 2832; zum neuen Recht OLG Bremen, FamRZ 2008, 1957.

128 OLG Karlsruhe, NJW 2009, 525, 527; OLG Nürnberg, Urt. v. 20.2.2008 - 7 UF 1371/07 = BeckRS 2008 04189.

129 OLG Brandenburg, FPR 2008, 388, 389; *Bosch,* FF 2007, 293, 297. Kritisch *Graba,* FamRZ 2008, 1217, 1223.

130 *Diederichsen,* NJW 1993, 2265, 2266. Zudem lässt sich hier nicht unbedingt von „unfreiwilligen Vermögenseinbußen" sprechen.

131 *Bosch,* FF 2007, 293, 297. Siehe auch BGH, Urt. v. 25.6.2008 - XII ZR 109/07 = NJW 2008, 2644 = FamRZ 2008, 1508; BGH, Urt. v. 16.4.2008 - XII ZR 107/06 = NJW 2008, 2581 = FamRZ 2008, 1325.

132 OLG Brandenburg, FPR 2008, 388, 389.

133 *Bißmaier,* FamRZ 2009, 389; Zu den Anforderungen an den Parteivortrag insoweit *Schürmann,* FuR 2008, 183, 184 f. Zu Recht kritisch hinsichtlich übersteigerter Anforderungen an die Darlegungs- und Beweislast *Börger,* FPR 2009, 71, 75.

134 Vgl. BGH, NJW 2004, 930.

135 Hoppenz/Hülsmann/*Hülsmann,* § 1578b Rn. 14; *Triebs,* FPR 2008, 31, 32.

zu stellen sein. Gleichzeitig liegen zur Herabsetzung nach altem Recht einige höchstrichterliche Leitentscheidungen vor,[136] die im Vorfeld und in Vorwegnahme der Neuerungen ergangen sind und die als Orientierungsmaßstab für weitere Konkretisierungen dienen könnten,[137] zumal für die Ehebedingtheit nach § 1578b BGB dieselben Kriterien gelten wie für die in § 1573 Abs. 5 BGB a.F. „hineininterpretierten" ehebedingten Nachteile.[138]

Über die ehebedingten Nachteile hinaus ist ebenfalls die nacheheliche Solidarität zu berücksichtigen, allerdings erst nachrangig.[139] Welche Bedeutung ihr zugemessen wird, hängt von dem jeweiligen Unterhaltstatbestand ab; Gewicht kommt ihr insbesondere zu, wenn der Unterhaltstatbestand selbst durch die besondere nacheheliche Solidarität gerechtfertigt ist und nicht auf eine Kompensation ehebedingter Nachteile abzielt. Exemplarisch sei hier der Krankenunterhalt nach § 1572 BGB genannt. Damit schützt § 1578b BGB faktisch das Vertrauen des Unterhaltsberechtigten in die Ehe als „Risikoübernahmegemeinschaft", sofern der einzuschränkende Unterhaltstatbestande aus dem Gedanken der Ehe als Solidar- und Gefahrengemeinschaft resultiert.[140]

b) Abänderung bestehender Unterhaltsregelungen

Änderungen bestehender Unterhaltstitel kommen nun grundsätzlich für alle Unterhaltsansprüche in Betracht, sodass sich damit ein großer Anwendungsbereich für ein Abänderungsverfahren ergibt.[141] Insbesondere sei auch der Fall genannt, dass ein Unterhaltsanspruch nach §§ 1571, 1572 BGB a.F. bestand und mangels Vorliegens einer Ehe von kurzer Dauer im Sinne des § 1579 Nr. 1 BGB a.F. eine Herabsetzung des Anspruchs ausschied; die Ehedauer hat nun aber im neuen Recht erneut im Rahmen des § 1578b BGB Bedeutung, wodurch sich eine Anpassung der Unterhaltsvereinbarung an das neue Recht begründen kann.[142]
Problematisch sind hingegen Fälle, in denen bereits vor der Reform eine Begrenzung des Unterhalts nach §§ 1573 Abs. 5, 1578 Abs. 1 S. 2 BGB a.F. in Betracht kam. Grundsätzlich sind Begrenzungsmöglichkeiten bereits im Erstverfahren geltend zu machen. Eine spätere Geltendmachung kommt nicht in Betracht, auch nicht im Abänderungsverfahren.[143] Für die Präklusion ist insoweit

---

136 BGH, NJW 2006, 2401; 2007, 839; 2007, 1961; 2007, 2628; 2008, 148; 2008, 151; NJW-RR 2008, 1; FPR 2008, 48.

137 *Triebs,* FPR 2008, 31, 32, 33.

138 OLG Brandenburg, FPR 2008, 388, 389. Zu weiteren Kriterien und Einzelfallentscheidungen siehe *Ehinger,* FPR 2009, 105, sowie *Strohal,* FPR 2009, 87, 88 f.

139 BGH, FPR 2009, 418, hinsichtlich eines Unterhaltsanspruchs aus § 1572 BGB.

140 *Schmitz,* Anm. zu BGH, Urt. v. 27.5.2009 - XII ZR 111/08, FPR 2009, 422, 423.

141 Einen Überblick über bisher ergangene Entscheidungen bietet *Ehinger,* FPR 2009, 105, 106 ff.

142 *Borth,* UÄndG, Rn. 390.

143 BGH, FamRZ 2001, 905. Gleichfalls scheidet auch die Erhebung einer Vollstreckungsgegenklage aus.

lediglich von Interesse, ob die Umstände bereits vor Schluss der letzten mündlichen Verhandlung vorlagen; ob diese auch Gegenstand der richterlichen Beurteilung waren, ist unerheblich.[144] Sofern also nach altem Recht die für eine Begrenzung in Betracht kommenden Umstände bekannt und vorgetragen waren, die Möglichkeit der Begrenzung gleichwohl nicht geprüft wurde, sind diejenigen Umstände, die nun auch in § 1578b BGB enthalten sind, präkludiert.[145]

Für die Frage der Präklusion von Parteivorbringen in Bezug auf einen Anspruch, der auch schon nach altem Recht beschränkt werden konnte, ist insoweit zu beachten, dass die erweiterten Beschränkungsmöglichkeiten des nachehelichen Unterhalts nicht zwangsläufig erst durch die Unterhaltsrechtsreform eingetreten sind. Vielmehr haben im Kern nämlich bereits die Entscheidung des BGH vom 12.4.2006[146] sowie die anschließende Konkretisierung zu den ehebedingten Nachteilen[147] zu einer veränderten Betrachtung geführt,[148] die ihrerseits gegebenenfalls zu einem Abänderungsverfahren berechtigt hätte.[149] Diesbezüglich hat das UÄndG die Beschränkung zusätzlich auf andere Unterhaltstatbestände erstreckt. Damit ist ein unterhaltsrechtliches Abänderungsbegehren, mit dem nachträglich die Befristung von zunächst unbefristetem titulierten Unterhalt verlangt wurde, trotz § 36 Nr. 1, 2 EGZPO grundsätzlich unzulässig, wenn der ursprüngliche Titel nach der Änderung der höchstrichterlichen Rechtsprechung errichtet worden ist, sodass die seither erweiterten Möglichkeiten einer Unterhaltsbefristung hätten berücksichtigt werden können.[150] Zwar erscheint es insofern bedenklich, dass ex post fast zwei Jahre nach Veröffentlichung der konkreten Entscheidung ihre Bedeutung als grundlegende Veränderung festgestellt wird, denn im Zeitpunkt der Urteilsverkündung oder der Zustellung eines Beschlusses lassen sich die Auswirkungen der Rechtsauffassung häufig noch nicht restlos abse-

---

144 *Peschel-Gutzeit,* Unterhaltsrecht aktuell, Rn. 133.

145 *Borth,* UÄndG, Rn. 390; *Peschel-Gutzeit,* Unterhaltsrecht aktuell, Rn. 200; *Rasch,* FPR 2008, 15, 17. Zum Haftungsrisiko des Anwalts und zur Frage, inwieweit eine Präklusion eintritt, wenn in der Erstentscheidung eine Befristung weder vorgenommen noch ausgeschlossen wird, siehe *Peschel-Gutzeit,* Unterhaltsrecht aktuell, Rnrn. 134 ff. Kritisch zur Frage der Präklusion Münchener Anwaltshandbuch/*Grandel,* § 9 Rn. 320.

146 BGH, FamRZ 2006, 1006 = NJW 2006, 2401.

147 BGH, FamRZ 2007, 200; 2007, 1232; 2007, 2049; 2007, 2052; 2008, 134; BGHZ 171, 206.

148 OLG Dresden, NJW 2008, 3073, 3074.

149 Zur Abänderungsklage bei einer Änderung der höchstrichterlichen Rechtsprechung siehe *Biersack/Knoche,* MDR 2005, 12.

150 BGH, Urt. v. 18.11.2009 - XII ZR 65/09; OLG Dresden, NJW 2008, 3073; OLG Bremen, NJW 2008, 3074; OLG Saarbrücken, Urt. 4.12.2008 - 6 UF 40/08 = BeckRS 2009 00022; OLG Stuttgart, Beschl. v. 8.1.2009 - 16 UF 204/08 = BeckRS 2009 04666; OLG Dresden, Beschl. v. 4.7.2008 - 20 WF 574/08 = BeckRS 2008 15369; OLG Hamm, NJW 2008, 2445; AG Flensburg, Urt. v. 10.6.2008 - 92 F 315/07 = BeckRS 2008 13101; Palandt/ *Brudermüller,* § 1578b Rn. 20. A.A. OLG Brandenburg, Urt. v. 29.4.2008 - 10 UR 124/07 = BeckRS 2008 14222. Kritisch insoweit auch *Heumann,* FamRZ 2007, 178 184, *Graba,* FPR 2008, 100, 103.

hen.[151] Allerdings ist es ein grundsätzliches Problem, dass sich im Zeitpunkt einer Rechtsprechungs- oder Gesetzesänderung nicht abschließend beurteilen lässt, inwieweit diese tatsächlich einschneidend sein wird. Aufgrund von Praktikabilitätserwägungen kann die diesbezügliche Entwicklung aber nicht abgewartet werden.

3. Betreuungsunterhalt des Ehegatten

a) Betreuungsunterhalt des § 1570 BGB a.F. nach dem Altersphasenmodell

Eine der bedeutendsten Neuerungen im Unterhaltsrecht ist die Änderung des nachehelichen Betreuungsunterhalts in § 1570 BGB. Bisher war dieser so ausgestaltet, dass ein geschiedener Ehegatte - Bedürftigkeit und Leistungsfähigkeit vorausgesetzt - Unterhalt verlangen konnte, solange und soweit von ihm wegen der Pflege oder Erziehung eines gemeinschaftlichen[152] Kindes eine Erwerbstätigkeit nicht erwartet werden konnte. § 1570 BGB a.F. kam dabei nicht nur zugunsten desjenigen in Betracht, dem nach einer Scheidung das alleinige Sorgerecht übertragen wurde, sondern auch bei gemeinsamem Sorgenrecht zum Vorteil des Elternteils, bei dem sich das Kind dauernd aufhielt und der die Last der Erziehung und täglichen Pflege hauptsächlich trug.[153] Die Sorge für ein Kind befreite dabei nicht automatisch von jeglicher Berufstätigkeit. Diese widerlegbare Vermutung hatte der Gesetzgeber bewusst nicht begründet,[154] weshalb in der Rechtsprechungspraxis Einzelfallumstände berücksichtigt werden konnten. Gleichwohl hatte sich in der Rechtsprechung, auch bedingt durch die unterhaltsrechtlichen Leitlinien der Oberlandesgerichte,[155] im Laufe der Zeit ein mehr oder weniger starres Altersphasenmodell entwickelt. Regelmäßig konnte danach dem betreuenden Elternteil eine Erwerbstätigkeit nicht zugemutet werden, wenn das Einzelkind das 8. Lebensjahr[156] oder die 2. Grundschulklasse[157] noch nicht

---

151 *Born,* FPR 2008, 530.

152 Gemeinschaftliche Kinder sind solche, die in der Ehe geboren sind (§§ 1591, 1592 Nr. 1 BGB) sowie Kinder, die vor der Ehe geboren wurden, aber durch nachfolgende Eheschließung zu ehelichen Kindern geworden sind (§ 1626a Abs. 1 Nr. 2 BGB) oder für welche die Vaterschaft anerkannt oder gerichtlich festgestellt wurde (§ 1592 Nr. 2 3 BGB). Ein nach Scheidung geborenes Kind kann nur dann zu einem ehelichen Kind werden, wenn die Vaterschaft anerkannt oder gerichtlich festgestellt wird (§ 1592 Nr. 2, 3 BGB). Ebenfalls erlangen gemeinsam adoptierte Kinder die rechtliche Stellung eines gemeinschaftlichen Kindes der Ehegatten (§ 1754 Abs. 1 BGB). Zur Begrifflichkeit siehe auch Scholz/Stein/*Kleffmann,* H 70; Bamberger/Roth/*Beutler,* § 1570 Rn. 3.

153 *Schwab,* Familienrecht, 16. Auflage, Rn. 343.

154 RegE BT-Drs. 7/650, 122.

155 Siehe beispielsweise Leitlinien zur Düsseldorfer Tabelle v. 1.7.2007, Anm. 17.1.

156 BGH, NJW 1982, 175; 1983, 1427; 1984, 1537; 1989, 1083, 1085; 1995, 1148, 1149; OLG Bremen, FamRZ 1991, 86; MüKo/*Maurer,* § 1570 Rn. 11. Ebenso die Leitlinien zum Unterhalt, OLG Düsseldorf, Stand 1.7.2007, Nr. 17.1. Zustimmend hinsichtlich einer Vollzeiterwerbstätigkeit *Rauscher,* Familienrecht, Rn. 565.

157 BGH, NJW 1983, 1427; 1984, 1537; FamRZ 1992, 1045, 1047; 1995, 291, 292. Ebenso die Leitlinien der OLG, vgl. etwa Unterhaltsrechtliche Leitlinien der Familiensenate in Süddeutschland, Stand 1.7.2005, Nr. 17.1; *Büttner/Niepmann,* NJW 2006, 2373, 2377 f.

vollendet hatte. Zu diesem Zeitpunkt bedarf das Kind noch einer intensiven Zuwendung, da mit Schulbeginn eine neue Lebensphase beginnt und Kinder und Eltern sich darauf einstellen müssen.[158] Zwischen dem 8. und dem 11. Lebensjahr wurde vermehrt auf Einzelfallaspekte sowohl in Bezug auf das zu betreuende Kind als auch hinsichtlich der Betreuungsperson abgestellt.[159] Eine Halbtagserwerbstätigkeit kam danach aber vor Vollendung des 10. Lebensjahres selten in Betracht.[160] Zwischen dem 11. und 15. Lebensjahr wurde zumeist eine Teilzeitbeschäftigung als zumutbar erachtet, die aber nicht stets den Umfang einer halbtägigen Beschäftigung annehmen musste.[161]

Mit ansteigender Kinderzahl konnte dem Betreuenden grundsätzlich nur in geringerem Umfang eine Erwerbstätigkeit zugemutet werden.[162] Bei zwei oder mehreren schulpflichtigen Kindern kam eine Teilzeiterwerbstätigkeit in der Regel nicht vor Vollendung des 14. oder 15. Lebensjahres des älteren Kindes in Betracht.[163] Als mit einer Vollzeiterwerbstätigkeit vereinbar wurde regelmäßig die Betreuung dann erachtet, wenn das jüngste Kind 15[164] oder 16 Jahre[165] alt war.

---

158 *Wellenhofer,* FamRZ 2007, 1282, 1283.

159 BGH, FamRZ 1989, 487; 1997, 873, 874 f; NJW 1982, 326, 327; 1984, 2358; 1989, 1083, 1085; Palandt/*Brudermüller,* 67. Aufl., § 1570 Rn. 8. Nach OLG München, FamRZ 1988, 1021, 1024 besteht auch während der zweiten Grundschulklasse keine Erwerbsobliegenheit. OLG Celle, FamRZ 1988, 1238, 1240 und OLG Koblenz, FamRZ 1989, 627 sehen während der ganzen Grundschulzeit keine Erwerbsobliegenheit; das OLG Hamm, NJW-RR 1994, 707 geht bis zum 10. Lebensjahr von keiner Erwerbsobliegenheit aus.

160 BGH, NJW 1995, 1148, 1149; OLG Braunschweig, FamRZ 2002, 1711.

161 BGH, FamRZ 1997, 671, 672; 1999, 367; 1999, 372; NJW 1979, 1452; 1981, 448; 1981, 1782; 1984, 2355; 1997, 1851. Siehe auch die Leitlinien der OLG, beispielsweise Unterhaltsgrundsätze des OLG Frankfurt am Main, Stand 1.7.2003, Nr. 17.1. Nach Auffassung des OLG Schleswig FamRZ 1996, 734 ist bei der Betreuung eines noch nicht 14-jährigen Kindes nur eine Erwerbstätigkeit im Geringverdienerbereich zumutbar; a.A. OLG Köln, FamRZ 1982, 706, 709; OLG Frankfurt, FamRZ 1986, 1103 (30 Wochenstunden); OLG Düsseldorf, FamRZ 1991, 192, 193;

162 BGH, FamRZ 1982, 148, 149 f.; 1990, 989, 991; 1999, 372, 373.

163 BGH, NJW-RR 1997, 897, 898; Soergel/*Häberle,* § 1570 Rn. 11; a.A. etwa OLG Nürnberg, NJW 1980, 1473 (12 und 11 Jahre alte Kinder: 3-stündige Teilzeittätigkeit zumutbar); MüKo/*Maurer,* § 1570 Rn. 14.

164 BGHZ 89, 108, 111; BGH, NJW 1991, 224, 225; OLG Celle, NJW-RR 1994, 1354. Siehe auch die Leitlinien der OLG, beispielsweise Unterhaltsleitlinien des Hanseatischen Oberlandesgerichts Hamburg, Stand 1.7.2007, Nr. 17.1. In den Leitlinien zum Unterhalt des Oberlandesgerichts Düsseldorf, Stand 1.7.2007, Nr. 17.1 wird in der Regel ab Vollendung des 16. Lebensjahres eine Vollzeittätigkeit für zumutbar erachtet.

165 BGH, NJW 1983, 1548 (15 ½ Jahre); BGHZ 89, 108; BGH, FamRZ 1985, 50, 51; NJW 1997, 1851, 1852 f.; auch KG, FamRZ 1984, 898 f.; OLG Düsseldorf, FamRZ 1985, 815, 816 (16/17-jährig); OLG Naumburg, FamRZ 1998, 479; MüKo/*Maurer,* § 1570 Rn. 13.

Dieses Altersphasenmodell stand allerdings schon längere Zeit in der Kritik.[166] Neben den verfassungsrechtlichen Bedenken im Zusammenhang mit dem Betreuungsunterhalt nach § 1615l BGB wurde es von vielen als zu schematisch und unangemessen angesehen. Allerdings ist zumindest die erste Altersstufe durchaus nicht völlig aus der Luft gegriffen, sondern an den Lebensphasen des Kindes orientiert. Bis zum Eintritt in den Kindergarten sind Ganztagesbetreuungsplätze für Kinder nach wie vor Mangelware.[167] Auch danach ergibt sich ein erhöhter Betreuungsaufwand, da die meisten Plätze lediglich Vormittagsplätze sind. Unter Berücksichtigung der Fahrzeiten zur Betreuungseinrichtung wird sich hier sogar eine Teilzeiterwerbstätigkeit häufig nicht realisieren lassen. Selbst mit Schulbeginn verändert sich der Betreuungsbedarf nicht wesentlich, zumal insbesondere in den ersten Klassen der Unterricht häufig bereits am späten Vormittag endet. Gerade die Umstellung auf die neue Situation erfordert hier regelmäßig eine erhöhte Zuwendung.[168] Wenn sich also die Gestaltung des Schultages vielerorts nicht an den durchschnittlichen Arbeitsgegebenheiten der Eltern orientiert, so muss doch zumindest die Rechtsprechung dies berücksichtigen.

b) Betreuungsunterhalt nach § 1570 BGB n.F. unter Berücksichtigung der Betreuungsmöglichkeiten

Der geänderte § 1570 BGB ist im Lichte der gestärkten Eigenverantwortung nach der Scheidung zu sehen.[169] Im Gegensatz zu § 1570 BGB a.F. findet sich nicht länger ein einheitlicher Unterhaltstatbestand. Die Regelung differenziert vielmehr: § 1570 Abs. 1 S. 1 BGB gewährt einen Anspruch für die ersten drei Lebensjahre des Kindes, § 1570 Abs. 1 S. 2, 3 BGB normiert die Verlängerung für Betreuungsleistungen ab dem 4. Lebensjahr und § 1570 Abs. 2 BGB ermöglicht schließlich eine Verlängerung aus Billigkeitsgründen.

---

166 Beispielsweise AnwKom/*Schürmann,* § 1577 Rn. 60 ff.; Palandt/*Brudermüller,* § 1570 Rn. 9; *Puls,* FamRZ 1998, 865, 870; *Hauß,* FamRB 2007, 211, 214.

167 In den ostdeutschen Bundesländern besuchen 2/5 der unter Dreijährigen eine Kindertageseinrichtung oder eine Tagesmutter/einen Tagesvater, in den westdeutschen Bundesländern hingegen nur jedes 10. Kind dieser Altersgruppe (Bericht der Bundesregierung 2008 nach § 24a Abs. 3 SGB VIII über den Stand des Ausbaus für ein bedarfsgerechtes Angebot an Kindertagesbetreuung für Kinder unter drei Jahren für das Berichtsjahr 2007; abrufbar unter: http://www.bmfsfj.de/bmfsfj/Generator/RedaktionBMFSFJ/Abteilung5/Pdf-Anlagen/tag-bericht,property=pdf,bereich=bmfsfj,sprache=de,rwb=true.pdf). Geplant ist der weitere Ausbau der Kindertagesbetreuung (in Westdeutschland) unter Umsetzung des Kinderförderungsgesetzes, vgl. BMFSFJ, Ausbau der Kindertagesbetreuung für unter Dreijährige, abrufbar unter: http://www.bmfsfj.de/bmfsfj/generator/BMFSFJ/Kinder-und-Jugend/kinderbetreuung,did=97458,render=renderPrint.html.

168 Mit dieser Argumentation zum Betreuungsaufwand bei Kindergarten- und Grundschulkindern *Wellenhofer,* FamRZ 2007, 1282, 1283.

169 BT-Drs. 16/1830, S. 14; *Peschel-Gutzeit,* Unterhaltsrecht aktuell, Rn. 38; *Kemper,* FuR 2008, 169.

Ausgehend von dem nach § 24 SGB VIII[170] bestehenden Anspruch auf Kinderbetreuung ab Vollendung des 3. Lebensjahres wird ab diesem Zeitpunkt vom Gesetzgeber eine Erwerbstätigkeit neben der Betreuungsaufgabe als zumutbar erachtet.[171] Damit gewährt § 1570 BGB zunächst einen Basisunterhalt für die ersten drei Lebensjahre des Kindes. Innerhalb dieses Zeitraums obliegt es der freien Entscheidung des betreuenden Ehegatten, eine Fremdbetreuung für das Kind in Anspruch zu nehmen.[172] Ein über das vollendete 3. Lebensjahr des Kindes hinausgehender Anspruch auf Betreuungsunterhalt kommt nach dem Willen des Gesetzgebers nur dann in Betracht, wenn der Berechtige substanziiert darlegt, dass die konkrete Betreuungssituation oder eine besondere Betreuungsbedürftigkeit des Kindes eine vollschichtige Erwerbstätigkeit nicht zulassen[173] oder Billigkeitsgründe dafür sprechen. Den Unterhaltsgläubiger trifft abweichend von der alten Regelung die volle Darlegungs- und Beweislast.[174] Damit konstatiert der Gesetzgeber die Aufgabe des Altersphasenmodells[175] und stellt vermehrt auf die individuelle Betreuungssituation ab, welche bereits in der Rechtsprechung zu § 1615l BGB aufgegriffen wurde.[176]

Die Verlängerungsoption nach § 1570 Abs. 1 S. 2, 3 BGB ist auf kindbezogene Gründe gestützt. Der generelle Umstand, dass Kinder getrennt lebender oder geschiedener Eltern einen erhöhten Betreuungsbedarf haben, findet keine Berücksichtigung, da dies dem Gesetzgeber bereits bei Fassung der Norm bekannt war und im Gesetzgebungsverfahren beachtet wurde.[177] Lediglich eine besondere Betreuungsbedürftigkeit im Einzelfall kann eine Ausweitung des Anspruchs auf Betreuungsunterhalt über das 3. Lebensjahr hinaus rechtfertigen.[178] Im Regelfall ist aber davon auszugehen, dass ab Erreichen der Dreijahresgrenze eine zumin-

---

170 Aufgrund des Anspruchs auf Kinderbetreuung vom 3. Lebensjahr an ist im Grundsicherungsrecht des SGB II einer Leistungsempfängerin grundsätzlich jede Arbeit zumutbar, vgl. § 10 Abs. 1 Nr. 3 SGB II, vormals § 18 Abs. 3 S. 3 BSHG. Durch die unterhaltsrechtliche Modifizierung erreicht der Gesetzgeber zugleich die vielfach geforderte Angleichung von Familien- und Sozialrecht.

171 Vgl. BGH XII ZR 74/08, Urt. v. 18.3.2009 = FamRZ 2009, 770, 772. Nach der Rechtsprechung des BVerfG ist die Dreijahresgrenze verfassungsrechtlich unbedenklich. Dem Gesetzgeber kommt insoweit ein weiter Einschätzungsspielraum zu. Vgl. BVerfG, FamRZ 2007, 965, 972.

172 *Peschel-Gutzeit,* Unterhaltsrecht aktuell, Rn. 42; BGH, FamRZ 2009, 770, 772.

173 OLG Düsseldorf, NJW 2008, 3005.

174 BGH, FamRZ 2009, 770, 772; NJW 2008, 3125, 3132; OLG Celle, FPR 2008, 318, 320 m. Anm. *Peschel-Gutzeit;* OLG Hamm, FPR 2008, 311, 314; OLG Bremen, NJW 2008, 1745, 1747; OLG Düsseldorf, NJW 2008, 3005; Palandt/*Brudermüller,* § 1570 Rn. 25; Luthin/Koch/*Koch,* Handbuch des Unterhaltsrechts, Rn. 2097. Zu den Anforderungen an den Sachvortrag siehe Ehinger/Griesche/Rasch/*Ehinger,* Rn. 441.

175 So beispielsweise auch OLG Hamm, NJW 2008, 2049, 2053.

176 Beispielsweise OLG Karlsruhe, NJW 2004, 523, 524.

177 OLG Düsseldorf, NJW 2008, 3005.

178 A.a.O.; *Borth,* FamRZ 2008, 2, 6.

dest zeitweise Erwerbstätigkeit als zumutbar anzusehen ist.[179] Diesbezüglich sind nach § 1570 Abs. 1 S. 3 BGB auch die bestehenden Möglichkeiten der Kinderbetreuung[180] sowie die Belange des Kindes zu berücksichtigen. Zur Ermittlung der kindbezogenen Verlängerungsgründe kann wegen des identischen Wortlauts auf die zu § 1615l Abs. 2 S. 3 BGB entwickelten Kriterien zurückgegriffen werden, weshalb eine Ausdehnung des Anspruchs insbesondere bei schweren und dauerhaften Erkrankungen[181] oder Behinderungen[182] des Kindes, Entwicklungsstörungen oder -verzögerungen [183] oder einem erhöhten Betreuungsbedarf wegen mit der Trennungssituation verbundener seelischer Belastungen des Kindes in Betracht kommt.[184] Auch dabei müssen allerdings stets die Betreuungsmöglichkeit berücksichtigt werden.[185] Zu keiner Verlängerung kann hingegen das Anliegen des betreuenden Ehegatten führen, das Kind auch über das 3. Lebensjahr hinaus persönlich betreuen zu wollen, da es sich nicht um einen kindbezogenen Grund handelt.[186] Die Dauer für eine Verlängerung ist gesetzlich nicht ausdrücklich beschränkt und hängt vom Einzelfall unter Berücksichtigung der Betreuungsmöglichkeiten ab. Unter Beachtung der Belange des Kindes sollte hier wohl eine schrittweise Anpassung erfolgen.[187] Im Gegensatz zur bisherigen abstrakten Betrachtung nach dem Altersphasenmodell ist nunmehr eine Bewertung des konkreten Einzelfalls erforderlich,[188] wobei jedoch als Maßstab durchaus die Betreuungsbedürftigkeit eines normal entwickelten Kin-

---

179 *Kemper,* FuR 2008, 169, 172; *Dose,* JAmt 2009, 1, 4.

180 Welche Anforderungen speziell an die „bestehenden Möglichkeiten zur Kinderbetreuung" zu stellen sind, ist bisher in der Praxis noch nicht abschließend betrachtet worden. Insbesondere stellt sich hier die Frage, in welcher Entfernung Betreuungsplätze noch zumutbar erscheinen, welche Qualitätsanforderungen eine Einrichtung erfüllen muss und inwieweit Verwandte oder Dritte, welche sich zur Kinderbetreuung bereit erklären, berücksichtigt werden müssen. Für eine Inanspruchnahme *Borth,* UÄndG, Rn. 63; *Kalthoener/Büttner/Niepmann,* Rn. 471; *Peschel-Gutzeit,* Unterhaltsrecht aktuell, Rn. 52. Dagegen *Gerhardt,* FuR 2008, 9, 11. Daneben stellt sich auch die Frage der Kostentragung für die Betreuungseinrichtung. Siehe dazu *Wellenhofer,* FamRZ 2007, 1282, 1283 f.; *Reinken,* FPR 2009, 82, 90. Der BGH geht davon aus, dass die Kosten für den Kindergarten dem Bedarf des Kindes zuzurechnen seien, einen Mehrbedarf aber nur begründeten, sofern sie den Aufwand für den halbtägigen Kindergartenbesuch übersteigen. Siehe BGH, FPR 2008, 299 = NJW 2008, 2337 = FamRZ 2008, 1152.

181 BGH, FamRZ 2009, 770, 773; *Schramm,* NJW-Spezial 2007, 596. Zum Anspruch aus § 1615l Abs. 2 BGB n.F. BGH, NJW 2008, 3125, 3133.

182 Palandt/*Diederichsen,* § 1615l Rn. 18; *Peschel-Gutzeit,* FPR 2008, 24, 25. Zu § 1615l Abs. 2 BGB n.F. BGH, NJW 2008, 3125, 3133.

183 *Peschel-Gutzeit,* Unterhaltsrecht aktuell, Rn. 49; Palandt/*Brudermüller,* § 1570 Rn. 14; OLG Düsseldorf, FamRZ 2003, 184, 184 f. bezüglich einer Langzeittherapie wegen motorischer Defizite.

184 *Schramm,* NJW-Spezial 2007, 596; *Peschel-Gutzeit,* a.a.O.

185 *Peschel-Gutzeit,* FPR 2008, 24, 25.

186 BGH, FamRZ 2009, 770, 772; *Schramm,* NJW-Spezial 2007, 596.

187 *Borth,* UÄndG, Rn. 60 ff.; *Menne/Grundmann,* S. 51. Nach BGH, NJW 2009, 2592 ist ein stufenweiser Übergang bis hin zur Vollzeiterwerbstätigkeit möglich.

188 BGH, FamRZ 2009, 770, 772; Viefhues/Mleczko/*Viefhues,* Unterhaltsrecht, Rn. 205.

des vergleichbaren Alters herangezogen werden darf.[189] Dass sich daraus allerdings ein neues Altersphasenmodell entwickeln wird, ist nach derzeitigem Stand der Rechtsprechung unwahrscheinlich.[190]

Teilweise wird das neue Betreuungsunterhaltsrecht als einem Altersphasenmodell gar nicht erst zugänglich erachtet, wobei Gegner eines neuen Altersphasenmodells sich vor allem auf die Intention des Gesetzgebers und auf eine sich dadurch ergebende Beweislastumkehr berufen.[191] Stützt ein Unterhaltsgläubiger seinen Anspruch auf eine durch die Rechtsprechung herausgearbeitete Fallgruppe, so würde es dem Unterhaltsschuldner obliegen, im Einzelfall eine Ausnahme von dieser Regelung zu beweisen. In der obergerichtlichen Praxis ließen sich den Entscheidungen noch keine klaren Tendenzen für neue Altersstufen entnehmen.[192] Die Rechtsprechung ist extrem unübersichtlich und weicht so stark

---

189 *Kemper,* FuR 2008, 169, 172 f.

190 Aufgrund der Angleichung des Betreuungsunterhalts gelten die Erwägungen für § 1570 BGB n.F. entsprechend. Zwar führt der BGH für die Entwicklung eines möglichen neuen Altersphasenmodells nicht kindbezogene, sondern elternbedingte Gründe an, durch welche sich die Tatbestände des § 1570 BGB und § 1615l BGB gerade unterscheiden, allerdings kann die Frage einer Überforderung durch vollschichtige Erwerbstätigkeit wegen altersbedingter erhöhter Betreuungsbedürftigkeit eines Kindes in Bezug auf eheliche Kinder nicht anders zu beantworten sein als bezüglich eines nichtehelichen Kindes.

191 **Kritisch** in Bezug auf eine neues Altersphasenmodell *Graba,* NJW 2008, 3105, 3106; *Peschel-Gutzeit,* Unterhaltsrecht aktuell, Rn. 47 ff.; *Maurer,* FamRZ 2008, 975, 975 ff.; *Niebling,* FF 2008, 193, 195; *Luthin,* FPR 2004, 567, 569; *Puls,* FamRZ 1998, 865, 870; Ebenfalls kritisch in Bezug auf eine schematische Anwendung verschiedener Altersstufen *Meier,* FamRZ 2008, 101, 104; *Schilling,* FPR 2008, 27, 29; *ders.,* FF 2008, 279, 282; *Wever,* FamRZ 2008, 553, 556; **Für** die Entwicklung eines neuen Altersphasenmodells plädieren *Diehl,* FuR 2008, 517, 520; *Borth,* FamRZ 2008, 2, 9 f.; *Gerhardt,* FuR 2008, 9, 11; *Büttner,* FPR 2009, 92, 94. Detaillierte Vorschläge zu möglichen Altersstufen finden sich bereits bei *Borth,* UÄndG, Rn. 71. Dieser stellt hierbei insbesondere auf ein an den Altersstufen des vollendeten dritten und achten Lebensjahres sowie dem 15. Lebensjahr orientiertes Modell ab, welches zwischen geringfügig bis halbtägig beschäftigt, halbtägig bis 75 % Vollzeit erwerbstätig und vollerwerbstätig unterscheidet. Die Einordnung erfolgt entsprechend der Anzahl und Altersstufen der jeweiligen Kinder. Im Falle der Betreuung mehrerer Kinder komme bis zur Erreichung des 8. Lebensjahres des jüngsten Kindes lediglich eine Halbtagserwerbstätigkeit in Betracht; bis zum Erreichen des 15. Lebensjahres des jüngsten Kindes müsse geprüft werden, ob eine Erwerbstätigkeit zwischen 50 % und 100 % zumutbar sei. *Reinken,* FPR 2005, 502, 503 geht davon aus, dass die Betreuung eines noch nicht schulpflichtigen Kindes, wohl bis zum Abschluss des zweiten Grundschuljahres, einer Erwerbstätigkeit entgegensteht. Einen **Überblick** über die Beurteilung der Erwerbsobliegenheit des betreuenden Elternteils in den **Leitlinien** der OLG bietet *Riegner,* FPR 2009, 76, 77 ff.

192 Beispielsweise OLG Brandenburg, FamRZ 2008, 1947: Halbtägige Erwerbstätigkeit bei 11-jährigem Kind mit ADS; OLG München, FamRZ 2008, 1945: Vollzeiterwerbstätigkeit bei 6-jährigem Kind; OLG Düsseldorf, NJW 2008, 2658: Teilzeiterwerbstätigkeit bei zwei Kindern im Grundschulalter; OLG Hamm, NJW 2008, 2049: lediglich gering-

voneinander ab, dass dies kaum auf die besonderen Umstände im Einzelfall zurückgeführt werden kann. Während das OLG Düsseldorf[193] eine Vollzeit-Erwerbsobliegenheit vor Vollendung des 14. Lebensjahres ablehnt, hält das OLG Köln[194] eine Vollzeiterwerbstätigkeit neben der Betreuung von zwei Kindern im Grundschulalter (acht und zehn Jahre) für geboten.[195] Der BGH hat - nach anfänglichem Zögern -[196] nun ein reines Altersphasenmodell, welches allein auf das Alter des Kindes abstellt, als nicht mit den Anforderungen der gesetzlich intendierten Einzelfallabwägung vereinbar erachtet.[197] Aus Gründen der Rechtssicherheit und Vorhersehbarkeit wie auch der Prozessökonomie sollte die bunte Rechtsprechungskasuistik schließlich doch durch entsprechende höchstrichterliche Rechtsprechung zumindest in den Grundzügen vereinheitlicht werden.[198]

Sofern eine Verlängerung aus kindbezogenen Gründen nicht in Betracht kommt,[199] ermöglicht § 1570 Abs. 2 BGB auch eine Verlängerung aus Billigkeitsgründen, welche sich aus der ehelichen Solidarität ergeben.[200] Diesbezüg-

---

fügige Tätigkeit bei 5-Jährigem; OLG Köln, NJW 2008, 2659: Vollzeiterwerbstätigkeit bei 8 und 11 Jahre alten Kindern.

193 OLG Düsseldorf, FPR 2009, 58 = NJW 2009, 600 = FamRZ 2009, 522. Das zu betreuende Kind ist 11 Jahre alt und besucht das Gymnasium. Die Mutter arbeitet üblicherweise fünf Stunden täglich zuzüglich Überstunden, die sie anhäuft, um Ausfallzeiten zu überbrücken. Eine Fremdbetreuung ist an den Unterrichtstagen bis 16 Uhr gewährleistet. Seine Entscheidung begründet das OLG insbesondere damit, dass die Umstellung von Grund- auf weiterführende Schule generell einen besonderen Betreuungsbedarf begründe. Konkrete einzelfallbezogene Gründe wurden nicht aufgeführt.

194 OLG Köln, FPR 2008, 455 = NJW 2008, 2659.

195 Siehe dazu *Börger,* FPR 2009, 71.

196 In NJW 2008, 3125, 3133 hatte der BGH unter Bezug auf den Betreuungsunterhalt nach § 1615l BGB das Berufungsgericht, an welches die Sache zurückverwiesen wurde, aufgefordert zu überprüfen, inwiefern „sich aus dem Gesichtspunkt einer überobligationsmäßigen Doppelbelastung ungeachtet des gesetzlichen Regelfalls eines dreijährigen Betreuungsunterhalts Fallgruppen bilden lassen, die auf Erfahrungswerten beruhen und - zum Beispiel nach dem Alter des Kindes - einer gewissen Pauschalierung zugänglich sind". Aufgrund der Angleichung des Betreuungsunterhalts gelten die Erwägungen für § 1570 BGB n.F. entsprechend. Zwar führt der BGH für die Entwicklung eines möglichen neuen Altersphasenmodells nicht kindbezogene, sondern elternbedingte Gründe an, durch welche sich die Tatbestände des § 1570 BGB und § 1615l BGB gerade unterscheiden, allerdings kann die Frage einer Überforderung durch vollschichtige Erwerbstätigkeit wegen altersbedingter erhöhter Betreuungsbedürftigkeit eines Kindes in Bezug auf eheliche Kinder nicht anders zu beantworten sein als bezüglich eines nichtehelichen Kindes.

197 BGH, FamRZ 2009, 770, 773. Siehe diesbezüglich auch den Leitsatz der Entscheidung.

198 Siehe auch *Börger,* FPR 2009, 71, 72.

199 Die Ansprüche aus § 1570 Abs. 1 BGB und § 1570 Abs. 2 BGB stehen in einem Verhältnis des Vor- und Nachrangs. Siehe BGH, FamRZ 2009, 770, 773; *Peschel-Gutzeit,* Unterhaltsrecht aktuell, Rn. 55.

200 BT-Drs. 16/6980, S. 19.

lich unterscheidet sich der Betreuungsunterhalt Geschiedener vom Betreuungsunterhalt nach § 1615l BGB.[201] Geschützt wird hier insbesondere der Fortbestand einer im Einvernehmen erfolgten Aufgabenteilung während der Ehe,[202] allerdings auch unter Berücksichtigung der tatsächlich praktizierten Kinderbetreuung.[203] Diesbezüglich kommt es darauf an, inwiefern die ausgeübte oder verlangte Erwerbstätigkeit neben dem nach der Erziehung und Betreuung in Tageseinrichtungen verbleibenden Anteil an der Betreuung zu einer überobligationsmäßigen Belastung des betreuenden Elternteils führte.[204]

c) Abänderung bestehender Unterhaltsregelungen

Veränderungen eines bestehenden Unterhaltstitels kommen beim Betreuungsunterhalt also insbesondere dann in Betracht, wenn das Kind älter als drei Jahre ist und sich nach neuem Recht eine Erwerbsobliegenheit ergeben könnte. Sollte sich ein dem überholten Altersphasenmodell entsprechender Schematismus etablieren, so wird sich das Abänderungsverfahren nach dessen Altersstufen und sonstigen Kriterien richten.

Fraglich ist allerdings, ob eine Abänderung allenfalls möglich ist, wenn das Gericht bei Titulierung eines Betreuungsunterhaltsanspruchs nach § 1570 BGB a.F. im Vorgriff der Reform in den Entscheidungsgründen nicht nur auf das Alter des Kindes abgestellt hat, sondern bereits eine außerhäusliche Betreuung, beispielsweise durch Verwandte, thematisiert und als nicht dem Kindeswohl förderlich abgelehnt hat. Denn in einem solchen Fall wurden schon die nun nach § 1570 Abs. 1 S. 3 BGB zu berücksichtigenden Möglichkeiten der Kinderbetreuung bewertet, wodurch streng genommen keine Änderung vorliegt, die erst durch die Reform erheblich geworden wäre.[205] Allerdings ist die Möglichkeit der Fremdbetreuung fortan in einem völlig anderen Ausmaß als bisher zu berücksichtigen. Es wird nicht nur auf die Fremdbetreuung von Verwandten abgestellt, sondern auch durch professionelle Betreuungsplätze. Daher ist die Frage der Fremdbetreuung erst dann abschließend behandelt worden und kann keinen Abänderungsanlass mehr nach § 36 Nr. EGZPO bieten, wenn sämtliche Möglichkeiten der Fremdbetreuung im ergangenen Urteil erwogen wurden.

---

201 Zur Vereinbarkeit einer solchen Regelung mit Art. 6 Abs. 1 GG siehe BVerfG, FamRZ 2007, 965.

202 BGH, FamRZ 2009, 770, 773; *Peschel-Gutzeit,* FPR 2008, 24, 25; *Kemper,* FuR 2008, 169, 176.

203 *Kemper,* FuR 2008, 169, 175. Es soll kein gänzlich neuer Unterhaltstatbestand entstehen. Die Besonderheit der Verlängerung aus Billigkeitsgründen besteht darin, dass die Betreuung der Kinder durch den Ehegatten nicht mehr (in diesem Umfang) erforderlich wäre, allerdings nicht gänzlich losgelöst von den tatsächlichen Betreuungsrealitäten.

204 BGH, FamRZ 2008, 1739, 1748 f.; 2009, 770, 773. Die Darlegungs- und Beweislast trägt insofern der unterhaltsberechtigte Elternteil, BGH, Urt. v. 6.5.2009 - XII ZR 114/08.

205 Siehe *Rasch,* FPR 2008, 15, 16.

Fernerhin ist zu beachten, dass beim Vorliegen einer Ehe von kurzer Dauer im Sinne des § 1579 Nr. 1 BGB ein Unterhaltsanspruch nach § 1570 BGB a.F. bis zum Erreichen des achten Lebensjahres des Kindes - parallel zum Altersphasenmodell - zeitlich befristet werden konnte.[206] Hier ist zu überlegen, inwieweit nun möglicherweise die Befristung des Anspruchs aufzuheben ist.

Ist mit Rücksicht auf die Kinderschutzklausel der Unterhaltsanspruch im Erstverfahren nicht nach § 1579 Nrn. 2 ff. BGB a.F. beschränkt worden, so besteht nun mit Hinblick auf die Vorverlegung der Erwerbsobliegenheit des betreuenden Elternteils die Möglichkeit einer Abänderung und damit ein möglicher Anwendungsfall für § 36 Nr. 1 EGZPO.[207]

4. Rangverhältnisse im neuen Unterhaltsrecht

a) Überblick über die Rangordnung

Die wohl in vielen Fällen einschneidendsten Änderungen birgt die Neuordnung der Rangfolge in § 1609 BGB, welche die Reihenfolge der Befriedigung der Ansprüche im Mangelfall in einer zentralen Norm für sämtliche Unterhaltsberechtigte zusammenfasst. Bis zum 1.1.2008 ergab sich die Rangfolge insbesondere aus dem Zusammenspiel von §§ 1582, 1609 BGB und § 1615l Abs. 3 S. 2 BGB a.F. sowie § 16 Abs. 2 LPartG a.F. Diese sahen vor, dass im ersten Rang minderjährige und privilegiert volljährige Kinder standen sowie der geschiedene und auch ein neuer Ehegatte. Für das Verhältnis des geschiedenen und des neuen Ehegatten untereinander galt ungeachtet der formalen Ranggleichheit ein grundsätzlicher Vorrang des Geschiedenen, außer der neue Ehegatte hätte seinen Unterhaltsanspruch im Fall einer Scheidung auf § 1569 BGB a.F. bis § 1574 BGB a.F., § 1576 BGB a.F. stützen können. Diese Ausnahme kam jedoch dann nicht zum Tragen, wenn der Geschiedene wiederum aus § 1570 BGB a.F. oder § 1574 BGB a.F. anspruchsberechtigt war. Im zweiten Rang befand sich der aus § 1615l BGB a.F. Anspruchsberechtigte, ihm folgten im dritten Rang die übrigen Kinder sowie in den weiteren Rängen die Abkömmlinge und die Verwandten in aufsteigender Linie.

Die neue Rangregelung sieht indes einen absoluten Vorrang der Kinder vor, da sie als die wirtschaftlich schwächsten Mitglieder der Gesellschaft nicht in der Lage sind, alleine für ihren Unterhalt aufzukommen.[208] Minderjährige, unverheiratete Kinder und Kinder im Sinne von § 1603 Abs. 2 S. 2 BGB belegen den ersten Rangplatz, im zweiten Rang folgen alle Eltern, welche Betreuungsunterhalt nach § 1615l BGB oder § 1570 BGB beziehen oder im Falle einer Scheidung beziehen würden, sowie diejenigen Ehegatten, die wegen einer langen Ehedauer

---

206 BGH, FamRZ 1997, 671, 672; 1997, 873, 875 ff.; *Borth,* UÄndG, Rn. 390; *ders.* FamRZ 2008, 105, 106; *Peschel-Gutzeit,* Unterhaltsrecht aktuell, Rn. 200.

207 *Peschel-Gutzeit,* a.a.O.

208 BT-Drs. 16/1830, S. 23.

besonderen Vertrauensschutz beanspruchen können, wobei bei der Feststellung einer Ehe von langer Dauer ausdrücklich auch die Nachteile i.S.d. § 1578b Abs. 1 S. 1 und 3 BGB zu berücksichtigen sind.[209] Im dritten Rang finden sich schließlich der Ehegatte und alle geschiedenen Ehegatten. Rang vier wird belegt von Kindern, die nicht bereits im ersten Rang stehen. Ab dem fünften Rang regelt die Norm schließlich die Rangfolge von Abkömmlingen, Eltern und weiteren Verwandten.

b) Relevanz im Mangelfall

Die geänderte Rangfolge tritt immer dann zu Tage, wenn ein Mangelfall vorliegt. Dies ist der Fall, wenn der Unterhaltsverpflichtete nicht in der Lage ist, mit seinem bereinigten Nettoeinkommen alle sich aus dem Gesetz ergebenden Unterhaltsansprüche ohne Gefährdung seines angemessenen oder lebensnotwendigen eigenen Unterhaltsbedarfs zu erfüllen.[210] Von einem absoluten Mangelfall wird ausgegangen, wenn der Unterhaltsschuldner nicht einmal alle gleichrangigen (erstrangigen) Unterhaltsansprüche befriedigen kann.[211] Ein bloß relativer Mangelfall ist hingegen dann anzunehmen, wenn das zur Verteilung stehende Einkommen des Schuldners nicht ausreicht, um den Bedarf aller seiner Gläubiger unterschiedlichen Rangs unter Wahrung seines eigenen Selbstbehalts zu decken.[212] In der Praxis reicht in den meisten Fällen die Verteilungsmasse nicht aus, sodass der Mangelfall faktisch den Regelfall darstellt.[213]

Unter schematischer Anwendung des Gesetzeswortlautes käme es nach dem „Alles-oder-Nichts-Prinzip“[214] im Mangelfall dazu, dass zunächst die vorrangigen Unterhaltsgläubiger in voller Höhe ihres Anspruchs befriedigt würden und die nachrangigen gar nicht. Der Gesetzgeber hat daher darauf hingewiesen, dass auch auf Basis der neuen Rechtsordnung in besonderem Maße auf den Rechenweg Bedacht genommen werden müsse, um im Mangelfall zu gerechten Ergebnissen zu gelangen, insbesondere im Verhältnis vorrangiger Kinder zu nachrangigen Unterhaltsberechtigten oder im Verhältnis von Erst- und Zweitfamilie zueinander.[215] Dazu wird vorgeschlagen, im Mangelfall bis zur Deckung des notwendigen Mindestbedarfs aller Beteiligten gegebenenfalls eine Herabstufung bis

209 Näher zum Begriff der langen Ehedauer BGH, NJW 2008, 3213, 3218 f.

210 Wendl/Staudigl/*Gutdeutsch,* § 5 Rn. 26; MüKo/*Born,* § 1609 Rn. 3; *Schellhammer,* Rn. 468, Schulz/Hauß/*Pauling,* § 1609 Rn. 9; Münchener Anwaltshandbuch/*Bömelburg,* § 6 Rn. 112. Vgl. auch *Spangenberg,* FamRZ 2008, 1312.

211 BGH, NJW 2003, 1112, 1115; Palandt/*Brudermüller,* § 1581 Rn. 23; *Peschel-Gutzeit,* Unterhaltsrecht aktuell, Rn. 329; *Rauscher,* Familienrecht, Rn. 611; *Schellhammer,* Rn. 474; Schwab/*Borth,* Handbuch des Scheidungsrechts, IV Rn. 1088.

212 *Peschel-Gutzeit,* FPR 2002, 169, 170; *Muscheler,* Rn. 440.

213 *Peschel-Gutzeit,* FPR 2002, 169, 169 f.

214 Kritisch dazu *Schwab,* FamRZ 2005, 1417, 1423 f., der allerdings anhand der gegenwärtigen Gesetzeslage keine Korrekturmöglichkeit sieht und daher für eine neue Definition des Rangbegriffs plädiert.

215 BT-Drs. 16/1830 S. 24; *Gutdeutsch,* FuR 2008, 164, 165 f.

in die unterste Tabellengruppe der Unterhaltsleitlinien der Oberlandesgerichte bzw. durch eine Beschränkung des Vorrangs auf den Mindestunterhalt - was faktisch auf dasselbe hinausläuft - vorzunehmen.[216] So verfährt bisher auch ein Teil der Rechtsprechung.[217] Gleichwohl ist dem nicht zuzustimmen, auch wenn in der Praxis regelmäßig für die häufig bestehende Bedarfsgemeinschaft von betreuendem Elternteil und Kind insgesamt keine Veränderungen zu verzeichnen sind. Obgleich auch nach dem überkommenen Unterhaltsrecht die Rangfrage in der Rechtsprechung nicht immer absolut behandelt wurde, so gilt doch der Grundsatz der vollen Rangpriorität.[218] Ein nachrangig Unterhaltsberechtigter kommt nur insoweit zum Zuge, als nach Befriedigung der vorrangigen Ansprüche ein freier Betrag verbleibt.[219] Dass es dabei zu Ergebnissen kommen kann, die im Einzelfall unbillig erscheinen, ist systemimmanent und kann nicht einfach aufgrund einer nicht in Gesetzeskraft erwachsenen Begründung im Wege der „Handsteuerung"[220] modifiziert werden.[221] Letztlich entspricht dies auch dem Leitprinzip der Reform, nämlich der Verbesserung der Stellung des Kindes. Zudem führt eine Rückstufung von der zweiten Einkommensgruppe in die erste beim absoluten Mangelfall häufig auch nur zu marginalen Änderungen beim tatsächlich auszuzahlenden Betrag.[222] Auch beim relativen Mangelfall führt eine Einstufung in die erste Einkommensgruppe nicht zwangsläufig zu einer „gerechteren" Verteilung des Einkommens. Da die einzelnen nachrangigen Unterhaltsberechtigten häufig mit den erstrangigen Kindern eine Bedarfsgemeinschaft bilden, käme es durch die Rückstufung in die erste Einkommensgruppe regelmäßig zu einer Verschiebung des zu zahlenden Unterhalts zwischen der „Erst-" und „Zweitfamilie", häufig zulasten der „Erstfamilie".[223] Diese Verschiebung lässt sich aber nicht rechtfertigen, mithin auch nicht durch den Gedanken der Familiensolidarität, welche die „Erstfamilie" gegenüber der „Zweitfamilie" freilich

---

216 Düsseldorfer Tabelle v. 1.1.2008, Anm. 1, 6; *Reinken,* FPR 2008, 9, 11; *ders.,* FPR 2009, 82, 84; *Gerhardt/Gutdeutsch,* FamRZ 2007, 778, 779; *Heintschel-Heinegg/Gerhard,* S. 148; *Scholz,* FamRZ 2007, 2021, 2028 f.; *Klinkhammer,* FF 2007, 13. Ebenso wohl *Soyka,* FuR 2008, 157, 161. Für eine Rückstufung mithilfe des Bedarfkontrollbetrages *Büte,* FuR 2008, 309, 313.

217 OLG Düsseldorf, FPR 2008, 525, 526 mit zustimmender Anm. *Tomfort/Carlberg,* FPR 2008, 526, 527; OLG Köln, Urt. v. 27.5.2008 - 4 UF 159/07.

218 *Born,* NJW 2008, 1, 2; Hoppenz/Hülsmann/*Hülsmann,* § 1609 n.F. Rn. 2; *Kalthoener/Büttner/Niepmann,* Rn. 106, 112; *Peschel-Gutzeit,* Unterhaltsrecht aktuell, Rn. 320 ff. Näher zum Begriff der Rangpriorität MüKo/*Born,* § 1609 Rn. 10.

219 BGH, FamRZ 1980, 555, 557; 1988, 705, 706; *Schürmann,* FamRZ 2008, 313, 320 f.

220 *Peschel-Gutzeit,* Unterhaltsrecht aktuell, Rn. 324.

221 *Schwab,* FamRZ 2005, 1417, 1423; Palandt/*Diederichsen,* § 1609 Rn. 13.

222 Siehe dazu die Rechenbeispiele von *Peschel-Gutzeit,* Unterhaltsrecht aktuell, Rn. 330 ff.

223 Siehe dazu die Rechenbeispiele von *Peschel-Gutzeit,* Unterhaltsrecht aktuell, Rn. 333 ff. Der Nachteil der Erstfamilie resultiert regelmäßig daraus, dass in dieser häufig mehrere erstrangige Kinder unterhaltsberechtigt sind und deren Anspruch aufgrund des höheren Alters durch die Einordnung in der ersten Einkommensgruppe in absoluten Zahlen stärker gemindert wird.

nicht an den Tag legen muss.[224] Damit ist im Mangelfall an einer Berechnung streng am Wortlaut des Gesetzes festzuhalten und den vorrangig Berechtigten deren voller Unterhalt anzusetzen.[225] Anderes kann jedoch für den Fall der Gewährung von Vertrauensschutz gelten.[226]

c) Auswirkungen auf bestehende Unterhaltsregelungen

Nach den aufgezeigten Veränderungen kann die modifizierte Rangregelung zu deutlichen Abweichungen vom bisherigen Unterhalt führen. Eine Verschlechterung des eigenen Unterhaltsanspruchs kann sich hier in zweifacher Hinsicht ergeben. Zunächst ist möglich, dass der eigene Unterhaltsanspruch im Rang herabgestuft wird oder andere Unterhaltsgläubiger rangmäßig aufsteigen. Möglich ist auch, dass die eigene Rangstufe gleichbleibt, allerdings durch den in der Höhe gestiegenen Unterhaltsanspruch eines vor- oder gleichrangigen Unterhaltsgläubigers ein geringerer Betrag zur Befriedigung des eigenen Anspruchs verbleibt. Schließlich können auch beide Aspekte kumulativ zu einer Verschlechterung führen. In vielen Fällen kommt es aber bloß zu einer Umverteilung des Unterhalts innerhalb einer Bedarfsgemeinschaft,[227] sodass sich wohl häufig die Unterhaltsberechtigten gar nicht erst auf einen möglichen Vertrauensschutz berufen werden. Erst dann, wenn die Umverteilung dazu führt, dass der Bedarfsgemeinschaft insgesamt weniger Geld zur Verfügung steht, eröffnet sich vielfach ein praktischer Anwendungsbereich für § 36 Nr. 1 EGZPO.

5. Wiedereinführung des Mindestunterhalts

Die Änderung des § 1612a BGB hat zur Wiedereinführung eines Mindestunterhalts für Kinder und zum Entfallen der RegelbedarfVO geführt.[228] Der Mindestunterhalt orientiert sich abhängig vom Kindesalter an einem gewissen Prozentsatz des doppelten Kinderfreibetrags. Durch den Kinderfreibetrag wird das Einkommen der Eltern in Höhe des Existenzminimums eines Kindes steuerfrei gestellt. Wird nun das Existenzminimum aufgrund des im Zweijahrestakt durch die Bundesregierung erstellten Existenzminimumsberichts variiert, so verändert sich automatisch die Bezugsgröße des Kinderfreibetrages und damit der Mindestunterhalt, sodass sich im Zuge dessen die Unterhaltshöhe anpassen kann.

---

224 *Peschel-Gutzeit,* Unterhaltsrecht aktuell, Rn. 335.

225 Palandt/*Diederichsen,* § 1609 Rn. 13; *Borth,* FamRZ 2006, 813, 817 f.; *Kemper,* FuR 2007, 49, 50 und 53; *Born,* NJW 2008, 1, 2 f.; *Schürmann,* FamRZ 2008, 313, 320 f.; *Vossenkämper,* FamRZ 2008, 201, 210.

226 Siehe dazu 5. Kapitel III. 3.

227 Siehe *Kemper,* FuR 2007, 49, 53 f.

228 Der Mindestunterhalt bedeutet indes nicht, dass dieser Betrag auf jeden Fall gezahlt werden muss. Nach wie vor richtet sich die Unterhaltshöhe gemäß § 1603 BGB nach der Leistungsfähigkeit des Unterhaltsschuldners. Ein niedrigeres Einkommen führt damit zur Reduzierung des Anspruchs unter den Mindestunterhalt. Allerdings muss der Schuldner in diesem Fall seine schlechten wirtschaftlichen Verhältnisse einwenden und beweisen.

Zudem hat die Reform in § 1612b BGB zu einer Ersetzung der Anrechnungsregel für das Kindergeld geführt. Fortan wird der Bedarf des Kindes um das Kindergeld gekürzt, nämlich zur Hälfte bei alleiniger Barunterhaltspflicht eines Elternteils, ansonsten - beispielsweise bei Betreuung im sogenannten Wechselmodell -[229] voll. Faktisch wird der zu berücksichtigende Teil des Kindergeldes damit als Einkommen des Kindes behandelt; insoweit erfolgt eine Anpassung an das Sozialrecht, § 11 Abs. 1 S. 3 SGB II, § 82 Abs. 1 S. 2 SGB XII. Bei der Berechnung des Ehegattenunterhalts wird nun nicht mehr der volle Kindesunterhaltsbetrag vor Kindergeldanrechnung vom Einkommen des Unterhaltsschuldners abgezogen, sondern lediglich noch der bereits um das Kindergeld gekürzte, tatsächlich zu zahlende Betrag.

Ein Anwendungsfall des § 36 Nr. 1 EGZPO kann dann eintreten, wenn aufgrund der Erhöhung des Kinderfreibetrages nach § 32 Abs. 6 EStG der Kindesunterhalt gemäß §§ 1612a Abs. 1, 36 Nr. 4 EGZPO steigt oder wenn aufgrund der aktualisierten Düsseldorfer Tabelle eine Abweichung des Bedarfs eines minderjährigen Kindes nach § 1610 Abs. 1 BGB eintritt, weil sich durch die Neuregelung des Mindestunterhalts ein geänderter Barunterhaltsbedarf ergibt.[230] Eine Verschlechterung der unterhaltsrechtlichen Position eines geschiedenen Ehegatten kann sich hier durch die Verknüpfung der Ränge ergeben.

6. Modifizierungen durch die Rechtsprechung

Im Zuge der Reform ist es auch durch die Rechtsprechung zu Veränderungen gekommen, die gleichfalls Einfluss bei der Abänderung von Unterhaltsvereinbarungen haben können.

a) Dreiteilungsgrundsatz

Eine maßgeblich durch die neue Rechtsprechung des BGH geprägte Veränderung gilt bei der Bedarfsermittlung, wenn der Unterhaltspflichtige neben dem geschiedenen Ehegatten einem neuen Ehegatten Unterhalt schuldet. In Weiterentwicklung des bisherigen Halbteilungsgrundsatzes, der wegen der Besserstellung des Erwerbstätigen in Höhe von 1/7 dem unterhaltsbedürftigen Ex-Ehegatten einen Anspruch in Höhe von 3/7 gewährte, hat der BGH in Anlehnung an entsprechende Vorschläge in der Literatur[231] den „Dreiteilungsgrund-

229 Verständigen sich die Eltern auf Betreuung im Wechselmodell, so übernimmt jeder der Elternteile die Betreuungsarbeit nahezu hälftig.

230 Borth, UÄndG, Rn. 390.

231 Wendl/Staudigl/*Gutdeutsch,* § 4 Rn. 390 ff.; *Gerhardt/Gutdeutsch,* FamRZ 2007, 778, 779; *Gutdeutsch,* FamRZ 2006, 1072, 1073 f. und 2008, 661, 661 ff.; *Gerhardt,* FuR 2008, 194, 194 ff.; *Klinkhammer,* FF 2007, 13, 14; *Viefhues/Mleczko,* Vorsorge treffen, Rn. 53; siehe auch OLG Düsseldorf, FamRZ 2008, 1254, 1255. **Kritisch** zu einer Dreiteilung und mit eigenem Berechnungsansatz *Grandel,* NJW 2008, 796, 798. Die Berechnung nach der Drittelmethode führe dazu, dass bei Gleichrangigkeit der beiden Unterhaltsberechtigten dem Unterhaltsschuldner mehr verbleibe als im Falle der Nachran-

satz“ entwickelt.[232] Sofern sowohl ein geschiedener Ehegatte als auch ein neuer Ehegatte unterhaltsberechtigt seien, sei dem Halbteilungsgrundsatz nicht zu entnehmen, dass dem Unterhaltsschuldner stets die Hälfte des eigenen Einkommens verbleibe. Grundgedanke dieser Regelung sei vielmehr, dass der Berechtigte nicht mehr erhalten solle, als dem Verpflichteten selbst zur Verfügung stehe. Daraus resultiert, dass dem Unterhaltspflichtigen ein Drittel seines unterhaltsrelevanten Einkommens verbleiben muss, während sich der Unterhaltsbedarf eines jeden von zwei unterhaltsberechtigten Ehegatten ebenfalls mit einem Drittel bemisst. Ausnahmen von der Dreiteilung kämen allein im Mangelfall in Betracht, wenn nach Abzug des Kindesunterhalts ein unterhaltsrelevantes Einkommen von unter 3000 € verbleibe, da dem Unterhaltspflichtigen mindestens ein zwischen dem notwendigen und dem angemessenen Selbstbehalt liegender Betrag verbleiben müsse, welcher nach der Rechtsprechung der Oberlandesgerichte derzeit bei 1000 € liegt. Ist einer der Ehegatten im Mangelfall vorrangig zu befriedigen, so werde sein Bedarf in Höhe eines Drittels zunächst vom Einkommen abgezogen; der nachrangige Ehegatte könne allein in einer Höhe Befriedigung verlangen, die nach Abzug des Selbstbehalts verbleibe.

b) Splittingvorteil

Verbunden mit den Grundsätzen der Dreiteilung hat der BGH auch seine Rechtsprechung zur Behandlung des Splittingvorteils geändert.[233] Nach der Rechtsprechung des BVerfG[234] sollte dieser stets der neuen Ehe verbleiben, weshalb der Unterhaltsanspruch des geschiedenen Ehepartners auf Grundlage eines fiktiven Einkommens errechnet wurde.[235] Nachdem fortan der Unterhaltsbedarf des neuen und des geschiedenen Ehegatten in wechselseitiger Abhängigkeit stehen, muss der Splittingvorteil nunmehr nicht mehr herausgerechnet werden. Damit

---

gigkeit. Für den Unterhaltsverpflichteten könne es jedoch keinen Unterschied machen, ob seine Unterhaltsgläubiger untereinander gleichrangig oder nachrangig sind. Ferner führe diese Methode auch zu einer Ungleichbehandlung hinsichtlich der Berechtigten, sofern diese unterschiedliche eigene Einkünfte hätten, die aber alle zur Bedarfsermittlung addiert würden. Damit finanziere der geschiedene Ehegatte häufig den neuen Ehegatten mit, dürfe selbst aber gleichzeitig durch die neue Berechnung nicht von der Folgeehe profitieren. Aus diesem Grund auch Kritik von *Maurer,* FamRZ 2008, 1919, 1920. Einen abweichenden Berechnungsgrundsatz vertritt *Schürmann,* FamRZ 2008, 313, 323 f. Siehe nunmehr auch BGH, Urt. v. 17.12.2008 - XII ZR 9/07 = BeckRS 2009 04244; OLG Bremen, Beschl. v. 8.10.2008 - 4 WF 74/08 = BeckRS 2008 23241; OLG Celle, Beschl. v. 10.10.2008 - 10 WF 322/08 = BeckRS 2008 22789; OLG Braunschweig, Urt. v. 2.12.2008 - 2 UR 29/08. Zum Wandel der ehelichen Lebensverhältnisse siehe ferner *Schlünder,* FamRZ 2009, 487.

232 BGH, Urt. v. 30.7.2008 - XII ZR 177/06 = NJW 2008, 3213. Zur Behandlung des „Karrieresprungs“ siehe BGH, Urt. v. 17.12.2008 - XII ZR 9/07 = FamRZ 2009, 411; BGH, Urt. v. 28.1.2009 - XII ZR 119/07 = FamRZ 2009, 579.

233 BGH, Urt. v. 30.7.2008 - XII ZR 177/06 = BGH, NJW 2008, 3213.

234 BVerfG, NJW 2003, 3466.

235 BGHZ 163, 84, 90 f.

wird zugleich die sich aus der Berechnung nach den Grundsätzen der Dreiteilung ergebende Kürzung des Anspruchs des geschiedenen Ehegatten teilweise zurückgenommen. Um verfassungswidrige Ergebnisse zu vermeiden, müsse allerdings für den Einzelfall durch eine Kontrollberechnung sichergestellt werden, dass der geschiedene Ehegatte auf diese Weise nicht mehr Unterhalt erhalte, als ihm ohne die neue Ehe des Unterhaltsschuldners zustünde.

c) Relevanz für § 36 Nr. 1 EGZPO

Diese Korrekturen der Rechtsprechung selbst können nicht zur Anwendung des § 36 Nr. 1 EGZPO führen, denn sie sind keine Gesetzesänderung. Gleichwohl können sie aber eine Rolle für die Abänderung spielen, denn über das „Wesentlichkeitskriterium" der Übergangsnorm ist die Höhe der Änderung zu berechnen. In diesem Rahmen kann entschieden werden, inwieweit nach jetziger Rechtslage unter Berücksichtigung der aktuellen Rechtsprechung eine Veränderung um 10 % eintritt.

7. Fazit

Das neue Unterhaltsrecht zeigt also durchaus einige Änderungen auf. Wenn auch die Auslegung der einzelnen Normen durch die Rechtsprechung der Gesetzesfassung teilweise die Schärfe nehmen kann,[236] so sind doch im Einzelfall gravierende Modifizierungen eines bestehenden Unterhaltsanspruchs möglich.

III. Überblick über die Übergangsbestimmung, § 36 Nr. 1 EGZPO

Die Änderungen, welche die Unterhaltsrechtsreform mit sich bringt, sind also nicht zu vernachlässigen. Wendet man nun das neue Recht auf „Altfälle" an, so kann dies in vielen bereits bestehenden Unterhaltsrechtsverhältnissen zu empfindlichen Änderungen führen. Verständlicherweise sind die Parteien aber davon ausgegangen, dass einmal getroffene Unterhaltsregelungen einen gewissen Bestand haben werden, gerade wenn es sich um gerichtliche Festsetzungen handelt. Die Beteiligten haben sich auf die Situation eingestellt; mithin auf den Bestand der Regelung, die sich auf Grundlage der nun überkommenen Gesetzeslage ergab, vertraut. Grundsätzlich sah der Gesetzgeber dieses Vertrauen nicht unbedingt als schützenswert an; er hat jedoch erkannt, dass in bestimmten Konstellationen durchaus ein Schutzbedürfnis gegeben sein kann. Um diesem nachzukommen, hat der Gesetzgeber § 36 Nr. 1 EGZPO als Übergangsregelung im Gesetz verankert.

1. Grundlagen und Regelungsbereich

Die Übergangsvorschrift zum neuen Unterhaltsrecht findet sich in Art. 3 Abs. 2 des Gesetzes zur Änderung des Unterhaltsrechts.[237] Gesetzestechnisch wird die

---

236 So OLG Dresden, Urt. v. 11.3.2009 - 23 UF 626/08 hinsichtlich der Anwendung des § 1570 BGB in der Rechtsprechung.

237 BGBl. I, 3189. Siehe auch BT-Drs. 16/1830, S. 9.

Übergangsregelung dadurch festgeschrieben, dass ein neuer § 36 EGZPO eingefügt wird. Dieser wirkt sowohl materiell-rechtliche also auch verfahrensrechtliche als Übergangsvorschrift. Auf den Vertrauensschutz im Scheidungsunterhalt bezieht sich besonders § 36 Nr. 1 EGZPO.

Nach der Gesetzesbegründung ist die Übergangsregelung von dem Grundgedanken getragen, dass das modifizierte Recht auf alle Unterhaltsansprüche angewendet werden soll, die ab Inkrafttreten der Neuregelung entstehen, also generell auch für „Altfälle" zur Anwendung gelangt, da altes und neues Recht nicht dauerhaft nebeneinander bestehen könnten, sondern im Interesse von Rechtssicherheit und Rechtseinheit die schnellstmögliche und umfassende Anwendung des neuen Rechts geboten sei.[238] Fernerhin sollten, soweit das bisherige Recht zu unbilligen und damit ungerechten Ergebnissen geführt habe, diese nicht dauerhaft fortbestehen.[239]

Die genaue Formulierung des Gesetzeswortlauts indes drückt dieses Anliegen nicht eindeutig aus. Wenn der Gesetzgeber davon spricht, das neue Recht finde Anwendung auf diejenigen Ansprüche, die ab Inkrafttreten entstehen, dürfte es sich um eine Ungenauigkeit handeln: Unterhaltsansprüche entstehen nämlich in dem Zeitpunkt, in dem die Tatbestandsvoraussetzungen geben sind;[240] beim Scheidungsunterhalt regelmäßig mit Rechtskraft der Scheidung.[241] Sollte der Gesetzgeber tatsächlich auf das Entstehen abstellen, so würde dies bedeuten, dass das neue Unterhaltsrecht erst Anwendung finden würde für Ehegatten, deren Scheidung nach dem 1.1.2008 rechtskräftig geworden ist. Angesichts der sonstigen Begründungen, die alle auf die schnellstmögliche Umsetzung des neuen Rechts ausgerichtet sind und sogar Altfälle dem neuen Recht unterwerfen wollen, ist davon auszugehen, dass das neue Unterhaltsrecht Anwendung finden soll auf sämtliche Ansprüche, die nach Inkrafttreten des neuen Rechts fällig werden.[242]

Konkret bedeutet das für die Anwendung des neuen Rechts, dass es für sämtliche Verfahren, die ab dem 1.1.2008 geführt werden, gilt, unabhängig davon, ob das Unterhaltsrechtsverhältnis schon in der Zeit davor begründet wurde. Damit gilt das neue Recht auch für Ehen, die vor dem 1.1.2008 geschlossen wurden, für Unterhaltsansprüche nach § 1615l BGB, welche vor Inkrafttreten des neuen

238 BT-Drs. 16/1830, S. 32.

239 Welche Bestimmungen indes zu diesen ungerechten und unbilligen Ergebnissen geführt haben sollen, bleibt ungeklärt.

240 *Peschel-Gutzeit,* Unterhaltsrecht aktuell, Rn. 195. A.A. *Heß,* Intertemporales Privatrecht, S. 210, Fn. 664, der davon ausgeht, dass der einzelne Unterhaltsanspruch beim Vorliegen aller jeweiligen Tatbestandsmerkmale periodisch neu entstehe; *Budzikiewicz,* NJW 2008, 1747.

241 *Peschel-Gutzeit,* a.a.O.

242 *Peschel-Gutzeit,* a.a.O.; Viefhues/Mleczko/*Viefhues,* Unterhaltsrecht, Rn. 532.

Rechts begründet wurden, sowie für vor dem 1.1.2008 geborene Kinder; es findet ferner Anwendung in Verfahren, die zwar vor dem 1.1.2008 auf der Grundlage des alten Unterhaltsrechts eingeleitet wurden, aber noch nicht abgeschlossen sind.[243] Das alte Recht ist in solchen Fällen lediglich noch für Ansprüche maßgebend, die bis zum 31.12.2007 fällig geworden sind. Daraus ergibt sich, dass in einem Unterhaltsprozess durchaus beide Rechtslagen Anwendung finden können: Alle bis zum 31.12.2007 fälligen Unterhaltsansprüche werden nach altem Recht beurteilt, für die später fällig werdenden Ansprüche gilt das neue Recht. Möglich ist fernerhin, nach § 36 Nr. 6 EGZPO eine vor dem 1.1.2008 geschlossene mündliche Verhandlung beim Familiengericht oder in der Revisionsinstanz wieder zu öffnen, wenngleich auch mittlerweile diese Option wegen des nun verstrichenen Zeitraums meist nicht mehr in Betracht kommen wird.

Ausdrücklich keine Anwendung findet das neue Recht für die Unterhaltsrechtsverhältnisse von Ehegatten, die bis zum 30.6.1977 nach den Regelungen des Ehegesetzes (Verschuldensscheidung) geschieden wurden, § 36 Nr. 7 EGZPO. Auch daraus ergibt sich via Umkehrschluss die grundsätzliche Anwendung des neuen Rechts auf alle übrigen Unterhaltsverhältnisse.

2. Tatbestand des § 36 Nr. 1 EGZPO

§ 36 Nr. 1 EGZPO regelt, unter welchen Voraussetzungen eine bindende Unterhaltsfestsetzung aus der Zeit vor dem Inkrafttreten des UÄndG abgeändert werden kann. Die Regelung bezieht sich dabei auf rechtskräftige Urteile, Titel nach § 794 Abs. 1 Nr. 5 ZPO, Anwaltsvergleiche im Sinne des § 796a ZPO, Unterhaltsvergleiche im Sinne des § 794 Abs. 1 Nr. 1 ZPO, Jugendamtsurkunden nach §§ 59, 60 SGB VIII sowie formlose Unterhaltsvereinbarungen.[244] Sogar ein Unterhaltsverzicht kann der Abänderung obliegen, wenn nämlich die Berufung auf ihn infolge der Änderung des Unterhaltsrechts und einer daraus folgenden Erhöhung des Anspruchs gegen Treu und Glauben, § 242 BGB, verstoßen würde.[245] Schließlich kann grundsätzlich auch eine Abfindungsregelung an das neue Recht angepasst werden, solange mit Vereinbarung des Abfindungsbetrags keine restlose und endgültige Regelung getroffen werden sollte.[246] Keine Anwendung findet die Norm hingegen auf einstweilige Anordnungen nach §§ 620 Nrn. 4-6, 644 ZPO, da diese reine Verfahrensvorschriften ohne materiellrechtlichen Gehalt und keine bindenden Unterhaltsfestsetzungen darstellen.[247]

243 *Peschel-Gutzeit,* Unterhaltsrecht aktuell, Rn. 191.
244 *Peschel-Gutzeit,* Unterhaltsrecht aktuell, Rn. 197.
245 Hoppenz/Hülsmann/*Hoppenz,* § 36 EGZPO Rn. 7.
246 BGH, FamRZ 2005, 1662; Hoppenz/Hülsmann/*Hoppenz,* a.a.O. Dasselbe gilt auch für den Verzicht auf eine Abfindung.
247 *Borth,* UÄndG, Rn. 381; *Gutjahr,* NJW 2008, 1985, 1988; *Büte,* FuR 2008, 177, 179.

In ihrer Anwendung stellt § 36 Nr. 1 EGZPO praktisch eine Spezialnorm zu § 323 ZPO bzw. §§ 238, 239 FamFG[248] dar, begründet jedoch keine eigenständige Abänderungsmöglichkeit.[249] Ein Abänderungsverfahren nach § 323 ZPO bzw. §§ 238, 239 FamFG kann grundsätzlich allein auf eine Gesetzesänderung gestützt werden.[250] Folglich wäre eine Abänderung unter Berufung auf das neue Recht generell in Betracht gekommen, wodurch dem Vertrauensschutz aber nicht hätte ausreichend Rechnung getragen werden können. Darauf bezieht sich § 36 Nr. 1 EGZPO und knüpft daran an, dass Umstände, die der ursprünglichen Unterhaltsfestsetzung zugrunde lagen, infolge der geänderten Rechtslage eine veränderte Bewertung erfahren, sei es in Bezug auf die Voraussetzungen oder die Höhe des Unterhaltsanspruchs.[251] § 36 Nr. 1 EGZPO modifiziert damit die Voraussetzungen eines Änderungsverfahrens bei einer Gesetzesänderung. Daraus ergibt sich, dass bei einer Änderung der tatsächlichen Verhältnisse § 323 ZPO bzw. §§ 238, 239 FamFG eingreift,[252] bei einer Rechtsänderung durch das UÄndG ist indes § 36 EGZPO einschlägig.

§ 36 Nr. 1 EGZPO enthält im Wesentlichen zwei Voraussetzungen. Zunächst ist erforderlich, dass eine wesentliche Änderung der Unterhaltsverpflichtung vorliegt, welche durch Umstände verursacht worden sein muss, die vor Inkrafttretens des UÄndG entstanden sind und durch das Gesetz eine neue Bewertung erfahren. Damit bezieht sich die Norm auf die Voraussetzungen des § 323 ZPO bzw. des § 238 FamFG.[253] Von einer wesentlichen Änderung kann dann gesprochen werden, wenn sie zu einem Urteil führt, das zu einem höheren oder geringeren Betrag tituliert gewesen wäre, der in der Regel mit 10 % angesetzt wird.[254]

248 In Unterhaltssachen richtet sich die Abänderung gerichtlicher Entscheidungen nach § 238 FamFG, für Vergleiche und Urkunden ist § 239 FamFG einschlägig.

249 BGH, Urt. v. 18.11.2009 - XII ZR 65/09.

250 BGH, FamRZ 1990, 1091, 1094; 1991, 542; Baumbach/Lauterbach/Albers/Hartmann/*Hartmann,* ZPO, § 323 Rn. 25; *Ehinger/Rasch,* FamRB 2007, 78; Eschenbruch/Klinkhammer/*Klinkhammer,* 5. Kap., Rn. 374 (S. 1064); Göppinger/Wax/*Vogel,* Unterhaltsrecht, Rn. 2403; *Graba,* Die Abänderung von Unterhaltstiteln, Rn. 274; Mü-Ko/*Gottwald,* ZPO, § 323 Rn.70; Musielak/*Borth,* ZPO, § 323 Rn. 38; Stein/Jonas/Berger/*Leipold,* ZPO, § 323 Rn. 39 ff., der allerdings hierfür die Vollstreckungsabwehr- bzw. Leistungsklage vorschlägt; *Braun,* Grundfragen der Abänderungsklage, S. 217 f.; *Saenger,* ZPO, § 323 Rn. 41; *Wieczorek,* ZPO, § 323 B II b 6; Zöller/*Vollkommer,* ZPO, 3 323 Rn 32.

251 BGH, Urt. v. 18.11.2009 - XII ZR 65/09.

252 Insoweit dient ein Abänderungsverfahren aber ebenfalls allein der Berichtigung von „Prognosefehlern“. Siehe Eschenbruch/Klinkhammer/*Klinkhammer,* 5. Kap., Rn. 343 (S. 1053).

253 Siehe BGH, Urt. v. 18.11.2009 - XII 65/09

254 OLG Hamburg, FamRZ 1983, 932, 932 f.; OLG Frankfurt, FamRZ 1978, 934; KG, FamRZ 1983, 291, 292; OLG Düsseldorf, FamRZ 1993, 1103; Thomas/Putzo/*Hüßtege,* ZPO, § 323 Rn. 28; *Ehinger/Rasch,* FamRB 2007, 78, 79; Luthin/*Margraf,* Handbuch des Unterhaltsrechts, Rn. 7293. Kritisch in Bezug auf die 10%-Grenze *Braun,* ZZP 108, 319, 329 ff.

Bei beengten wirtschaftlichen Verhältnissen kann die Wesentlichkeitsgrenze auch geringer liegen.[255] Zudem wird vorgeschlagen, entsprechend der Intention des Gesetzgebers, Kinder durch die Reform besser zu stellen, eine Abänderungsklage des Schuldners gegen erstrangige Kinder grundsätzlich nicht an der Wesentlichkeitsgrenze zu bemessen.[256] Dies mag zwar im Interesse der Kinder wünschenswert sein, gleichwohl steht der Gesetzeswortlaut fest. Da die 10%-Grenze nicht starr ist, kann im Einzelfall zwar von ihr abgewichen werden, allerdings kann die Wesentlichkeitsgrenze nicht gänzlich aufgegeben werden. Hätte der Gesetzgeber eine solche Ausnahme beabsichtigt, hätte er ein anderes Kriterium als Tatbestandsvoraussetzung verankern müssen.

In materiell-rechtlicher Hinsicht stellt § 36 Nr. 1 EGZPO neben der Wesentlichkeit der Änderung der Unterhaltsverpflichtung auf die Zumutbarkeit ab. In den Mittelpunkt der Erwägungen rückt dabei das Vertrauen selbst als Tatbestandsmerkmal.

IV. Fazit: Bedürfnis nach angemessenem Vertrauensschutz

Insgesamt lässt sich also feststellen, dass die gesellschaftliche Entwicklung in den vergangenen Jahrzehnten seit Einführung der Zerrüttungsscheidung es durchaus erforderlich macht, gewisse Modifizierungen im Scheidungsfolgenrecht und insbesondere im Scheidungsunterhalt vorzunehmen, sich aber gleichwohl keine einheitliche Vorstellung von Ehe und „gerechtem" nachehelichem Unterhalt finden lässt. Dazu ist die Lebenswirklichkeit zu bunt und vielgestaltig. Während Teile der Bevölkerung - insbesondere jüngere Menschen - neue Lebenskonzeptionen verwirklichen, hält ein anderer Teil - vornehmlich ältere Generationen - an tradierten Lebensformen fest. Für die einen ergibt sich damit durchaus ein Bedürfnis nach Anpassung des Scheidungsfolgenrechts, um ihren gesellschaftlichen Vorstellungen gerecht zu werden. Für die anderen erscheint das neue Recht nicht in allen Belangen passend und angemessen. Da die mit der Reform verbundenen Neuerungen aber nicht ganz unbedeutend sind und durchaus im Falle der Abänderung bestehender Unterhaltsregelungen zu gravierenden Veränderungen führen können, ergibt sich die Notwendigkeit, Vertrauensschutz für „Altfälle" zu gewähren. Besonders betroffen sind davon Geschiedene, die Betreuungsunterhalt nach § 1570 BGB a.F. bezogen haben und deren Unterhaltsansprüche nun aufgrund einer Einzelfallbetrachtung der individuellen Betreuungssituation verkürzt werden sollen. Ebenso trifft die Vertrauensschutzproblematik die neuen Beschränkungsmöglichkeiten aller Unterhaltsansprüche nach § 1578b BGB sowie alle Unterhaltsansprüche, die wegen der Veränderung

255 BGH, FamRZ 1992, 539; OLG Hamm, FamRZ 2004, 1051; *Klein,* S. 210.

256 *Gerhardt,* FuR 2005, 529, 537; *Peschel-Gutzeit,* Unterhaltsrecht aktuell, Rn. 198. Für eine flexible Handhabung *Gutjahr,* NJW 2008, 1985, 1988; *Schürmann,* FamRZ 2008, 313, 325; *Vossenkämper,* FamRZ 2008, 201, 205.

der Rangfolge im Mangelfall nicht mehr in gleicher Höhe wie nach altem Recht befriedigt werden.

Offen bleibt zunächst, wie § 36 Nr. 1 EGZPO als Übergangsregelung den Anforderungen des Vertrauensschutzes gerecht werden soll, wie diesbezüglich insbesondere das Vertrauen als Tatbestandsmerkmal zu konkretisieren ist. Diese Frage stellt sich in mehrfacher Hinsicht. Zwar ist die Regelung materiellrechtlich familienrechtlicher Natur, allerdings als Übergangsrecht stark mit den Problemen der Rückwirkung und des Vertrauensschutzes verbunden. In Bezug auf das Familienrecht knüpft dies an den Begriff des Vertrauens und seine Bedeutung an. Besonders im Ehe- und Scheidungsfolgenrecht spielt Vertrauen einerseits als personaler Aspekt hinsichtlich des Verhaltens des Partners, andererseits im Abstrakten bezüglich des Gesetzgebers eine Rolle. Im Hinblick auf Rückwirkung und Vertrauensschutz tangiert die Regelung verfassungsrechtliche Fragestellungen und muss sich insofern an grundgesetzlichen Anforderungen messen lassen.

Zweites Kapitel:

Die Bedeutung des Vertrauens im Eherecht

„Vertrauen“ ist ein vielschichtiger Begriff. Um fassbare Kriterien für das Vertrauensmerkmal in § 36 Nr. 1 EGZPO zu finden, soll untersucht werden, welche Bedeutung dem Vertrauen in der Gesellschaft und unserer Rechtsordnung zukommt. Nur wenn diese Aspekte ausreichend beachtet werden, kann die Regelung einen den Gegebenheiten entsprechenden Vertrauensschutz gewährleisten. Besonderes Augenmerk soll dabei der Frage gelten, inwieweit das Vertrauen generell ein Element der Rechtsordnung darstellt und inwiefern dieses im Familienrecht eine Sonderrolle als einerseits emotional-persönlicher und andererseits rechtlicher Aspekt spielt. Dabei soll versucht werden, die verschiedenen Ebenen von Vertrauen, die in den einzelnen Phasen der Ehe zutage treten können, zu verdeutlichen sowie aufzuzeigen, in welcher Hinsicht diese rechtliche Relevanz erlangen können.

I. Einführende Überlegungen zum Vertrauensgedanken in der Gesellschaft und der Rechtsordnung

Unter Vertrauen versteht man im allgemeinen Sprachgebrauch die feste Überzeugung, dass etwas oder jemand zuverlässig und berechenbar ist;[257] die emotionale Sicherheit, einen anderen Menschen und dem eigenen Dasein offen gegenüberzutreten und sich hingeben zu können.[258] Als unbezweifelbares Faktum der Gesellschaft[259] spielt es eine zentrale Rolle im sozialen Leben.[260] Es dient insoweit der Reduktion sozialer Komplexität, als es innere Sicherheit schafft in einer ausdifferenzierten und arbeitsteiligen Gesellschaft, in der das Ergebnis des eigenen Verhaltens von dem Verhalten anderer abhängt, ohne dass dieses aber beeinflusst werden könnte.[261] Damit beschreibt Vertrauen zunächst eine innere Einstellung, ethisch verwurzelte Vorstellungen und Erwartungen[262] und betrifft den gesellschaftlichen Bereich der Lebensführung und damit zugleich die außerrechtliche Seite; die Berücksichtigung von Vertrauen stellt sich als Frage der Ethik und der Religion, der Philosophie, Psychologie und der Soziologie, aber auch der Wirtschafts- und Politikwissenschaften.[263] Als causa für die Herleitung

257 *Duden:* Das große Wörterbuch, Stichwort „Vertrauen“.
258 *Der Brockhaus,* Stichwort „Vertrauen“.
259 So *Schwarz,* Vertrauensschutz, S. 31.
260 *Luhmann,* Vertrauen, S. 1.
261 *Luhmann,* Vertrauen, S. 27 ff.
262 *Schwarz,* Vertrauensschutz, S. 31; *Stich,* Vertrauensschutz im Verwaltungsrecht, S. 3.
263 *Schwarz,* a.a.O.; *Stötzel,* Vertrauensschutz und Gesetzesrückwirkung, S. 20, mit Literaturhinweisen zu den einzelnen Gebieten.

von Verhaltensregeln[264] tritt das Vertrauen gleichzeitig in Bezug auf rechtlich relevante Aspekte des Lebens in Erscheinung, zum einen als Vertrauen von Teilnehmern des privatrechtlichen Rechtsverkehrs untereinander, zum anderen im Verhältnis des Bürgers zum Staat. In Hinblick auf den Staat bedeutet Vertrauen die zu einem festen Glauben verdichtete Erwartung des Bürgers auf ein berechenbares Verhalten des Staates und seiner Organe,[265] von welchem der Rechtsunterworfene abhängig ist. Gerade die zunehmende rechtliche Normierung sämtlicher Bereiche verstärkt diese Abhängigkeit. Entstehen kann sie gleichfalls durch Exekutiv- und Judikativhandeln sowie aufgrund von Maßnahmen der Legislative. Während Eingriffe der Exekutive und Judikative häufig lediglich punktuell wirken, gibt der Gesetzgeber durch die Rechtsordnung verbindliche Handlungsanweisungen für die verschiedensten Bereiche vor. Es ist nur schwer möglich, alle gesetzlichen Regelungen en detail zu kennen. Um aber tatsächlich eigenverantwortlich planen und entscheiden zu können und eine zuverlässige Grundlage für die selbstverantwortliche Lebensgestaltung zu haben, bedarf der Staatsbürger einer gewissen Verlässlichkeit und Konstanz der Rahmenbedingungen, die im Rechtsstaat durch das Recht als solches gebildet werden.[266] Der Bürger muss darauf vertrauen, dass es nicht zu überraschenden Kursänderungen kommt, sondern dass die Rahmenbedingungen erhalten bleiben.[267] Konkret müssen die einmal eingetroffenen Rechtsfolgen und Wirkungen der von den Bürgern eingegangenen Verpflichtungen und der ihrerseits getroffenen Verfügungen grundsätzlich anerkannt bleiben und nicht nachträglich durch Modifizierung der Rechtsordnung verändert oder entwertet werden.[268] Deshalb ist unerlässlich, dass durch den Rechtsstaat ein Mindestmaß an Stabilität und Kontinuität der Gesetzgebung garantiert wird; jedenfalls muss aber gewährleistet sein, dass die Rechtsfolgen von in der Vergangenheit getroffenen Entscheidungen nicht beliebig zur Disposition des Gesetzgebers stehen.[269] Das Maß des Interesses an Stabilität korreliert dabei mit dem Maß der Abhängigkeit vom Rechtsstaat. Aufgrund der allgemeinen Ausweitung der gesetzgeberischen Aktivität und der umfassenden Verrechtlichung aller Lebensbereiche steigt die Regelungsdichte; damit nimmt gleichzeitig das Interesse an der Beibehaltung des status quo zu. Faktisch bildet sich häufiger ein Vertrauen in die Kontinuität der Rechtslage heraus. Konträr dazu besteht allerdings die Tendenz, dass die

---

264 In diesem Sinne *Luhmann,* Vertrauen, S. 1. Parallel zum Vertrauen reduziert auch das Recht die Komplexität in der Gesellschaft, soweit es Sicherheit und Verbindlichkeit schafft.

265 *Weber-Dürler,* Vertrauensschutz, S. 8.

266 *Bauer,* JuS 1984, 241.

267 *Muckel,* Vertrauensschutz, S. 13.

268 *Leibholz/Rinck,* GG, Art. 20 Rn. 1531.

269 *Bauer,* JuS 1984, 241.

„Gesetzesflut" Zweifel an der „Unverbrüchlichkeit"[270] des Rechts aufkommen lässt.[271] Die steigende Regelungsdichte erschüttert die Festigkeit des Vertrauens.

Diese gegenläufigen Tendenzen repräsentieren die generelle Problematik des Vertrauensschutzes insofern, als Bestandsinteresse und Reformvorhaben aufeinandertreffen. Trotz der Anerkennung der Kontinuitätsnotwendigkeit ist es für den Rechtsstaat unerlässlich, dass bestimmte Änderungen vorgenommen werden und auch in bestehende Rechtspositionen eingegriffen wird, um eine sinnvolle gesellschaftspolitische Strukturierung des Rechts zu erreichen und die finanziellen, wirtschaftlichen und sozialen Aufgaben des Staates zu erfüllen.[272] Denn die Ausweitung der Staatsaufgaben im Sinne einer staatlichen Gesamtverantwortung für das Wirtschafts- und Sozialleben birgt partiell das Bedürfnis nach einer erhöhten Flexibilität.[273] Die Anerkennung von Vertrauensschutz führt unweigerlich zur Verkürzung der Gestaltungsfreiheit des Gesetzgebers. Durch die vom Vertrauensschutz erzeugte Bindung an den status quo kann die Legislative weniger flexibel auf gesellschaftlich relevante Veränderungen reagieren. Es kann zu Immobilität oder sogar einem Erstarren der Reaktions- und Innovationsfähigkeit des Gesetzgebers kommen.[274] Dabei kann das Interesse an einem rechtlichen Wandel durchaus legitim sein. Gerade der Gesetzgeber ist zur Erfüllung des ihm obliegenden Gestaltungsauftrages darauf angewiesen, handlungsfähig zu bleiben und seine Vorstellungen umsetzen zu können.[275] Die Überbetonung des Vertrauensgrundsatzes würde aufgrund seines Wesens als eingrenzendes Handlungsregulativ[276] faktisch zu einer „Versteinerung" der Rechtsordnung führen.[277] Der aktuelle Gesetzgeber wäre stets verpflichtet, die von seinem Vorgänger verfassten Gesetze aufrecht zu erhalten. In einer Demokratie bestimmt aber gerade der Wähler, welche politischen Ansichten umgesetzt werden sollen. Soweit dadurch Entscheidungen früherer Bundestage in Frage gestellt werden, so kennzeichnet dies gerade die Geltungskraft gesetzgeberischer Entscheidungen.[278] Mithin würde die Überbetonung des Vertrauensschutzes dazu führen, dass zukünftige Generationen ihre Vorstellungen und Überzeugungen für eine Rechtsordnung nicht mehr verwirklichen könnten.[279] Ein absoluter Vertrauensschutz träte also auch in Konflikt mit Erwägungen des Demokratieprinzips,

---

270 Zum Grundsatz der „Unverbrüchlichkeit des Rechts" siehe *Jellinek,* Allgemeine Staatslehre, S. 369 f.; *Klein/Barbey,* S. 68, 93.

271 Ebenfalls von einer geringer werdenden Verbürgungswirkung der Gesetze geht *Muckel,* Vertrauensschutz, S. 18, aus.

272 *Leibholz/Rinck,* GG, Art. 20 Rn. 1534; *Bauer,* JuS 1984, 241.

273 *Kloepfer,* DÖV 1978, 225.

274 *Burmeister,* DÖV 1981, 503, 510; *Muckel,* Vertrauensschutz, S. 22; *Schwarz,* Vertrauensschutz, S. 54.

275 Siehe *Werder,* S. 140.

276 *Burmeister,* DÖV 1981, 225.

277 *Weber-Dürler,* Vertrauensschutz, S. 35.

278 *Werder,* S. 140.

279 *Schwarz,* Vertrauensschutz, S. 49; *Vogel,* JZ 1988, 833, 835.

Art. 20 Abs. 2 S. 1 GG. Diese gegenläufigen Interessen in einen angemessenen Ausgleich zu bringen, ist die Herausforderung für ein modernes Vertrauensschutzkonzept.

II. Vertrauen als Basis der personalen Beziehung im Eherecht

Im Eherecht kommt dem Vertrauen eine über das allgemeine Maß in der Rechtsordnung hinausgehende Bedeutung zu. Das Eherecht ist ein besonders sensibler Rechtsbereich, da bereits aufgrund der historischen Entwicklung die Ehe kein rein mit dem staatlichen Recht verbundenes Institut ist, sondern vielmehr in enger Verbindung zu religiösen - und damit auch kirchenrechtlichen - Aspekten sowie der daraus geprägten gesellschaftlichen Ordnung steht. Aus diesem Grund zeigt hier auch der so vielschichtige Vertrauensbegriff besondere Auswirkungen.

1. „Doppelnatur" der Ehe

Die Ehe ist die auf freiem Entschluss von Mann und Frau beruhende, unter Wahrung bestimmter vom Gesetz vorgeschriebener Formen geschlossene Einehe,[280] die auf die Vereinigung eines Mannes und einer Frau zu einer umfassenden, grundsätzlich unauflösbaren Lebensgemeinschaft gerichtet ist.[281] Dabei kommt ihr doppelter Charakter zu:[282] Einerseits wird sie als sozialkulturelle Erscheinungsform erfasst, die vom gesellschaftlichen Wandel abhängig ist[283] und bei der die höchstpersönliche Verbindung von Mann und Frau und das geistig-emotionale Verhältnis der Ehegatten im Vordergrund stehen; andererseits besitzt sie aber auch eine rechtliche Funktion.[284] Auf jeder dieser Ebenen kommt auch dem Vertrauen eine Bedeutung zu, die noch herausgearbeitet werden soll. Augenscheinlich ist jedoch im Eherecht, dass die verschiedenen Ebenen sich nicht strikt voneinander trennen lassen, sondern sich gegenseitig ergänzen und beeinflussen. Insbesondere spielt das personale Eheverständnis für die rechtliche Ausgestaltung des Institutes der Ehe eine erhebliche Rolle.[285] Dies ist durchaus auch wünschenswert, da ansonsten das Recht seinen Bezug zur Lebenswirklichkeit einbüßen würde.

2. Vertrauen als personaler Aspekt

Die Gestaltung und die Abwicklung menschlicher Beziehungen, insbesondere im familiären Bereich, lassen erkennen, dass Vertrauen zu den wichtigsten sittlichen Grundwerten des menschlichen Zusammenlebens zählt und die Grundla-

---

280 BVerfGE 29, 166, 176.

281 BVerfGE 62, 323, 330; 53, 224, 245; *Hoffmann/Stephan,* Ehegesetz, S. 17.

282 Vg. dazu bereits die Einleitung.

283 *Rauscher,* Familienrecht, Rn. 1.

284 Vgl. *Schwab,* Familienrecht, Rn. 30. Über die „Doppelnatur der Ehe" bereits *Savigny,* FamRZ 1969, 1.

285 Zur Frage, inwieweit sich Familienrecht als Reaktion auf den gesellschaftlichen Wandel darstellt oder selbst darauf Einfluss hat, vgl. *Rauscher,* Familienrecht, Rn. 9.

ge allen Miteinanders darstellt.[286] Gerade die Ehe ist die engste und wohl intimste Form des menschlichen Zusammenlebens. Gegenseitiges Vertrauen ist eine unabdingbare Voraussetzung für die Gestaltung des gemeinsamen Lebens. Wenn auch lange das Ehebild geprägt war von der Verantwortungs- und Wirtschaftsgemeinschaft der Ehegatten, so findet zunehmend ein Funktionswechsel hin zur Vertrauensgemeinschaft statt.[287] Ausdruck dieses Vertrauens ist nicht nur die personale Nähe, sondern auch die Anpassung der Lebensführung an- sowie die zukünftige Lebensplanung miteinander. Dies geschieht im Vertrauen darauf, dass die Ehe auf Lebenszeit geschlossen wird und somit ein verbindliches Institut darstellt, auf welches man getrost auch vertrauen darf.[288] Die meisten Ehepaare gehen nämlich - trotz bekannter Scheidungsstatistiken - bei Eingehung der Ehe davon aus, dass diese „für immer halten wird". Dieser Blickwinkel richtet sich zugleich auf die Ehe als Versorgungsinstitut,[289] auf dessen wirtschaftliche Sicherungsfunktion die Ehegatten vertrauen. Auch wenn die Unterhaltsrechtsreform versucht, dieser Sichtweise entgegenzuarbeiten, ist dies dennoch in einigen Fällen ein wichtiger Aspekt bei Eheschließung, der von der Rechtsordnung anerkannt werden sollte. Dem stehen auch nicht die Scheidungsraten entgegen.[290] Obgleich es angesichts deren Anstiegs unvernünftig erscheinen mag, sich auf den Versorgungscharakter der Ehe zu verlassen, ändert dies nichts daran, dass einige es dennoch tun. Häufig bleibt angesichts der noch immer bestehenden Schwierigkeiten, Kind und Berufstätigkeit miteinander in Einklang zu bringen, insbesondere den Frauen gar nichts anderes übrig. Aus diesem Grund sollte der Versorgungsaspekt der Ehe nicht unbedingt als negativ betrachtet werden, sondern als logische Konsequenz der Tatsache, dass die Ehegatten eine einvernehmliche Lebensplanung aufnehmen und deshalb gegebenenfalls auch auf eine eigene Erwerbstätigkeit verzichten. Insofern handelt es sich vielfach schlicht um eine Notwendigkeit.

Das in der Ehe entstehende Vertrauen könnte man damit - parallel zum Vertrauen in den Gesetzgeber - mit den Begriffen des Stabilitäts- und Kontinuitätsvertrauens fassen. Dieser Vertrauensaspekt („internes" Vertrauen zwischen den Privaten) ist für das Verständnis und die Konzeption von Eherecht essenziell. Aufgrund des Doppelcharakters der Ehe lässt sich dieser von der rechtlichen Ausgestaltung der Ehe kaum trennen und muss insofern stets Berücksichtigung finden.

---

286 *Stich,* Vertrauensschutz, S. 3.

287 *Rauscher,* Familienrecht, Rn. 6.

288 Siehe dazu auch *Korenke,* S. 35 ff.

289 Siehe *Diederichsen,* NJW 1993, 2265, 2267; *Dieckmann,* FamRZ 1977, 81.

290 Siehe *Eickelberg,* RNotZ 2009, 1, 2, der davon ausgeht, dass die Scheidungsraten ein Vertrauen auf den Versorgungscharakter nicht mehr zuließen.

III. Bezugspunkte des Vertrauens in der Ehe und deren rechtliche Auswirkungen

Diese Besonderheiten des personellen Vertrauensaspektes ergeben für den Gesetzgeber Schwierigkeiten bei Eingriffen ins Eherecht, denn das natürliche Vertrauen und die rechtliche Ausgestaltung stehen in wechselseitiger Abhängigkeit. Gleichzeitig treten neben die eherechtsspezifischen Vertrauensaspekte allgemeine Vertrauenserwägungen aus der Rechtsordnung. Hieraus ergeben sich Verflechtungen auf mehreren Ebenen, häufig abhängig von einzelnen Abschnitten der Ehe. Eine zusätzliche Schwierigkeit begründet sich noch daraus, dass Vertrauen immer eine subjektive, mithin innere Einstellung bezeichnet, damit nur begrenzt kategorisierbar ist und häufig auch unbewusst eintritt. Insoweit muss von dem nach außen sichtbar werdenden Verhalten auf die innere Einstellung geschlossen werden sowie mit rechtsdogmatischen und -politischen Erwägungen gearbeitet werden, welche sich ihrerseits auf gängige Fallkonstellationen stützen, die sich trotz aller Besonderheiten des Einzelfalls auch im Eherecht bilden lassen.

1. Kontinuitätsvertrauen und Verzicht auf rechtsgeschäftliches Handeln

a) Vertrauen in den Bestand der Ehe

Zu Beginn der Ehe tritt das personale Vertrauen in den anderen auf, welches eng mit dem Vertrauen in den Bestand der Ehe verknüpft ist. Dieses kann der Gesetzgeber nur insoweit beeinflussen, als er sich an den verfassungsrechtlichen Ehebegriff hält und die Ehe als grundsätzlich unauflösbar gestaltet. Eine „Ehe auf Zeit" stünde dem beispielsweise entgegen.[291] Damit verbunden steht dem Gesetzgeber auch ein gewisses Regulativ dadurch zur Hand, dass dieser über die Scheidungsvoraussetzungen auf den rechtlichen Bestand der Ehe einwirken kann. Die persönliche Ebene lässt sich insoweit wohl aber kaum beherrschen. Letztlich hat der Gesetzgeber damit auf das Vertrauen in den Bestand der Ehe schwerlich Einfluss.[292] Soweit das Kontinuitätsvertrauen allerdings mit dem Vertrauen in den Versorgungscharakter des Instituts der Ehe verbunden ist, kann der Gesetzgeber diesem gerecht werden durch ein adäquates Scheidungsfolgenrecht.

b) Auswirkungen in rechtlicher Hinsicht

Die emotionale Verbundenheit der Ehegatten wirkt sich auch auf die Rechtsebene aus. Innerhalb der Paarbeziehung unterscheiden sich Handlungen, denen durch gesetzliche Regelungen rechtliche Relevanz zuteil wird, erheblich von solchen gegenüber anderen Parteien im Rechtsverkehr und werden vielmals gar

291 Siehe dazu aber die Vorstöße von *Gabriele Pauli,* die eine Art Befristung der Ehe vorsieht. *Gabriele Pauli,* Mein persönliches Programm, Von Menschen für Menschen - Beginn einer ganzheitlichen Politik, S. 10, abrufbar unter: http://www.gabriele-pauli.de/docs/programm_pauli_2008.pdf.

292 Siehe zur Entwicklung der Ehe unabhängig vom jeweiligen Scheidungsrecht MüKo/*Wacke,* § 1353 Rn. 10.

nicht als rechtserheblich wahrgenommen. Die funktionierende Ehe spielt sich nämlich zumeist ohne einen bewussten Rückgriff auf die Regelungen des Privatrechts ab,[293] während sich im sonstigen Rechtsverkehr die Parteien in der Regel bewusst darüber sind, dass ihr Verhalten rechtserheblich ist.

Der bewusste oder auch unbewusste Verzicht auf den Rückgriff rechtlicher Möglichkeiten basiert regelmäßig auf Vertrauenserwägungen. Gerade die Entwicklung von der Groß- zur Kleinfamilie lässt die einzelnen Familienmitglieder näher zusammenrücken und verstärkt das Vertrauensband zwischen den Beteiligten.[294] Augenfällig wird dies besonders bei der Gewährung finanzieller Leistungen. Im familiären Umfeld ist es durchaus nicht unüblich, dass erhebliche geldwerte Zuwendungen unter Familienmitgliedern ohne ausreichende rechtliche Regelung erfolgen. Gerade zwischen Ehegatten werden häufig größere finanzielle Zuwendungen getroffen, ohne dass die Rückabwicklung - besonders für den Fall des Zerbrechens der Ehe - vertraglich geregelt wird.[295]

Zudem verkennen die Ehegatten häufig, dass nicht nur einzelne Rechtsgeschäfte, sondern auch die gemeinsame Lebensplanung Konsequenzen in rechtlicher und finanzieller Hinsicht nach sich zieht. Sofern die Ehe entsprechend der Erwartung tatsächlich auf Lebenszeit geschlossen wurde, kommt dies regelmäßig nicht zum Tragen. Spätestens aber im Trennungs- bzw. Scheidungsfall wird offensichtlich, dass das in die Kontinuität und Stabilität der Ehe entgegengebrachte Vertrauen nicht nur enttäuscht wurde, sondern auch wirtschaftliche und rechtliche Folgen bringt, die so nicht vorhergesehen wurden.

Während des gemeinsamen Lebens wird häufig zusammen gewirtschaftet. Dabei werden vielfach auch die finanziellen Vorzüge, beispielsweise durch ersparte Mietkosten, mit anfallenden eigenen Aufwendungen, zum Beispiel den Kinderbetreuungskosten, miteinander „verrechnet" in dem Sinne, dass für erbrachte Leistungen keine finanzielle Gegenleistung verlangt wird.[296] Das Vermögen wird von vielen Ehepaaren als ihr gemeinschaftliches Vermögen betrachtet.[297] 74 % der Teilnehmer einer Studie gaben an, dass sämtliches Einkommen der Ehegatten zusammengelegt werde und jeder nach seinen Bedürfnissen auf das Vermögen zugreife.[298] Daraus lässt sich schließen, dass zumindest ein Teil der

293 *Rauscher,* Familienrecht, Rn. 60.

294 *Rauscher,* Familienrecht, Rn. 6.

295 Die Einschätzung, dass bei einzelnen größeren finanziellen Zuwendungen zwischen Ehegatten meist keine ausdrücklichen vertraglichen Regelungen für den Fall der Scheidung oder Trennung getroffen werden, teilen Schröder/Bergschneider/*Wever,* Familienvermögensrecht, Rn. 5.315, sowie *Dethloff,* Gutachten, S. A 19.

296 Siehe *Andreß/Borgloh/Güllner/Wilking,* S. 25.

297 Siehe dazu *Ludwig-Mayerhofer,* S. 231 ff.

298 *Dethloff,* Gutachten, S. A 19; *Ludwig-Mayerhofer,* S. 231, 240. In Ostdeutschland lag der Anteil der Ehegatten, die das Geld gemeinsam verwalten, bei 75 %.

Bevölkerung irrig in dem Glauben lebt, das Einkommen und das erwirtschaftete Vermögen stünden beiden Ehegatten jeweils hälftig zu; mithin herrscht ein Irrglaube an die Gütergemeinschaft als gesetzlichen Güterstand.[299] In einer nach dem traditionellen Bild der Hausfrauenehe gelebten Ehe, wie diese im Fallbeispiel der Einleitung aufgezeigt wurde, bereitet dies im Hinblick auf das Vertrauen nach Trennung besondere Probleme. Denn die Ehefrau erbringt vermehrt geldwerte Leistungen, wie im Beispielsfall regelmäßig durch Kinderbetreuung oder Altenpflege[300] und Haushaltsführung, die aber finanziell nicht ausgeglichen werden. Der Ehemann hingegen ist in erhöhtem Maße erwerbstätig, befördert auch dadurch, dass seine Frau die Belastung des Haushalts und der Betreuung von Kindern oder pflegebedürftigen Familienangehörigen trägt.[301] Da die Ehe aber auf Vertrauen basiert, vereinbaren Ehegatten meist keinen finanziellen Ausgleich für das ehebedingte Zurückstecken. Ein solcher erscheint jedoch aufgrund der Ehebedingtheit angebracht. Der im Einvernehmen gefundenen Aufgabenteilung kann zwar zumeist mangels Erklärungsbewusstseins und Rechtsfolgewillens kein rechtsgeschäftlicher oder rechtsgeschäftsähnlicher Charakter entnommen werden, gleichwohl kann sie aus dem Schutz des Vertrauens des Ehegatten in das geübte Verhalten heraus als verbindlich angesehen werden.[302] Da sich aus diesem Verhalten auch Dispositionen ergeben, kann sogar eine Bindungswirkung für die Zukunft hergeleitet werden.[303] Diese Bindungswirkung spielt primär eine Rolle für die zukünftige Aufgabenteilung, muss aber auch bei vermögensrechtlichen Regelungen nach Beendigung der Ehe berücksichtigt werden.

2. Vertrauen in die Kontinuität interessengerechter gesetzlicher Ausgleichssysteme

a) Vertrauen in die Schutzmechanismen des Eherechts

Sofern der Verzicht auf rechtsgeschäftliches Handeln mit dem Vertrauen in die Ehe als Versorgungsinstitut verbunden ist, kommt als Vertrauensadressat der

---

299 *Krauss,* FamRZ 1954, 89, geht davon aus, dass in der weit überwiegenden Zahl aller Ehen rein tatsächlich eine allgemeine Gütergemeinschaft angenommen werde. Dieser Schluss bezog sich allerdings auf die Lage noch vor Einführung der Zugewinngemeinschaft als gesetzlicher Güterstand.

300 Auch die Pflege kranker Angehöriger wird in der überwiegenden Zahl der Fälle von Frauen übernommen. In 33 % aller Fälle pflegen Töchter und Schwiegertöchter die Angehörigen, die Zahl der Söhne oder Schwiegersöhne beträgt hier lediglich 5 %, vgl. *Dethloff,* Gutachten, S. A 18 f.

301 In der Regel schränken Frauen nach der Geburt ihrer Kinder ihre Erwerbstätigkeit ein, während Männer ihr berufliches Engagement häufig sogar noch verstärken (BT-Drs. 16/1360, S. 106). Statistisch gesehen bedeutet die Familiengründung für jede dritte Mutter einen langfristigen Ausstieg aus dem Beruf; die Familienväter hingegen gehen zu 80 bis 90 % einer Erwerbstätigkeit, zur überwiegenden Mehrheit in Vollzeit, nach (BT-Drs. 16/1360, S. 108).

302 Staudinger/*Voppel,* § 1356 Rn. 10.

303 Staudinger/*Hübner/Voppel,* § 1353 Rnrn. 9 f.; Staudinger/*Voppel,* § 1356 Rn. 10.

Gesetzgeber hinzu. Von diesem wird zum einen erwartet - häufig auch erst nachträglich, wenn sich die ehelichen Konflikte nicht mehr einvernehmlich regeln lassen -, dass er für den Trennungsfall eine interessengerechte rechtliche Bewältigung anbietet, welche die familienrechtlichen Besonderheiten berücksichtigt und die fehlende rechtsgeschäftliche Herangehensweise der Ehegatten zumindest teilweise kompensiert. Der Gesetzgeber muss also ein Scheidungsfolgenrecht schaffen, welches das Vertrauen in den Bestand der Ehe berücksichtigt. Zum anderen wird darauf vertraut, dass die interessengerechte Gesetzeslage auch auf Dauer Bestand hat. Gerade das Unterhaltsrecht ist nämlich wie kaum ein anderes Gebiet des Privatrechts dazu bestimmt, in materieller Hinsicht die Existenz zu sichern; daraus ergibt sich, dass der Verlässlichkeit gerade in diesem Rechtsgebiet ein besonders hoher Stellenwert zugeschrieben werden muss.[304]

b) Ausgleichssysteme des Scheidungsfolgenrechts

Zur vermögensrechtlichen Auseinandersetzung nach Beendigung der Ehe hat der Gesetzgeber ein auf drei Säulen beruhendes Ausgleichssystem geschaffen: Der Zugewinn[305] ermöglicht eine Partizipation am aufgebauten Vermögen.[306] Allerdings kann dieser nur einen Ausgleich schaffen für während der Ehe entstandenes Vermögen. Das Vertrauen und die damit verbundene Lebensgestaltung richten sich aber nicht nur auf einen begrenzten Zeitraum, sondern auf die Lebenszeit und entsprechend auch auf die Zeit nach der Scheidung. Denn gerade nach der Scheidung werden sich das Einkommen des schon während der Ehe erwerbstätigen Ehegatten und das des ursprünglich haushaltsführenden Ehegatten deutlich unterscheiden. Vergleichbares gilt für den Versorgungsausgleich.[307] Da die Rentenanwartschaften mit dem Einkommen korrelieren, wird die sich durch die Aufteilung von Erwerbs- und Haushaltsarbeit ergebende Differenz auch hier nur für die Ehezeit kompensiert, allerdings vermag auch dieses Ausgleichsinstitut den ehebedingten Einkommensnachteil nicht für die Zukunft wettzumachen. Tatsächlich bietet sich diesbezüglich lediglich der Unterhalt als Ausgleichsinstitut, welcher bezüglich seiner Höhe grundsätzlich an die ehelichen Lebensverhältnisse anknüpft,[308] aber für die Zeit nach der Ehe gewährt wird. Durch die Bezugsdauer des Unterhaltsanspruchs kann der einvernehmlichen Lebensgestaltung der geschiedenen Ehegatten und deren Vertrauen in die Ehe auf Lebenszeit Rechnung getragen werden. Im überkommenen Unterhaltsrecht wurde dabei sehr stark das Vertrauen in das Lebenszeitprinzip betont, indem großzügig Unterhaltsansprüche gewährt wurden. Die restriktiveren Ten-

---

304 *Kemper,* Das neue Unterhaltsrecht, Rn. 518.

305 Ein Ausgleich von Zugewinn kommt nur dann in Betracht, wenn die Ehegatten im gesetzlichen Güterstand gelebt haben, §§ 1373, 1378 BGB.

306 Zum Zugewinnausgleich siehe *Gernhuber/Coester-Waltjen,* Familienrecht, § 36 Rnrn. 1 ff.

307 Vertiefend zum Versorgungsausgleich *Rauscher,* Familienrecht, Rnrn. 643 ff.

308 Näher zu den ehelichen Lebensverhältnissen sodann 2. Kapitel III. 3.

denzen des neuen Unterhaltsrechts hingegen vermögen der Aufgabenteilung der Ehegatten allerdings nur noch begrenzt Ausgleich zu verschaffen.[309]

c) Vertrauensschutz durch materielles Scheidungsunterhaltsrecht

Grundsätzlich erfolgt der Ausgleich für die in der Ehe gewählte Rollenteilung über das Scheidungsunterhaltsrecht. Derjenige Ehegatte, der selbst für seinen Unterhalt nicht aufkommen kann, wird bei entsprechender Leistungsfähigkeit des anderen von diesem unterstützt, sofern einer der abschließenden Unterhaltstatbestände des BGB erfüllt ist. Dabei ergibt sich durch einzelne materielle Billigkeits- und Härtefallregelungen die Möglichkeit, dem Vertrauen der Ehegatten, dass der Gesetzgeber ein ihrer Rollenteilung gerecht werdendes Ausgleichssystem bereithält, Rechnung zu tragen. [310]

Insbesondere bietet § 1570 Abs. 2 BGB die Möglichkeit zur Berücksichtigung von Vertrauen. Diese Regelung stellt maßgeblich auf die von den Eheleuten vereinbarte und praktizierte Rollenverteilung sowie das in der Ehe insoweit gewachsene Vertrauen ab.[311] Keinen Schutz dagegen erfährt das Vertrauen auf eine dauerhafte Sicherstellung des Unterhalts.[312] Daraus ergibt sich allerdings bereits die Einschränkung, dass § 1570 Abs. 2 BGB nicht den Zweck verfolgt, umfassend Vertrauensschutz für alle Fälle zu gewähren. Regelfall soll die Orientierung an der Dreijahresgrenze des Abs. 1 sein. Aus diesem Grund kann über § 1570 Abs. 2 BGB kein umfassender Vertrauensschutz gewährt werden, ohne die gesetzgeberische Intention ins Gegenteil zu verkehren.

Ebenfalls ermöglicht § 1574 Abs. 2 S. 1 letzter HS, S. 2 BGB insofern einen gewissen Vertrauensschutz, als auch hier eine Gesamtabwägung aller Umstände vorgenommen werden muss,[313] in der die ehelichen Lebensverhältnisse - über welche Vertrauensaspekte der Lebensplanung und Rollenverteilung berücksichtigt werden können - als Korrektiv wirken können.[314] Aus dem Unterschied zu § 1574 BGB a.F., in dem die ehelichen Lebensverhältnisse noch gleichberechtigtes Kriterium zur Ermittlung der Angemessenheit waren, während sie nun lediglich noch ein Billigkeitskorrektiv sein können, zeigt sich allerdings bereits, dass auch über diese Regelung nur begrenzt Vertrauen geschützt werden kann, um einen unangemessenen sozialen Abstieg des Unterhaltsgläubigers zu vermeiden.

---

309 Siehe 1. Kapitel II. und 2. Kapitel III. 2. b).

310 § 36 Nr. 1 EGZPO wird aufgrund seines Charakters als Übergangsreglung vom materiellen Recht in diesem Sinne ausgenommen, obwohl diesem gleichfalls materiellrechtliche Wirkung zukommt.

311 Palandt/*Brudermüller,* § 1570 Rn. 15.

312 A.a.O.; *Borth,* UÄndG, Rn. 66b.

313 Palandt/*Brudermüller,* § 1574 Rn. 5; Schulz/Hauß/*Streicher,* § 1574 Rn. 11.

314 Hoppenz/Hülsmann/*Hoppenz,* § 1574 BGB n.F. Rn. 5; *Peschel-Gutzeit,* Unterhaltsrecht aktuell, Rn. 72.

Einen gewissen Vertrauensschutz durch materielles Scheidungsunterhaltsrecht ermöglichen auch die positive und die negative Härteklausel, § 1576 und § 1579 BGB, da sie für Billigkeitsabwägungen offen sind. § 1576 BGB darf allerdings nicht im Sinne einer Generalklausel verstanden werden, die solche Lücken schließen könnte, die der Gesetzgeber zur Begrenzung der nachehelichen Solidarität bewusst offengelassen hat.[315] Insofern ist die Regelung restriktiv auszulegen[316] und kann ebenfalls nicht dazu dienen, die Lücke zu schließen, die sich daraus ergibt, dass die Ehegatten ihr Verhalten an einem mittlerweile nicht mehr geltenden Recht ausgerichtet haben.

Fernerhin eröffnet § 1578b BGB die Möglichkeit, ehebedingte Nachteile zu berücksichtigen und damit auch einen gewissen Vertrauensschutz zu gewährleisten, ebenso wie auch die Rangordnung dem Vertrauen insoweit Rechnung trägt, als Geschiedene bei einer Ehe von langer Dauer im zweiten Rang befriedigt werden.

Wenngleich im Rahmen dieser Untersuchung nicht detailliert darauf eingegangen werden kann, inwieweit einzelne Regelungen des materiellen Rechts in konkreten Fallkonstellationen Vertrauensschutz gewährleisten können, so lässt sich doch bereits anhand dieses Überblicks feststellen, dass diese durchaus vertrauensschützende Aspekte aufweisen, allerdings in einem geringeren Umfang, als es das nunmehr überkommene Scheidungsunterhaltsrecht vermochte. Gerade auch für den Fall einer Änderung des Unterhaltsanspruchs durch Modifizierung der Rangfolge verfügt das materielle Recht über keine Billigkeitswertung. Zudem ergibt sich diese Wertung bereits aus dem generellen Programmsatz der Reform, mehr Eigenverantwortung der Ehegatten nach der Ehe zu fordern.[317] Damit kann das aktuelle materielle Scheidungsunterhaltsrecht durchaus in einem gewissen Maße das Vertrauen in den Bestand sowie den Versorgungscharakter der Ehe berücksichtigen, sofern sich die Vertrauensbildung auch auf die derzeitige Rechtslage bezieht.[318] Für den Fall der Gesetzesänderung gilt dies aber nicht. Dann tritt nämlich neben das Vertrauen in ein angemessenes materielles Recht das Vertrauen in den Bestand der Rechtslage, sofern die Betroffenen ihre Handlungen daran ausgerichtet haben. Da das neue Recht deutlich restriktiver ausgestaltet ist, kann es nicht sämtliche Facetten von Vertrauen, die sich unter Geltung des alten Rechts aufgebaut haben, kompensieren.

---

315 Palandt/*Brudermüller,* § 1576 Rn. 1; Schulz/Hauß/*Streicher,* § 1576 Rn. 1; Weinreich/Klein/*Klein,* § 1576 Rn. 4.

316 Weinreich/Klein/*Klein,* § 1576 Rn. 2.

317 BT-Drs. 16/1830, S. 1.

318 Einzelne Aspekte, wie beispielsweise der Betreuungsunterhalt, erscheinen gleichwohl nicht geeignet, den Interessen der Beteiligten gerecht zu werden. Hier hätte der Gesetzgeber durchaus stärker die nacheheliche Solidarität betonen können.

d) Notwendigkeit der gesetzgeberischen Intervention

aa) Fehlende Kompensationsmöglichkeiten des enttäuschten Vertrauens durch privatautonome Regelung

Das bisher Festgestellte verdeutlicht die besondere Relevanz der Vertrauensschutzfrage im Eherecht. Sofern die Ehegatten jedoch ein Mittel dazu hätten, diese Aspekte selbst zu berücksichtigen, könnte ein gesetzgeberisches Handeln überflüssig sein. Denn es entspricht nicht der Aufgabe eines modernen Familienrechts, sich in private Lebensbereiche einzumischen, sofern die Beteiligten ihre persönlichen Angelegenheiten eigenverantwortlich regeln können.[319] Insofern gelten die im Privatrecht generell verankerte Privatautonomie und Vertragsfreiheit.[320]

Den Ehegatten steht die Möglichkeit offen, zumindest Teile des geltenden Eherechts - und damit auch des Unterhaltsrechts - durch Abschluss eines Ehevertrages zu modifizieren.[321] Diese wird allerdings von Ehegatten kaum genutzt. Nach Expertenschätzungen besitzen weniger als 10 % der Verheirateten einen Ehevertrag.[322] Unterlassen wird ein solcher Vertragsschluss aufgrund des Vertrauens in den eigenen Partner oder weil sich die Partner noch nie Gedanken über die Eingehung eines Ehevertrages gemacht haben.[323] Aber auch das ist grundsätzlich von der negativen Vertragsfreiheit erfasst. Echte Privatautonomie setzt allerdings zugleich voraus, dass den Beteiligten tatsächlich die Möglichkeit eröffnet wird, eigenverantwortlich nach ihrem Ermessen eine Entscheidung zu treffen, wozu jedoch erforderlich ist, dass die Beteiligten die rechtliche Relevanz ihres Handelns oder Unterlassens erfassen. Ein Aspekt des Problems liegt aber gerade darin begründet, dass die Parteien sich der rechtlichen Relevanz ihres Handelns und dessen Auswirkungen häufig gar nicht bewusst sind und deshalb eine privatautonome Regelung nicht in Betracht ziehen oder darauf vertrauen, dass die Situation, in der ein Vertrag eingreifen würde, nicht eintritt sowie dass der Gesetzgeber für den „Notfall" eine für ihre Interessen adäquate Regelung gefunden hat. Wie bereits erörtert, liegt dies auch am Familienrecht selbst, da dieses insoweit rechtliche und gesellschaftliche Aspekte verbindet. Aus dieser Sonderstellung heraus lassen sich auch die allgemeinen privatrechtlichen Grundsätze nur beschränkt auf dieses Rechtsgebiet übertragen oder müssen zumindest den Besonderheiten angepasst werden. Dazu gehört auch, dass neben der grundsätzli-

319 *Schwenzer,* RabelsZ 2006, 705, 711.

320 A.a.O.

321 Zu vertraglichen Unterhaltsvereinbarungen nach der Reform siehe *Münch,* FamRZ 2009, 171.

322 *Dethloff,* Gutachten, S. A 20; Capital.de vom 16.07.2008, http://www.capital.de/politik/100006841.html?eid= 100003213.

323 *Dethloff,* a.a.O., nennt diese Gründe als Ursachen, warum Partner einer nichtehelichen Lebensgemeinschaft keinen Partnerschaftsvertrag schließen. Obgleich sich die Ehe und die nichteheliche Lebensgemeinschaft stark unterscheiden, können diese Gründe für ein Ausbleiben des Vertragsschlusses übertragen werden.

chen Privatautonomie der Schutz der Schwächeren ausdrücklich betont wird. Insbesondere muss demjenigen, dem seine Schutzbedürftigkeit zunächst gar nicht bekannt ist oder der sie falsch einschätzt, eine gesetzliche Absicherung zukommen, die aufgrund des sensiblen Regelungsbereiches auch über eine Absicherung des reinen Existenzminimums hinausgehen muss.

Selbst wenn die Parteien aber die Notwendigkeit für eine privatautonome Vereinbarung erkennen, stellt sich ein weiteres Problem. In Anbetracht der Komplexität von Lebenssituationen und Lebensläufen ist es nur sehr schwer möglich, einen umfassenden Vertrag zu schließen. Im Laufe einer Ehe verändern sich die Parameter, die ursprünglich der Vereinbarung zugrunde gelegt wurden, sehr häufig. Einige Veränderungen können die Ehegatten antizipieren und in ihrem Vertrag berücksichtigen, andere Bereiche entwickeln sich völlig anders als ursprünglich erwartet. Ein Vertragswerk, welches für alle Eventualitäten vorsorgen könnte, müsste äußerst umfangreich sein. Darüber hinaus ist zu beachten, dass im nachehelichen Unterhaltsrecht die Vertragsfreiheit durch die Rechtsprechung stark eingeschränkt ist.[324] Auch dies - wie gegebenenfalls auch die Formvorschriften - trägt nicht unbedingt dazu bei, dass Unterhaltsverträge in großer Zahl abgeschlossen werden.

Damit kann der Verweis auf eine privatautonome Gestaltung der Rechtslage das in der und in die Ehe investierte Vertrauen in finanzieller Hinsicht nicht kompensieren.

bb) Rückgriff auf staatliche Ausgleichssysteme

Sofern die Bedürftigkeit der Unterhaltsgläubiger auf andere Weise als den Rückgriff auf den Unterhaltsschuldner befriedigt werden könnte, wäre ein gesonderter Vertrauensschutz ebenfalls nicht erforderlich. Möglich wäre es diesbezüglich, den Staat an sich als verantwortlich einzustufen, nicht indem er vertrauensschützend die Unterhaltslast zwischen den Ehegatten verteilt, sondern selbst den finanziellen „Vertrauensschaden" auffängt oder bereits verhindert, dass ein solcher überhaupt eintreten kann, beispielsweise dadurch, dass die wirtschaftliche Eigenverantwortung bereits während der Ehe gefördert wird. Wird diese nämlich nicht bereits in der Ehe verlangt, besteht die Gefahr, dass der Versuch, mehr Eigenverantwortung nach der Ehe einzufordern, praktisch ins Leere läuft.[325] Zur Eigenverantwortung gehört nämlich insofern auch, dass jemand seine Situation durch eigenes Handeln zum Besseren wenden kann;[326] diese Möglichkeit besteht nach jahrelanger wirtschaftlicher Abhängigkeit vom Ehepartner

324 Zur Wirksamkeits- und Ausübungskontrolle von Eheverträgen vgl. die Rechtsprechungsübersicht bei *Weber-Monecke/Schnitzler,* FF 2007, 135. *Berringer/Menzel,* MittBayNot 2008, 165, 172 erhoffen sich insofern durch die Reform eine weitergehende Gestaltungsfreiheit von Eheverträgen.

325 *Brudermüller,* Eigenverantwortung vs. Solidarität, S. 55, 58.

326 *Berghahn,* S. 28, 52.

nur noch sehr eingeschränkt. Dazu wäre zum Beispiel eine staatliche Förderung der Vereinbarkeit von Familie und Beruf erforderlich.[327] Ein Blick ins europäische Ausland könnte hier Anreize vermitteln.

Wenngleich eine solche Veränderung gesellschaftspolitisch erstrebenswert erscheint, so muss die Vertrauenssituation für die aktuell Betroffenen sich doch nach den derzeitigen Gegebenheiten bemessen, die eine an wirtschaftlicher Eigenverantwortlichkeit ausgerichtete Lebensweise der Ehegatten nicht unbedingt fördert. Damit genügt auch ein Verweis auf Reformmöglichkeiten und die Verantwortlichkeit des Staates oder der Gesellschaft nicht, um das derzeit betroffene Vertrauen angemessen zu berücksichtigen.

Gleiches gilt im Ergebnis auch für den Verweis auf bestehende Sozialleistungen. Selbst wenn ein geschiedener Ehegatte keinen Unterhaltsanspruch hat, aber selbst für seinen Lebensunterhalt nicht aufkommen kann, greifen die allgemeinen Sozialleistungen ein. Kompensieren können diese einen Unterhaltsanspruch allerdings nicht, da sie in ihrer Höhe nicht grundsätzlich an den ehelichen Lebensverhältnissen ausgerichtet sind.

3. Vertrauen nach Auflösung der Lebensgemeinschaft

a) Vertrauen in Unterhaltsregelungen

Auch nach Auflösung der Lebensgemeinschaft spielt das Vertrauen weiterhin eine zentrale Rolle. Denn eine Ehe lässt sich nicht wie jedes beliebige Rechtsverhältnis beenden. Regelmäßig wird nach der Trennung aufgrund der früheren gemeinsamen Lebensführung eine emotionale Beziehung zwischen den nun getrennten oder geschiedenen Ehegatten fortbestehen. Ebenso sind sie miteinander rechtlich über die eigentliche Ehedauer hinaus verbunden. Aus dem Lebenszeitprinzip wird eine nacheheliche Verantwortung der früheren Ehegatten füreinander abgeleitet, die sich konkret in einem nachehelichen Unterhaltsanspruch ausdrücken kann.[328] Dieser wird regelmäßig tituliert oder außergerichtlich vereinbart, sodass zwischen den Ehegatten neben dem generellen Scheidungsunterhaltsrecht eine konkrete Unterhaltsregelung besteht. Auf diese Regelung richten sich die Ehegatten nach Scheidung mit ihrer Lebensführung ein; sie rechnen nicht damit und müssen auch nicht damit rechnen, dass ihr Anspruch im Nachhinein durch den Gesetzgeber beschnitten wird.[329] Eine Anpassung an neue Unterhaltsregelungen ist zudem nicht ohne Schwierigkeiten möglich.[330] Insbeson-

327 Siehe dazu bereits 1. Kapitel I. 2. c), d) aa).

328 Siehe BVerfGE 53, 257, 296 f.; 66, 84, 93; 108, 351, 36; Jarass/Pieroth/*Pieroth,* GG, Art. 6 Rn. 3.

329 *Wellenhofer*, FamRZ 2007, 1282, 1289.

330 So BT-Drs. 7/650, S. 233 zur Übergangsregelung bei der Abkehr vom Zerrüttungsprinzip.

dere dann, wenn längerfristige finanzielle Verbindlichkeiten[331] eingegangen wurden, erfolgte dies regelmäßig im Vertrauen darauf, dass auch zukünftig Unterhaltsleistungen in gleich bleibender Höhe erbracht werden.[332] Dazu kommt, dass die ausgefochtenen Unterhaltsstreitigkeiten oft hoch emotional sind und an den Kräften aller Beteiligten zehren. Daher besteht auch ein gewisses Interesse daran, den einmal hergestellten Rechtsfrieden zu wahren.[333]

Letztlich richtet sich also das Vertrauen von getrennten Ehegatten vor allem auf die Kontinuität der getroffenen finanziellen Ausgleichsregelungen und in die damit verbundene Planungssicherheit, die allseits vom Staat verlangt wird und besonders für den sensiblen Bereich langfristiger familienrechtlicher Verhältnisse einen Wert darstellt.[334]

b) Fragile Ausgestaltung des Unterhaltsanspruchs

Das Vertrauen in den Bestand einer Unterhaltsregelung ist jedoch einer Besonderheit ausgesetzt, die in der Eigentümlichkeit des Unterhaltsrechts fußt. Unterhaltszahlungen sind nämlich keinesfalls Ansprüche, die unwandelbar sind und entsprechende Sicherheit vermitteln. Vielmehr unterliegen sie besonderen Risiken, sind mithin in ihrem Bestand äußerst fragil. Zunächst kann sich die Leistungsfähigkeit des Unterhaltsverpflichteten verändern. Im Unterschied zu sonstigen schuldrechtlichen Ansprüchen, deren Durchsetzbarkeit prinzipiell auch in Zusammenhang mit der Leistungsfähigkeit des Schuldners steht, richtet sich hier aber bereits der Anspruch nach der Leistungsfähigkeit, sodass dieses Merkmal eine Anspruchsvoraussetzung bildet. Daher kann der Unterhaltsgläubiger nicht nachträglich, wenn die Leistungsfähigkeit sich wieder verändert, seinen Unterhalt für die Vergangenheit anpassen lassen. Es besteht also keine abstrakte Verpflichtung zur Zahlung von Unterhalt in einer bestimmten Höhe, sondern dieser muss abhängig von den jeweiligen Verhältnissen bestimmt werden und ist damit abstrakt nicht greifbar.[335] Spiegelbildlich dazu ist der Unterhaltsanspruch ebenfalls durch die Bedürftigkeit des Unterhaltsgläubigers eingeschränkt, die gleichsam einem Wandel unterliegen kann. Diese Faktoren zeigen deutlich, welchen Schwankungen im Bestehen sowie bezüglich der Höhe Unterhaltsansprüche unterliegen können. Verstärkt wird dies durch die Rechtsprechung des BGH zu den wandelbaren ehelichen Lebensverhältnissen.[336] Für die Bedarfsbestimmung ist nach §§ 1361 Abs. 1 S. 1, 1578 Abs. 1 S. 1 BGB von der gesetzlichen Konzeption her der Zeitpunkt der Trennung bzw. Scheidung maßgebend; nachträgli-

331 In Betracht kommen hier z.B. Darlehen für die Finanzierung des Eigenheims oder die Anmietung einer Wohnung, die durch die Unterhaltszahlungen finanziert wird.

332 Siehe dazu 5. Kapitel II. 1.

333 *Weber,* FPR 2005, 511, 513.

334 Vgl. dazu *Schwab,* FamRZ 2005, 1417, 1425.

335 Zum Mindestunterhalt von Kindern siehe 1. Kapitel II. 5.

336 Ausführlich dazu *Griesche,* FPR 2008, 63; *Graba,* FF 2008, 437.

che Veränderungen sind nur ausnahmsweise zu berücksichtigen.[337] Seit der BGH durch Entscheidung vom 13.6.2001[338] die Anrechnungsmethode aufgegeben hat, gewähren die ehelichen Lebensverhältnisse alleine eine Anspruchshöhe, die das Risiko beinhaltet, dass auch bei Fortführung der Ehe der Unterhaltsgläubiger hätte tragen müssen. Das Einkommen des Unterhaltsberechtigten aus einer Erwerbstätigkeit, welche er erst nach Trennung oder Scheidung aufgenommen hatte, wird bei der Bedarfsberechnung berücksichtigt. Gleichzeitig werden auch Einkommensverschlechterungen des Unterhaltspflichtigen unter Verweis auf die „wandelbaren ehelichen Lebensverhältnisse" berücksichtigt.[339] Mittlerweile wird im Rahmen der Dreiteilung des Einkommens der Bedarf rangunabhängig durch alle Berechtigten beeinflusst.[340] Einkommensverbesserungen des Schuldners bleiben insofern außer Betracht, als es sich um einen „Karrieresprung" handelt, der nicht bereits im Zeitpunkt der Trennung oder Scheidung angelegt war.[341] Insofern gelte, dass das nacheheliche Unterhaltsrecht „- jedenfalls im Prinzip - nur die Risiken der mit der Scheidung fehlgeschlagenen Lebensplanung der Ehegatten und der von ihnen in der Ehe praktizierten Arbeitsteilung angemessen ausgleichen will".[342] Der Unterhaltsberechtigte dürfe wirtschaftlich im Grundsatz nicht besser gestellt werden, als er ohne die Scheidung stünde;[343] er müsse damit auch das Risiko der Einkommensentwicklung tragen, welches ihn auch bei Fortbestand der Ehe träfe. Die Nichtberücksichtigung nachehelicher Einkommensentwicklungen verliere allerdings dann ihre Rechtfertigung, wenn andere Unterhaltsbedürftige hinzutreten, die gegenteilig auch auf die Bedarfsbestimmung einwirkten.[344] Insoweit komme eine isolierte Betrachtung der Unterhaltsansprüche nicht in Betracht, sondern der Anspruch sei auf der Grundlage des nach dem Karrieresprung aktuell erzielten Einkommens im Wege der Dreiteilung zu bemessen.[345] Lediglich soweit der Unterhaltsanspruch über das hinausgehe, was der Berechtigte ohne Berücksichtigung der Einkommensentwicklung infolge des Karrieresprungs sowie ohne Abzug des Unterhalts für den später hinzugetretenen Unterhaltsberechtigten erhielte, müsse der Einkommenszuwachs unberück-

337 *Griesche,* FPR 2008, 63.

338 BGH, Urt. v. 13.6.2001 - XII ZR 343/99 = BGHZ 148, 105 = BGH, NJW 2001, 2254 = FamRZ 2001, 986.

339 BGH, Urt. v. 29.1.2003 - XII ZR 92/01 = BGHZ 153, 358 = BGH, NJW 2003, 1518 = FamRZ 2003, 590; BGH, Urt. v. 15.3.2006 - XII ZR 30/04 = BGHZ 166, 351 = BGH, NJW 2006, 683 = FamRZ 2006, 1654. Zum Einfluss von § 1578b BGB auf die ehelichen Lebensverhältnisse siehe 1. Kapitel II. 2.

340 Siehe 1. Kapitel 6. a).

341 BGH, Urt. v. 29.1.2003 - XII ZR 92/01 = BGHZ 153, 358, 364; BGHZ 171, 206, 214 ff.; BGH, Urt. v. 17.12.2008 - XII ZR 9/07 = BGH, NJW 2009, 588, 590; BGH, Urt. v. 28.1.2009 - XII ZR 119/07 = BGH, NJW 2009, 1271, 1274. Ausführlich zur Problematik *Büttner,* FamRZ 2007, 800.

342 BGH, Urt. v. 15.3.2006 - XII ZR 30/04 = BGHZ 166, 351.

343 BGHZ 171, 206, 214 ff.

344 BGH, Urt. v. 28.1.2009 - XII ZR 119/07 = BGH, NJW 2009, 1271, 1274 f.

345 A.a.O.

sichtigt bleiben.[346] Damit gilt nun der Grundsatz, dass sich der eheliche Lebensstandard nicht durch den Scheidungszeitpunkt festlegen lässt, sondern spätere Veränderungen des verfügbaren Einkommens grundsätzlich zu berücksichtigen sind;[347] als Folge vermindert sich für den Unterhaltsgläubiger die Voraussehbarkeit, inwieweit in Zukunft sein Anspruch bestehen wird.

Ein weiteres Risiko eines Unterhaltsanspruchs liegt darin, dass aufgrund der Verknüpfung der verschiedenen Unterhaltsansprüche durch die Rangregelung auch das Hinzutreten neuer Berechtigter den eigenen Unterhaltsanspruch tangieren kann. Gleichfalls vermitteln die generellen Befristungsmöglichkeiten für Unterhaltsansprüche, beispielsweise die zeitliche Begrenzung nach § 1570 BGB, ein gewisses Risiko.

Insgesamt zeigt sich also, dass der Bestand einer Unterhaltsregelung durchaus nicht so verlässlich ist wie der Bestand anderer schuldrechtlicher Ansprüche. In der Praxis allerdings greifen nicht immer alle an dieser Stelle aufgezeigten Risiken für einen geschiedenen Ehegatten. Das Risiko des Hinzutretens neuer Unterhaltsberechtigter wirkte sich aufgrund seiner günstigen Rangstellung nach altem Recht fast ausschließlich insoweit aus, als unterhaltsberechtigte, erstrangige Kinder hinzutraten. Erst durch die Rangänderung im neuen Recht wurde dieses Risiko weiter erhöht. Die Begrenzung des Unterhaltsanspruchs war dem Gläubiger mit Titulierung oder bei Vereinbarung bekannt, so dass er sich auf diese einstellen konnte. Allenfalls die wandelbare Bedarfsbestimmung stellt ein kaum zu kalkulierendes Risiko dar und führt dazu, dass sich Unterhaltsberechtigte nur noch schwerlich auf einen Anspruch einstellen können.[348] Allein aus diesem Grund ist diese Entwicklung der Rechtsprechung äußerst problematisch. Zudem verbleibt noch das Risiko, dass sich die Leistungsfähigkeit vermindert und der Anspruch ganz oder teilweise entfällt.

Allerdings kann das Risiko, welches jedem Unterhaltsanspruch anhaftet, den Gesetzgeber nicht von einem Vertrauensschutz im übergangsrechtlichen Sinne befreien. Denn das allgemeine, mit einem Unterhaltsanspruch verbundene Risiko sagt allein etwas darüber aus, wie bei Änderungen der tatsächlichen Verhältnisse eine Anpassung der Unterhaltsansprüche erfolgt. Das Vertrauen auf Kontinuität der Rechtsordnung hingegen richtet sich an den Gesetzgeber. Es erscheint unbillig, einzig aufgrund der mit einem Unterhaltsanspruch verbundenen Risiken nun auch dem Berechtigten zusätzlich das Risiko der Gesetzesänderung aufzubürden. Hierbei handelt es sich nämlich weder um eine Veränderung der tatsächlichen Verhältnisse noch um ein Risiko, welches er auch bei Fortbestand der Ehe hätte tragen müssen. Aus diesem Grund kann aus der generellen Unsicher-

---

346 BGH, NJW 2009, 1271, 1274 f.

347 Siehe BGH, NJW 2008, 1663.

348 *Schürmann,* FamRZ 2009, 586, 587.

heit noch nichts in Bezug auf den verfassungsrechtlichen Vertrauensschutz gesagt werden. Im Umkehrschluss würde dies nämlich dazu führen, dass der Gesetzgeber einen Anspruch nur mit möglichst vielen Risiken belasten müsste, um den grundgesetzlichen Vertrauensschutz zu umgehen.

IV. Fazit

Vertrauen ist einer der zentralen Aspekte in der Gesellschaftsordnung und im Recht zugleich. Es spielt eine Rolle im zwischenmenschlichen Umgang sowie auch im Umgang mit der Rechtsordnung. In letzterer Hinsicht ist wiederum zu differenzieren zwischen dem gegenseitigen Vertrauen unter den Rechtssubjekten und dem Vertrauen in den Gesetzgeber, der eine angemessene und beständige Rechtsordnung schaffen soll. Diesbezüglich tritt auch zutage, wie diese verschiedenen Aspekte sich aufeinander auswirken: Gesellschafts- und Rechtsordnung existieren nicht losgelöst voneinander, sondern beeinflussen sich wechselseitig. Besonders offenkundig wird dies im Eherecht aufgrund des doppelten Charakters der Ehe als Rechtsinstitut einerseits und sozialkulturelle Erscheinung andererseits. In der Verbindung von Ehe und Recht lassen sich zahlreiche Vertrauensaspekte aufzeigen, die einander bedingen. Nicht immer ist zwischen den verschiedenen Vertrauenspunkten eine abschließende Differenzierung möglich, da diese teils fließend ineinander übergehen.

Zunächst bildet sich zwischen den Ehegatten ein natürliches Vertrauen; sie gehen von einer lebenslänglichen Verbindung aus und verzichten auch aus diesem Grunde häufig auf vertragliche Regelungen. Naturgemäß ist dieses „interne" Vertrauen für den Gesetzgeber schwierig zu handhaben und zu regulieren, weil diesbezüglich primär die sozialkulturelle Komponente der Ehe angesprochen wird. Lediglich sofern sich das Vertrauen auch auf den Versorgungscharakter der Ehe bezieht, vollzieht sich der Brückenschlag zur rechtlichen Funktion der Ehe. In diesem Fall tritt neben das Vertrauen auf Konstanz und Stabilität der persönlichen Beziehung der Ehegatten das Vertrauen in allgemeine Schutzmechanismen des Scheidungsrechts. Dieser Aspekt von Vertrauen in der Ehe ist zudem dadurch gekennzeichnet, dass er zugleich auf Kontinuität gerichtet ist. Die Schutzmechanismen des Eherechts können ihrer Funktion nämlich nur dann gerecht werden, wenn sie auf Dauer Bestand haben und damit einen stabilen Rahmen anbieten, an dem das eigene Verhalten ausgerichtet werden kann. Zwar ist das Scheidungsunterhaltsrecht nicht en Detail der gesamten Bevölkerung bekannt, allerdings dürften die Grundzüge durchaus verbreitet sein. Besonders deutlich wird dieses Kontinuitätsvertrauen gerade dann, wenn das Recht reformiert wird. Schließlich ergibt sich noch das Vertrauen in eine ganz konkrete Unterhaltsregelung. Dieses kann insoweit auftreten, als die Ehegatten bereits geschieden sind und über den Unterhalt entweder eine Absprache getroffen haben oder ein Titel existiert. Diesem Vertrauensaspekt kann der Gesetzgeber ebenfalls nicht durch allgemeine Schutzmechanismen des Unterhaltsrechts Rechnung tragen, sondern allein, indem er Vertrauensschutz im verfassungsrechtlichen Sinne gewährt, der auf die Kontinuität der Rechtsordnung gerichtet ist. Die diesbezüglichen Vorgaben des Grundgesetzes bedürfen einer gesonderten Analyse.

Drittes Kapitel:

Verfassungsrechtliche Grundlagen des Vertrauensschutzes

I. Einführung und Abgrenzung der Begrifflichkeiten

Nachdem die Bedeutung des Vertrauens im Eherecht analysiert wurde und bereits die Wichtigkeit des Schutzes von Kontinuitätsvertrauen bezüglich der Gesetzeslage angedeutet wurde, soll zur weiteren Analyse von Übergangsnormen im Gebiet des intertemporalen Scheidungsfolgenrechts ermittelt werden, inwieweit generell Gesetzesänderungen unter Berücksichtigung des Vertrauens in die bestehende Rechtslage zulässig sind, besonders wenn an Umstände angeknüpft werden soll, die in der Vergangenheit begründet liegen.[349] Dazu sind die verfassungsrechtlichen Vorgaben zur Ausgestaltung von Übergangsrecht generell auszuloten sowie der verfassungsrechtlich gewährte Vertrauensschutz zu analysieren. Diese Grundlagen ermöglichen erst die verfassungskonforme Handhabung der einfachgesetzlichen Regelungen. Grundlegend dazu ist die Rechtsprechung des BVerfG, die konkretisiert, was unter Rückwirkung zu verstehen ist und wann diese mit Rücksicht auf die verfassungsrechtlichen Vorgaben möglich ist. Aufgrund der sich aus der verfassungsgerichtlichen Rückwirkungsdogmatik ergebenden Kritikpunkte ist zudem eine Analyse der Konzeptionen des Vertrauensschutzprinzips von Seiten der Literatur geboten, mit deren dogmatischen Herleitungsversuchen die Darstellung auch begonnen werden soll. Die mittlerweile entstandene Vielzahl der Ansätze macht es erforderlich, die Darstellung auf einen Überblick zu einigen wichtigen Vertrauenskonzepten zu verkürzen, die insoweit die Problematik des Vertrauensschutzes verdeutlichen und fruchtbar gemacht werden können für Erwägungen des Vertrauensschutzes im Eherecht.[350]

Vertrauensschutz und Rückwirkung werden häufig miteinander in Bezug gesetzt. Inhaltlich bezeichnen diese beiden Begrifflichkeiten Aspekte, die zwar miteinander verzahnt, aber nicht völlig deckungsgleich sind,[351] denn der Gedanke des verfassungsrechtlichen Vertrauensschutzes findet primär Anwendung bei der Begrenzung der Rückwirkung eines Gesetzes.[352] Dogmatisch bezieht sich der Vertrauensschutz jedoch auf die Frage, inwieweit auf den Bestand der Ge-

349 Der Vertrauensschutz bei Änderung der höchstrichterlichen Rechtsprechung soll hier nicht betrachtet werden. Siehe dazu *Dötsch,* DStR 2009, 409; *Medicus,* NJW 1995, 2577.

350 Hinsichtlich eines umfangreichen Nachweises sei verwiesen auf die Darstellungen von *Schwarz,* Vertrauensschutz, oder *Werder.*

351 *Schwarz,* Vertrauensschutz, S. 43.

352 *Schwarz,* Vertrauensschutz, S. 19.

setzeslage vertraut werden darf.[353] Diesbezüglich ist zwischen Geltungsvertrauen einerseits und Kontinuitätsvertrauen zu differenzieren.[354] Geltungsvertrauen betrifft das Verhalten des Vertrauensveranlassers.[355] Die staatlichen Institutionen müssen die geltenden Gesetze beachten. Das Kontinuitätsvertrauen bezieht sich auf die Fortgeltung bestimmter Gesetzeslagen in der Zukunft; hier geht es um die Problematik, dass der Gesetzgeber noch nicht abgeschlossene Tatbestände der Geltung einer modifizierten Rechtslage unterwirft.[356]

Bei der Betrachtung des Kontinuitätsvertrauens trifft der Vertrauensschutz mit der Rückwirkungsproblematik zusammen, welche die Frage aufwirft, inwieweit ein Gesetz für einen Zeitraum Geltung beanspruchen kann, in dem es noch gar nicht existierte.[357] Sofern nun der Lebenssachverhalt, der rechtlich bewertet werden soll, unter Geltung des überkommenen Rechts begonnen hat und in den Geltungsbereich der neuen rechtlichen Regelung hineinreicht, treffen sich die Rückwirkungsproblematik und das Vertrauen in die Gesetzgebungskontinuität.

Bezüglich der Schutzwürdigkeit indes besagt die Differenzierung zwischen Geltungs- und Kontinuitätsvertrauen jedoch nichts.[358] Zwar ist das Geltungsvertrauen wohl schon aufgrund der Bindung aller staatlichen Gewalt an Recht und Gesetz, Art. 1 Abs. 3 GG, an sich immer schutzwürdig. Gleichwohl kann auch das Kontinuitätsvertrauen in Einzelfällen absolut schützenswert sein.

II. Herleitung des Vertrauensschutzprinzips aus dem Grundsatz von Treu und Glauben

Gerade mit Blick auf das Zivilrecht liegt der Gedanke nahe, aus der zivilrechtlichen Generalklausel des § 242 BGB den allgemeinen Rechtsgedanken des „venire contra factum proprium“ zu entnehmen und diesen vom Privatrecht auf die öffentlich-rechtliche Vertrauensschutzproblematik zu übertragen.[359] Es zeigt sich nämlich eine deutliche Parallele: Wie auch im Privatrecht ist es gerade im Verhältnis von Bürger und Staat häufig so, dass einer der Betroffenen - regel-

353 *Schwarz,* Vertrauensschutz, S. 43.

354 *Schwarz,* a.a.O.; *Burmeister,* Vertrauensschutz, S. 73 ff.; *Leisner,* FS Berber, S. 273, 280 ff.; *Stüsser,* Jura 1999, 545, 548 ff.

355 *Schwarz,* a.a.O.

356 A.a.O.

357 A.a.O.

358 Anders *Schwarz,* a.a.O., der das Kontinuitätsvertrauen per se für kaum schutzwürdig hält. Die Vielzahl der getroffenen Übergangsregeln zeigt jedoch, dass der Gesetzgeber zu Recht häufig das Vertrauen in die Kontinuität der Rechtslage durchaus als schutzwürdig betrachtet.

359 *Coing,* BB 1954, 137, 139; *Kisker,* VVDStRL 32 (1974), 149, 162. Vgl. auch *Huber,* FS Kägi, S. 193, 199 f. Auch die nun überholte Rechtsprechung des BVerwG bezüglich der Aufhebbarkeit eines rechtswidrigen Verwaltungsaktes leitete den Vertrauensschutz aus dem Grundsatz von Treu und Glauben her, vgl. etwa BVerwGE 3, 199, 203; 19, 188, 189; 40, 147, 150 f.

mäßig der Bürger - auf die geschaffenen Umstände vertraut hat und das jetzige Verhalten als völlig unerwartet erlebt und es deshalb als unbillig oder ungerecht empfindet.[360] Aber auch wenn zwischen dem öffentlich-rechtlichen Vertrauensschutz und dem aus Treu und Glauben hergeleiteten Verbot des „venire contra factum proprium" eine Ähnlichkeit hinsichtlich des Zwecks besteht, die eine Seite an ihr Verhalten der anderen Seite gegenüber zu binden und widersprüchliches Handeln möglichst auszuschließen, kann § 242 BGB gleichwohl nicht als die dogmatische Grundlage des verfassungsrechtlichen Vertrauensschutzes gesehen werden.[361] Damit Vertrauensschutz auch gegenüber dem Gesetzgeber, der allein der Bindung des Art. 20 Abs. 3 GG unterliegt, entgegengehalten werden kann, muss dem Vertrauensschutz zwingend Verfassungsrang zukommen.[362] Es ist schlechthin nicht möglich, ihn allein aus einem privatrechtlichen Grundsatz herzuleiten. Allein was sich im Wege der Auslegung einzelner Normen des Grundgesetzes als deren Grundsatz herleiten lässt, kann Verfassungsprinzip sein.[363] Der Grundsatz von Treu und Glauben indes kann nicht aus der Verfassung abgeleitet werden, sondern ermöglicht eine Ergebniskorrektur innerhalb des Anwendungsbereichs des Bürgerlichen Gesetzbuches. Außerverfassungsrechtliche Begründungsansätze sind somit von vornherein nicht dazu geeignet, den Gesetzgeber zu binden.

Sofern aufgrund dieser systematischen Kritik Stimmen in der Literatur bemüht sind, den Grundsatz von Treu und Glauben in Bezug zum Rechtsstaatsprinzip und zur Rechtssicherheit zu setzen,[364] ist dies gleichfalls vergeblich. Denn sobald zur Herleitung des Vertrauensschutzes ergänzend auf Verfassungsprinzipien zurückgegriffen werden muss, um diese dogmatisch zu erklären, ist es überflüssig, zusätzlich § 242 BGB heranzuziehen.[365] Zudem mag in einigen Bereichen zwar das Verhältnis von Staat und Bürger einem Schuldverhältnis im Privatrecht ähneln; im Bereich des Verhältnisses von Legislative zum Gesetzesunterworfenen besteht jedoch gerade keine vertragsähnliche Gleichberechtigung.[366] Daher käme für den Bereich der Gesetzgebung ein aus dem Grundsatz von Treu und Glauben abgeleiteter Vertrauensschutz gar nicht in Betracht, obwohl gerade hier wegen des umfassenden Adressatenkreises und dem damit verbundenen Ausmaß der Auswirkungen Vertrauensschutzfragen von besonderer Bedeutung sind.

---

360 *Muckel,* Vertrauensschutz, S. 30; *Stich*, Vertrauensschutz im Verwaltungsrecht, S. 13.

361 *Muckel*, a.a.O.

362 *Muckel,* Vertrauensschutz, S. 31; *Werder,* S. 82; ebenso *Schwarz,* Vertrauensschutz, S. 103, 139, der eine umfassende Geltung des Gedankens von Treu und Glauben ebenfalls in Ermanglung einer allgemeinen verfassungsrechtlichen Ausgestaltung dieses Prinzips ablehnt.

363 *Muckel,* a.a.O.

364 So *Coing*, BB 1954, 137, 138; *Weber-Dürler*, Vertrauensschutz, S. 47, 52 f.

365 In diesem Sinne auch *Muckel*, Vertrauensschutz, S. 31.

366 *Schwarz,* Vertrauensschutz, S. 141.

Neben diesen systematischen Bedenken sprechen aber auch inhaltliche Aspekte gegen die Rekrutierung von Treu und Glauben für den öffentlich-rechtlichen Vertrauensschutz. Nicht immer kann nämlich das Abweichen einer staatlichen Stelle von früherem Verhalten als unredlich qualifiziert werden.[367] Dann aber käme ein aus § 242 BGB begründeter Vertrauensschutz nicht in Betracht. Verdeutlichen lässt sich dies am Beispiel der Gesetzesänderung: Dem Wunsch der Legislative, die Rechtslage den aktuellen gesellschaftlichen Verhältnissen anzupassen und dabei teilweise auch „Altfälle" miteinzubeziehen, kann mitnichten stets der Vorwurf der Unredlichkeit gemacht werden. Ein aus § 242 BGB begründeter Vertrauensschutz käme aber zum Ergebnis, dass in diesen Fällen das Vertrauen grundsätzlich nicht zu schützen sei, was absurd anmutet. Zudem stehen der Gedanke des Vertrauensschutzes und der Rechtsgedanke von Treu und Glauben immer dann in Widerspruch, wenn die Anwendung von § 242 BGB dazu führt, dass aufgrund von Billigkeitserwägungen, die im Grundsatz von Treu und Glauben verankert sind, Aspekte der Rechtssicherheit - und somit des Vertrauensschutzes - zurücktreten müssen.[368]

III. Strukturprinzipien der Verfassung als dogmatische Grundlage des Vertrauensschutzes

1. Herleitung des Vertrauensschutzes aus dem Sozialstaatsprinzip

Das Sozialstaatsprinzip gewährt dem Bürger soziale Sicherheit hinsichtlich der Schaffung sowie der Erhaltung von Einrichtungen, die für den Fall des Fehlens eigener Daseinsreserven die notwendige Daseinshilfe gewähren.[369] Daher könnte man prinzipiell davon ausgehen, dass diesbezüglich auch das Vertrauen des Einzelnen Berücksichtigung finden müsse, und folglich den Vertrauensschutz, zumindest für den Bereich der sozialen Absicherung, im Sozialstaatsprinzip verankern.[370] Denn das in Art. 20 GG normierte Sozialstaatsprinzip böte die Gewähr dafür, dass der Staat, wenn er einmal bestimmten Gruppen von Bürgern Leistungen gewährt habe, sich nicht nach Belieben dieser Verantwortung entziehen und die Betroffenen wieder sich selbst überlassen dürfe. Das vorangegangene

---

367 *Mainka,* Vertrauensschutz, S. 12; *Muckel,* Vertrauensschutz, S. 30.

368 *Jesch*, JZ 1960, 282, 283 Fn. 5. Zu diesen Erwägungen insgesamt *Muckel,* Vertrauensschutz, S. 29 ff.

369 *Muckel,* Vertrauensschutz, S. 31; *Stern,* Staatsrecht, Bd. I, S. 911 ff.

370 So beispielsweise *Rupp-v. Brünneck,* Sondervotum, BVerfGE 32, 129, 139; vgl. auch *Mainka,* Vertrauensschutz, S. 27 ff., der zwar den Sozialstaatsgedanken als eine Quelle des Vertrauensschutzes anerkennt, letztlich jedoch zu dem Ergebnis gelangt, dass die verfassungsrechtliche Grundlage des Vertrauensschutzes im Prinzip des sozialen Rechtsstaats begründet sei. Unter Berufung auf eine Theorie des Statusschutzes *Preuß,* JA 1977, 313, 316, nach dessen Auffassung das Sozialstaatsprinzip verfassungsrechtlich den Status trage, der den gesetzlichen Konkretisierungen des Sozialstaatspostulats entstamme. Zur Verankerung des Vertrauensschutzes im Sozialstaatsprinzip ferner *Schlink,* Abwägung, S. 119. *V. Götz,* FG BVerfG Bd. 2 (1976), S. 421, 422, sieht neben den Grundrechten und dem Rechtsstaatsprinzip das Sozialstaatsprinzip als Anknüpfungspunkt für einen verfassungsrechtlichen Vertrauensschutz.

Tun verpflichte ihn vielmehr, auch weiterhin die einmal übernommene soziale Verantwortung zu tragen, soweit nicht höherrangige Interessen des Gemeinwohls dem entgegenstünden.[371]

Wenn auch bestimmte Aspekte des Vertrauensschutzes im Sozialstaatsprinzip eine Rolle spielen, kann dieses dennoch nicht als Grundlage des Vertrauensschutzes herangezogen werden. Der Vertrauensschutzgedanke und das Sozialstaatsprinzip passen inhaltlich nur bedingt zusammen. Vertrauensschutz ist auf Kontinuität angelegt, während der Gedanke des Sozialstaats zugleich einen auf Veränderung gerichteten dynamischen Gedanken enthält.[372] In seiner verfassungsrechtlichen Konzeption ist das Sozialstaatsprinzip dazu gedacht, den Gesetzgeber zur Gestaltung der gesellschaftlichen Ordnung aufzurufen,[373] was zwingend auch die Notwendigkeit sozialer Veränderung umfasst.[374] In Abwendung vom bürgerlich-liberalen Rechtsstaat gebietet das Sozialstaatsprinzip dem Gesetzgeber, eine sozial ausgewogene Gesellschaftsordnung herbeizuführen.[375] Eine verfassungsrechtliche Absicherung dieses Gestaltungsauftrags[376] selbst beinhaltet es jedoch nicht; denn das Sozialstaatsprinzip gewährt dem Einzelnen gerade kein unmittelbar judizierbares Recht.[377] Mangels subjektiv-abwehrrechtlicher Ausgestaltung dieses Prinzips kann daher auch der Vertrauensschutz des Einzelnen nicht darauf gestützt werden. Das Sozialstaatsprinzip als Staatszielbestimmung des sozialen Rechtsstaats ist zu abstrakt, um hinreichend konkrete und juristisch handhabbare Kriterien für einen Vertrauensschutz aus ihm herzuleiten.[378]

Gleichzeitig könnte das Sozialstaatsprinzip auch gar keinen uneingeschränkten Bestandsschutz vermitteln, da es stets unter dem „Vorbehalt des Möglichen“[379]

---

371 Mit dieser Argumentation *Rupp-v. Brünneck,* Sondervotum, BVerfGE 32, 129, 238 ff., welche die Gefahr sieht, dass der Betroffene sonst zum bloßen Objekt wechselnder Willensentscheidungen gemacht würde. Gleichzeitig sieht sie es aber als nicht zwingend notwendig an, dass die in Rede stehende Regelung tatsächlich in ihrer bisherigen Form aufrechterhalten wird (S. 140). Vielmehr könne der Staat seiner Verantwortung auch durch anderweitige Berücksichtigung der betroffenen Interessen gerecht werden.

372 *Müller-Vollbehr,* ZRP 1984, 262, 266.

373 BVerfGE 1, 97, 105; 8, 274, 329; *Stern*, Staatsrecht, Bd. I, S. 887 f. Die Verbindlichkeit des Sozialstaatsprinzips entspricht heute der allgemeinen Meinung. Anders noch *Grewe,* DRiZ 1949, 349, 351, der von einem „substanzlosen Blankettbegriff“ sprach. Siehe auch Bonner Kommentar/*Robbers,* GG, Art. 20 Rn. 1454.

374 V. Münch/Kunig/*Schapp*, GG, Art. 20 Rn. 36; *Muckel,* Vertrauensschutz, S. 33; vgl. auch Alternativkommentar/ *Schiek,* GG, Art. 20 Rn. 52.

375 *Muckel,* a.a.O.; *Schwarz,* Vertrauensschutz, S. 223 ff.

376 Zum Gestaltungsauftrag vgl. Dreier/*Gröschner,* GG II, Art. 20 (Sozialstaat) Rn. 31 ff.; Jarass/Pieroth/*Jarass,* GG, Art. 20 Rnrn. 112 ff.

377 *Schwarz*, Vertrauensschutz, S. 223 ff.; *Muckel,* Vertrauensschutz, S. 33.

378 *Preuß,* JA 1977, 265, 268.

379 BVerfGE 33, 303, 333. Der Vorbehalt des Möglichen beschreibt die Leistungen, die der Einzelne vernünftigerweise von der Gesellschaft verlangen kann.

steht.[380] Aus diesen Gründen kann das Sozialstaatsprinzip nicht zur dogmatischen Herleitung des Vertrauensschutzes in Ansatz gebracht werden.[381]

2. Das Rechtsstaatsprinzip als verfassungsdogmatische Grundlage des Vertrauensschutzes

Sowohl in der Rechtsprechung[382] als auch im Schrifttum[383] findet sich das Rechtsstaatsprinzip als verfassungsdogmatische Grundlage des Vertrauensschutzes.

a) Überblick

Der Grundsatz der Rechtsstaatlichkeit gehört zu den elementaren Verfassungsgrundsätzen[384] und Grundentscheidungen[385] unseres Grundgesetzes[386] und ergibt sich aus der Zusammenschau der Art. 20 Abs. 3, 1 Abs. 3, 19 Abs. 4, 28 Abs. 1 S. 1 GG sowie aus der Gesamtkonzeption des Grundgesetzes.[387] Schon die zahlreichen Normen, aus deren Zusammenspiel sich das Rechtstaatsprinzip in all seinen Facetten ergibt, verdeutlichen, dass das Rechtsstaatsprinzip als „vager Rechtssatz“[388] im Wege methodischer Ableitung erst konkretisiert und ausdifferenziert werden muss, um der eigenen Komplexität gerecht zu werden und gleichzeitig seine dirigierende und steuernde Funktion zu erhalten.[389] Faktisch müssen also „Unternormen“[390] gebildet werden, welche die einzelnen Aspekte

---

380 *Schwarz,* Vertrauensschutz, S. 221; Maunz/Dürig/Herzog/Scholz/*Herzog,* GG, Art. 20 Abschn. VIII Rn. 23; Mangoldt/Klein/Starck/*Sommermann,* GG, Art. 20 Rn. 116; *Stern,* Staatsrecht Bd. I, S. 918 ff.

381 Zu diesen Erwägungen insgesamt *Muckel,* Vertrauensschutz, S. 31 f.

382 Siehe beispielsweise BVerfGE 9, 201, 212; 13, 215 224; 14, 288, 297; 18, 429, 439; 23, 12, 32; 27, 231, 238 f.; 30, 367, 385 f.; 32, 111, 123; 45, 142, 167 f.; 51, 356, 362 f.; 59, 128, 164 f.; 72, 200, 242; 74, 129, 152; 94, 241, 258; BGHZ 100, 1, 5 f.

383 Beispielsweise *Bauer,* JuS 1984, 241, 242 ff., 249; *Fiedler,* NJW 1988, 1624, 1627; *Friauf,* BB 1972, 669, 673 ff., Epping/Hillgruber/*Axer,* BeckOK GG, Art. 14 Rn. 100. Einen modifizierten Ansatz vertritt *Schlenker,* Soziales Rückschrittsverbot, S. 193 ff., der - subsidiär neben grundrechtlichem Vertrauensschutz - ein „Grundrecht auf Kontinuität“ aus dem eigentumsrechtlichen Bestandsschutz sozialversicherungsrechtlicher Positionen ableitet, welches das Vertrauen in die Unverbrüchlichkeit, Stetigkeit, Berechenbarkeit sowie Verlässlichkeit der Sozialordnung schützen soll. Dieses verortet er wiederum im Rechtssicherheitsgebot des Art. 20 GG.

384 Mit dieser Bezeichnung das BVerfG in BVerfGE 1, 14, 18; 7, 89, 92 f.; 11, 64, 72 f.; 20, 323, 331; 25, 269, 290; 28, 264, 277; 35, 41, 47.

385 Diese Begrifflichkeit verwendet das BVerfG in BVerfGE 3, 225, 237 f.; 6, 32, 41; 60, 253, 268 f.; 63, 343, 357.

386 *Creifelds,* Rechtswörterbuch, Stichwort „Rechtsstaat“. Mit der divergierenden Terminologie des BVerfG dürfte aber kaum eine inhaltliche Änderung verbunden sein; vielmehr wurden wohl in Bezug auf den jeweiligen der Entscheidung zugrunde liegenden Sachverhalt verschiedene Aspekte der Rechtsstaatsidee betont.

387 BVerfGE 2, 380, 403; *Muckel,* Vertrauensschutz, S. 60.

388 *Bockenförde,* FS Arndt, S. 53; *Pieroth,* Rückwirkung, S. 236.

389 *Pieroth,* Rückwirkung, S. 236 ff., insbesondere S. 238.

390 So *Pieroth,* Rückwirkung, S. 239.

näher beschreiben. Einen dieser Teilaspekte des Rechtsstaatsprinzips stellt die Rechtssicherheit dar. Sie dient dazu, dem Einzelnen vor allem die Voraussehbarkeit und Berechenbarkeit der mit seinem Handeln verbundenen Rechtsfolgen zu ermöglichen und damit zugleich eine gewisse Stabilität der einmal eingeführten Ordnung zu vermitteln. Der Bürger soll schließlich darauf vertrauen dürfen, dass sein dem jeweils geltenden Recht entsprechendes Verhalten auch fernerhin von der Rechtsordnung als rechtens anerkannt bleibt.[391] Auf diese Weise wird die „Verlässlichkeit“[392] und „Unverbrüchlichkeit“[393] des Gesetzes vermittelt,[394] mithin Vertrauensschutz gewährt.[395]

Gleichwohl kann aus der Rechtssicherheit kein umfassender Bestands- und Vertrauensschutz reklamiert werden im Sinne der völligen Aufhebung der Gestaltungsoptionen des Gesetzgebers. Eine an der Rechtssicherheit ausgerichtete Anwendung eines Gesetzes darf im Einzelfall nicht zur Ungerechtigkeit führen; denn die Rechtsstaatlichkeit umfasst nicht nur die Rechtssicherheit, sondern auch das Prinzip der materiellen Gerechtigkeit, die - gegebenenfalls im Zusammenspiel mit der Rechtsgleichheit[396] - durchaus erfordern kann, dass gerade auch vergangenheitsbezogene Änderungen der Rechtsordnung durchgesetzt werden. Deshalb müssen diese Aspekte durch den Gesetzgeber in Ausgleich gebracht werden.

b) Voraussetzungen des rechtsstaatlichen Vertrauensschutzes

Um dem aus dem Rechtsstaatsprinzip hergeleiteten Vertrauensschutzgedanken schärfere Konturen zu verleihen und damit aus ihm tatsächlich ein Institut zu schaffen, welches dem staatlichen Änderungsinteresse effektiv entgegengehalten werden kann, untergliedern Vertreter eines rechtsstaatlichen Vertrauensschutzkonzepts ihn teilweise in spezielle „Tatbestandsmerkmale“:[397] das Bestehen einer Vertrauensgrundlage, das darauf beruhende Vertrauen des Einzelnen sowie die Betätigung des bestehenden Vertrauens.[398]

---

391 BVerfGE 13, 261, 271; BVerfG, NJW 1977, 2024, 2025.

392 Diesen Begriff wählt BVerfGE 24, 75, 98.

393 *Klein/Barbey*, S. 68.

394 In diesem Sinne *Maurer,* HStR III, § 60 Rn. 19.

395 Zur Herleitung des Vertrauensschutzes aus dem Rechtsstaatsprinzip mit diesen Erwägungen das BVerfG in seiner ständigen Rechtsprechung seit BVerfGE 13, 261, 271; dazu *Stern,* Staatsrecht, Bd. I, S. 833 ff.; *Maurer,* HStR Bd. III, § 60 Rn. 19; *Sachs*, GG, Art. 20 Rnrn. 131 ff. m.w.N.; kritisch *Achterberg,* § 22 Rnrn. 55 f.

396 Zur Kollision des Vertrauensschutzes mit dem Gleichheitsgrundsatz siehe 4. Kapitel III. 1., 2.

397 Zu dieser Konkretisierung siehe *Muckel*, Vertrauensschutz, S. 80 ff.; *ders.* JA 1994, 13, 15 f.

398 Insoweit lässt sich eine Parallele zur Vertrauenshaftung im Privatrecht, deren Voraussetzungen ebenfalls ein zurechenbar gesetzter Vertrauenstatbestand, schutzwürdiges Vertrauen sowie eine Vertrauensinvestition sind. Vgl. *Canaris,* S. 491 ff. Unterschiede zum Vertrauen in die Gesetzgebung ergeben sich aber bereits insoweit, als Gesetze im

aa) Vertrauensgrundlage

Rechtsstaatlich geschützt sei nicht ein allgemeines Vertrauen an sich.[399] Vielmehr könne nur solches Vertrauen schutzwürdig sein, welches sich aufgrund einer vom Staat geschaffenen Vertrauensgrundlage herausgebildet habe.[400] Denn erst durch die vom Staat geschaffene Sachlage, aus der im Rechtsleben auf einen bestimmten Rechtszustand geschlossen werden dürfe, werde die Erwartung des Betroffenen erzeugt.[401] Damit bilde die Vertrauensgrundlage den Anknüpfungspunkt und das Bezugsobjekt des Vertrauens.[402] Konkret kämen als Vertrauensgrundlagen vor allem Gesetze in Betracht, an denen der Rechtsunterworfene sich in seinem rechtlich erheblichen Handeln orientiere.[403] Je nach konkreter Ausgestaltung des jeweiligen Gesetzes ergebe sich daraus eine partielle Selbstbindung des Gesetzgebers.[404] Zwar garantiere ein Gesetz regelmäßig nicht seine Unabänderlichkeit; allerdings begründe es abhängig von der tatsächlichen Ausgestaltung der Norm beim Bürger eine unterschiedlich gefestigte Vertrauensposition.[405]

bb) Vertrauensbildung

(1) Kenntnis

Ferner verlange der Vertrauensschutz auch die konkrete Vertrauensbildung. Problematisch ist diesbezüglich insbesondere, ob die Vertrauensbildung bei ge-

---

Gegensatz zu privatrechtlichen Verträgen einseitig vom Gesetzgeber geändert werden können

399 *Renck,* NJW 1970, 737, 740; *Larenz,* Richtiges Recht, S. 80, der als Grund der Bindung nicht das erregte Vertrauen an sich sieht, sondern den vertrauensbegründenden Akt als solchen.

400 So *Muckel,* Vertrauensschutz, S. 80; *Muckel,* JA 1994, 13, 15; *Ossenbühl,* Rücknahme, S. 81; *Stich,* Vertrauensschutz, S. 37 ff.; *Weber-Dürler,* Vertrauensschutz, S. 79 ff.; *Renck,* NJW 1970, 737, 739.

401 *Muckel,* a.a.O.

402 *Muckel,* Vertrauensschutz, S. 81; *Ossenbühl,* Rücknahme, S. 81.

403 Nicht als Vertrauensschutzgrundlage kann nach der Rechtsprechung des BVerfG die Ankündigung einer Übergangsfrist durch die Bundesregierung herangezogen werden; denn allein dem Parlament obliege die Gesetzgebungskompetenz (BVerfGE 97, 67 ff.). Gleichzeitig könne damit aber auch nicht mehr auf die bisherige Gesetzeslage vertraut werden. Obgleich die Argumentation mit der Gewaltenteilung dogmatisch stimmig ist, wird die Situation des Bürgers verkannt, für den es fast unmöglich ist, sämtliche relevante Änderungsabsichten zu verfolgen und sie auch den einzelnen Organen zuzuordnen, um zu ermitteln, inwiefern er sich noch auf bestimmte Regelungen verlassen kann. Kritisch daher auch *Arndt/Schumacher,* NJW 1998, 1538 ff.

404 *Muckel,* Vertrauensschutz, S. 81; *ders.,* JA 1994, 13, 15; *Stern,* FS Maunz, 1981, S. 381, 392.

405 *Muckel,* Vertrauensschutz, S. 82. Ersichtlich ist, dass beispielsweise ein Gesetz, welches unter dem Vorbehalt späterer Änderung steht, keine so starke Vertrauensposition schaffen kann wie eine durch Rechtszwang bestimmte Leistung (z.B. Sozialversicherungsbeiträge). Instruktiv hierzu *Muckel*, Vertrauensschutz, S. 82 ff., der die einzelnen Gestaltungsmöglichkeiten für Gesetze differenziert darstellt.

nerell-abstrakten Regelungen auch Kenntnis der Vertrauensgrundlage voraussetzt.[406] Teilweise wird der Vertrauensschutz ohne Kenntnis der Vertrauensgrundlage mit der Begründung abgelehnt, Vertrauen ohne die tatsächliche Kenntnis der Vertrauensgrundlage sei eine „seltsame Erscheinung".[407] Sofern man auf eine Kenntnis zum Zeitpunkt der Dispositionsvornahme verzichtete, wäre das Vertrauen bereits vor seinem Entstehen enttäuscht worden.[408] Da Vertrauen somit zur Fiktion würde,[409] könne man es als Tatbestandsmerkmal zur Konkretisierung des rechtsstaatlichen Vertrauensschutzes auch vollständig aufgeben. Insbesondere verlöre es als fingiertes Vertrauen aber auch seine Schutzwürdigkeit.[410] Indes ist aber die Grundidee des Vertrauensschutzes zu beachten: Da die staatliche Rechtsordnung verlangt, dass der Bürger sich an ihr orientiert, ist auch sein Vertrauen in den Fortbestand legislativer Entscheidungen schutzwürdig.[411] Die Ausrichtung nach den Gesetzesnormen wird vom Rechtsstaat mithin generell verlangt und nicht nur dann, wenn der Bürger die einzelne Norm auch tatsächlich kennt. Mit Veröffentlichung im Bundesgesetzblatt wird die Kenntnis fingiert[412] und der Bürger muss das geltende Recht, auch wenn es ihm tatsächlich gar nicht bekannt ist, gegen sich gelten lassen. Daher muss er sich umgekehrt auch auf die Normen berufen können, wenn sie für ihn begünstigend erscheinen. Auch insofern muss die Kontinuität des Rechts für den nicht konkret vertrauenden Bürger gewahrt werden. Zudem ergäbe sich auch ein Problem der Ungleichbehandlung, wenn die Dispositionen eines Betroffenen, dem die entsprechende Norm bekannt war, anders behandelt würden als die eines Bürgers, der mangels Kenntnis kein tatsächliches Vertrauen bilden konnte,[413] zumal sich diesbezüglich auch ein erhebliches Beweisproblem ergeben würde.[414] Indes ist

---

406 Bei individuell an eine bestimmte Person gerichteten Vertrauensgrundlagen etwa der Exekutiven (z.B. durch einen Verwaltungsakt) stellt sich diese Frage nicht, denn hier handelt der Bürger gerade in Kenntnis der an ihn gerichteten Vertrauensgrundlage. Auch im Bereich des Unterhaltsrechts ist diese Frage wohl weitgehend zu vernachlässigen. Denn regelmäßig existiert hier ein Titel oder eine außergerichtliche Vereinbarung, die den Parteien bekannt sein dürfte.

407 *Huber,* FS Kägi, S. 193, 196; so auch *Weber-Dürler,* Vertrauensschutz, S. 91; *Muckel,* Vertrauensschutz, S. 91; *Heß,* Intertemporales Privatrecht, S. 296.

408 *Huber,* Festgabe BVerwG, S. 313, 326; *ders.,* FS Kägi, S. 193, 196.

409 *Heß,* Intertemporales Privatrecht, S. 296.

410 In diesem Sinne *Weber-Dürler,* Vertrauensschutz, S. 91; *Muckel,* Vertrauensschutz, S. 91. Damit aber dennoch ein gewisser verfassungsrechtlicher Schutz für solche Betroffene gegeben ist, die kein subjektives, reales Vertrauen in den Fortbestand einer bestimmten Rechtslage gefasst haben, weist *Muckel,* Vertrauensschutz, S. 91 darauf hin, dass in solchen Fällen möglicherweise einschlägige Grundrechte eine Schutzfunktion übernehmen können.

411 *Brüning,* NJW 1998, 1525.

412 Vgl. dazu Art. 82 GG.

413 In diesem Sinne *Viets,* S. 156 f.; *Arndt,* S. 82.

414 *Grunsky,* Grenzen der Rückwirkung, S. 26 f. Die von *Muckel,* Vertrauensschutz, S. 91 f., vorgeschlagenen Maßnahmen zur Überwindung der Beweisschwierigkeiten überzeugen nicht. Gerade im privaten Bereich oder bei Dispositionen im Bereich von Kleinge-

auch fraglich, was überhaupt unter „Kenntnis" zu verstehen ist. Wird diesbezüglich rechtskundiger Sachverstand der Gesetzesnorm und der Materie, in die sie eingebettet ist, verlangt oder reicht bloße Kenntnisnahme aus? Sofern man Kenntnis im Sinne von Verstehen der Norm begreift, stellt sich wiederum die Frage, wie Fälle behandelt werden sollen, in denen der Betroffene zwar die entscheidende Norm kennt, sie rechtlich aber falsch auslegt. Kommt dann ein Vertrauensschutz nur in Betracht, wenn die Fehlinterpretation im Ergebnis keine Auswirkung hat? Ließe man aber die bloße Kenntnisnahme ausreichen, mutet das Beharren auf der Kenntnis gleichfalls seltsam an. Denn der Unterschied zwischen einem Betroffenen, der die Regelung lediglich gelesen, aber nicht verstanden hat, und demjenigen, der sie gar nicht kennt, ist nur noch marginal. Daher sollte man auf die tatsächliche Kenntnis verzichten, selbst wenn Vertrauensschutz ohne Kenntnis der Vertrauensgrundlage zunächst ungewöhnlich erscheint.[415] Erwägungen diesbezüglich können höchstens als ein Aspekt in Bezug auf die Schutzwürdigkeit gewertet werden - die bei Nichtkenntnis der Vertrauensgrundlage häufig als gering einzuordnen sein wird -, nicht aber als Ausschlusskriterium.

(2) Vertrauensdichte

Weiter stellt sich die Frage, welche Qualität das Vertrauen haben muss, um anerkannt zu werden. Als Kriterium zur Bestimmung des Grades der entstandenen Vertrauensdichte wird die Vorhersehbarkeit des staatlichen Eingriffs[416] vorgeschlagen. Dabei wurde insbesondere von der Rechtsprechung des BVerfG re-

---

werbetreibenden kann nicht erwartet werden, dass eine rechtliche Beratung vorgenommen wurde. Sofern *Muckel* vorschlägt, von der erfolgten Disposition auf die Kenntnis der Vertrauensgrundlage zu schließen und insoweit eine widerlegbare Vermutung zu statuieren, ist nichts gewonnen. Denn auch hier wird durch die Vermutung das Vertrauen praktisch fingiert. Der Gegenbeweis dazu wird wohl kaum gelingen. Wie soll bewiesen werden, dass der Betroffene zwar eine Disposition vorgenommen hat, die diesbezügliche Rechtsgrundlage, welche seine Disposition als vorteilhaft erscheinen lässt, aber gar nicht gekannt hat? Das Beweisproblem wird insofern nicht gelöst, sondern lediglich verschoben. Letztlich würde damit eine widerlegliche Vermutung für das Vertrauen - mangels Möglichkeit, die Vermutung tatsächlich zu widerlegen - zum gleichen Ergebnis führen, wie die Anerkennung eines schutzwürdigen Vertrauens ohne konkrete Kenntnis der Vertrauensgrundlage. Zudem ist durchaus auch Vertrauensschutz ohne getätigte Disposition, z.B. auch durch Unterlassen, möglich, wie auch von *Muckel* anerkannt wird. Faktisch würde die an eine getroffene Disposition geknüpfte widerlegliche Vermutung somit zur Schlechterstellung desjenigen führen, der (noch) keine Disposition getätigt hat.

415 In diesem Sinne auch *Riechelmann,* S. 148 f.

416 Vgl. die Rechtsprechung des BVerfG, BVerfGE 13, 261, 272; 22, 330, 347; 27, 167, 173 f.; 30, 367, 387; 37, 363, 397; 45, 142, 174; 48, 1, 20; 50, 177, 193 f.; 67, 1, 19 f., das eine geringere Vertrauensdichte dann annimmt, wenn der Betroffene mit dem Eingriff rechnen musste.

gelmäßig an den Gesetzesbeschluss im Bundestag angeknüpft.[417] Ab diesem Zeitpunkt müsse der Betroffene mit der Änderung rechnen. Teilweise wird auch bereits von einer geringeren Schutzwürdigkeit des Vertrauens ab dem Zeitpunkt einer neuen Gesetzesinitiative oder den Beratungen eines neuen Gesetzes ausgegangen.[418] Indes ist die Vorhersehbarkeit in dieser Ausprägung nicht dazu geeignet, als Maßstab zur Ermittlung der Vertrauensdichte oder der Schutzwürdigkeit des Vertrauens zu dienen. Denn das Ergebnis von Gesetzesberatungen ist selbst für Fachkundige häufig nur eingeschränkt vorauszusehen.[419] Im Rahmen der Gesetzesinitiative zur Änderung des Unterhaltsrechts wurden beispielsweise bis zuletzt Änderungen vorgenommen, die teilweise nicht nur Detailfragen modifizierten.[420] Hier war vorab kaum vorhersehbar, wie sich das Gesetzgebungsvorhaben weiter entwickeln würde. Zudem ist häufig auch gar nicht absehbar, innerhalb welcher Zeitspanne ein Gesetzesprojekt tatsächlich vom Bundestag verabschiedet wird, da Gesetzgebungsverfahren im Einzelfall schwer zu durchschauen sein können.[421] Auch bei der Änderung des Unterhaltsrechts zog sich das Vorhaben über einige Jahre. Praktisch liefe „die Anerkennung „einer normativen Vorwirkung des Gesetzgebungsverfahrens“ auf eine Normwirkung ohne Norm hinaus“.[422]

---

417 So BVerfGE 1, 264, 280; 8, 274, 304 f.; 13, 261, 273; 14, 288, 298; 27, 167, 173 f.; 37, 363, 397 f.; 43, 291, 392 f. In seiner umstrittenen „Handelsschiffentscheidung“ (BVerfG, Beschl. v. 03.12.1997 - 2 BvR 882-97) hat das BVerfG den Anknüpfungszeitpunkt weiter zu Lasten des Gesetzesunterworfenen verschoben. Sofern ein Gesetzesadressat die Ankündigung einer Gesetzesänderung nutze, um der vom Gesetzgeber beabsichtigten Wirkung zuvorzukommen, so schütze das Rechtsstaatsprinzip das Vertrauen in die bisherige Gesetzeslage nicht.

418 BVerfGE 95, 64, 88 f.; diesbezüglich *Kloepfer,* DÖV 1973, 657, 660. In BVerfGE 97, 271, 290 wurde sogar das Vorliegen schützenswerten Vertrauens von dem Zeitpunkt an verneint, in dem das BVerfG eine Nachbesserungspflicht des Gesetzgebers für ein Gesetz statuiert hatte.

419 *Aschke,* Übergangsregelungen, S. 269 f.; *Grabitz,* DVBl. 1973, 675, 684; *Rupp-v. Brünneck,* Sondervotum BVerfGE 32, 129, 137 f.; *Muckel,* Vertrauensschutz, S. 94. Kritisch auch *Schwarz,* Vertrauensschutz, S. 118 f.

420 Eine bedeutende Änderung stellte letztlich die Gleichstellung der geschiedenen und der unverheirateten Mutter hinsichtlich des Betreuungsunterhalts dar.

421 Deshalb erwägt das BVerfG in BVerfGE 43, 291, 392, richtigerweise auf den Zeitpunkt des Inkrafttretens des Gesetzes abzustellen. Im Ergebnis lässt es dies jedoch offen, da die Frage keine Entscheidungserheblichkeit besaß.

422 *Muckel,* Vertrauensschutz, S. 94; vgl. diesbezüglich *auch Rupp-v. Brünneck,* Sondervotum BVerfGE 32, 129, 138; *Leisner,* FS Berber, S. 273, 296. Siehe auch *Jekewitz,* NJW 1990, 3114, 3118 f., der speziell bei zustimmungsbedürftigen Gesetzen keine vorherige konstitutive Wirkung sieht. *Muckel,* Vertrauensschutz, S. 94 ff., stellt auf das sich aus der materiellen Aussage der Vertrauensgrundlage ergebende Vertrauen ab. Demnach wäre das Vertrauen wieder abhängig von der konkreten Ausgestaltung der Vertrauensgrundlage, was aber zu einer zu begrüßenden Objektivierung der Vertrauensdichte führen könnte.

cc) Vertrauensbetätigung

(1) Erforderlichkeit einer Disposition?

Fernerhin wird die Betätigung des Vertrauens verlangt.[423] Denn rechtlich relevant könne das Vertrauen erst dann werden, wenn nach außen hin eine Manifestation des Vertrauens stattgefunden, der Bürger also Dispositionen getroffen habe.[424] Diesbezüglich könne mit Sinn und Zweck sowie mit der Funktion des Vertrauensschutzes argumentiert werden. Das Rechtsinstitut solle dazu dienen, denjenigen zu schützen, der aufgrund seines Vertrauens in die Fortgeltung der Rechtslage Dispositionen getroffen habe.[425] Vorrangig gehe es beim Vertrauensschutz um die Interessenwahrung des Betroffenen und die Abwehr von Eingriffen; Interessen könnten aber nur dann verletzt sein, wenn der Betroffene auch Dispositionen getätigt habe.[426] Andernfalls erleide er nämlich ohnehin keine auszugleichenden Nachteile,[427] weshalb in verfassungsrechtlicher Hinsicht lediglich die „Vertrauensinvestition" schutzwürdig sei.[428]

(2) „Dispositionen" im Eherecht

Diese Argumentation greift zu kurz. Denn Vertrauen kann sich tatsächlich auch schon vor der konkreten Betätigung bilden und kann auch entsprechend schutzwürdig sein. Hier lässt sich an die bereits herausgearbeiteten Vertrauensaspekte im Eherecht anknüpfen.[429] Wird auf das Vertrauen in den Versorgungscharakter der Ehe abgestellt - womit das Vertrauen auf die Absicherungsfunktion des materiellen Scheidungsfolgenrechts gerichtet ist -, so umfasst dies einen Vertrauensaspekt, der sich auf Rechtsnormen bezieht, in deren Anwendungsbereich der Vertrauende (noch) nicht fällt. Denn der Tatbestand eines Anspruchs auf nachehelichen Unterhalt ist zum Zeitpunkt der Eheschließung mangels Trennung bzw. Scheidung nicht erfüllt. Der fehlende Abschluss eines Ehevertrages oder der Verzicht auf eine Berufstätigkeit könnte als Disposition durch Unterlas-

423 BVerfG in ständiger Rechtsprechung, beispielsweise BVerfGE 3, 4, 12; 69, 272, 309; 72, 175, 196 f.; 75, 246, 280; BVerwGE 68, 159, 164; *Mainka*, Vertrauensschutz, S. 32 ff.; *Ossenbühl,* Rücknahme, S. 88; *Larenz,* Richtiges Recht, S. 149. *Stich,* Vertrauensschutz im Verwaltungsrecht, S. 39, 43, 45, spricht diesbezüglich vom Ergreifen rechtlicher oder tatsächlicher Maßnahmen.

424 Das BVerfG, BVerfGE 31, 275, 292 ff.; 72, 200, 242, spricht davon, dass das Vertrauen „ins Werk gesetzt" sein müsse.

425 Der Vertrauensgrundsatz wird als „Rechtsinstitut zum Zwecke des Dispositionsschutzes" gesehen. So *Ossenbühl,* DÖV 1972, 25, 27; *Grabitz,* DVBl. 1973, 675, 678; *Kisker,* VVDStRL Heft 32 (1974), 149, 151; *Frotscher,* DVBl. 1976, 281, 284.

426 Vgl. *Ossenbühl,* Rücknahme, S. 87.

427 Mit dieser Argumentation *Weber-Dürler,* Vertrauensschutz, S. 98.

428 BVerfGE 75, 246, 280. Vgl. diesbezüglich auch *Wagner,* MDR 1960, 546, 547, der die Vermögensposition als solche als Schutzobjekt des Vertrauensschutzes sieht und nicht das Vertrauen an sich.

429 Siehe 2. Kapitel II., III.

sen angesehen werden.[430] Jedoch erscheint es schwierig, etwas als eine Disposition zu qualifizieren, was faktisch noch in keinem Bezug zur Vertrauensgrundlage steht. Vertrauensgrundlage in einem solchen Fall ist gerade das Scheidungsfolgenrecht bzw. die daran orientierte Unterhaltsregelung. Darauf wirken sich die Entscheidungen während der Ehezeit zwar aus, allerdings würde man hier zu weit ins Vorfeld der Vertrauensgrundlage geraten. Im Zeitpunkt der „Dispositionsvornahme" wäre nämlich auch noch gar nicht sicher, ob die Betreffenden tatsächlich einmal von den Regelungen des Scheidungsfolgenrechts betroffen sein werden. Die „Disposition" findet deshalb zeitlich gesehen vor dem Anwendungsbereich der Vertrauensgrundlage statt und kann sich daher nicht auf diese beziehen. Selbst wenn eine strikte Kausalität von Vertrauensgrundlage und Disposition nicht nötig ist, so müsste doch zumindest der Anwendungsbereich der Vertrauensgrundlage zum Zeitpunkt der Disposition eröffnet sein. Ansonsten wäre der Begriff ausufernd weit. Eine Disposition in diesem Sinne könnte also beim Scheidungsfolgenrecht lediglich von bereits Geschiedenen vorgenommen werden. Es liegt aber auf der Hand, dass nicht nur diese Gruppe schutzbedürftig und -würdig ist. Würde man nun aber eine Disposition mit Bezug zur Vertrauensgrundlage verlangen, so müsste man die Gruppe der noch nicht Geschiedenen von vornherein aus dem Vertrauensschutz ausnehmen, was letztlich der Gesetzgeber mit der Einführung von § 36 Nr. 1 EGZPO auch getan hat. Obgleich denkbar ist, dass für diese ein geringeres Schutzbedürfnis besteht, welches in der Frage der Schutzwürdigkeit zu klären wäre, ist jedoch nicht ersichtlich, weshalb nicht einmal die Möglichkeit zum Vertrauensschutz eröffnet sein sollte. Fokussiert man andererseits den Vertrauensschutz in eine bestehende Unterhaltsregelung, so kann gleichfalls nicht lediglich ein Dispositionsschutz angenommen werden, da ansonsten der Vertrauensschutz von vornherein stark beschnitten würde.[431]

Die Gleichsetzung von Vertrauens- und Dispositionsschutz mag für einige Kerngebiete des Vertrauensschutzes, wie beispielsweise die Subventionsrückforderung, durchaus Berechtigung haben, kann aber nicht umfassend überzeugen. Dazu erstreckt sich der Vertrauensschutz auf zu viele, untereinander kaum homogene Aspekte. Deshalb sollte nicht von vornherein das nicht durch bestimmte Dispositionen betätigte Vertrauen aus dem Vertrauensschutz gänzlich ausgenommen werden,[432] zumal das Vertrauen vornehmlich die innere Einstellung des Einzelnen betrifft.[433] Zwar führt die Anknüpfung an eine Disposition zu einer willkommenen Beweiserleichterung. Damit ergibt sich aber noch nicht,

430 Zu Dispositionen durch Unterlassen siehe *Weber-Dürler,* Vertrauensschutz, S. 101; *Muckel,* Vertrauensschutz, S. 99.

431 Im Einzelnen siehe die Erwägungen in Bezug auf den Vertrauensschutz nach § 36 Nr. 1 EGZPO im 5. Kapitel II.

432 Zu diesem Ergebnis gelangen auch *Muckel,* Vertrauensschutz, S. 98, und letztlich auch *Weber-Dürler,* Vertrauensschutz, S. 98.

433 *Muckel,* a.a.O.

dass sie tatsächlich als Kriterium unabdingbar ist. Ob das Vertrauen tatsächlich auch verfassungsrechtlich schützenswert ist, stellt sich als Frage der Abwägung mit dem staatlichen Änderungsinteresse, wobei dem nach außen manifestierten Vertrauen regelmäßig ein größeres Gewicht zukommen wird als dem (noch) nicht betätigten Vertrauen.[434] Aus diesen Gründen kann der Vertrauensschutz nicht einseitig auf Vermögensdispositionen beschränkt werden.[435] Für den Vertrauensschutz reicht vielmehr jede Tätigkeit, die eine rechtliche Veränderung bewirkt.[436]

(3) Erforderlichkeit von Kausalität?

Des Weiteren wird von Stimmen in der Literatur teilweise ein Kausalzusammenhang zwischen dem auf Basis der Vertrauensgrundlage gefassten Vertrauen und der Disposition gefordert.[437] Abgesehen davon, dass - wie dargelegt[438] - eine Disposition im engeren Sinne gar nicht zwingende Voraussetzung für den Vertrauensschutz ist, kann ein Kausalzusammenhang kein wesentliches Kriterium bilden. Sofern man nämlich sogar dann eine Vertrauensbildung anerkennt, wenn der Betroffene selbst keine konkrete Kenntnis der Vertrauensgrundlage hatte, kann erst recht keine Kausalität gefordert werden. Aber auch dann, wenn man die Kenntnis voraussetzt, ist die Kausalität als zusätzliches konkretisierendes Kriterium überflüssig, da die Behauptung eines Kausalzusammenhangs im Prozess kaum zu beweisen bzw. zu widerlegen wäre.[439] Häufig werden sich monokausale Beweisketten auch gar nicht finden lassen, da viele Entscheidungen aufgrund mehrerer Faktoren getroffen werden und die Vertrauensgrundlage insoweit wohl nur mit-kausal ist.

c) Kritik am rechtsstaatlichen Vertrauensschutz

aa) Schlechte Handhabbarkeit der Kriterien

Kritisiert an einer rein rechtsstaatlichen Herleitung des Vertrauensschutzes wird zunächst die schlechte Handhabbarkeit der Kriterien: Das Rechtsstaatsprinzip selbst lasse einerseits keinen geeigneten Maßstab dafür erkennen, wann Vertrauen tatsächlich zu schützen sei. Andererseits seien aber auch die hergeleiteten Kriterien der Vertrauensgrundlage, Vertrauensdichte und -betätigung lediglich

---

434 *Muckel,* Vertrauensschutz, S. 98 f.

435 *Mainka,* Vertrauensschutz, S. 33, der als typisches Beispiel für eine nicht vermögensrechtliche, aber dennoch schutzwürdige Disposition die Vorbereitung auf ein Examen nach der gegenwärtig geltenden Prüfungsordnung sieht. Im Ergebnis ebenso die Rechtsprechung, die unter den Vertrauensschutz „Entscheidungen und Dispositionen“ fasst, vgl. BVerfGE 30, 367, 389. Ferner auch BVerfGE 13, 39, 45 f. („insbesondere Vermögensdispositionen“) und BVerfGE 75, 241, 281 (Berufsausübung als Vertrauensinvestition).

436 *Muckel,* Vertrauensschutz, S. 98; *Ossenbühl,* Rücknahme, S. 89.

437 *Weber-Dürler,* Vertrauensschutz, S. 102 ff.; *Koch/Kohlrust,* BB 1962, 649, 654.

438 Siehe 3. Kapitel III. 2. b) cc).

439 Im Ergebnis ebenso *Muckel,* Vertrauensschutz, S. 100.

Tatbestandsbeschreibungen, die sich in ihrer Handhabung als durchaus problematisch erwiesen.[440] Indes vermögen Schwierigkeiten bei der Subsumtion nicht die dogmatische Verankerung eines Prinzips zu widerlegen. Letztlich bleibt Vertrauensschutz aufgrund der Ausgangsfrage immer ein Problem der Abwägung.[441] Um dem Einzelfall gerecht zu werden und die jeweiligen Interessen in einen angemessenen Ausgleich zu bringen, kann ein Vertrauensschutzkonzept nie absolute Rechtssicherheit bringen und wird sich zu Recht immer stark auf den Einzelfall konzentrieren. Zwar mag insbesondere dann, wenn der Gesetzgeber den Anforderungen des Vertrauensschutzes - etwa im Übergangsrecht - gerecht werden soll, die Notwendigkeit zu einer pauschalierten Betrachtung bestehen. Allerdings kann der Gesetzgeber diesem Bedürfnis durch die Verwendung von Generalklauseln nachkommen, die dann erneut die Orientierung am Einzelfall ermöglichen.

bb) Abgeschlossener Grundrechtskatalog

Unabhängig von der ausreichenden Konkretisierung der Kriterien zum rechtsstaatlichen Vertrauensschutz stellt sich aber die Frage nach der Notwendigkeit des Rückgriffs auf das Rechtsstaatsprinzip. Bedarf es - neben einem grundrechtlichen Vertrauensschutz -[442] überhaupt einer subsidiären dogmatischen Grundlage? Soweit ein Verhalten vom Schutzbereich der Grundrechte nicht erfasst ist, etwa weil es rechtsmissbräuchlich ist,[443] greift ein auf die Grundrechte gestützter Vertrauensschutz nicht. Insofern wird argumentiert, die Rechtsmissbräuchlichkeit schließe zugleich aus, dass schützenswerte Vertrauenspositionen entstünden. Daher bedürfe es diesbezüglich auch gar keines Vertrauensschutzes. Zur Ablehnung eines auf das Rechtsstaatsprinzip gestützten Vertrauensschutzes wird auf die Abgeschlossenheit der Grundrechte verwiesen: Sofern ein Verhalten nicht grundrechtlich geschützt sei, sei eben auch kein Vertrauensschutz möglich;[444] vertrauensschutzfreie Räume seien insoweit verfassungsimmanent.[445] Diesbezüglich muss aber beachtet werden, dass die Grundrechte gerade eine wesentliche Ausprägung des Rechtsstaatsprinzips darstellen.[446] Deshalb ergibt sich aus dem Grundrechtskatalog auch nicht zwingend, dass subsidiär nicht auf das Rechtsstaatsprinzip zurückgegriffen werden könnte.

cc) Objektive Ausrichtung des Rechtsstaatsprinzips

Nachdem der subsidiäre Rückgriff auf das Rechtsstaatsprinzip nicht ausgeschlossen und sogar erforderlich ist, sofern die Grundrechte nur lückenhaften

---

440 *Heß,* Intertemporales Privatrecht, S. 295 f.

441 Zur Abwägung 4. Kapitel I., II.

442 Zur Frage des Vertrauensschutzes durch Grundrechte siehe 3. Kapitel IV.

443 In Betracht kommt hier beispielsweise der rechtswidrige Bezug staatlicher Leistungen.

444 So *Werder,* S. 257, der eine Ausrichtung des Vertrauensschutzgedankens an der Rechts- und Bestandskraft von Gesetzen vorschlägt, siehe S. 114 ff., 257.

445 *Schwarz,* Vertrauensschutz, S. 241 ff.

446 Maunz/Dürig/Herzog/Scholz/*Grzeszick,* GG, Art. 20 Abschn. VII Rn. 24.

Schutz gewähren, stellt sich aber ein weiteres dogmatisches Problem: Kann ein aus dem rechtsstaatlichen Prinzip der Rechtssicherheit hergeleiteter Vertrauensschutz überhaupt ein subjektives Recht des Einzelnen zum Schutz seiner individuellen Vertrauenspositionen gewährleisten? Subjektive Rechte finden sich in der Verfassung primär in den Grundrechten. Als diesbezüglich das Rechtsstaatsprinzip lediglich als Verfassungsgrundsatz angesehen wird, der aufgrund seiner objektiven Ausrichtung als ungeeignet erscheine, eine verbindliche Richtschnur für staatliches Handeln zu gewährleisten und daher im Einzelfall auch keine konkrete Verpflichtung für den Gesetzgeber aufweise, ist dies nicht überzeugend.[447] Einerseits wird das Rechtsstaatsprinzip nur insoweit rekrutiert, als Grundrechte nicht einschlägig erscheinen.[448] Andererseits ergibt die subjektive Ausgestaltung der Grundrechte nicht zwingend, dass nicht auch andere Verfassungsteile dem Einzelnen Rechte vermitteln könnten. Gerade das Rechtsstaatsprinzip enthält nämlich durchaus eine subjektive Komponente, als es auch auf Art. 1 Abs. 3 GG fußt.[449] Der Grundsatz des Vertrauensschutzes stellt gerade die subjektive Entsprechung der objektiv am Rechtsstaatsprinzip ausgerichteten Kontinuitätsgewähr dar.[450] Die objektive Rechtssicherheit und das subjektive Vertrauen sind untrennbar miteinander verbunden; ein Prinzip der Rechtssicherheit ohne subjektive Entsprechung zum Schutze des Bürgers, rein um seiner selbst willen, wäre sinnlos.

d) Fazit

Insgesamt zeigt sich, dass das Rechtsstaatsprinzip als dogmatische Grundlage des Vertrauensschutzes herangezogen werden kann. Insofern enthält es spiegelbildlich zur objektiven Rechtssicherheit als subjektive Entsprechung den Vertrauensschutz.

Gleichwohl ist Kritikern eines im Rechtsstaatsprinzip fußenden Vertrauensschutzes zuzugeben, dass diese dogmatische Herleitung nur bedingt konkrete Voraussetzungen für die nähere Ausfüllung des Vertrauensschutzprinzips zu bieten vermag. Daher soll weiter untersucht werden, inwiefern der Grundrechtskatalog des Grundgesetzes dazu beitragen könnte, dem im Rechtsstaatsprinzip enthaltenen Vertrauensschutz Konturen zu vermitteln.

IV. Vertrauensschutz durch Grundrechte

Aus der Kritik an einem rein rechtsstaatlichen Vertrauensschutzkonzept heraus sehen Vertreter einer „subjektiven Theorie“ den Vertrauensschutz als Teil des Grundrechtsschutzes an, sowohl bezüglich der dogmatischen Herleitung als

447 So aber *Selmer,* Diskussionsvotum, VVDStRL Heft 32 (1974), S. 260; *Scholz,* AöR Bd. 100 (1975), 80, 105. Ablehnend insoweit *Schwarz,* Vertrauensschutz, S. 248 ff.

448 *Muckel,* JA 1994, 13, 15.

449 *Schmidt-Aßmann,* HStR I, § 24 Rnrn. 4, 30.

450 *Maurer,* HStR III, § 60 Rn. 2.

auch hinsichtlich der konkreten Ausformung der Grenzen für vergangenheitsbezogene Gesetze.

1. Grundsatz der Spezialität

Die Grenzen des gesetzgeberischen Handlungsspielraums ergeben sich aus der Verfassung. Wegen des Grundsatzes der Spezialität müssen Grundrechte vorrangig berücksichtigt werden müssen Grundrechte vorrangig berücksichtigt werden, bevor auf Verfassungsprinzipien - hier insbesondere auf das Rechtsstaatsprinzip - zurückgegriffen werden darf.[451] Damit ist auch die Frage des Vertrauensschutzes bei Gesetzesänderungen zunächst an den Grundrechten zu messen, soweit diese Vertrauensschutz vermitteln, lediglich subsidiär ist das Rechtsstaatsprinzip als vertrauensschützend heranzuziehen. Dabei kann eine Prüfung am konkreten Grundrecht einerseits dazu dienen, den speziellen Lebenssachverhalt differenziert zu betrachten, andererseits aber auch eine zu fallspezifische, fast kasuistische Rechtsprechung verhindern, da unter Berücksichtigung des jeweils einschlägigen Grundrechts fassbare und generalisierbare Kriterien herausgearbeitet werden können, die durch die Grundrechtsdogmatik bereits weitgehend vorgegeben sind.[452] Denn der grundrechtliche Vertrauensschutz setzt direkt am Gewährleistungsbereich des Grundrechts an.[453] Es kann daher auch ausschließlich in dem Umfang Vertrauensschutz gewährleistet werden, der durch den Schutzbereich des jeweiligen Grundrechts vorgegeben ist. Gleichzeitig erfolgt eine Fokussierung des Vertrauensschutzes auf den Grundsatz der Verhältnismäßigkeit,[454] die zudem den Abwägungsvorgang der divergierenden Interessen konkretisiert. Zu untersuchen bleibt also, inwieweit einzelne Grundrechte tatsächlich Vertrauensschutz vermitteln können.

2. Vertrauensschutz aus Art. 2 Abs. 1 GG

Ausgehend von dem Gedanken, Vertrauensschutz bedeute vor allem Freiheitsschutz, wird Art. 2 Abs. 1 GG als dogmatische Grundlage des Vertrauensschutzes herangezogen. Art. 2 Abs. 1 GG stelle nämlich ein Verfassungsprinzip der Freiheit dar, welches nicht nur negativ die Abwesenheit staatlicher Einwirkung auf das individuelle Verhalten garantiere, sondern auch positiv der „größtmögli-

---

451 *Berger,* S. 134; unter Berufung auf den Grundsatz „lex specialis derogat legi generali" *Pieroth,* Jura 1983, 250, 251.

452 So *Grabitz*, DVBl. 1973, 675, 678; *Degenhart,* Systemgerechtigkeit und Selbstbindung, S. 73 f.; *Muckel,* Vertrauensschutz, S. 35. In diesem Sinne auch *Möller/Rührmair*, NJW 1999, 908, 911.

453 *Heß,* Intertemporales Recht, S. 297.

454 Diese Einordnung ist nicht unstrittig. Für eine Prüfung des Vertrauensschutzes im Rahmen der Verhältnismäßigkeit sprechen sich aus *Heß,* Intertemporales Recht, S. 299; *Karpen,* JZ 1989, 395, 396 (Anm. z. BVerfG JZ 1989, 387 ff.); *Möller/Rührmair,* NJW 1999, 908, 911. Gegen eine Einbeziehung in die Frage des Übermaßverbotes *v. Götz,* FG BVerfG Bd. 2 (1976), S. 421, 431 f., der die Frage der Rückwirkung als selbstständiges Verbot sieht, welches nicht in dem den einzelnen Grundrechten beigefügten Schrankenvorbehalt aufgehe.

chen Chance der Persönlichkeitsentfaltung“ zur Geltung verhelfe: Dies beinhalte, dass einerseits die Handlungsmöglichkeiten des Einzelnen nicht eingeschränkt würden, andererseits aber auch „der gesetzlich abgesteckte Handlungsrahmen konstant bleibt“.[455] Die aufgrund der bereits bestehenden Gesetzeslage eröffneten bzw. limitierten Handlungsfreiheiten seien nicht nach einem anderen verfassungsrechtlichen Maßstab zu beurteilen als die „natürliche“ Handlungsfreiheit in Bereichen, in denen keine gesetzliche Regelung bestehe.[456]

In der heute allgemein anerkannten Auslegung der Norm wird Art. 2 Abs. 1 GG als Auffanggrundrecht betrachtet, welches subsidiär gegenüber den anderen Grundrechten eingreift.[457] Ein Vertrauensschutz aus diesem Grundrecht ließe sich damit nur dann herleiten, wenn man dafür nicht andere Grundrechte fruchtbar machen könnte; indes weisen aber gerade einige der spezielleren Grundrechte durch ihre Struktur vertrauensschützende Wirkung auf.[458] Somit könnte Art. 2 Abs. 1 GG höchstens dann vertrauensschützend wirken, wenn die spezielleren Grundrechte nicht einschlägig sind. Gleichwohl kommt die Norm auch hier nicht uneingeschränkt als Auffangnorm in Betracht, denn nicht alle Positionen, auf die ein Bürger vertrauen kann, werden auch tatsächlich vom Schutzbereich des Art. 2 Abs. 1 GG erfasst.[459] Art. 2 Abs. 1 GG kann aber kein weitergehendes Vertrauen vermitteln, als bereits in seinem Schutzbereich selbst enthalten ist.[460] Die Norm kann damit zwar dazu dienen, die prozessuale Durchsetzung des aus dem Rechtsstaatsprinzip hergeleiteten Vertrauensschutzes zu gewährleisten, sofern kein anderes Grundrecht herangezogen werden kann, ihm selbst können aber keine weitergehenden vertrauensschützenden Elemente entnommen werden.

3. Art. 3 Abs. 1 GG als dogmatische Grundlage des Vertrauensschutzes

Weiterhin wird der Versuch unternommen, den Vertrauensschutz aus dem Gleichheitssatz herzuleiten. Art. 3 Abs. 1 GG entfalte nämlich zugleich Schutz

---

455 *Grabitz,* DVBl. 1973, 675, 681 f., 684. So ferner *Meyer-Cording,* JZ 1952, 161, 166, der grundsätzlich von einem generellen, sich aus Art. 2 Abs. 1 GG ergebenden Rückwirkungsverbot ausgeht.

456 *Grabitz,* DVBl. 1973, 675, 682.

457 Schmidt-Bleibtreu/Hofmann/Hopfauf/*Hofmann,* GG, Art. 2 Rn 1; *Muckel,* Vertrauensschutz, S. 54.

458 *Muckel,* a.a.O. Vgl. dazu 3. Kapitel IV.

459 So erfasst Art. 2 Abs. 1 GG keine rechtswidrigen Positionen oder die Gewährung staatlicher Leistungen. Gleichwohl kann aber auch in solchen Fällen unter Umständen ein schutzwürdiges Vertrauen bestehen, denn der Bürger muss tatsächlich gar nicht immer wissen, dass er im Widerspruch zur Rechtsordnung steht. Hinsichtlich der Rücknahme rechtswidriger Verwaltungsakte hat der Gesetzgeber den Vertrauensaspekt sogar für so gewichtig gehalten, dass er diesen in § 48 Abs. 2 VwVfG einfachgesetzlich verankert hat. Vgl. dazu *Muckel,* a.a.O.

460 *Schwarz,* Vertrauensschutz, S. 209.

gegen überraschende Änderungen in Rechtsprechung und Gesetzgebung;[461] denn ein Rechtsprechungswandel betreffe „die Gleichheit im zeitlichen Nacheinander“[462], da Sachverhalte ungleich behandelt würden, die im Geltungsbereich der überholten Rechtsprechungspraxis entstanden sind und je nach Zeitpunkt des Prozesses entweder die überholte Rechtsprechung noch Anwendung fand oder aber bereits zu diesem Zeitpunkt die geänderte Rechtsprechung auf den Fall übertragen wurde.[463] Insofern erhielten die verschiedenen Beteiligten aufgrund des Rechtsprechungswandels rechtlich divergierende Bewertungen des gleichen Rechtsproblems. Entsprechendes gelte für die Gesetzgebung. Zudem könnte auch darin eine Ungleichbehandlung zu erblicken sein, dass die Diskontinuität der Rechtsprechung als solche zu einer unterschiedlichen Bewertung gleicher Sachverhalte in der Vergangenheit und in der Gegenwart führe und daher beispielsweise ein Dauerrechtsverhältnis mit denselben Beteiligten jeweils abhängig vom Zeitpunkt unterschiedlich behandelt werde.[464] Rückwirkende Gesetze indes trügen „Ungleichheiten in die Vergangenheit“,[465] soweit der Vergangenheit angehörige Fälle durch die Rückwirkung stärker betroffen seien als die zukünftigen Anwendungsfälle der Norm.[466]

Diese Herleitung kann nicht überzeugen. Denn eines rückwirkenden Gesetzes bedient sich der Gesetzgeber gerade vielfach als Mittel, um Gleichheit zu erzielen.[467] Obgleich damit gegebenenfalls auch eine Benachteiligung einer der betroffenen Gruppen verbunden sein kann, was sich durchaus als ein Problem des Art. 3 Abs. 1 GG darstellt,[468] kann die Norm nicht als dogmatische Grundlage des Vertrauensschutzes gesehen werden. Diese Ungleichheit ist nämlich wesensmäßig und begriffsnotwendig mit einer Gesetzesänderung verbunden.[469] Konsequenter Weise müsste man mit oben aufgezeigter Argumentation die Ge-

461 Maunz/Dürig/Herzog/Scholz/*Dürig*, GG, Art. 3 Abschn. XIV Rnrn. 402 ff. Siehe auch *Epping/Hillgruber,* BeckOK GG, Art. 3 Rn. 89.

462 Maunz/Dürig/Herzog/Scholz/*Dürig,* GG, Art. 3 Abschn. XIV Rnrn. 409 ff.

463 Kritisch zur einer „Gleichheit in der Zeit“ *Kirchhof,* HStR V, § 124 Rn. 138. Dem stünde nämlich generell der Gestaltungsauftrag der Staatsorgane, des verfassungsändernden Gesetzgebers (Art. 79 GG), des einfachen Gesetzgebers, der Regierung und der Verwaltung entgegen. Anspruch bestünde lediglich auf eine objektive Kontinuitätsgewähr sowie auf subjektiven Vertrauensschutz.

464 Auf diese Erwägung zur Ungleichbehandlung stellt *Preuß,* JA 1977, 265, 269, zunächst ab, um dann aber zu widerlegen, dass Art. 3 Abs. 1 GG als vertrauensschützende Norm herangezogen werden könne.

465 Maunz/Dürig/Herzog/Scholz/*Dürig,* GG, Art. 3 Abschn. VI Rn. 221.

466 *Heiderich,* S. 84.

467 Vgl. dazu BVerfGE 11, 64, 72; *Muckel,* Vertrauensschutz, S. 56; *Pieroth,* Rückwirkung, S. 146; *Schwarz,* Vertrauensschutz, S. 214.

468 Vgl. zur Frage der Ungleichbehandlung durch Wahl eines Stichtages 4. Kapitel III. 3. b).

469 *Muckel,* Vertrauensschutz, S. 56; *Schwarz,* Vertrauensschutz, S. 214.

setzesänderung per se als Verstoß gegen Art. 3 Abs. 1 GG begreifen,[470] der allein bei Eingreifen eines Rechtfertigungsgrundes zulässig wäre.

Die Rückwirkungs- und Vertrauensschutzproblematik kann damit das Gleichheitsproblem tangieren und daher über den Gleichbehandlungsgrundsatz für gewisse Fallkonstellationen Vertrauensschutz gewähren. Als generelle dogmatische Grundlage des Vertrauensschutzes kann Art. 3 Abs. 1 GG indes nicht herangezogen werden.

4. Spezielle Grundrechte als Vertrauensgrundlage

Nachdem der Vertrauensschutz nicht aus den wenig speziellen Grundrechten des Art. 2 Abs. 1 GG oder Art. 3 Abs. 1 GG hergeleitet werden kann,[471] werden in Rechtsprechung und Literatur zunehmend die einschlägigen Spezialgrundrechte im jeweiligen Einzelfall als verfassungsdogmatische Grundlage des Vertrauensschutzes herangezogen: Soweit Grundrechtsschutz Statusschutz bedeute, enthielten die Grundrechte auch ein entsprechendes Rückwirkungsverbot.[472]

Als vertrauensschützende Rechte werden vor allem Art. 14 Abs. 1 S. 1, 12 Abs. 1 und 33 Abs. 5 sowie Art. 6 Abs. 1 GG diskutiert, sofern deren Schutzbereiche einschlägig sind. Im Privatrecht spielt für die Frage des Vertrauensschutzes Art. 14 Abs. 1 S. 1 GG eine tragende Rolle, im Familienrecht daneben Art. 6 Abs. 1 GG. Daher soll sich die Darstellung im Wesentlichen auch auf diese Normen beschränken, den Schwerpunkt auf das Grundrecht zum Schutz der Ehe und Familie legend.[473]

Art. 14 Abs. 1 GG wird immer dann als einschlägig erachtet, wenn vermögensrechtliche Beziehungen beeinträchtigt werden. Der Norm hat der Gesetzgeber die Funktion einer Rechtsstellungsgarantie zuerkannt, die rechtmäßig begründete Positionen vor nicht gerechtfertigten Eingriffen sichert.[474] Daraus begründet sich gerade auch die Funktion der Eigentumsgarantie, dem Bürger Rechtssicherheit hinsichtlich der durch Art. 14 Abs. 1 S. 1 GG geschützten Güter zu gewährleisten und das Vertrauen auf das durch die verfassungsmäßigen Gesetze ausgeformte Eigentum zu schützen.[475] Insofern hat der rechtsstaatliche Grundsatz des Vertrauensschutzes für die vermögenswerten Güter im Eigentumsgrundrecht ei-

---

470 *Muckel,* Vertrauensschutz, S. 56; *Schwarz,* Vertrauensschutz, S. 214.

471 Auch die vom LSG Bremen, BB 1957, 543 vorgeschlagene Verortung der Vertrauensschutzproblematik in Art. 1 Abs. 1 GG kann nicht überzeugen. Instruktiv dazu *Schwarz,* Vertrauensschutz, S. 161 ff.

472 *Pieroth,* Jura 1983, 122, 129.

473 Vertiefend zu weiteren vertrauensschützenden Grundrechten siehe *Pieroth,* Rückwirkung, S. 360 ff.; *Werder,* S. 140 ff.

474 *Fiedler*, NJW 1988, 1624, 1627.

475 BVerfGE 45, 142, 168.

ne eigene Ausprägung und verfassungsrechtliche Ordnung erfahren;[476] die über den sonst gewährten Vertrauensschutz hinausgeht.[477] Im Gegensatz zur ständigen Rechtsprechung muss der Gesetzgeber bei einem Eingriff in Art. 14 Abs. 1 S. 1 GG selbst dann legitimierende Gründe haben, wenn der Betroffene mit einer Rechtsänderung rechnet.[478] Diesbezüglich geht der durch Grundrechte gewährleistete Vertrauensschutz über den des allgemeinen rechtsstaatlichen Grundsatzes der Rechtssicherheit hinaus. Damit gewährleistet Art. 14 Abs. 1 S. 1 GG in vermögensrechtlichen Angelegenheiten den Vertrauensschutz und ist deshalb gerade für den Vertrauensschutz im Privatrecht von besonderer Bedeutung.

5. Art. 6 Abs. 1 GG als vertrauensschützendes Grundrecht

Das nacheheliche Unterhaltsrecht ist auch vermögensrechtlich geprägt. Allerdings spielen für dessen Ausgestaltung die Besonderheiten des Familienrechts eine zentrale Rolle. Grundrechtliche Verankerung finden Ehe und Familie in Art. 6 Abs. 1 GG, der diese unter den besonderen Schutz der staatlichen Ordnung stellt. In dieser Hinsicht ist Art. 6 Abs. 1 GG spezieller als Art. 14 Abs. 1 S. 1 GG und umfasst deshalb auch den Ehegattenunterhalt nach Trennung und Scheidung als „Ausdruck der auch nach Scheidung der Ehe fortwirkende(n) Mitverantwortung der Eheleute“[479] neben den übrigen Aspekten seines Schutzbereiches. Denn durch Trennung oder Scheidung wird das eheliche Pflichtverhältnis zwar modifiziert, allerdings nicht gänzlich beendet.[480] Daraus ergibt sich, dass nach Scheidung die durch die Ehe begründeten Pflichten weiterhin fortwirken, weshalb der Schutzbereich des Art. 6 Abs. 1 GG auch das nacheheliche Unterhaltsrecht beinhaltet.[481] Bei Ehegatten mit Kindern gründet sich die verfassungsrechtliche Unterhaltsgarantie zugleich noch auf den Familienschutz, denn die durch Trennung oder Scheidung der Ehegatten entstehenden Nachteile für die Kinder sollen ausgeglichen werden.[482] Gleichwohl kommt im vermögensrechtlichen Bereich auch Art. 14 Abs. 1 GG Bedeutung neben Art. 6 Abs. 1 GG zu. Beispielsweise der Versorgungsausgleich wurde vom BVerfG an Art. 14 Abs. 1 GG als Prüfmaßstab gemessen.[483]

Ob mit der Tatsache, dass der Schutzbereich des Art. 6 Abs. 1 GG auch das Scheidungsfolgenrecht umfasst, aber zugleich auf die Gewährung von Vertrauensschutz geschlossen werden kann, erscheint fraglich. Bei der Überprüfung

476 BVerfGE 31, 275, 293; 45, 142, 168; 53, 257, 309 f.; 58, 81, 120; 64, 87, 105; 70, 101, 114.
477 BVerfGE 58, 81, 121.
478 BVerfGE 31, 275, 293.
479 BVerfG, NJW 1993, 2926.
480 BVerfGE 53, 257, 297; *Frenz,* NJW 1993, 1103.
481 Vgl. BVerfGE 53, 257, 296; *Frenz,* a.a.O.
482 Instruktiv dazu *Frenz,* a.a.O.
483 BVerfGE 53, 257.

der Übergangsbestimmung des 1. EheRG hat das BVerfG zu Recht zusätzlich zu Art. 6 Abs. 1 GG das Vertrauensschutzprinzip als Maßstab herangezogen[484] und damit zu erkennen gegeben, dass im Schutzbereich des Art. 6 Abs. 1 GG der Vertrauensschutz nicht allein auf das einschlägige Grundrecht gestützt werden kann. Somit kann der Norm kein eigenständiger vertrauensschützender Inhalt entnommen werden.[485] Ergänzend muss daher auf das Vertrauensschutzprinzip zurückgegriffen werden, wobei die Kriterien des Art. 6 Abs. 1 GG aber durchaus in Bezug gesetzt werden können.

6. Fazit: Lückenhafter Schutz durch Grundrechte

Grundrechte vermitteln dem Bürger zunächst einen status negativus, also einen Zustand, in dem der Einzelne Freiheit vom Staat erfährt, sich ohne Einmischung einer staatlichen Institution frei entfalten kann.[486] Damit gewähren die Grundrechte nicht nur in gegenwärtigen Situationen eine Wahl- und Entscheidungsfreiheit; vielmehr besteht die grundrechtlich verbürgte Freiheit vor allem auch darin, dass jeder die Möglichkeit hat, für seine eigene Zukunft und damit für einen längeren Zeitraum zu planen.[487] Deshalb setzt die Freiheit auch ein gewisses Maß an Beständigkeit voraus, was allerdings nicht zugleich bedeutet, dass sämtlicher Wandel dem Gesetzgeber untersagt ist.[488] Vielmehr muss lediglich eine völlige Diskontinuität verhindert werden; das Vertrauen in das Fortgelten des Rechts muss besonders geschützt werden. Damit ergibt sich der Gedanke des Vertrauensschutzes aus der abwehrrechtlichen Funktion der Grundrechte.

Zugleich ermöglicht die Abwehrfunktion der Grundrechte, dem Vertrauensschutz eine subjektiv-rechtliche Komponente zu mitteln.[489] Beifolgend kann der Rückgriff auf die Grundrechte dazu dienen, dem Abwägungsvorgang generalisierbare Kriterien an die Hand zu geben und damit die zu starke Bedeutung des Einzelfalls einzudämmen.[490] Es eröffnet sich die Möglichkeit einer an dem durch das spezielle Grundrecht erfassten Lebensbereich ausgerichteten Abwägung. Obgleich sich zwar auch dadurch keine allumfassenden Kriterien für die Abwägung ergeben, trägt die Verankerung des Vertrauensschutzes im Schutzbereich der Grundrechte zu einer spezifischen, sachgeprägten und damit gerade auch dem Vertrauensschutz- und Bestimmtheitsgebot eher entsprechenden Vorstrukturierung verfassungsrechtlicher Entscheidungen bei als eine Orientierung

484 BVerfGE 57, 361, 392 f.; 53, 224, 253 f.

485 *Muckel,* Vertrauensschutz, S. 48 f.; insoweit differenzierend zwischen dem materiellen und immateriellen Bereich *Pieroth,* Rückwirkung, S. 371; *ders.*, Jura 1983, 122, 128 f.

486 *Pieroth/Schlink,* Grundrechte, Rn. 58.

487 *Robbers,* JZ 1988, 481, 486.

488 A.a.O.

489 *Muckel,* Vertrauensschutz, S. 35.

490 *Muckel,* a.a.O.; wenig Konkretisierung der Abwägungskriterien durch die Grundrechte befürchtet *Preuß,* JA 1977, 265, 271; *ders.,* JA 1977, 313.

allein an Verfassungsprinzipien.[491] Dennoch bleibt der grundrechtliche Vertrauensschutz lückenhaft; er kann nämlich nur insoweit wirken, als auch der Lebenssachverhalt vom Schutzbereich eines Grundrechts erfasst wird. Deshalb ist subsidiär der Rückgriff auf das Rechtsstaatsprinzip angezeigt.[492]

V. Rückwirkungs- und Vertrauensschutzjudikatur des BVerfG

Das BVerfG hat zur Frage des Vertrauensschutzes überwiegend im Rahmen seiner Rechtsprechung zur Rückwirkung von Gesetzen Stellung bezogen. Die Rückwirkungsproblematik ist nämlich gerade dadurch gekennzeichnet, dass divergierende Interessen miteinander in Konflikt geraten und im Rahmen einer Abwägung gegeneinander in Ausgleich gebracht werden müssen, wobei vornehmlich zu fragen ist, ob das Vertrauen eines Betroffenen dem zeitlich rückwirkenden Anwendungsbereich des fraglichen Gesetzes entgegenstehen könnte.

Verfassungsrechtliche Grenzen einer Rückwirkung von Gesetzen zieht das BVerfG nur bezüglich solcher Gesetze, die generell geeignet sind, Entscheidungen und Dispositionen des Bürgers herbeizuführen oder wenigstens zu beeinflussen[493] und die für den Bürger jeweils belastend wirken.[494] Denn nur dann könne überhaupt der die Rückwirkungsproblematik charakterisierende Interessenkonflikt zwischen Änderungsinteresse und Bestandsschutz entstehen. Wann ein Gesetzgebungsakt belastend wirke, sei im Einzelfall anhand des Gesetzesinhalts zu ermitteln. Es ist diesbezüglich aber grundsätzlich mit dem BVerfG davon auszugehen, dass für den Vertrauensschutz relevante Grenzen für Abgabengesetze, Gesetze, die Gebote oder Verbote enthalten, sowie für alle Gesetze, die eine bestehende Rechtsposition des Bürgers verschlechtern können, bestehen.[495] Begünstigungen des Bürgers werden dagegen grundsätzlich nicht am Grundsatz des Vertrauensschutzes gemessen; selbst dann nicht, wenn denkbar ist, dass einzelne Bürger bei vorheriger Kenntnis der Gesetzesänderung andere Dispositionen getroffen hätten.[496]

1. Die Rückwirkung von Gesetzen in der Rechtsprechung des Ersten Senates des BVerfG

Die Rechtsprechung des Ersten Senates des BVerfG ist durch zahlreiche Wechsel und Weiterentwicklungen in der verfassungsrechtlichen Bewertung rückwirkender Gesetze gekennzeichnet. Zunächst befand dieser die Rückwirkung für

---

491 *Robbers,* JZ 1988, 481, 486.

492 Ablehnend *Werder,* S. 258. Es sei lediglich eine rechtspolitische Forderung, dass Lücken im Vertrauensschutz geschlossen werden müssten, ergebe sich aber nicht aus dem Grundgesetz.

493 BVerfGE 13, 39, 45; 30, 367, 389.

494 BVerfGE 23, 85, 93. Kritisch *Klein/Barbey,* S. 79 f.; Maunz/Dürig/Herzog/Scholz/*Dürig,* GG, Art. 3 Abschnitt VI Rn. 221.

495 BVerfGE 30, 367, 386; *Muckel,* Vertrauensschutz, S. 35 f.

496 BVerfGE 15, 313, 324 f.

„an sich zulässig".[497] In den folgenden Entscheidungen nuancierte das BVerfG jedoch bereits anders, indem es die Rückwirkung als „nicht schlechthin unzulässig einstufte",[498] um dann endlich zur Differenzierung zwischen „echter" und „unechter" Rückwirkung[499] zu gelangen, die seither in ständiger Rechtsprechung den Prüfmaßstab für die verfassungsrechtliche Bewertung der Rückwirkung bildet.[500] Dabei behielt das BVerfG die in den Anfängen der Rechtsprechung entwickelten Grundsätze zur generellen Zulässigkeit von Rückwirkung in Bezug auf die unechte Rückwirkung im Grunde bei, während es nunmehr die echte Rückwirkung als grundsätzlich unzulässig eingestuft.

a) Retroaktive Rückwirkung

Unter echter (retroaktiver) Rückwirkung versteht das BVerfG nachträglich ändernde Eingriffe in abgewickelte, der Vergangenheit angehörende Tatbestände.[501] Diese Form der Rückwirkung verstoße gegen das Rechtsstaatsprinzip.

> „Zu den wesentlichen Elementen des Rechtsstaatsprinzips gehört die Rechtssicherheit. Der Staatsbürger soll die ihm gegenüber möglichen staatlichen Eingriffe voraussehen und sich dementsprechend einrichten können; er muss darauf vertrauen können, dass sein dem geltenden Recht entsprechendes Handeln von der Rechtsordnung mit allen ursprünglich damit verbundenen Rechtsfolgen anerkannt bleibt. In diesem Vertrauen wird der Bürger aber verletzt, wenn der Gesetzgeber an abgeschlossene Tatbestände ungünstigere Folgen knüpft als an diejenigen, von denen der Bürger bei seinen Dispositionen ausgehen durfte. Für den Bürger bedeutet Rechtssicherheit in erster Linie Vertrauensschutz."[502]

Deshalb sei die echte Rückwirkung grundsätzlich unzulässig, die betreffenden Regelungen folglich nichtig.[503] Zwar könne der Gesetzgeber durchaus ein berechtigtes Interesse an retroaktiv rückwirkenden Gesetzen haben, das Vertrauen in den Fortbestand der mit abgeschlossenen Tatbeständen verknüpften gesetzlichen Rechtsfolgen gehe dem Interesse an einer Rückanknüpfung aber prinzipiell vor; Ausnahmen seien lediglich dort zu machen, wo das Vertrauen in eine bestimmte Rechtslage nicht schutzwürdig sei, weil keine sachliche Rechtfertigung vorliege.[504] Dies gelte ausdrücklich in Fällen, in denen im Zeitpunkt, auf den der Eintritt der Rechtsfolge durch das Gesetz zurückbezogen werde, mit einer sol-

497 BVerfGE 1, 264, 280; 2, 237, 265 f. A.a. *Goll,* S. 1 ff., der von einer grundsätzlichen Unzulässigkeit rückwirkender Zivilrechtsgesetze ausgeht. So generell auch *Fenkel,* S. 134 f., der aber Ausnahmen zulässt.

498 BVerfGE 2, 237, 265; 3, 58, 150; 3, 288, 352; 7, 89, 92.

499 Differenzierung in echte und unechte Rückwirkung seit BVerfGE 11, 139.

500 *Muckel,* Vertrauensschutz, S. 68.

501 Ständige Rechtsprechung des BVerfG, vgl. BVerfGE 11, 139, 145 f.; 30, 367, 386.

502 BVerfGE 13, 261, 271.

503 BVerfGE 13, 261, 270 f.; 14, 288, 297; 15, 313, 324; 18, 429, 439; 21, 117, 131 f.; 25, 371, 403 f.

504 BVerfGE 30, 367, 386.

chen Regelung zu rechnen gewesen sei,[505] die Rechtslage unklar und verworren[506] oder lückenhaft gewesen sei[507] oder in dem Maße systemwidrig und unbillig, dass ernsthafte Zweifel an deren Verfassungsmäßigkeit[508] bestanden haben.[509] Denn in diesen Fällen fordere das Rechtsstaatsprinzip selbst, dass die Rechtssicherheit und Gerechtigkeit - welche neben dem Vertrauensschutz Teilaspekte der Rechtsstaatlichkeit sind - durch eine klärende Regelung rückwirkend hergestellt werde.[510] Zudem sei auch nicht ersichtlich, wie sich beim Bürger überhaupt Vertrauen auf eine Rechtslage aufgebaut haben sollte, die selbst gar nicht eindeutig gewesen sei. Wenn ein solches Vertrauen gar nicht erst entstehen konnte, könne es mithin auch nicht schutzwürdig sein.

Eine weitere Ausnahme von der grundsätzlichen Unzulässigkeit retroaktiver Rückwirkung komme dann in Betracht, wenn die betreffende Rechtsnorm selbst nichtig war. Der Staatsbürger könne sich nicht immer auf den durch eine ungültige Rechtsnorm erzeugten Rechtsschein verlassen.[511] Gleichzeitig könne aber ein „Vertrauen auf die wirkliche Rechtslage, also auf die Ungültigkeit der fraglich gewordenen Norm, schon durch den Rechtsschein der Gültigkeit, den die noch nicht ausdrücklich aufgehobene Norm erzeugt, ausgeschlossen werden".[512]

---

505 BVerfGE 1, 264, 280; 2, 237, 264 f.; 8, 274, 304; 30, 367, 387. Kritisch hierzu *Maurer*, HStR III, § 60 Rn. 33 f., der insbesondere den vom BVerfG gewählten Anknüpfungspunkt der Kenntnis (Gesetzesbeschluss des Bundestages) als verfrüht ansieht und Kenntnis erst ab ordnungsgemäßer Verkündung des Gesetzes bejaht. Ferner *Jekewitz,* NJW 1990, 3114, 3119, der bei durch den Bundesrat zustimmungsbedürftigen Gesetzen erst von einer Zerstörung des Vertrauensschutzes mit förmlicher Erteilung der Zustimmung ausgeht.

506 Die Rechtsprechung bezog sich auf den Fall, dass infolge Wegfalls einer anderen Norm eine noch bestehende Regelung sich im gesetzlichen Gesamtkontext als offenbar systemwidrig und ungerecht herausstellte. Nicht in Betracht komme eine solche Korrektur in Anbetracht des Grundsatzes der Gewaltenteilung aber dann, wenn durch höchstrichterliche Rechtsprechung die Rechtslage präzisiert worden sei. Hier kann nach dem BVerfG (BVerfGE 18, 429, 439; 30, 367, 389) nicht nachträglich die Rechtsprechung durch ein rückwirkendes Gesetz in Unrecht gesetzt werden. Es komme allenfalls eine Präzisierung für die Zukunft in Betracht.

507 BVerfGE 7, 129, 151 ff.; 11, 64, 72 f.; 13, 261, 272; 30, 367, 388.

508 BVerfGE 13, 215, 224; 19, 187, 197; 30, 367, 388.

509 Fraglich ist indes, ob die Erweiterung der Ausnahmetatbestände auf Fälle der ernsthaften Zweifel an der Verfassungsmäßigkeit überhaupt erforderlich war. Wenn die Regelung nämlich tatsächlich verfassungswidrig ist, dann fällt sie bereits unter den Ausnahmetatbestand der Nichtigkeit. Ansonsten könnten die Zweifel wohl als unklare und verworrene Rechtslage angesehen werden. *Maurer,* HStR III, § 60 Rn. 29, sieht deshalb zu Recht als einzig relevante Fallgruppe dieser Konstellation die Situation, dass eine Regelung, die entweder von vornherein oder erst durch Veränderung anderer mit ihr in Zusammenhang stehender Normen offensichtlich ungerecht wird, rückwirkend beseitigt oder modifiziert werden darf.

510 BVerfGE 30, 367, 388.

511 BVerfGE 13, 261, 272; 18, 429, 439; 19, 187, 197; 50, 177, 193 f.

512 BVerfGE 22, 330, 348.

Diese auf den ersten Blick widersprüchlichen Aussagen[513] fügen sich dergestalt zusammen, dass der Bürger generell auf die wahre Rechtslage vertrauen darf, allerdings damit rechnen muss, dass durch die Nichtigerklärung aufgedeckte Lücken im Gesetz beseitigt werden[514] und gegebenenfalls auch in Hinblick auf die Rechtssicherheit oder den Gleichbehandlungsgrundsatz eine Neuregelung unter Einbeziehung von in der Vergangenheit liegenden Fällen erforderlich sein kann.[515]

Schließlich könnten ferner zwingende Gründe des Gemeinwohls dem Vertrauensschutz vorgehen und eine retroaktive Rückwirkung rechtfertigen,[516] wozu allerdings die Gemeinwohlbelange dem Gebot der Rechtssicherheit übergeordnet sein müssen.[517] Endlich noch wird eine Ausnahme vom Verbot echter Rückwirkung dann angenommen, wenn mit der Rückwirkung in sachlicher oder rechtlicher Hinsicht lediglich eine geringe Belastung verbunden ist.[518]

Nach diesen Grundsätzen erkannte das BVerfG beispielsweise die rückwirkende Inkraftsetzung einer Änderung des Grunderwerbssteuergesetzes als verfassungswidrig, weil keine der Ausnahmen griff.[519] Insbesondere stellte es diesbezüglich auch fest, dass der Bürger sein Vertrauen in den Bestand des geltenden Rechts nicht dadurch verloren hatte, dass die Einführung des neuen Steuersatzes bereits früher beabsichtigt war.

b) Retrospektive Rückwirkung

Einwirkungen auf gegenwärtige, noch nicht abgeschlossene Sachverhalte bzw. Rechtsbeziehungen für die Zukunft fasst das Gericht unter den Begriff der unechten (retrospektiven) Rückwirkung.[520] Hier zieht es den Spielraum für den Gesetzgeber weiter als bei der retroaktiven Rückwirkung: Die unechte Rückwirkung wird vom BVerfG innerhalb der Grenzen des Vertrauensschutzes und der Verhältnismäßigkeit generell als zulässig erachtet.[521] Diese Grenzen seien jedoch erst dann überschritten, wenn die vom Gesetzgeber angeordnete unechte Rückwirkung zur Erreichung des Gesetzeszwecks nicht geeignet oder erforderlich sei oder wenn die Bestandsinteressen der Betroffenen die Veränderungs-

---

513 Daher kritisch zu dieser Rechtsprechung *Pieroth*, Rückwirkung, S. 26; *Schlink*, Abwägung, S. 115.

514 Nach BVerwGE 50, 2, 7 ff. darf der Bürger z.B. nicht darauf vertrauen, dass er von der Zahlung der Erschließungskosten befreit wird, weil die einschlägige Satzung wegen eines Verfahrensverstoßes nichtig ist.

515 *Maurer*, HStR III, § 60 Rn. 30.

516 BVerfGE 2, 380, 405; 13, 261, 272; 30, 367, 390 f.

517 Vgl. BVerfGE 2, 380, 405; 13, 261, 272.

518 Sogenannter „Bagatellvorbehalt"; dazu BVerfGE 30, 367, 389 f.

519 BVerfGE 13, 206.

520 BVerfGE 11, 139, 146; 30, 367, 389.

521 Ständige Rechtsprechung des BVerfG, vgl. BVerfGE 101, 239, 263.

gründe des Gesetzgebers überwiegen.[522] Ob der Vertrauensschutz Vorrang genieße, sei durch eine Güterabwägung im Einzelfall zu ermitteln, welche die Bedeutung des gesetzgeberischen Anliegens für das Gemeinwohl und das Ausmaß des durch eine Gesetzesänderung verursachten Vertrauensschadens gegenüberstelle.[523] Ein solcher Vertrauensschaden komme insbesondere dann in Betracht, wenn der Betroffene sich auf den Fortbestand seiner finanziellen Situation verlassen und im Hinblick darauf Dispositionen getroffen habe, diese sich jedoch durch die Gesetzesänderung wesentlich verändern, sodass der Betroffene diese Verschlechterung nicht mehr aus eigener Kraft auszugleichen vermag.[524]

Als unecht rückwirkend stufte das BVerfG beispielsweise die Anwendung des am Zerrüttungsprinzip orientierten Scheidungsfolgenrechts auch auf „Altehen", die unter Geltung des Verschuldensprinzips geschlossen wurden und noch nicht geschieden waren, ein.[525] Auch hinsichtlich der aktuellen Reform wird vertreten, die Übergangsregelung entfalte unechte Rückwirkung.[526]

c) Differenzierungskriterium und Prüfmaßstab
aa) Abgrenzungsmerkmale
Differenzierungskriterium für die Abgrenzung zwischen retroaktiver und retrospektiver Rückwirkung ist das Merkmal der Abgeschlossenheit eines Tatbestandes. Die Auslegung, wann demnach tatsächlich ein abgeschlossener Tatbestand vorliegt, erfolgt nicht nach allgemeingültigen Kriterien, sondern wird von der Judikatur stark vom Einzelfall und dem jeweiligen Rechtsgebiet abhängig gemacht. Allerdings haben sich auch dazu im Laufe der Rechtsprechungspraxis diverse Fallgruppen herausgebildet.[527]

bb) Prüfmaßstab
Die Rechtsprechung des BVerfG folgte zunächst einer objektiven Konzeption des Vertrauensschutzes: Maßgebend für die Beurteilung waren nicht die betroffenen Grundrechte, sondern es wurde auf die Verletzung des Gesetzesvertrauens des Bürgers abgestellt.[528] Anknüpfungspunkt und Bewertungsmaßstab für den Vertrauensschutz bildete somit die Rechtsstaatlichkeit als objektives Prinzip.

522 So das BVerfG in ständiger Rechtsprechung, vgl. BVerfGE 95, 64, 86 f.; 101, 239, 263.
523 Ständige Rechtsprechung des BVerfG; vgl. beispielsweise BVerfGE 14, 288, 299 f; 25, 142, 154.
524 Vgl. BVerfGE 40, 65, 76; Rechtsprechung des BVerfG im Bereich der Sozialversicherung, die wohl aber als grundlegend für das gesamte Sozialrecht gilt; vgl. Maunz/Dürig/Herzog/Scholz/*Herzog,* GG, Art. 20 Abschn. VII Rnrn. 70 ff.
525 BVerfGE 57, 361 = NJW 1981, 1771 = FamRZ 1981, 745.
526 Von einer unechten Rückwirkung geht aus OLG Karlsruhe, NJW 2009, 525, 526.
527 Zu den einzelnen Fallgruppen vgl. *Pieroth,* Jura 83, 130 f.; *Berger,* Rückwirkung, S. 47 f.
528 *Heß,* Intertemporales Privatrecht, S. 292; siehe BVerfGE 7, 89, 92 f.; 13, 261, 271; BVerfG, NJW 1977, 2024, 2025.

Echte und unechte Rückwirkung stellten diesbezüglich qualitativ unterschiedliche Eingriffe in das Vertrauen des Bürgers dar und unterschieden sich aufgrund der divergierenden Intensität des Eingriffs durch ein umgekehrtes Regel-Ausnahme-Verhältnis.[529]

Seit den siebziger Jahren folgt die Rechtsprechung des Ersten Senates jedoch einer subjektiven Rückwirkungskonzeption: Sie stellt primär darauf ab, ob durch die gesetzliche Regelung Grundrechte verletzt werden, wobei insbesondere Art. 14, 12 GG und Art. 33 Abs. 5 GG sowie die in Art. 2 Abs. 1 GG verbürgte Vertragsfreiheit den Prüfungsmaßstab setzen;[530] der grundgesetzlich gewährleistete Vertrauensschutz gehe im Schutzbereich des einschlägigen Grundrechts auf.[531] Lediglich in Fällen, in denen die vorgenannten Grundrechte nicht einschlägig sind, wird auf den sich aus dem Rechtsstaatsprinzip ergebenden Vertrauensschutz zurückgegriffen.[532] Maßstab für die materiell-rechtliche Prüfung ist damit das Übermaßverbot; nur bezüglich der echten Rückwirkung bleibt es bei einer Bewertung nach Maßstäben des Rechtsstaatsprinzips.[533] Damit folgte das BVerfG der generellen Tendenz der Subjektivierung und Prozessualisierung des Verfassungsrechts,[534] bei der die Grundrechte zunehmend in den Fokus gerückt werden und Aspekte, die zuvor bei allgemeinen Verfassungsprinzipien verortet wurden, fortan im Rahmen der Prüfung des einschlägigen Grundrechts angesiedelt werden. Letztlich erfolgt die Prüfung trotz der divergierenden Maßstäbe aber ähnlich: Es wird sowohl bei der retrospektiven als auch bei der retroaktiven Rückwirkung abgewogen zwischen dem Ausmaß des Vertrauensschadens und der Bedeutung des gesetzlichen Anliegens für das Wohl der Allgemeinheit.[535]

d) Kritik an den gewählten Abgrenzungskriterien

Die vom Ersten Senat entwickelte Rechtsprechung zur Rückwirkung ist in der Literatur vielfach zu Recht kritisiert worden.[536] Vornehmlich gerieten hier die Differenzierung zwischen echter und unechter Rückwirkung mit den daraus re-

529 *Heß*, Intertemporales Privatrecht, S. 292; *Bauer*, JuS 1984, 241, 245 f.; ablehnend *Schlink*, Abwägung, S. 112.

530 *Heß*, a.a.O.; Beispiele in BVerfGE 31, 275; 289 ff.; BVerfGE 36, 281, 293.

531 *Heß*, Intertemporales Privatrecht, S. 293.

532 So beispielsweise: BVerfGE 53, 257, 289 ff; 58, 81, 92 ff.

533 *Heß*, Intertemporales Privatrecht, S. 293. Implizit seien aber auch bei der echten Rückwirkung die Grundrechte und bei der unechten Rückwirkung das Rechtsstaatsprinzip mit dem daraus hergeleiteten Vertrauensschutz zu berücksichtigen, vgl. BVerfGE 72, 200, 242.

534 Vgl. *Maurer*, HStR III, § 60 Rn. 26.

535 BVerfGE 64, 87, 104.

536 Eine kritische Bewertung in Hinblick auf die Rückwirkungsrechtsprechung zum Steuerrecht findet sich bei *Iliopoulos-Strangas*, S. 207 ff.

sultierenden divergierenden Beurteilungsmaßstäben,[537] die verfassungsrechtliche Behandlung der unechten Rückwirkung[538] sowie die Ausnahmetatbestände zur echten Rückwirkung in die Kritik.[539]

Die Rückwirkungslehre des Ersten Senates beruht gerade auf der Unterscheidung zwischen echter und unechter Rückwirkung, die in ihren Rechtsfolgen durch ein umgekehrtes Regel-Ausnahme-Verhältnis von Wirksamkeit und Unzulässigkeit gekennzeichnet sind.[540] Damit präjudiziert die Differenzierung zwischen retroaktiver und retrospektiver Rückwirkung zugleich bereits die verfassungsrechtliche Bewertung der fraglichen Norm.[541] Um auch die verfassungsrechtliche Beurteilung auf die Abgrenzungskriterien stützen zu können, müsste das Differenzierungskriterium hinreichend konkretisiert und einschätzbar sein. Die Rechtsprechung zur Abgeschlossenheit des Tatbestandes ist allerdings sehr schwankend und nur wenig vorhersehbar. Die Abgeschlossenheit kann nämlich gar nicht objektiv bestimmt werden, sondern ist vielmehr eine Wertungsfrage ohne sichere Rechtsgrundlage.[542] Zudem ist es vielfach nur eine Frage der konkreten Formulierung - und somit von gesetzestechnischen Zweckmäßigkeitsüberlegungen -, ob die gesetzliche Regelung an ein in der Vergangenheit abgewickeltes Verhalten retroaktiv anknüpft oder ob ein aus diesem Verhalten hervorgegangener, gegenwärtig noch andauernder Zustand retrospektiv den Bezugspunkt bildet.[543] Somit kommt es vielfach eher zu willkürlichen Ergebnissen[544] als zu einer verfassungsrechtlich nachvollziehbaren Entscheidung.[545]

Daneben sind die Ausnahmetatbestände der echten Rückwirkung nicht überzeugend und vor allem für den juristischen Laien, der durch die Rückwirkungs-

537 *Schlink*, Abwägung, S. 111 ff.; *v. Götz*, FG BVerfG Bd. 2 (1976), S. 421, 435 f.; *Stern*, FS Maunz, S. 381, 389; *Kisker*, Rückwirkung, S. 26 ff.; *Klein/Barbey*, S. 44 ff.; *Schmidt*, JuS 1973, 529, 536 f.; *Pieroth*, Rückwirkung, S. 79 ff.; *Pieroth*, JZ 1990, 279 ff. *Steinberger,* Sondervotum BVerfGE 48, 23 fordert, die Unterscheidung zwischen echter und unechter Rückwirkung aufzugeben, da die Begrifflichkeiten eher verwirrten als klärten.

538 *Kisker,* VVDStRL 32, 178; *Leisner,* FS Berber, 1973, S. 273, 289; *Stern,* FS Maunz, 1981, S. 381, 382 f.

539 *Klein/Barbey*, S. 80 f.; *Roth-Stielow,* NJW 1963, 571, 572; *v. Schlabrendorff,* Sondervotum, BVerfGE 37, 414 ff.

540 *Bauer,* JuS 1984, 241, 245.

541 *Muckel,* Vertrauensschutz, S. 71; *Bauer,* JuS 1984, 241, 241 ff.; *Friauf,* BB 1972, 669, 674. Kritisch auch *Schwarz,* Vertrauensschutz, S. 110. A.A. *Salzwedel*, Die Verwaltung 5/1972, 16, der in der Differenzierung von echter und unechter Rückwirkung lediglich eine Orientierungshilfe für die Anwendung des Verhältnismäßigkeitsprinzips sieht.

542 *Seuffert*, BB 1972, 1065, 1066.

543 Vgl. *Bauer*, JuS 1984, 241, 245; *Pieroth*, Rückwirkung, S. 79 ff., 84 ff.; *Muckel*, Vertrauensschutz, S. 72; *Grabitz*, DVBl. 1973, 675, 677; *Kriele*, DÖV 1967, 531, 536.

544 *Muckel,* Vertrauensschutz, S. 72.

545 Daher übt *Rupp-v. Brünneck,* Sondervotum, BVerfGE 32, 129, 137 ff. Kritik an der Unregelmäßigkeit der Rückwirkungsrechtsprechung des BVerfG.

rechtsprechung geschützt werden soll,[546] nicht verständlich. Wie soll der Bürger nämlich voraussehen können, wann tatsächlich eine Änderung der Rechtslage angedacht ist? In der momentanen politischen Praxis werden zunehmend Reformideen aufgeworfen und lediglich ein Bruchteil dieser Vorschläge wird überhaupt oder in der Form, in welcher der Vorschlag zunächst diskutiert wurde, umgesetzt. Auch die nun in Kraft getretene Reform des Unterhaltsrechts wurde beispielsweise über einen sehr langen Zeitraum sowie äußerst kontrovers diskutiert.

Ähnliches gilt für die Ausnahme bei ungeklärter Rechtslage. Für den Rechtsunkundigen ist bei der Vielzahl von Bestimmungen gar nicht absehbar, wann eine Rechtslage so ungeklärt ist, dass mit dem Erlass eines rückwirkenden Gesetzes zu rechnen ist. Noch weniger kann er erkennen, wann eine Norm unwirksam ist.[547] Um dem Rechnung zu tragen, müsste, sofern die Schutzwürdigkeit des Vertrauens von der Voraussehbarkeit der Änderung abhängig gemacht wird, subjektiv auf die Voraussehbarkeit für den konkret Betroffenen abgestellt werden. Damit würde dieses Kriterium nur schwer fassbar; gleichzeitig brächte es erhebliche Rechtsunsicherheit mit sich.[548] Faktisch wäre eine Subjektivierung auch nur bei Exekutiv- und Judikativakten möglich; der Gesetzgeber kann nicht auf jeden Einzelfall abstellen.[549]

Gleichzeitig ist die Differenzierung zwischen echter und unechter Rückwirkung auch gar nicht dazu geeignet, die Rückwirkungsproblematik erschöpfend zu erfassen.[550] Dies wird auch in der Rechtsprechung des BVerfG deutlich.[551] Jenseits der Dogmatik von echter und unechter Rückwirkung hat das BVerfG eine „dritte Kategorie gleichen Inhalts wie unechte Rückwirkung“[552] geschaffen: Der Gesetzgeber könne prinzipiell auch gegen die im Rechtsstaatsprinzip verankerten Gebote der Rechtssicherheit und des Vertrauensschutzes verstoßen, ohne dass echte oder unechte Rückwirkung vorliege.[553] Bezüglich der Schutzwürdigkeit des Vertrauens orientiere sich diese Kategorie am Vertrauensschutz bei unechter Rückwirkung, die verfassungsrechtliche Beurteilung des einzelnen Falles hänge davon ab, ob der Bürger im Vertrauen auf den Bestand einer bestimmten gesetz-

546 *Roth-Stielow,* NJW 1963, 571, 572.
547 Diese Erwägungen teilte schon *Roth-Stielow,* a.a.O.
548 Kritisch deshalb auch *Rupp-v. Brünneck,* Sondervotum, BVerfGE 32, 129, 138 f., die deshalb die entscheidenden Kriterien am Inhalt der zu ändernden Regelung und der Bedeutung der Änderung für das staatliche Gemeinwesen und die Betroffenen finden will.
549 Nach dem „Verbot des Einzelfallgesetzes“ gemäß Art. 19 Abs. 1 S. 1 GG müssen grundrechtseinschränkende Gesetze allgemein gelten; Einzelfallgesetze sind verfassungswidrig.
550 *Bauer*, JuS 1984, 241, 245, mit nachfolgenden Erwägungen.
551 Siehe BVerfGE 30, 392, 403 ff.
552 So *Stern*, FS Maunz (1981), S. 381, 388.
553 BVerfGE 30, 392, 403 f.

lichen Regelung eine Rücksichtnahme durch den Gesetzgeber billigerweise erwarten dürfe.[554] Dabei sei zwischen dem Ausmaß des Vertrauensschadens einerseits und der Bedeutung des gesetzgeberischen Anliegens für das Wohl der Allgemeinheit andererseits abzuwägen.[555]

All dies zeigt, dass die Rechtsprechung des Ersten Senates des BVerfG nicht zu einer interessengerechten Lösung der Vertrauensschutzfrage geeignet ist.

2. Die Rechtsprechung des Zweiten Senates des BVerfG

a) „Rückbewirkung von Rechtsfolgen“ und „tatbestandliche Rückanknüpfung“

Der Zweite Senat des BVerfG hat sich mit seinem Beschluss vom 14.5.1986[556] von der Rechtsprechung des Ersten Senates (zumindest begrifflich)[557] emanzipiert und differenziert zwischen der „Rückbewirkung von Rechtsfolgen“ und der „tatbestandlichen Rückanknüpfung“. Als Kriterium zur Differenzierung knüpft der Zweite Senat dabei an den Anwendungsbereich einer Norm an und unterscheidet zwischen dem tatbestandlichen Anknüpfungsbereich (sachlicher Anwendungsbereich) einer Norm und dem zeitlichen Bereich ihrer Rechtsfolgenanordnung. Die Berührung des zeitlichen Anwendungsbereichs einer Norm als Rückbewirkung von Rechtsfolgen sieht der Zweite Senat des BVerfG dann, wenn die normativ angeordneten Rechtsfolgen für einen bestimmten, vor dem Zeitpunkt der Verkündung der Norm liegenden Zeitraum eintreten sollen. Der zeitliche Anwendungsbereich der Norm betreffe allein die zeitliche Zuordnung der normativ angeordneten Rechtsfolgen im Hinblick auf den Zeitpunkt der Verkündung der Norm. Gefragt werde danach, ob diese Rechtsfolgen für einen bestimmten, vor dem Zeitpunkt der Verkündung der Norm liegenden Zeitraum eintreten sollen oder ob dies für einen nach oder mit der Verkündung beginnenden Zeitraum geschehen solle. Alle anderen in einer Norm enthaltenen Merkmale betreffen demgegenüber als Tatbestandsmerkmale lediglich den sachlichen Anwendungsbereich der Norm und können nicht als rückwirkend im eigentlichen Sinne verstanden werden. Tatbestandliche Rückanknüpfung könne so immer dann angenommen werden, wenn der Gesetzgeber den Eintritt der Folgen einer Norm von Gegebenheiten vor ihrer Verkündung abhängig mache.[558]

---

554 BVerfGE 30, 392, 404.

555 A.a.O.

556 BVerfGE 72, 200, 242 ff.; erste Schritte in diese Richtung schon in BVerfGE 63, 343, 353 f.; 64, 158, 174; der Zweite Senat des BVerfG orientiert sich mit seinen Definitionen an der Begriffsbildung, die bereits *Steinberger* in einem Sondervotum zu BVerfGE 48, 1 (vgl. Sondervotum *Steinberger,* BVerfGE 48, 1, 23) entwickelt hatte. Als maßgebliches Kriterium der Rückwirkung hatte *Steinberger* die Rückdatierung des zeitlichen Anwendungsbereiches einer Norm erkannt.

557 Zur Tragweite der Rechtsprechungsänderung siehe unten, 3. Kapitel V. 2. d).

558 So BVerfGE 72, 200, 241 f.

b) Bewertungsmaßstäbe

Gemessen wird die Zulässigkeit einer Rückbewirkung von Rechtsfolgen vorrangig an allgemeinen rechtsstaatlichen Grundsätzen, insbesondere am Grundsatz des Vertrauensschutzes sowie an der Rechtssicherheit.[559] Allerdings seien als Grenzen auch diejenigen Grundrechte zu berücksichtigen, deren Schutzbereiche von der nachträglich geänderten Rechtsfolge in belastender Weise betroffen seien.[560] Die tatbestandliche Rückanknüpfung wird vom Zweiten Senat hingegen vorrangig am einschlägigen Grundrecht gemessen, wobei allerdings die allgemeinen rechtsstaatlichen Grundsätze des Vertrauensschutzes, der Rechtssicherheit sowie der Verhältnismäßigkeit - wie generell bei der Auslegung und Anwendung von Grundrechten - zu berücksichtigen seien.[561] Grenzen für die Zulässigkeit der „tatbestandlichen Rückanknüpfung" ergeben sich folglich dort, wo in Grundrechte der Normadressaten ohne verfassungsrechtliche Rechtfertigung eingegriffen wird. Im Rahmen der Grundrechte kommen diesbezüglich insbesondere in Betracht Art. 14, 12, 33, 3 GG sowie subsidiär Art. 2 Abs. 1 GG. Die Berührung des zeitlichen Anwendungsbereichs einer Norm als „Rückbewirkung von Rechtsfolgen" sieht der Zweite Senat des BVerfG dann, wenn die normativ angeordneten Rechtsfolgen für einen bestimmten, vor dem Zeitpunkt der Verkündung der Norm liegenden Zeitraum eintreten sollen.[562]

c) Kritiktische Bewertung der Abgrenzungskriterien des Zweiten Senates

Auch die aus der an der Rückwirkungs- und Vertrauensschutzkonzeption des Ersten Senates geübten Kritik heraus entwickelten Kriterien des Zweiten Senates tragen nicht dazu bei, sämtliche Defizite der Rechtsprechung des Ersten Senates des BVerfG auszuräumen.[563] Wiederum nimmt nämlich die Einordnung in die Kategorien der tatbestandlichen Rückanknüpfung oder der Rückbewirkung von Rechtsfolgen die verfassungsrechtliche Bewertung der Vertrauensschutzfrage vorweg.[564] Nach wie vor ergibt sich auch nach der vom Zweiten Senat vorgeschlagenen Konzeption kein klares Abgrenzungskriterium. Gegenwart und Vergangenheit können in zu vielfältigen Formen miteinander verknüpft sein und die Normstrukturen der einzelnen Rechtsmaterien sind zu komplex, als dass sie ohne weitere Differenzierungen unter die genannte Formel subsumiert werden könnten.[565] Vielmehr müsste man auch für diesen Ansatz weitere Zwischenschritte und Differenzierungen bilden,[566] um verlässliche Abgrenzungskriterien

---

559 BVerfGE 72, 200, 242.

560 A.a.O.

561 A.a.O.

562 Vgl. zur Herleitung des Vertrauensschutzes aus Grundrechten 3. Kapitel IV.

563 Dies zeigt sich deutlich, wenn man davon ausgeht, dass die Rechtsprechung des Zweiten Senates im Wesentlichen eine „Umetikettierung" der Rechtsprechung des Ersten Senates des BVerfG ist.

564 *Muckel,* Vertrauensschutz, S. 74.

565 *Pieroth,* JZ 1990, 279, 280 f. mit Beispielen.

566 *Pieroth,* JZ 1990, 279, 280; *Brüning,* NJW 1998, 1525, 1527.

zu stellen. Damit tragen die neuen Begrifflichkeiten kaum zu einer zusätzlichen Klarheit bei, zumal auch hier wieder die Formulierung maßgeblichen Anteil daran hat, ob eine Norm als tatbestandlich rückanknüpfend oder als Rückbewirkung von Rechtsfolgen gewertet wird.[567]

Gleichzeitig ergibt sich ein Widerspruch der Rechtsprechung zu den Grundsätzen der Normenlogik.[568] Denn die Differenzierung zwischen tatbestandlicher Rückanknüpfung und Rückbewirkung von Rechtsfolgen erfolgt anhand der Abgrenzung von zeitlichem und sachlichem Anwendungsbereich einer Norm. Die Wirkung eines Rechtssatzes kann jedoch nicht zeitlich zurückverlagert werden; sie kann lediglich Geltung für die Zukunft beanspruchen, da Rechtssätze ihrer Natur nach nur für die Zukunft zu einem Tun oder Unterlassen motivieren und lediglich insoweit rückwirken können, als Rechtsfolgen mit dem nicht mehr zu beeinflussenden Verhalten verbunden werden.[569] Werden der Vergangenheit angehörende Umstände in den Geltungsbereich der Norm einbezogen, so wird dadurch der Tatbestand der Vorschrift erweitert; der zeitliche Geltungsbereich einer Norm betrifft einzig den Umfang der von ihm erfassten Sachverhalte.[570] Aus diesem Grund kann nicht zuverlässig zwischen den beiden Kriterien differenziert und abgegrenzt werden.

Nicht überzeugend ist fernerhin die Trennung von Rückwirkung und Vertrauensschutz. Die Urteile zeigen deutlich die Überschneidung der Fragenkreise und vermögen diese auch nicht klar voneinander abzugrenzen, zumal eine Abgrenzung auch gar nicht immer möglich ist. Damit kann auch die Rückwirkungs- und Vertrauensschutzkonzeption des Zweiten Senates nicht überzeugen.

d) Divergenz der Rechtsprechungsansätze und Entwicklungstendenzen

Die beiden Senate des BVerfG vertreten zur verfassungsrechtlichen Beurteilung von Vertrauensschutz und Rückwirkung zwei voneinander abweichende Konzepte. Während der Erste Senat weiter an seiner Differenzierung von echter und unechter Rückwirkung festhält, hat der Zweite Senat sich lange auf die Abgrenzung von tatbestandlicher Rückanknüpfung und Rückbewirkung von Rechtsfolgen konzentriert. Bezogen auf die Verfassungsmäßigkeit der Übergangsregelung zum 1. EheRG beispielsweise stellte der Erste Senat darauf ab, dass die neu eingeführten Unterhaltsvorschriften erst Anwendung fänden, wenn eine Ehe nach Inkrafttreten dieses Gesetzes geschieden worden sei.[571] Er knüpfte diesbezüglich an die Abgeschlossenheit des Tatbestandes an: Die Ehe dauerte noch an und war noch nicht geschieden, mithin der Tatbestand noch nicht abgeschlossen. Der

567 *Vogel,* JZ 1988, 833, 838.

568 Instruktiv dazu bereits *Hahn,* S. 24 ff.

569 *Muckel,* JA 1994, 13, 14; *Schwarz*, Vertrauensschutz, S. 112; *Aschke,* Übergangsregelungen, S. 19, 87.

570 *Muckel,* a.a.O.

571 Siehe BVerfGE 57, 361.

Zweite Senat müsste in seiner Einordnung hingegen an den Anwendungsbereich anknüpfen und argumentieren, dass der Gesetzgeber den Eintritt der Folgen einer Norm (Unterhaltsanspruch) mit Gegebenheiten vor ihrer Verkündung (Eingehung der Ehe und ggf. Scheidung) verbindet; damit müsste er von einer tatbestandlichen Rückanknüpfung ausgehen.

Die abweichende Terminologie der beiden Senate des BVerfG legt die Frage nahe, ob es sich tatsächlich nur um begriffliche Unterschiede handelt oder ob nicht auch vielmehr eine inhaltliche Abweichung dahinter steht. In der Literatur war dies zunächst sehr umstritten. Während die einen davon ausgingen, dass „nicht nur neue Rückwirkungsregeln, sondern eine ganz neue Systematik für den Rückwirkungskomplex“[572] als „dramatische Wendung“[573] entwickelt wurde, sahen andere richtigerweise im „Wesentlichen nur eine Umetikettierung“[574]. Denn bereits in den Anfängen der neuen Rechtsprechung des Zweiten Senates verband dieser die Begrifflichkeiten des Ersten Senates mit den eigenen inhaltlichen Erwägungen.[575]

Diese Frage hat mittlerweile die Rechtsprechung durch die aktuelle Annäherung der beiden Senate selbst beantwortet. Denn in der jüngeren Rechtsprechung des Zweiten Senates lässt sich feststellen, dass sich dieser zunehmend wieder der Rechtsprechung des Ersten Senates des BVerfG annähert. Während der Zweite Senat ursprünglich die Terminologie von echter und unechter Rückwirkung abgelehnt hatte und nicht einmal beide Kategorien unter den einheitlichen Begriff der Rückwirkung fassen wollte,[576] fügte er in einigen neueren Entscheidungen an seine Definition die vom Ersten Senat favorisierten Bezeichnungen an.[577] Dies lässt sich nur so deuten, dass hinsichtlich der Abgrenzung der Fallgruppen keine sachlichen Differenzen beabsichtigt waren, es sich vielmehr nur um eine abweichende Terminologie sowie um eine abweichende Begründung handelt, die sich insbesondere hinsichtlich der divergierenden Beurteilungsmaßstäbe

572 *Vogel,* JZ 1988, 833, 837 f.

573 So *Vogel,* a.a.O.

574 So *Pieroth,* JZ 1990, 279, 280 f.

575 Der Zweite Senat des BVerfG spricht in seiner Entscheidung vom 30.9.1987, 2 BvR 933/83 = BVerfGE 76, 256 zunächst von „echter“ Rückwirkung (BVerfGE 76, 256, 345), um dann inhaltlich auf den zeitlichen Anwendungsbereich abzustellen (BVerfGE 76, 256, 345 f.) und schließlich zu erörtern, inwieweit die Norm auf noch nicht abgeschlossene Sachverhalte oder Rechtsbeziehungen einwirkt (BVerfGE 76, 256, 346). Dies zeigt deutlich, dass wohl auch der Zweite Senat des BVerfG nicht von einer gänzlich neuen Konzeption der Rückwirkungs- und Vertrauensschutzdogmatik ausgegangen ist, sondern vielmehr lediglich ergänzende Überlegungen angestellt hat.

576 BVerfGE 72, 200, 243.

577 Z.B. in BVerfG, NJW 1998, 1547, 1548; BVerfGE 52, 303, 345. So verfahren ist der BGH schon seit längerem, vgl. etwa BGHZ 120, 361, 364.

auswirken,[578] in Bezug auf die problematischen Abgrenzungsfälle und das Ergebnis aber nicht wesentlich voneinander abweichen.

Noch deutlicher zeigt sich der Wandel, wenn der Zweite Senat[579] gänzlich auf die Begriffe der tatbestandlichen Rückanknüpfung und der Rückbewirkung von Rechtsfolgen verzichtet, die Begriffswahl ausschließlich an der vom Ersten Senat des BVerfG geprägten Terminologie der echten und unechten Rückwirkung ausrichtet und ebenfalls die materiell-rechtliche Auseinandersetzung mit dem Vertrauensschutz in Anlehnung an die Rechtsprechung des Ersten Senates erfolgt.[580] Ob damit allerdings eine dauerhafte Abkehr von der Differenzierung zwischen tatbestandlicher Rückanknüpfung und Rückbewirkung von Rechtsfolgen verbunden ist und beide Senate fortan wieder zu einer einheitlichen Rückwirkungsdogmatik zurückkehren, bleibt abzuwarten.

VI. Fazit: Vertrauen als Kriterium der Gesetzgebungskontinuität

1. Verfassungsrechtliche Konzeption des Vertrauensschutzes

Die Rückwirkungs- und Vertrauensschutzproblematik sollte unter Rückbesinnung auf das eigentliche Problem gelöst werden; nämlich der sich entgegenstehenden Interessen, die in einen Ausgleich gebracht werden müssen. Einerseits haben der Gesetzgeber sowie die Allgemeinheit ein häufig berechtigtes Änderungsinteresse, andererseits haben Bürger darauf vertraut, dass die Rechtslage fortgelten wird und einmal getätigte Dispositionen oder getroffene Entscheidungen auch in Zukunft Bestand haben werden. Dem Änderungsinteresse wird durch die Novellierung Genüge getan; es verbleibt also noch das enttäuschte Vertrauen des betroffenen Bürgers. Daher sollte dieses Vertrauen auch in den Mittelpunkt der verfassungsrechtlichen Beurteilung gerückt werden.

Eine vergangenheitsbezogene Änderung der Rechtslage stellt für den von der Novellierung Betroffenen stets einen Eingriff dar, sofern keine Begünstigung (etwa finanzieller Art) damit verbunden ist. Sein Vertrauen in die Kontinuität der Gesetzgebung wird berührt; allerdings unabhängig davon, ob das Gesetz an abgeschlossene oder noch nicht abgeschlossene Sachverhalte oder Rechtsbeziehungen anknüpft oder ob der zeitliche oder sachliche Anwendungsbereich der Norm tangiert ist. Diese von beiden Senaten des BVerfG entwickelten Kriterien mögen zwar Indizien für die Schwere des Eingriffs bilden, letztlich ist jedoch die Situation des Einzelfalls maßgebend, zumal die Grenzlinien nicht immer eindeutig gezogen werden können. Vielmehr ist entscheidend, ob eine Rechtsnorm das Vertrauen enttäuscht hat, welches der Bürger in die Kontinuität der

578 So auch *Möller/Rührmair*, NJW 1999, 908. Vgl. auch *Louven,* S. 24 f.

579 Beschl. v. 10.8.2006 - 2 BvR 563/05 = DVBl. 2006, 1370.

580 Die Ausführungen im angeführten Beschluss orientierten sich ganz konkret an den Ausführungen des Ersten Senates in BVerfGE 101, 239.

Rechtsordnung gesetzt hat.[581] Denn nicht nur die echte Rückwirkung oder die Rückbewirkung von Rechtsfolgen können die vom Bürger im Vertrauen auf die Beständigkeit der Rechtsordnung getätigten Dispositionen vereiteln;[582] vielmehr kann diese Wirkung auch durch Rechtssätze mit Zukunftsbezug eintreten. Das Vertrauen des Bürgers ist also unabhängig von der rechtstechnischen Ausgestaltung der Norm.[583] Aus diesen Gründen sollte die Rückwirkungs- und Vertrauensschutzrechtsprechung nicht so sehr die Abgrenzung von verschiedenen Arten des Vergangenheitsbezugs fokussieren, sondern stattdessen das verletzte Vertrauen und damit den Betroffenen in den Mittelpunkt stellen. Denn gerade um diesen geht es. Fragen der konkreten Rückwirkung sind daher nur von sekundärer Bedeutung. Dies übersieht die Rechtsprechung, wenn sie die eingreifende Norm zum zentralen Aspekt der Rückwirkungskonzeption macht. Deshalb ist sowohl die Rechtsprechung des Ersten Senates des BVerfG als auch die abweichende Konzeption des Zweiten Senates in ihrer konkreten Ausgestaltung abzulehnen.

Vorzugswürdig erscheint indes ein einheitliches Konzept, welches nicht mit Regel-Ausnahme-Verhältnissen arbeitet, sondern nur auf die Schwere der Vertrauensbeeinträchtigung sowie auf die Schutzwürdigkeit des Vertrauens abstellt.[584] Dogmatisch verwurzelt ist das Vertrauensschutzprinzip in den Grundrechten sowie im Rechtsstaatsprinzip, auf welches allerdings ausschließlich subsidiär zurückgegriffen werden darf. Als Bewertungsmaßstab stehen dabei primär die Grundrechte zur Verfügung, die insoweit Vertrauensschutz vermitteln, als ihr Schutzbereich greift. Die Grundrechte sind nämlich in ihrem Anwendungsbereich die spezielleren Regelungen; deshalb muss nach dem Grundsatz „lex specialis derogat legi generali" vorrangig auf sie zurückgegriffen werden. Zudem kann die Prüfung am einschlägigen Grundrecht dazu beitragen, die Abwägung besser zu strukturieren und feste Abwägungsmaßstäbe zu mitteln. Erst insofern Grundrechte keinen Vertrauensschutz gewähren können, ist auf das Rechtsstaatsprinzip zurückzugreifen.

2. Anforderungen an den Gesetzgeber

Die dogmatische Herleitung des allgemeinen Vertrauensschutzgedankens aus den Grundrechten und dem Rechtsstaatsprinzip zeigt bereits, dass dem Gesetzgeber bei Änderungen der Gesetzeslage kein generelles Rückwirkungsverbot wie das strafrechtliche (Art. 103 GG) entgegensteht. Grundsätzlich können Gesetze daher auch einen Vergangenheitsbezug aufweisen, solange dem Vertrauensschutz dabei Rechnung getragen wird. In Hinsicht auf das Unterhaltsrecht bedeutet dies, dass der Gesetzgeber es grundsätzlich modifizieren und die

581 Ebenso *Muckel,* Vertrauensschutz, S. 75.

582 *Muckel,* a.a.O.; *Hahn,* S. 31 f.

583 *Muckel,* a.a.O.

584 Kritisch in Bezug auf ein eigenständiges Vertrauensschutzkonzept *Oldiges,* S. 195 f.

Anwendung der neuen Regelungen auch auf „Altfälle“ erstrecken kann, soweit er sich dabei am Vertrauensschutzkonzept orientiert. Diesbezüglich gibt das Rechtsstaatsprinzip den Rahmen vor; unterstützend kann der Gesetzgeber seine Erwägungen an Art. 6 Abs. 1 GG orientieren, der allerdings alleine keinen Vertrauensschutz vermittelt.

Damit ergibt sich bereits der abstrakte Rahmen des Vertrauensschutzes im intertemporalen Scheidungsunterhaltsrecht. Zu den konkreten Grenzen sagt die dogmatische Verortung des Vertrauensschutzprinzips noch nichts aus, was auch darauf zurückzuführen ist, dass das Grundgesetz keinen absoluten Bestandsschutz vermittelt. Eine stärkere Eingrenzung ergibt sich erst durch eine nähere Betrachtung der gesetzgebungstechnischen Möglichkeiten zur Gewährung von Vertrauensschutz.

Viertes Kapitel:

Verwirklichung des Vertrauensschutzes bei Gesetzesänderungen

Anschließend an die dogmatische Herleitung des Vertrauensschutzprinzips stellt sich die Frage, wie der Gesetzgeber die verfassungsrechtlichen Vorgaben in seiner Gesetzgebungspraxis umsetzen soll. Sein Bestreben muss darauf gerichtet sein, die sich gegenüberstehenden, häufig stark divergierenden Interessen zu ermitteln und in einen sachgerechten Ausgleich zueinander zu bringen. Regelmäßig wird er sich dabei dem Gestaltungsinstrument der Übergangsregelung bedienen. Im Folgenden soll untersucht werden, welche Möglichkeiten grundsätzlich für den Gesetzgeber offenstehen, um den Anforderungen des verfassungsrechtlichen Vertrauensschutzes im nachehelichen Unterhaltsrecht gerecht werden zu können.[585]

I. Erforderlichkeit einer Interessenabwägung

„Der verfassungsrechtliche Vertrauensschutz geht [...] nicht so weit, den Staatsbürger vor jeder Enttäuschung zu bewahren."[586] Damit garantiert die Anerkennung von Vertrauensschutz - unabhängig von seiner dogmatischen Grundlage[587] - nicht, dass dem Bürger uneingeschränkt der Bestand der bisherigen Regelung zugesichert wird, wenn er darauf vertraut haben sollte. „Rechtsfolge" des Vertrauensschutzes ist also nicht ein völliger und dauerhafter Ausschluss der Gestaltungskompetenz des Gesetzgebers. Vielmehr wird Vertrauensschutz nur insoweit gewährt, als der Betroffene ein Anrecht darauf hat, dass seine Interessen in eine Abwägung eingestellt sowie in der Abwägung mit den entgegenstehenden Interessen angemessen berücksichtigt werden. Als Gegenstand der Abwägung stehen sich das Interesse an Modernisierung und das Interesse an Stabilität und Kontinuität der Rechtsordnung gegenüber.[588] Die Abwägung muss im

585 Zum Gesetzgebungsverfahren des UÄndG siehe *Peschel-Gutzeit,* Unterhaltsrecht aktuell, Rn. 15 ff.

586 BVerfGE 14, 288, 299; 22, 241, 252; 24, 220, 230; 30, 367, 389; 48, 403, 416; 50, 386, 396; 67, 1, 15; 68, 287, 307; 70, 69, 84; 75, 246, 280; BVerfG, NJW 2002, 3009, 3012; 2004, 739, 748; NVwZ 2007, 1168, 1169. Vgl. diesbezüglich auch *Lenz,* S. 32, der davon ausgeht, dass das Vertrauensschutzprinzip keinen Anspruch auf unbedingte Geltung erhebe.

587 Sofern man allerdings der Rechtsprechung des BVerfG folgt, ergibt sich eine gewisse Determinierung des Abwägungsvorgangs durch die Einordnung in echte und unechte Rückwirkung bzw. in die Kriterien der tatbestandlichen Rückanknüpfung oder der Rückbewirkung von Rechtsfolgen.

588 Das BVerfG sieht hier zugleich das Aufeinandertreffen zweier Verfassungsprinzipien, vgl. dazu BVerfGE 63, 343, 357: „Hier treffen fundamentale Verfassungsprinzipien aufeinander: auf der einen Seite die Rechtssicherheit, hinter der letztlich der Freiheits-

Rahmen des Gesetzgebungsverfahrens durch die Legislative erfolgen;[589] Resultat der Abwägung ist die vom Gesetzgeber gewählte neue gesetzliche Regelung. Der Abwägungsvorgang orientiert sich dabei an der Wertigkeit der einzelnen Interessen. Eine durch Einordnung in verschiedene Arten von Rückwirkung erfolgte Präjudizierung - wie vom BVerfG vorgenommen - trägt regelmäßig nicht dazu bei, die Gewichtigkeit der betroffenen Interessen zu ermitteln.

1. Das Änderungsinteresse des Gesetzgebers

Causa für die Novellierung der Gesetzeslage ist, dass Politik nur dann effektiv betrieben werden kann, wenn bei entsprechendem Anlass auch die rechtlichen Rahmenbedingungen angepasst werden können. Der Gesetzgeber ist damit zur Verwirklichung der von ihm verfolgten Interessen auf die Flexibilität der Rechtsordnung angewiesen.[590] Aufgrund seiner demokratischen Legitimation muss dem Gesetzgeber für seinen Gestaltungsauftrag auch der erforderliche Freiraum eingeräumt werden.[591] Ansonsten drohte eine „Versteinerung“[592] der Rechtsordnung. Das Interesse des Gesetzgebers an einer Modernisierung entspricht dabei idealiter dem Allgemeininteresse, einerseits weil der Gesetzgeber aufgrund seiner demokratischen Legitimation das Allgemeininteresse repräsentiert und weil andererseits der Allgemeinheit an einem der aktuellen Gesellschaftssituation entsprechenden Recht - sofern man davon ausginge, dass das neue Recht die gesellschaftliche Wirklichkeit tatsächlich zu erfassen vermag - gelegen ist.

Im Hinblick auf das UÄndG war dem Gesetzgeber daran gelegen, das Unterhaltsrecht an die gesellschaftlichen Verhältnisse anzupassen und zugleich diesem modernisierten Recht schnellstmöglich umfassende Geltung zu verschaffen. In diesen Interessen dürften sich auch diejenigen wiederfinden, denen die neue gesetzliche Regelung Vorteile verschafft. Regelmäßig ist dies die Gruppe der Ehemänner; zugleich ergeben sich durch die Reform aber auch Verbesserungen für nichtverheiratete Mütter und Väter, die ein Kind betreuen, sowie teilweise für die „Zweitfamilien“ generell. Fernerhin dürfte insoweit aber auch ein Interesse des Gesetzgebers bestanden haben, in Anbetracht der deutlichen Zunahme

---

wert steht - denn Verlässlichkeit der Rechtsordnung ist wesentliche Voraussetzung für Freiheit, das heißt Selbstbestimmung über den eigenen Lebensentwurf und seinen Vollzug -; auf der anderen Seite die unabdingbare Notwendigkeit, die Rechtsordnung ändern, etwas Konjunkturpolitik, Sozialpolitik, Bildungspolitik, Gesellschaftspolitik betreiben zu können, um den Staat handlungsfähig gegenüber dem unvermeidlichen oder politisch gezielt gewollten Wandel der Lebensverhältnisse zu erhalten. Dazu kann es auch erforderlich sein, Normen zu erlassen, die in erheblichem Umfang an in der Vergangenheit liegende Umstände anknüpfen.“

589 BVerfGE 15, 313; 319; *Muckel,* Vertrauensschutz, S. 104.

590 BVerfGE 63, 312; 331; *Kisker,* VVDStRL Heft 32 (1974), S. 149, 171 ff.; *Muckel,* Vertrauensschutz, S. 105.

591 *Schwarz,* Vertrauensschutz, S. 54.

592 *Weber-Dürler,* Vertrauensschutz, S. 35.

der Mangelfälle[593] eine Umverteilung vorzunehmen, um insoweit auch die Belastung der Sozialkassen zu verändern. Die Hoffnung, weniger sozialleistungsbedürftige Minderjährige zu haben, korrespondiert insoweit mit der Erwägung, dass die Unterstützung aus öffentlichen Kassen in der Höhe weitaus restriktiver ist als die durch einen Unterhaltsschuldner. Durch die Rangmodifizierung sind im Mangelfall nun vermehrt Erwachsene statt Kindern vom Ausbleiben der Unterhaltszahlungen getroffen. Im Gegensatz zu Kindern kann der Staat Erwachsene deutlich einfacher auf ihre Eigenverantwortung verweisen.

2. Das Kontinuitätsinteresse der Betroffenen

Indes haben die von der Novellierung nachteilig Betroffenen regelmäßig ein Interesse an der Fortgeltung des alten Rechts. In den meisten Fällen sind dies die geschiedenen Ehefrauen, die bisher einen Unterhaltsanspruch hatten. Bei der Reform des Unterhaltsrechts wurde vermehrt ein Kontinuitätsinteresse reklamiert in Fällen, in denen bereits die Scheidung erfolgt und der Unterhaltsanspruch tituliert war. Es ist davon auszugehen, dass die nachteilig betroffenen Personen sich regelmäßig auf die bisherige Rechtslage eingestellt haben,[594] indem beispielsweise die Lebensführung an den durch den Unterhaltsanspruch erlangten finanziellen Mitteln ausgerichtet wurde.

Aber auch Verheiratete, die noch nicht geschieden sind, jedoch bereits in Trennung leben oder eine Trennung zumindest in absehbarer Zeit in Betracht ziehen, haben möglicherweise auf die Kontinuität der gesetzlichen Regelungen vertraut und ihre Lebensführung im Vertrauen darauf ausgerichtet, dass im Falle des Scheiterns der Ehe der Ehegatte, welcher zugunsten des anderen und der Familie finanziell zurückgesteckt hatte, abgesichert sei. Hier tritt wieder der Aspekt der Ehe als Versorgungsinstitut hervor. Ebenfalls können auch solche Ehepaare, bei denen eine Trennung noch gar nicht angedacht ist, unter Umständen mit der Fortgeltung der überkommenen Rechtslage gerechnet haben. Diesbezüglich sah der Gesetzgeber indes keine besondere Schutzbedürftigkeit, die über die allgemeinen Billigkeitsregelungen des materiellen Scheidungsunterhaltsrechts hinausginge.[595]

3. Berücksichtigung von Drittinteressen

Das BVerfG begrenzt seine gerichtliche Überprüfung der Abwägung des Vertrauensschutzes regelmäßig auf diese Aspekte[596] und gibt damit vor, dass auch

593 Zur Zunahme der Mangelfälle vgl. *Eickelberg,* RNotZ 2009, 1, 3 f.

594 *Wellenhofer,* FamRZ 2007, 1282, 1289.

595 Dazu im Folgenden, siehe 4. Kapitel IV. 2. b), 5. Kapitel VI.

596 Beispiel bei *Heß,* Intertemporales Privatrecht, S. 306 Fn. 139: In BVerfGE 31, 222 hat das BVerfG bezüglich § 6a AbzG lediglich das gesetzgeberische Interesse mit dem Interesse derjenigen Partei abgewogen, die durch die Neuregelung benachteiligt wird. Das Interesse der anderen Partei, die nicht an einem entfernten Ort prozessieren soll, wird nicht in die Abwägung eingestellt.

der Gesetzgeber lediglich das Bestandsinteresse einerseits und das Modernisierungsinteresse andererseits zu berücksichtigen hätte. Allerdings sollte richtigerweise nicht ausschließlich eine „bipolare Prüfung“ stattfinden, denn im intertemporalen Privatrecht können auch Interessen Dritter, die unmittelbar gar nicht Normadressaten sind, betroffen sein.[597] Aufgrund der privatrechtlichen Natur des intertemporalen Scheidungsfolgenrechts sind deren Interessen als konkurrierende Grundrechte durch die Legislative ebenfalls in die Abwägung einzustellen.[598] Im nachehelichen Unterhaltsrecht wird dies besonders deutlich. Bereits in der Darstellung zum Mangelfall sowie bei der Beleuchtung der generell mit einem Unterhaltsanspruch verbundenen Risiken wurde aufgezeigt, dass die Unterhaltsansprüche mehrerer Unterhaltsgläubiger eines Unterhaltsschuldners in gegenseitiger Abhängigkeit stehen können.[599] Aus diesem Grund wirkt sich auch die Regelung, die der Gesetzgeber zum Schutz von Vertrauen schafft, auf diese aus. Beispielsweise könnte ein absoluter Bestandsschutz für „Altfälle“ in Bezug auf die Anspruchshöhe oder den Unterhaltsrang massiv in Interessen gleich- oder nachrangiger Unterhaltsgläubiger eingreifen. Daher besteht auch für nur mittelbar Betroffene ein gewisses Schutzbedürfnis.

Eine ähnliche Verknüpfung ergibt sich auch hinsichtlich der potenziellen Unterhaltsschuldner eines Unterhaltsbedürftigen, denn auch diese stehen in einem Rangverhältnis. Kann beispielsweise die geschiedene Ehefrau von ihrem geschiedenen Gatten keinen Ausbildungsunterhalt nach § 1573 BGB erhalten, weil nach der vorrangigen Befriedigung anderweitiger Unterhaltsansprüche keine Mittel mehr zur Verfügung stehen, so sind stattdessen ihre Eltern gegebenenfalls zur Gewährung von Unterhalt verpflichtet.[600] Diese Gefahr der subsidiären Haftung besteht jedoch immer und wird für die nachrangigen Unterhaltsgläubiger lediglich insofern erhöht, als geschiedene Frauen in unterhaltsrechtlicher Hinsicht schlechter gestellt werden als bisher. Da allerdings der Verwandtenunterhalt in materieller Hinsicht starken Beschränkungen unterliegt, kommt es in vielen Fällen nicht zur subsidiären Haftung. Regelmäßig wird die entstandene Lücke zur Bedarfsdeckung wohl durch Sozialleistungen aufgefangen werden müssen. Aber auch in den wenigen Fällen, in denen auf Nachrangige zurückgegriffen werden könnte, erscheint eine Berücksichtigung ihrer Interessen nicht erforderlich. Zwar könnte man diesbezüglich argumentieren, dass diesen nicht das Risiko einer Gesetzesänderung aufgebürdet werden dürfe. Dies würde allerdings die erforderliche Gesamtbetrachtung überfrachten. Letztlich erscheint das Interesse der anderen potenziellen Unterhaltsgläubiger, ihrerseits nicht zur Befriedigung des Bedarfs herangezogen zu werden, grundsätzlich nicht als schutz-

---

597 So auch *Heß,* Intertemporales Privatrecht, S. 306 f.

598 *Heß,* Intertemporales Privatrecht, S. 307.

599 Siehe 1. Kapitel II. 4., 2. Kapitel III. 3. b).

600 Instruktiv zur primären und sekundären Haftung nachrangig Verpflichteter Wendl/Staudigl/*Scholz,* § 2, Rnrn. 546 ff.

würdig. Sie werden ausreichend über die materiellrechtliche Ausgestaltung der Unterhaltsansprüche sowie über Zahlungs- und Selbstbehaltsgrenzen geschützt.

Zu berücksichtigen ist bei Ermittlung der Drittinteressen zudem, dass die Belastung letztlich auch durch die Gesellschaft getragen werden muss. Sofern nämlich keine nachrangig haftenden Unterhaltsschuldner existieren und der Geschiedene nicht für seinen Lebensunterhalt aufkommen kann, müssen staatliche Sozialleistungen dessen Existenz finanziell absichern. Ob auf lange Frist gesehen dadurch die öffentlichen Kassen verstärkt belastet werden, bleibt abzuwarten. Denn aufgrund der verbesserten unterhaltsrechtlichen Rangfolge zugunsten minderjähriger Kinder könnte diese Haushaltsbelastung kompensiert werden durch die erwartete rückläufige Zahl an sozialleistungsbedürftigen Minderjährigen.

4. Fazit

Für einen verfassungsrechtlichen Vertrauensschutz ist es nicht ausreichend, lediglich das Bestandsinteresse des unmittelbar nachteilig Betroffenen gegen das Modernisierungsinteresse abzuwägen. Dies zeigt sich im Unterhaltsrecht besonders deutlich. Betroffen können hier nicht nur die Adressaten der neuen Unterhaltsregelungen sein; es müssen auch die Interessen derjenigen berücksichtigt werden, deren Anspruchsgrundlage zwar unmittelbar nicht verändert wird, deren Situation aber mittelbar betroffen sein kann. Ebenfalls müssen die Interessen derjenigen Ehegatten berücksichtigt werden, die zwar aktuell keinen Anspruch auf Scheidungs- oder Trennungsunterhalt haben, allerdings auch in die Berechnung im Mangelfall eingestellt werden. Denn auch zulasten der aktuellen Familie können Verschlechterungen eintreten, etwa wenn der Ehemann auch Betreuungsunterhalt an die Mutter seines nichtehelich geborenen Kindes nach § 1615l BGB zahlen muss und ein Mangelfall besteht. Diese stand nach dem alten Unterhaltsrecht in der Berechnung nämlich nachrangig zur aktuellen Ehepartnerin.

II. Herstellung praktischer Konkordanz als Ziel der Abwägung

Ziel der Abwägung der widerstreitenden Interessen ist es, praktische Konkordanz herzustellen.[601] Das Prinzip der praktischen Konkordanz beschreibt keinen eigenständigen Abwägungsmaßstab, sondern lediglich die konkrete Ausgestaltung des Abwägungsvorgangs: Es darf nicht vorschnell einem der Rechtsgüter auf Kosten eines anderen zur Wirksamkeit verholfen werden,[602] sondern „*beiden* Gütern müssen Grenzen gezogen werden, damit beide zu optimaler Wirksamkeit gelangen können“.[603] Dazu aber, wie die Abwägung genau zu erfolgen hat, sagt

601 *Muckel,* Vertrauensschutz, S. 106; *ders.,* JA 1994, 13, 16; vgl. dazu auch *Weber-Dürler,* Vertrauensschutz, S. 114 ff.

602 *Muckel,* a.a.O.

603 *Hesse,* Grundzüge des Verfassungsrechts, Rn. 72.

das Prinzip der praktischen Konkordanz nichts aus, so dass auf den Grundsatz der Verhältnismäßigkeit zurückgegriffen werden muss.[604]

Der Grundsatz der Verhältnismäßigkeit enthält das allgemeine Gebot einer angemessenen Zweck-Mittel-Relation und verlangt, dass das eingesetzte Mittel einen legitimen Zweck verfolgt, zu dessen Erreichung geeignet und erforderlich ist sowie dass Mittel und Zweck in einem angemessenen Verhältnis zueinander stehen.[605] Daher müssen die Grenzziehungen „im jeweiligen konkreten Falle verhältnismäßig sein; sie dürfen nicht weiter gehen als es notwendig ist, um die Konkordanz beider Rechtsgüter herzustellen. Verhältnismäßigkeit bezeichnet in diesem Zusammenhang eine Relation zweier variabler Größen, und zwar diejenige, die jener Optimierungsaufgabe am besten gerecht wird, nicht eine Relation zwischen einem konstanten Zweck und einem oder mehreren variablen Mitteln.“[606]

In der Prüfung der Angemessenheit findet der eigentliche Abwägungsvorgang statt. Hier zeigt sich gerade die Relevanz des Konzeptes der praktischen Konkordanz: Es geht nicht darum zu ermitteln, welchem Interesse der höhere Wert zukommt und welches damit obsiegt und ganz verwirklicht wird, während die anderen Interessen völlig zurückstehen müssen. Nach dem Prinzip der praktischen Konkordanz muss vielmehr jedem Interesse entsprechend seiner Bedeutung zu größtmöglicher Wirksamkeit verholfen werden. Regelmäßig wird die Abwägung deshalb dazu führen, dass auch dem Vertrauensschutz zur Geltung verholfen werden muss. Hierin liegt einerseits der große Vorteil der praktischen Konkordanz; sie vermag ein einzelfallgerechtes Resultat herbeizuführen. Andererseits bietet die Vertrauensschutzproblematik dadurch zugleich ein Einfallstor für Billigkeitserwägungen und subjektive, am Einzelfall orientierte Wertungen, weshalb sich ein an Abwägungen orientiertes Vertrauensschutzprinzip aber auch den Vorwurf gefallen lassen muss, die Rechtssicherheit und Rechtsgleichheit mangels objektiver und allumfassender, generalisierbarer Kriterien, nach welchen sich eine Schutzbedürftigkeit und -würdigkeit verbindlich für jede Fallkonstellation feststellen ließe, zu gefährden.[607] Eine am Einzelfall orientierte Entscheidung birgt stets die Gefahr einer Ungleichbehandlung, ermöglicht aber im Gegenzug auch Einzelfallgerechtigkeit.

Dem Ergebnis der vorgenommenen Abwägung muss schließlich die neue Gesetzeslage entsprechen. Die Gesetzgebungstechnik bietet dazu verschiedene Mittel, die im Folgenden dargestellt werden sollen. Zur Wahl des „richtigen“ Mittels

---

604 *Muckel,* Vertrauensschutz, S. 106 f.; *Schwarz,* Vertrauensschutz, S. 310.

605 *Schwarz,* a.a.O.; *Stern,* Staatsrecht, Bd. I, S. 862 f.; BVerfGE 74, 203, 214 f.: terminologisch abweichend wird hier vom Übermaßverbot gesprochen.

606 *Hesse,* Grundzüge des Verfassungsrechts, Rn. 72.

607 *Weber-Dürler,* Vertrauensschutz, S. 31 f.; *Püttner,* VVDStRL 32 (1974), 201, 203 f.

zur Umsetzung des Abwägungsresultats sagt das Prinzip der praktischen Konkordanz indes nichts; diesbezüglich verbleibt dem Gesetzgeber ein weiter Gestaltungsspielraum.[608]

III. Gestaltungsmöglichkeiten zur Verwirklichung praktischer Konkordanz

Aufgrund des dem Gesetzgeber zu Recht zugestandenen Gestaltungsspielraums ist alleiniges Kriterium für die Wahl des Gestaltungsmittels, dass die Legislative abhängig vom Rechtsgebiet der Regelung und von der jeweils in Rede stehenden Regelungsmaterie sowie in Anbetracht der Interessen aller Betroffenen, die selbst nicht immer untereinander homogen sein müssen, eine den verfassungsrechtlichen Anforderungen gerecht werdende gesetzliche Konzeption findet, die praktische Konkordanz herstellt. Die primären gestaltungstechnischen Mittel dazu bieten Übergangsregelungen. Aber auch ohne explizites Übergangsrecht kann der Gesetzgeber den Zeitraum der Geltung eines Gesetzes so beeinflussen, dass er allen Interessen gerecht wird.

1. Der zeitliche Wirkungsbereich von Recht als Mittel zur Herstellung praktischer Konkordanz

Gesetze entfalten ihre Rechtswirkung mit dem Inkrafttreten nach Art. 82 Abs. 2 GG.[609] Das Inkrafttreten betrifft den zeitlichen Geltungsbereich von Gesetzen. Es bestimmt, ab welchem Zeitpunkt die Rechtsfolgen eines neuen Gesetzes eintreten und es Anwendung findet.[610] Der Geltungsbereich von Gesetzen ist regelmäßig auf die Gegenwart und insbesondere auf die Zukunft gerichtet.[611] Gesetzgebungstechnisch ist allerdings ein rückdatiertes Inkrafttreten möglich. Zwar kann dem Gesetz keine faktische Wirkung im Sinne einer nachträglichen Befehlswirkung auferlegt werden, allerdings kann der Geltungsbeginn eines Gesetzes für eine Zeit vor seiner Verkündung fingiert werden.[612] Eine solche Regelung wird allerdings meist nicht mit dem Vertrauensschutz zu vereinbaren sein.

Da das Inkrafttreten materieller Gesetzesinhalt ist und nicht zum Gesetzgebungsverfahren gehört, kann der diesbezügliche Zeitpunkt vom Gesetzgeber gewählt werden,[613] sofern sich keine Grenzen aus einer Verpflichtung des Gesetzgebers zur Erfüllung eines Verfassungsauftrages oder zur Bereinigung einer

608 BVerfGE 49, 192, 208; 50, 177, 192; 51, 257, 268.

609 Vor dem Inkrafttreten können Gesetze allenfalls „Vorwirkung" entfalten. In der Vertrauensschutzproblematik spielen Gesetze vor ihrem Inkrafttreten dann eine Rolle, wenn der Gesetzesunterworfene sich auf sein Vertrauen in die Kontinuität der Gesetzgebung beruft; das BVerfG sieht dieses Vertrauen bereits ab der Verkündung oder sogar schon zu noch früheren Zeitpunkten als nicht mehr schutzwürdig an. Zu Recht kritisch zur „Vorwirkung" *Jekewitz,* NJW 1990, 3114, 3118 f.

610 *Berger,* S. 26.

611 *Berger,* S. 27.

612 *Berger,* S. 26 ff.

613 BVerfGE 42, 263, 283; 87, 48, 60; 110, 370, 386.

verfassungswidrigen Rechtslage ergeben.[614] Ansonsten ist Prüfmaßstab für die Zulässigkeit des gewählten Zeitpunktes Art. 3 Abs. 1 GG.[615]

Damit stellt das Inkrafttreten eines Gesetzes durchaus ein Gestaltungsinstrument dar. Zur Berücksichtigung von Vertrauensschutzaspekten kann es dann dienen, wenn der diesbezügliche Zeitpunkt zeitlich hinausgeschoben wird: Dies ermöglicht der Rechtspraxis nämlich die Umstellung auf die neue Gesetzeslage innerhalb einer angemessenen Zeitspanne und gewährt somit zumindest für einen kurzen Zeitraum Vertrauensschutz.[616] In besonderem Maße - wohl auch wegen der damit verbundenen erheblichen Umstellungen - wurde dies berücksichtigt bei der Einführung des BGB. Zwischen der Ausfertigung durch Kaiser Wilhelm I am 18.8.1896 und dem Inkrafttreten zum 1.1.1990 lagen gut 3 ½ Jahre, nachdem bereits ab 1874 eine Vorkommission sowie die sogenannte Erste und Zweite Kommission Entwürfe erarbeitet hatten. Beim UÄndG wurde hingegen dieser Zeitraum denkbar gering gehalten; es trat am 1.1.2008 in Kraft, nachdem es am 21.12.2007 ausgefertigt wurde.

2. Übergangsregelungen als Gestaltungsinstrument

a) Allgemeines

Häufigstes Mittel zur Berücksichtigung von Vertrauensschutzaspekten sind Übergangsregelungen. Diese sind dadurch gekennzeichnet, dass sie „das Verhältnis zweier zeitlich aneinander stoßender Rechtsordnungen“ regeln.[617] Sie entscheiden die „Frage, ob die nach dem bisherigen Recht begründeten Rechte und Rechtsverhältnisse übergangsweise fortgelten oder ob in Zukunft nur noch die neuen Vorschriften maßgeblich sein sollen“.[618] Problematisch stellt sich dies insbesondere dar bei Rechtsbeziehungen, die auf Dauer angelegt sind, wie beispielsweise der Ehe oder anderen Statusverhältnissen. Diese sind durch ihre lange Dauer darauf ausgerichtet, sich für den Berechtigten zukünftig zu bewähren und ihm zugleich die praktische Durchsetzung bestimmter Interessen und Erwartungen in Zukunft zu ermöglichen.[619] Diese Dauerrechtsverhältnisse machen deutlich, dass die Aufgabe des Übergangsrechts nicht allein in der formalen Abgrenzung des zeitlichen Geltungsbereiches von altem und neuem Recht liegt, sondern in der Regelung der Frage, ob und wie nach altem Recht begründete Tatbestände und Rechtsbeziehungen inhaltlich auch in Zukunft anerkannt bleiben können, wie diese sachlich interessengerecht umzugestalten sind und wie eine Anpassung an die neue gesetzliche Regelung möglich ist.[620]

---

614 BVerfGE 47, 85, 93 f.
615 *Pieroth,* Rückwirkung, S. 76 f.
616 *Heß,* Intertemporales Privatrecht, S. 33; *Pieroth,* a.a.O.
617 *Pieroth*, Rückwirkung, S. 71.
618 BVerfGE 31, 275, 284.
619 *Aschke,* Übergangsregelungen, S. 76.
620 *Aschke,* Übergangsregelungen, S. 76 f.

b) Überprüfbarkeit durch die Gerichte

Die Gewalten unseres Rechtsstaats sollen zueinander in gegenseitiger Kontrolle und Balance stehen.[621] Daher sind sie ausgerichtet auf Hemmung, gegenseitige Begrenzung und Überprüfung ihrer Befugnisse[622] sowie auf eine damit einhergehende Mäßigung der staatlichen Gewalt insgesamt.[623] Dass die Gewaltenteilung in unserer Verfassung nicht bis in letzte Konsequenz durchgeführt ist,[624] ändert nichts an der Grundkonzeption der Trennung der Gewalten.

Aufgrund der nur partiellen einfachgesetzlichen Kodifizierung des Vertrauensschutzes[625] basiert dieser hauptsächlich auf Richterrecht, insbesondere auf der Rechtsprechung des BVerfG. Wenn nun aber die Gerichte im Streitfall darüber entscheiden können, ob der Vertrauensgedanke gesetzlich angemessen berücksichtigte wurde, wird die Balance der Gewalten deutlich von der Legislative zur Judikative verschoben. Natürlich entscheiden letztlich immer die Instanzgerichte oder das BVerfG über die ordnungsgemäße Anwendung von Gesetzen oder über deren Vereinbarkeit mit dem Grundgesetz. Bei Fragen des Vertrauensschutzes kommt aber erschwerend hinzu, dass dem jeweils erkennenden Gericht praktisch keinerlei Vorgaben gemacht werden, wann und wie tatsächlich Vertrauen zu berücksichtigen ist; die Entscheidung des Einzelfalls ist Auslegungssache. Damit wird ein Großteil der Entscheidungsbefugnis vom Gesetzgeber auf das Gericht verlagert, was nur insofern gerechtfertigt ist, als dies innerhalb der Grenzen zulässiger richterlicher Rechtsfortbildung erfolgt. Grundsätzlich wird aufgrund der Bindung des Richters an Recht und Gesetz nach Art. 20 Abs. 3 GG Richterrecht zur Lückenfüllung und Rechtsfortbildung anerkannt.[626] Damit muss der durch Richterrecht geprägte Vertrauensschutz anerkannt werden, sofern sich die Judikative nur subsidiär ihrer Gestaltungskompetenz bemächtigt.[627] In seinen Entscheidungen bezüglich des Vertrauensschutzes im Bereich der Gesetzesmodifizierungen agiert das BVerfG zurückhaltend und betont regelmäßig den großen Entscheidungsspielraum des Gesetzgebers hinsichtlich der Gestaltung des Übergangsrechts,[628] sodass sich die Rechtsprechung des BVerfG durchaus in den Grenzen ihrer lediglich subsidiären Gestaltungskompetenz hält. Teilweise könnte man die Rechtsprechung wohl auch als zu zurückhaltend einstufen.[629]

---

621 *Vierhaus,* NVwZ 1993, 36, 41.

622 *Vogel,* NJW 1996, 1505.

623 *Schwarz,* Vertrauensschutz, S. 52.

624 Eingehend zur „Gewaltenverschränkung“ *Vogel,* NJW 1996, 1505 ff.

625 Im Verwaltungsrecht in § 48 VwGO; im Zivilrecht beispielsweise durch Vertrauenshaftung und mittels § 242 BGB, der allerdings in seinen Fallgruppen auch in erheblichem Maße durch Rechtsprechung geprägt ist.

626 Staudinger/*Coing/Honsell,* Einleitung zum BGB, Rnrn. 209 ff. Zur Rechtsfortbildung der Großen Senate des BGH vgl. § 132 Abs. 4 GVG.

627 *Schwarz,* Vertrauensschutz, S. 53.

628 Z. B. BVerfGE 44, 1, 20 f.; BVerfG, NJW 1977, 1677, 1677 f.; NVwZ 1996, 580.

629 *Schwarz,* Vertrauensschutz, S. 53 f.

3. Gestaltungsmöglichkeiten von Übergangsrecht

Hinsichtlich der Ausgestaltung des Übergangsrechts stehen der Legislative vielfältige Optionen offen. Zunächst kann der Gesetzgeber eine intertemporale Kollisionsnorm verabschieden, die inhaltlich keine Regelung der Lebenssachverhalte enthält, sondern als Rechtsanwendungsnorm festlegt, ob altes oder neues Sachrecht auf den Lebenssachverhalt anzuwenden ist.[630] § 36 Nr. 7 Alt. 2 EGZPO stellt insofern eine solche Regelung dar, als für nach Verschuldensrecht geschiedene Ehegatten ausdrücklich das neue Recht keine Anwendung findet.

Sofern mit diesem Mittel keine dem Vertrauensschutz entsprechende Übergangsregelung gefunden werden kann, kann auch materielles Übergangsrecht geschaffen werden. Materielles Übergangsrecht zeichnet sich dadurch aus, dass es sich um eine echte Sachnorm handelt, die allerdings nur für eine Übergangsfrist gelten soll.[631] Dadurch kann der Gesetzgeber eine Art „Zwischenrecht" aus Elementen der alten und neuen Regelungen schaffen, um den Übergang abzufedern.[632] Ein Beispiel dafür lieferte Art. 233 § 2a EGBGB a.F., der für Nutzer bebauter Grundstücke in Ostdeutschland, die ein solches nach gängiger Rechtspraxis der DDR mit staatlicher Bewilligung, jedoch ohne zivilrechtliche Vereinbarung mit dem Eigentümer, bebaut hatten, ein Besitzrecht gab. Diese Regelung wurde zunächst bis zum 31.12.1994 befristet.[633]

In formaler Hinsicht stehen dem Gesetzgeber wiederum mehrere Möglichkeiten offen, Übergangsrecht zu verankern. Denkbar sind hierbei vor allem die Konzeption von besonderen Schlussvorschriften des neuen Gesetzes, die Umsetzung in einem eigenen Artikel eines Änderungsgesetzes oder die Verabschiedung einer Norm in einem Einführungsgesetz.[634]

Auch bei der inhaltlichen Gestaltung des Übergangsrechts eröffnet sich dem Gesetzgeber eine unbegrenzte Fülle an Abstufungsmöglichkeiten.[635] Diese reichen von einem uneingeschränkten Bestandsschutz bis hin zur Möglichkeit, alle Fälle der Geltung des neuen Rechts zu unterwerfen. Zwischen diesen beiden Extremen finden sich diverse Zwischenstufen. Einige der Gestaltungsmöglichkeiten für den Gesetzgeber sollen im Folgenden vorgestellt werden, auch im Hinblick auf ihre Handhabbarkeit im Scheidungsfolgenrecht.

a) Uneingeschränkter Bestandsschutz

Zunächst einmal ist denkbar, das alte Recht vollständig neben dem neuen bestehen zu lassen und „Altfällen" umfassenden Bestandsschutz zu gewähren. Eine

---

630 *Heß,* Intertemporales Privatrecht, S. 32; *Kegel,* IPR, S. 39 ff.
631 *Heß,* a.a.O.
632 *Böckel,* S. 45.
633 Ausführlich zu dieser Regelung *Heß,* Intertemporales Privatrecht, S. 32.
634 *Böckel,* S. 46.
635 *V. Götz,* FG BVerfG Bd. 2 (1976), S. 421, 443.

solche Regelung erscheint für den Gesetzgeber immer dann sinnvoll, wenn das neue Recht nicht eine „sanfte" Fortführung der bisherigen Regelung darstellt, sondern etwa dann, wenn ein vernehmlicher gesellschaftlicher Wandel stattgefunden hat und das neue Recht diesen Wandel ebenso deutlich berücksichtigt und daher stark vom alten Recht abweicht; wenn praktisch also ein Systembruch vorliegt. Allerdings muss der Gesetzgeber diesbezüglich beachten, dass das alte Recht - und damit die seiner Auffassung nach überholten gesellschaftlichen Anschauungen - teilweise noch für einen erheblichen Zeitraum fortbesteht.[636] Dies kann aber auch gerade einen Vorteil darstellen, etwa dann, wenn eine Umstellung für „Altfälle" aufgrund des Systembruchs kaum möglich wäre. Aus diesem Grund wählte der Gesetzgeber auch bei Abkehr vom Verschuldensprinzip bei Scheidung unter Einführung des Zerrüttungsprinzips durch das 1. EheRG vom 14.6.1976[637] einen uneingeschränkten Bestandsschutz.[638] Gleichfalls lässt sich an dieser Stelle wieder § 36 Nr. 7 Alt. 2 EGZPO als Beispiel anführen, der sich gerade auf die „Altfälle" des 1. EheRG bezieht.[639]

Problematisch bei der Gewährung uneingeschränkten Bestandsschutzes ist, welche Konstellationen der Gesetzgeber unter den Begriff des „Altfalles" fasst. Denkbar hinsichtlich des Scheidungsunterhalts ist eine Regelung, nach welcher der Unterhaltsanspruch der Ehegatten, deren Ehe vor Einführung des neuen Rechts geschieden worden ist, weiterhin dem alten Recht unterfällt. Möglich wäre fernerhin aber auch, als „Altfall" auch solche Ehen zu erfassen, deren Trennung vor Einführung des neuen Unterhaltsrechts erfolgte oder sogar deren Eheschließung vor dem Zeitpunkt der Geltung des neuen Rechts lag.

Obgleich die Beschränkung des Rechts auf künftige Tatbestände dazu dienen soll, eine den verfassungsrechtlichen Anforderungen entsprechende Übergangsregelung zu finden, ist absoluter Bestandsschutz selbst in Hinblick auf den Gleichheitssatz nicht absolut unbedenklich. Das Nebeneinander mehrerer Regelungen führt regelmäßig dazu, dass an sich vergleichbare Sachverhalte, bei denen sich ausschließlich der Zeitpunkt unterscheidet, in dem sie anfallen, nicht dem gleichen Recht unterworfen sind, sondern vielmehr ungleich durch verschiedene gesetzliche Regelungen behandelt werden. Art. 3 Abs. 1 GG schränkt den Gesetzgeber bei der Ausübung seiner Gestaltungsfreiheit ein, da er die Ungleichbehandlung von wesentlich Gleichem und die Gleichbehandlung von we-

636 Maunz/Dürig/Herzog/Scholz/*Dürig,* GG, Art. 3 Abschn. VI Rn. 222, spricht insofern von einer „Zweispurigkeit" des Rechts. Vgl. auch *Muckel,* Vertrauensschutz, S. 122.

637 BGBl. I S. 1421.

638 Art. 12 Nr. 3 Abs. 2 des 1. EheRG: „Der Unterhaltsanspruch eines Ehegatten, dessen Ehe nach den bisher geltenden Vorschriften geschieden worden ist, bestimmt sich auch künftig nach bisherigem Recht. Unterhaltsvereinbarungen bleiben unberührt."

639 Schon aus der angeführten Begründung heraus lässt sich in Verbindung mit den Ergebnissen der rechtstatsächlichen Gegebenheiten nachvollziehen, weshalb für sämtliche „Altfälle" im Rahmen des UÄndG ein umfassender Bestandsschutz gefordert wurde.

sentlich Ungleichem verbietet.[640] Das BVerfG geht davon aus, dass eine Überleitungsvorschrift, die in der Regel nur für kurze Dauer gelte und zu keinen wesentlichen Ungleichheiten führe, sich durchaus im Gestaltungsspielraum des Gesetzgebers bewege.[641] Regelmäßig wird auch der gewählte Zeitpunkt, nämlich das Inkrafttreten der Regelung, nicht als willkürlich anzusehen sein.

b) Stichtagsregelungen

Gesetzgeberisch ist zur Schaffung eines Übergangs auch eine Stichtagsregelung möglich. Stichtagsregelungen machen die Anspruchsberechtigung oder die Tatbestandserfassung von einem bestimmten Stichtag abhängig.[642] Gesetzgebungstechnisch handelt es sich dabei um eine Rechtsfolgenabgrenzung, bei welcher der Geltungsbereich der neuen Regelung durch Einführung eines Stichtages vom alten Recht abgegrenzt wird.[643] Hinsichtlich der Wahl eines geeigneten Stichtages ist der Gesetzgeber frei; er kann sowohl Stichtage in der Vergangenheit als auch in der Zukunft wählen.[644] Da Übergangsregelungen aber häufig gerade als Korrektiv für die Verletzung von Kontinuitätsvertrauen gedacht sind, wird unter Vertrauensschutzaspekten meist ein in der Zukunft liegender Stichtag zu wählen sein.[645] Zudem ist hinsichtlich der Wahl des Stichtages Art. 3 Abs. 1 GG zu beachten, der die Ungleichbehandlung von „wesentlich Gleichem“ betrifft, sofern diese nicht verfassungsrechtlich gerechtfertigt ist.[646] Wird nun durch eine Stichtagsregelung die Gruppe der Betroffenen in zwei Teile separiert, wobei diese Gruppen verschiedenen Rechtslagen unterworfen werden, so liegt eine Ungleichbehandlung vor. Die Stichtagsregelung muss deshalb vom Gesetzgeber so gewählt werden, dass der ausgewählte Stichtag diese Ungleichbehandlung verfassungsrechtlich zu rechtfertigen vermag.[647] Dies ist dann der Fall, wenn der Stichtag nicht willkürlich ausgesucht wurde, sondern zugleich deutlich wird,

---

640 Ständige Rechtsprechung des BVerfG, vgl. BVerfGE 3, 58, 135 f.; 18, 38, 46; 72, 141, 150 f.; 84, 133, 158; 98, 365, 385.

641 BVerfGE 44, 290, 294; *Muckel,* Vertrauensschutz, S. 122.

642 *Böckel,* S. 47. Technisch gesehen stellt sich der uneingeschränkte Bestandsschutz auch als Stichtagsregelung dar, bei welcher der Stichtag der Tag des Inkrafttretens ist. Gleichwohl verbleibt dem Gesetzgeber auch hier ein gewisser Gestaltungsspielraum, denn er kann auch in Bezug auf einen völligen Bestandsschutz regeln, was für ihn einen „Altfall“ darstellt. Hinsichtlich des Unterhaltsrechts könnte man diesbezüglich beispielsweise entweder alle bereits vor Inkrafttreten Geschiedenen von der Geltung des neuen Rechts ausnehmen oder sogar alle Ehepaare, deren Ehe vor Inkrafttreten des neuen Rechts geschlossen wurden.

643 *Kloepfer,* DÖV 1978, 225, 228; *Böckel,* a.a.O.

644 *Böckel,* a.a.O.

645 Allerdings kann je nachdem, welche Personengruppe der Gesetzgeber als „Altfall“ erfasst, auch ein in der Vergangenheit liegender Stichtag dem Vertrauensschutz gerecht werden.

646 BVerfGE 49, 148, 165. Siehe auch *Niehues,* S. 101.

647 *Böckel,* S. 47 f.

warum die durch den Stichtag separierten Gruppen unterschiedlich zu behandeln sind.

Hinsichtlich der aktuellen Reform des Unterhaltsrechts wurde mehrfach eine Stichtagsregelung als Übergangsvorschrift vorgeschlagen. Im Gesetzgebungsverfahren wurde ein Änderungsantrag eingebracht, der eine Stichtagsregelung vorsah.[648] Unterhaltsansprüche aus vor dem 1.1.2003 geschlossenen Ehen sollten uneingeschränkten Bestandsschutz genießen, während die übrigen Fälle dem vorgesehenen Korrektiv der Zumutbarkeit unterfallen sollten. Auch in der Literatur wurden Vorschläge für eine Stichtagsregelung gemacht, als Karenzzeit wurden hier acht bis zehn Jahre vorgeschlagen, sodass Stichtag der 1.1.1995 gewesen wäre.[649] Obgleich eine Stichtagsregelung im Sinne der Rechtssicherheit und des Vertrauensschutzes durchaus zu begrüßen wäre, zeigen bereits die Unterschiede bezüglich der vorgeschlagenen Karenzzeit, wie beliebig die Festlegung eines Stichtages in diesem Fall wäre. Zwar könnte eine solche Stichtagsregelung zugleich einem Teil derjenigen Ehepartner gerecht werden, die ihre Ehe unter anderen Voraussetzungen geschlossen haben[650] und zudem auch die gesetzgeberische Intention, eine längerfristige „Zweispurigkeit" des Rechts zu vermeiden, umsetzen, indem die Neureglung zügiger für alle Scheidungsfälle anzuwenden wäre, als ein kompletter Bestandsschutz dies vermocht hätte. Jedoch erscheint die Wahl des Stichtages willkürlich und kaum rational begründbar. Wenngleich man diesbezüglich dem Gesetzgeber zwar eine gewisse Einschätzungsprärogative zuerkennen muss, so kann doch eine solche Regelung nicht vollends überzeugen.

Ebenfalls als Stichtagsregelung im weiten Sinne kann die Bestimmung des Inkafttretens einer Neuregelung zu einem bestimmten Zeitpunkt verstanden werden, obgleich damit erst der Zeitpunkt der Verbindlichkeit des Gesetzes bestimmt wird, während andere Stichtagsregelungen als Bestandteile bereits verbindlicher Gesetze lediglich deren Anwendungsbereich modifizieren.[651] Ein Beispiel dafür bietet Art. 201 EGBGB, der für Scheidung und Aufhebung der ehelichen Gemeinschaft die Geltung der Regelungen des BGB ab Inkrafttreten zum 1.1.1990 beansprucht.

---

648 Antrag der Fraktion BÜNDNIS 90/DIE GRÜNEN; abgedruckt in BT-Drs. 16/6980, S. 15. Ergänzend zur bereits vorgeschlagenen Übergangsreglung sollte folgende Regelung hinzugefügt werden: „§ 16 Übergangsvorschrift zum Gesetz zur Änderung des Unterhaltsrechts vom ... [einsetzen: Datum des Inkrafttretens]. Soweit Unterhaltsansprüche aus vor dem 01.01.2003 geschlossenen Ehen betroffen wären, sind die durch das Gesetz zur Änderung des Unterhaltsrechts vom ... [einsetzen: Datum des Inkrafttretens] geänderten Vorschriften in der bis dahin geltenden Fassung anzuwenden. Dies gilt nicht im Verhältnis zu Ansprüchen aus § 1615 l BGB."

649 Vgl. den Vorschlag von *Peschel-Gutzeit,* ZRP 2005, 177, 181.

650 *Peschel-Gutzeit,* a.a.O.; BT-Drs. 16/6980, S. 15.

651 *Böckel,* S. 48; *Muckel,* Vertrauensschutz, S. 48.

c) Beschränkte Aufrechterhaltung des überkommenen Rechts

Der Gesetzgeber hat ferner die Möglichkeit, als Übergangsvorschrift eine Regelung zu erlassen, welche die Anwendung des alten Rechts zumindest für bestimmte Konstellationen weiterhin eröffnet; eine sachliche Einschränkung erfolgt durch eine tatbestandliche Begrenzung des Anwendungsbereichs, indem bestimmte Personen oder Sachverhalte von der Geltung des neuen Rechts ausgeschlossen werden.[652] Auch diesbezüglich ist der Gleichheitssatz des Grundgesetzes zu berücksichtigen.

Als Beispiel lässt sich hier die Übergangsvorschrift in Art. 3 des Fünften Gesetzes zur Änderung der Bundesgebührenordnung für Rechtsanwälte anführen.[653] Danach wurde eine Erlaubnis zur Rechtsberatung weiter nach altem Recht an diejenigen Personen vergeben, die eine solche bis zum Inkrafttreten der neuen Regelung entweder beantragt oder bereits erhebliche Vorbereitungen dazu getroffen hatten und den Antrag binnen eines Jahres nach diesem Zeitpunkt stellten.[654] Im Unterhaltsrecht findet sich eine solche Einschränkung wiederum durch die bereits dargestellte Eingrenzung des „Altfalls".

d) Härtefallklauseln

In Betracht kommt zur Herstellung von Übergangsgerechtigkeit auch die Verwendung von Härtefallklauseln. Härteklauseln haben die Aufgabe, die durch eine sofortige Anwendung des neuen Rechts entstehenden Härten zu beheben oder zu mildern.[655] Möglich ist dies auf zweierlei Art und Weise:[656] Zum einen können die materiell-rechtlichen Regelungen mit Härteklauseln versehen werden, die mittels einer Generalklausel oder mithilfe unbestimmter Rechtsbegriffe Abhilfe für Härtefälle vorsehen. Diesbezüglich besteht die Möglichkeit, dass die Härteklausel nur für besondere, näher bestimmte Härtefälle Ausnahmen enthält, wobei als ein Härtefall die Verletzung von Vertrauen normiert wird. Eine solche Regelung wird primär als materielles Recht eingefügt; ihr doppelter Charakter auch als Übergangsrecht lässt sich in einem solchen Fall häufig nicht ohne Weiteres erkennen.[657] Er wird oft erst dadurch kenntlich, dass der Gesetzgeber die Härteklausel im Zuge einer Neuregelung einfügt.[658] Zum anderen ist eine Gestaltung denkbar, die explizit als Übergangsrecht gekennzeichnet wird und die Fortgeltung des alten Rechts oder auch einer modifizierten Regelung für einzelne Fälle statuiert. Möglich ist diesbezüglich auch, dass die Härte nicht gemildert

652 *Muckel,* Vertrauensschutz, S. 123 f.
653 BGBl I S. 1503 ff. (1980).
654 Beispiel nach *Muckel,* Vertrauensschutz, S. 124.
655 Vgl. BVerfGE 39, 128, 143.
656 Siehe *Muckel,* Vertrauensschutz, S. 124 f., der Beispiele für Härteklauseln aufzeigt.
657 *Muckel,* Vertrauensschutz, S. 125.
658 *Muckel,* a.a.O.

wird, indem das alte Recht partiell aufrechterhalten wird, sondern indem finanzielle Vorteile oder ein staatlicher Anspruchsverzicht eingeräumt werden.[659]

Härteklauseln bieten dem Gesetzgeber den Vorteil, die widerstreitenden Interessen einzelfallbezogen miteinander in Ausgleich zu bringen. Denn anders als bei einer starren Übergangsfrist muss der Gesetzgeber nicht alle möglichen Fälle antizipieren, sondern es bleibt für den Rechtsanwender noch ein gewisser Spielraum, um den Einzelfall zu würdigen und damit individuell das Vertrauen des jeweils Betroffenen zu berücksichtigen. Damit besteht zugleich die Möglichkeit, den Vertrauensschutz nicht völlig abstrakt zu betrachten und einen fiktiven „Altfall" gegen Allgemeininteressen abzuwägen, sondern den speziellen Fall auf die Legitimität des Vertrauensschutzes zu überprüfen. Gleichzeitig ist damit aber eine gewisse Rechtsunsicherheit verbunden, da für den Rechtsunterworfenen und den Rechtsanwender nicht immer voraussehbar ist, ob die Regelung für den betreffenden Einzelfall auch tatsächlich Anwendung findet. Aufgabe des Gesetzgebers ist es daher, die Härteklausel so präzise wie möglich zu fassen und auf Generalklauseln und unbestimmte Rechtsbegriffe weitestgehend zu verzichten, um Rechtssicherheit und Einzelfallgerechtigkeit in ein angemessenes Verhältnis zu stellen.

Die vom Gesetzgeber gewählte Übergangsvorschrift zur aktuellen Unterhaltsrechtsreform stellt eine solche Härteklausel dar. In ihr hat der Gesetzgeber das Korrektiv der Zumutbarkeit unter Berücksichtigung des Vertrauens verankert, um den unbilligen Härten einer sofortigen, allumfassenden Geltung des neuen Rechts entgegenzuwirken. Ihre tatsächliche Eignung zur Berücksichtigung des Vertrauens wird noch zu untersuchen sein.[660]

e) Finanzielle Kompensation des enttäuschten Vertrauens

Denkbares Instrument zur Gestaltung von Übergangsrecht ist auch eine Regelung, die finanzielle Verluste kompensiert. Erwägbar ist einerseits die Ausgestaltung von Anpassungshilfen, welche es dem Betroffenen ermöglichen, nachteilige Wirkungen der Gesetzesänderung abzumildern.[661] Dafür kommen insbesondere Überbrückungshilfen finanzieller oder sachlicher Art, Umstellungssubventionen oder ähnliche Leistungen in Betracht, die aber keine vorweggenommene Entschädigungsleistung darstellen.[662]

Andererseits kann das Vertrauen der durch die Modifizierung der Rechtslage nachteilig Betroffenen auch dadurch angemessen berücksichtigt werden, dass

659 *Muckel,* Vertrauensschutz, S. 124.

660 Siehe dazu 5. Kapitel.

661 Der Zusammenhang zwischen Anpassungshilfen und Vertrauensschutz wird betont von BVerwGE 18, 254, 264. Siehe *Muckel,* Vertrauensschutz, S. 125

662 *Muckel,* Vertrauensschutz, S. 125 f.; *Aschke,* Übergangsregelungen, S. 24, 35.

der erlittene finanzielle Verlust ausgeglichen, also der Vertrauensschaden ersetzt wird.[663] Dazu muss bei Rechtsänderung eine Vorschrift eingefügt oder auf eine Anspruchsgrundlage verwiesen werden, die den Betroffenen einen Anspruch auf Ersatz des Vertrauensschadens einräumt.[664] Vorteil einer solchen Regelung ist, dass das Interesse an einer schnellen universalen Geltung des neuen Rechts sofort umfassend umgesetzt werden kann, gleichzeitig aber auch der Vertrauensschutz gewahrt wird, indem zumindest der materielle Schaden kompensiert wird.[665] In Betracht kommt eine solche Regelung aber nur für die Fälle, in denen das enttäuschte Vertrauen finanziell messbare Nachteile erzeugt hat.[666] Gerade im Familienrecht sind die Verschlechterungen nicht immer finanzieller Art, wie zum Beispiel bei der Modifizierung statusändernder Normen.

Wenngleich dieser Einwand im Unterhaltsrecht nur bedingt greift, begegnet eine solche Form des Vertrauensschutzes dennoch Praktikabilitätsbedenken.[667] Denn die tatsächliche Höhe des entstandenen Vetrauensschadens lässt sich häufig nur sehr schwer feststellen. Würde man beispielsweise im nachehelichen Unterhaltsrecht eine solche Regelung einführen, so müsste man im Entschädigungszeitpunkt feststellen, wie lange und in welcher Höhe der Unterhaltsgläubiger einen Anspruch auf Unterhalt haben wird. Aufgrund der Komplexität der Ermittlung der Anspruchshöhe, die auch im Nachhinein durchaus Schwankungen unterliegen kann, wäre dies in einem solchen Fall kaum denkbar. Parallel dazu wäre eine solche Übergangsregelung auch mit einer großen, zu Zeiten des Erlasses des Gesetzes noch gar nicht absehbaren finanziellen Belastung des Staatshaushaltes verbunden. Um dem zu begegnen, müsste der Gesetzgeber eine Höchstgrenze der Kompensation festlegen.[668] Indem die Anspruchshöhe aber von vornherein begrenzt würde, könnte das Vertrauen, sofern der Vertrauensschaden die Höchstgrenze überschreiten würde, aber nicht vollständig kompensiert werden. Daher kann die Wahl einer Kompensationszahlung nur in sehr eng begrenzten Fällen als eine geeignete Maßnahme zum Vertrauensschutz in Betracht gezogen werden;[669] für Modifizierungen des nachehelichen Unterhaltsrechts eignet sie sich nicht.

4. Pflicht zum Erlass von Übergangsrecht?

Dem Gesetzgeber stehen also vielfältige Möglichkeiten zur Gestaltung des Übergangsrechts offen. Die diversen Gestaltungsmöglichkeiten ermöglichen es dem Gesetzgeber, eine auf die individuelle Vertrauensabwägung zugeschnittene

663 *Muckel* Vertrauensschutz, S. 126.
664 A.a.O.
665 A.a.O.
666 *Weber-Dürler,* Vertrauensschutz, S. 142; *Kisker,* VVDStRL 32 (1974), 149, 181, 186 f.; *Muckel,* Vertrauensschutz, S. 127.
667 Kritisch daher auch *Weber-Dürler,* a.a.O.
668 *Muckel,* Vertrauensschutz, S. 127.
669 Zu diesem Ergebnis gelangt auch *Muckel,* a.a.O.

Lösung zu finden. Denkbar sind zudem auch Kombinationen aus den verschiedenen Gestaltungsvarianten. Insbesondere bei Stichtagsregelungen bietet sich an, diese mit einer zusätzlichen Härteklausel zu verbinden, wenn die Wahl des Stichtages Probleme bereitet hat. Zur Überleitung der Rechtsordnung im nachehelichen Unterhaltsrecht eignen sich vor allem der völlige Bestandsschutz und Härtefallklauseln zur Berücksichtigung des Vertrauens. Sofern ein überzeugender Stichtag gefunden werden kann, bietet sich auch eine Stichtagsregelung als Übergangsrecht an.

Der Rechtsunterworfene kann davon aber nur dann profitieren, wenn der Gesetzgeber dies auch umsetzt oder zumindest die gerichtlich durchsetzbare Pflicht auf Erlass einer solchen Regelung besteht. Wie bereits festgestellt wurde, gesteht das BVerfG der Legislative hinsichtlich der Wahl der passenden Reglung einen weiten Spielraum zu.[670] Denn der nach der Abwägung zu gewährende Vertrauensschutz kann durch verschiedene Gestaltungsarten des Übergangsrechts verwirklicht werden. Damit kann der Betroffene keinen Anspruch auf Erlass einer bestimmten Übergangsregelung geltend machen. Allerdings muss der Gesetzgeber zwingend überhaupt eine Übergangsregelung erlassen, wenn ansonsten ein Verfassungsverstoß gegeben wäre,[671] insbesondere dann, wenn im Rahmen der Verhältnismäßigkeitsprüfung festgestellt wird, dass praktische Konkordanz zwischen den Interessen nur dann hergestellt werden kann, wenn das Vertrauen durch eine Übergangsregelung geschützt wird.[672] Spielraum besteht für den Gesetzgeber also nur insoweit, als er diejenige Übergangsregelung auswählen darf, durch die am effektivsten praktische Konkordanz zwischen staatlichem Änderungsinteresse und den privaten Bestandsinteressen sowie den Interessen von mittelbar Betroffenen hergestellt werden kann. Sofern sich in der Abwägung das Vertrauen als schutzwürdig herausstellt, muss er aber zwingend eine Form des Übergangs vom alten zum neuen Recht herstellen.

IV. Fazit: Notwendigkeit der Herstellung praktischer Konkordanz durch eine Übergangsregelung

Um den Vertrauensschutz angemessen zu berücksichtigen, muss der Gesetzgeber zwischen den divergierenden Interessen praktische Konkordanz herstellen.

670 BVerfGE 43, 242, 299 f.; 44, 1, 20 f.; 47, 85, 93 f.; 53, 224, 253 f.

671 BVerfGE 75, 78, 103.

672 Im Ergebnis ähnlich sieht *Pieroth,* Rückwirkung, S. 73 ff., dann einen Anspruch auf Übergangsregelungen, wenn dadurch eine Grundrechtsverletzung vermieden werden kann. Als verfassungsdogmatische Grundlage zieht er dabei ebenfalls den Grundsatz der Verhältnismäßigkeit heran. Einen ähnlichen Ansatz vertritt auch *Leisner,* FS Berber, S. 273, 296 f., der eine Pflicht zur Schaffung von Übergangsrecht aus dem Grundsatz des Vertrauensschutzes herleiten will. *Kloepfer,* DÖV 1978, 225, 227 begründet die Pflicht aus dem Prinzip der Übergangsgerechtigkeit, welche sich aber als Ausfluss von Vertrauensschutz und Rechtssicherheit darstelle. Siehe auch *Muckel,* Vertrauensschutz, S. 127 ff.

Dazu muss er zunächst die Interessen aller Betroffenen ermitteln - wozu auch Drittinteressen nicht unmittelbarer Normadressaten gehören können - und ihnen dann entsprechend ihrem Gewicht zu größtmöglicher Geltung verhelfen. Konkret erfolgt dies zumeist durch Konzeption einer Übergangsregelung, bezüglich deren Ausgestaltung dem Gesetzgeber ein sehr weiter Gestaltungsspielraum gewährt wird, sofern die konkrete Regelung Vertrauensschutz vermittelt. Es kann damit eine Pflicht für den Gesetzgeber bestehen, überhaupt eine Übergangsregelung zu erlassen, jedoch kann er nicht zum Erlass einer bestimmten Übergangsregelung verpflichtet werden, sofern dem Vertrauensschutz auf verschiedene Art und Weise zur Geltung verholfen werden könnte.

Im Unterhaltsrecht bietet es sich insbesondere an, eine Härtefallregelung als Übergangsregelung zu konzipieren. Härtefallklauseln können eine dem Einzelfall gerecht werdende Handhabung der Situation ermöglichen, welche die familienrechtlichen Besonderheiten angemessen berücksichtigen kann.

V. Umsetzung der verfassungsrechtlichen Vorgaben in § 36 Nr. 1 EGZPO

Nachdem nun die abstrakten verfassungsrechtlichen Vorgaben zum Vertrauensschutz und zum Übergangsrecht erläutert wurden, soll die Übergangsregelung zur aktuellen Unterhaltsrechtsreform auch an diesen gemessen werden. Die Gestaltung des § 36 Nr. 1 EGZPO ist im Hinblick auf das Grundgesetz nicht unbedenklich. Zum einen enthält die Norm eine Vielzahl unbestimmter Rechtsbegriffe, sodass sie möglicherweise in Konflikt mit dem Bestimmtheitsgrundsatz geraten könnte. Zum anderen entfaltet die Regelung Wirkung für Fälle, die einen Vergangenheitsbezug aufweisen und könnte damit als echte Rückwirkung verfassungsrechtlich unzulässig sein oder auch als unechte Rückwirkung den Anforderungen des Vertrauensschutzgrundsatzes nicht Genüge tun.[673]

1. Vereinbarkeit mit dem Bestimmtheitsgebot

Der als Element des Rechtsstaatsgebots, Art. 20 Abs. 3 GG, entwickelte Bestimmtheitsgrundsatz gebietet, dass Rechtsvorschriften so genau zu fassen sind, wie dies nach der Eigenart der zu ordnenden Lebenssachverhalte mit Rücksicht auf den Normzweck möglich ist.[674] Dabei sind unbestimmte, auslegungsbedürf-

---

673 Kritisch *Berghahn/Wersig,* FPR 2005, 508, 509, sowie *Borth,* FamRZ 2008, 105, 108 und UÄndG Rn. 399, der auf eine den Vertrauensschutz besonders berücksichtigende, verfassungskonforme Auslegung von § 36 EGZPO verweist. Kritisch ferner *Peschel-Gutzeit,* Unterhaltsrechtsrecht aktuell, Rn. 206 ff.; *Schwab,* FamRZ 2007, 1053, 1056 f.; *ders.,* Stellungnahme Unterhaltsrechtsänderungsgesetz, S. 20; *Weber,* FPR 2005, 511, 512 f. Sollte man annehmen, dass Unterhaltsansprüche periodisch neu entstehen mit Vorliegen aller jeweiligen Tatbestandsmerkmale, so dürfte sich kein Vergangenheitsbezug ergeben. Siehe *Heß,* Intertemporales Privatrecht, S. 210 Fn. 664; *Budzikiewicz,* NJW 2008, 1747.

674 BVerfGE 87, 234, 263; 93, 213, 239; 102, 254, 337; 103, 332, 384; Jarass/Pieroth/*Jarass,* GG, Art. 20 Rn. 61.

tige Rechtsbegriffe und Generalklauseln regelmäßig zulässig,[675] soweit die äußeren Grenzen des Spielraums abgesteckt werden, damit die Möglichkeit zur gerichtlichen Überprüfung eröffnet ist.[676]

§ 36 Nr. 1 EGZPO enthält drei Begrifflichkeiten, die im Hinblick auf den Bestimmtheitsgrundsatz problematisch sein könnten. Zunächst wird auf die *Wesentlichkeit* der Änderung abgestellt. Die Gesetzesbegründung verweist diesbezüglich allerdings auf die Wesentlichkeitsschwelle des § 323 ZPO. Diese wurde durch die Rechtsprechung bereits hinreichend konkretisiert[677] und entspricht damit den Anforderungen des Bestimmtheitsgrundsatzes.

Zum Zweiten wird das Kriterium der *Zumutbarkeit* aufgestellt, welches noch nicht hinreichend konkretisiert wurde und dessen Handhabung in Literatur und Rechtsprechung bisher auch nicht ausreichend geklärt ist. Allerdings lassen sich schon aufgrund des natürlichen Sprachgebrauchs des Wortes,[678] anhand der Gesetzesbegründung sowie durch Auslegung und Subsumtion nach Sinn und Zweck der Norm Grenzen ziehen, so dass auch dieses Kriterium handhabbar wird und hinreichend klar. Insoweit kann auch auf die Übergangsregelung zum UÄndG 1986 verwiesen werden, die ebenfalls das Zumutbarkeitskriterium enthielt. Die diesbezügliche Rechtsprechung kann als Konkretisierungshilfe dienen.

Schließlich taucht der Begriff des *Vertrauens* auf. Obgleich auch dieser zunächst sehr weit erscheint und viele Fragen offen lässt, ergeben sich hier ebenso durch den Wortsinn und den Normzweck Grenzen, die eine gerichtliche Überprüfung ermöglichen. Zudem liegt es in der Natur der Sache, dass eine Billigkeits- und Härtefallregelung - und nichts anderes stellt § 36 Nr. 1 EGZPO in materiellrechtlicher Hinsicht dar -, die auf eine Vielzahl äußerst verschiedener Einzelfälle anwendbar sein soll, mit unbestimmten Rechtsbegriffen arbeitet. Gerade im sensiblen Rechtsbereich des Familienrechts ist zugunsten der Einzelfallgerechtigkeit eine Entscheidung für Generalklauseln durchaus angebracht. Wenn sich nun aber die Anforderungen des Bestimmtheitsgebots daran orientieren, wie greifbar

675 BVerfGE 87, 234, 263 f.; 102, 254, 337; 103, 21, 33; 110, 33, 56 f. bezüglich der auslegungsbedürftigen Rechtsbegriffe. BVerfGE 102, 347, 361; 103, 111, 135 f.; BVerwG, NJW 87, 1435; BAG 32, 381, 396 hinsichtlich der Generalklauseln.

676 BVerfGE 6, 32, 42 f.; 20, 150, 158; 21, 73, 79 f.

677 In der Regel ist von einer wesentlichen Änderung bei einer Abweichung um 10 % auszugehen; OLG Hamburg, FamRZ 1983, 932, 932 f.; OLG Frankfurt, FamRZ 1978, 934; KG, FamRZ 1983, 291, 292; OLG Düsseldorf, FamRZ 1993, 1103, 1103 f.; Baumbach/Lauterbach/Albers/Hartmann/*Hartmann,* ZPO, § 323 Rn. 37; Garbe/Ullrich/*Ullrich,* § 4 Rn. 882; Thomas/Putzo/*Hüßtege,* ZPO, § 323 Rn. 28. Bei beengten wirtschaftlichen Verhältnissen kann diese Grenze auch geringer ausfallen; BGH, FamRZ 1992, 539; OLG Hamm, FamRZ 2004, 1051; a.A. *Braun,* ZZP 108 (1995), 319.

678 Zumutbar ist im Sinne von „erträglich", „tragbar" zu verstehen.

der Gesetzgeber seine Vorstellungen des konkreten Regelungsinhaltes hätte im Gesetzeswortlaut ausdrücken können, so bleibt festzustellen, dass vorliegend nicht ersichtlich ist, wie der § 36 Nr. 1 EGZPO zugrunde liegende Gedanke ohne die Verwendung dieser drei unbestimmten Rechtsbegriffe hätte umgesetzt werden können. Mithin ergibt sich also, dass § 36 Nr. 1 EGZPO den Anforderungen an das Bestimmtheitsgebot durchaus entspricht.[679]

2. Vereinbarkeit mit der Rückwirkungsjudikatur des BVerfG

Fernerhin wurden in der Literatur Bedenken hinsichtlich der Vereinbarkeit mit dem Vertrauensschutz bzw. der Rückwirkungsrechtsprechung des BVerfG geäußert.[680] Wie bereits vorangehend dargestellt, ist dazu laut BVerfG entscheidend, ob sich die Regelung als echt oder lediglich unecht[681] rückwirkend qualifizieren lässt.[682] Diesbezüglich muss zwischen den möglichen verschiedenen Anwendungsfällen von Vertrauensschutz differenziert werden. Zum einen geht es um die Anwendbarkeit des neuen Rechts auf bereits Geschiedene mit titulierten Unterhaltsansprüchen oder Unterhaltsvereinbarungen. Dies ist der Fall, den § 36 Nr. 1 EGZPO im Blick hat. Zum anderen steht der Vertrauensschutz in Rede für Fälle, in denen die erstmalige Unterhaltsvereinbarung noch aussteht, also regelmäßig für noch nicht Geschiedene.

a) Anwendung des neuen Rechts auf bereits Geschiedene

Zunächst soll der Vertrauensschutz für bestehende Unterhaltsregelungen beleuchtet werden. Diesen versucht der Gesetzgeber über § 36 Nr. 1 EGZPO zu gewähren. Zur Einordnung in die Rückwirkungskategorien empfiehlt sich ein Rückgriff auf die bisherige Rechtsprechung des BVerfG.[683] Im Rahmen der Umstellung des Scheidungs- und Scheidungsfolgenrechts vom Verschuldens- zum Zerrüttungsprinzip[684] hat das BVerfG Stellung zur diesbezüglich erlassenen Übergangsvorschrift bezogen, insbesondere zum Problem der Anwendung von neuem Recht des Geschiedenenunterhalts auf bereits bestehende Ehen.[685]

---

679 Kritisch zur Vereinbarkeit mit dem Bestimmtheitsgebot *Borth,* UÄndG, Rn. 398; *ders.,* FamRZ 2008, 105, 108.

680 Kritisch *Peschel-Gutzeit,* Unterhaltsrecht aktuell, Rnrn. 206 ff.; *Maurer,* FamRZ 2008, 2157, 2167. Siehe auch *Schwab,* FamRZ 2007, 1053, 1056 f.; Palandt/*Diederichsen,* § 1609 Rn. 1, und Erman/*Hammermann,* § 1609 Rn. 2, sehen indes zumindest in Hinsicht auf die neue Rangregelung keinen Verstoß gegen das Verbot echter Rückwirkung.

681 Von einer unechten Rückwirkung geht aus OLG Karlsruhe, NJW 2009, 525, 526.

682 Nach der Rechtsprechung des Zweiten Senates des BVerfG ergibt sich nichts anderes. Siehe 3. Kapitel V. 2. d).

683 Mit dieser Erwägung *Schwab,* Stellungsnahme Unterhaltsrechtsänderungsgesetz, S. 19 ff.

684 1. EheRG vom 14.6.1976; BGBl I, S. 1421 ff. (1967). Inkrafttreten zum 1.1.1977.

685 BVerfG, Urteil v. 14.7.1981 - 1 BvL 28/77, 1 BvL 48/79, 1 BvR 154/79, 1 BvR 170/80 = BVerfGE 57, 361 = NJW 1981, 1771 = FamRZ 1981, 745.

Art. 12 Nr. 3 Abs. 1 des 1. EheRG[686] bestimmte, dass das modifizierte Recht keine Anwendung auf Unterhaltsansprüche bereits geschiedener Ehegatten findet und gewährte somit größtenteils Bestandsschutz. Dabei ist anzumerken, dass diese Übergangsregelung aufgrund der Orientierung des Scheidungsunterhalts am Schuldausspruch im Scheidungsurteil nicht zwangsläufig den tatsächlich Bedürftigen begünstigte. Anwendung fanden die Zerrüttungsscheidung und das dazugehörige Scheidungsfolgenrecht allerdings auf bereits geschlossene, aber noch nicht geschiedene Ehen. Das BVerfG argumentierte in seiner Entscheidung,[687] die Anwendung des neuen Rechts über den Geschiedenenunterhalt auf „Altehen" stelle keine rückwirkende gesetzliche Regelung dar. Eine solche - echte - Rückwirkung liege nur vor, wenn ein Gesetz nachträglich ändernd in abgewickelte, der Vergangenheit angehörende Tatbestände eingreife. Die durch das 1. EheRG eingeführten nachehelichen Unterhaltsvorschriften fänden jedoch erst dann Anwendung, wenn eine Ehe nach dem Inkrafttreten dieses Gesetzes geschieden wurde, während für Ehen, die vor diesem Zeitpunkt geschieden worden sind, ausdrücklich das bisherige Recht gelte. Aus dieser Argumentation lässt sich schließen, dass das BVerfG von einer unzulässigen echten Rückwirkung ausgegangen wäre, wenn auch die nach Verschuldensscheidungsrecht geschiedenen Ehen der Geltung des Scheidungsfolgenrechts nach dem Zerrüttungsprinzip unterfallen wären.[688] Gerade für diesen Fall sieht das Übergangsrecht der aktuellen Reform aber die Geltung des neuen Rechts vor. Nun jedoch alleine darauf gestützt den Schluss zu führen, es handele sich damit um eine echte Rückwirkung, ist indes verfehlt. Denn bei der Reform 1976 ging es darum, durch Abkehr vom Verschuldensprinzip ein völlig neues Scheidungs- und Scheidungsfolgenrecht einzuführen. In der aktuellen Reform des Unterhaltsrechts werden jedoch die Unterhaltstatbestände weitgehend beibehalten und lediglich modifiziert. Ob man also insofern überhaupt von „neuem Recht" im oben genannten Sinne sprechen kann, ist fraglich.[689]

Freilich könnte man diesbezüglich argumentieren, zur Annahme einer echten Rückwirkung bedürfe es nicht zwangsläufig der Schaffung neuer Scheidungsgründe und neuer Unterhaltstatbestände, sondern eine in ihrer Schwere vergleichbare Situation genüge bereits.[690] Grundsätzlich erscheint dies auch sinn-

---

686 Art. 12 Nr. 3 Abs. 2 des 1. EheRG: „Der Unterhaltsanspruch eines Ehegatten, dessen Ehe nach den bisher geltenden Vorschriften geschieden worden ist, bestimmt sich auch künftig nach bisherigem Recht. Unterhaltsvereinbarungen bleiben unberührt."

687 BVerfG, Urteil v. 14.7.1981 - 1 BvL 28/77, 1 BvL 48/79, 1 BvR 154/79, 1 BvR 170/80 = BVerfGE 57, 361 = NJW 1981, 1771 = FamRZ 1981, 745.

688 Diesen Schluss ziehen *Schwab,* Stellungnahme Unterhaltsrechtsänderungsgesetz, S.19; *ders.,* FamRZ 2007, 1053, 1056 f., und *Borth,* UÄndG, Rn. 399; *ders.,* FamRZ 2008, 105, 108.

689 Vgl. *Schwab,* Stellungnahme Unterhaltsrechtsänderungsgesetz, S.19 f.

690 Überlegungen in diese Richtung finden sich bei *Schwab,* Stellungnahme Unterhaltsrechtsänderungsgesetz, S. 20.

voll, denn für die Intensität der Auswirkungen macht es keinen Unterschied, ob tatsächlich formal eine komplette Umwälzung des Rechts vorgenommen wird, oder ob Modifikationen beschlossen werden, die ähnlich schwerwiegend sind. Sofern man dieser Prämisse folgt, ist damit aber noch nichts über eine echte Rückwirkung des § 36 EGZPO gesagt. Denn dazu müsste die in Rede stehende Unterhaltsrechtsreform tatsächlich auch dieses Gewicht erreichen.

Die Literatur ergibt hierzu kein einheitliches Bild. Teilweise wird von lediglich maßvollen Änderungen in einigen wenigen Punkten gesprochen,[691] andere wieder sehen durchaus gravierende Änderungen[692]. Nach den bereits im ersten Kapitel aufgezeigten Veränderungen durch die Reform, die mittlerweile zumindest teilweise auch durch die Rechtsprechung konkretisiert wurden, lässt sich der Schluss ziehen, dass durchaus einzelne Aspekte eine gravierende Änderung darstellen, andererseits aber keine Umwälzung des gesamten Systems stattfindet, zumal auch die Unterhaltstatbestände weitgehend gleich geblieben sind und lediglich die Maßstäbe verändert wurden.[693] Und für Fälle extremer Modifizierungen bietet das Übergangsrecht ja gerade eine Härteklausel, die bei sachgerechter Auslegung durchaus Vertrauensschutz in angemessenem Umfang gewähren kann. Damit reichen die Änderungen nicht aus, um in ihrer Intensität eine echte Rückwirkung entstehen zu lassen.

Jedoch ist auch eine unechte Rückwirkung nicht grenzenlos zulässig. Zu beachten ist vorliegend aber das starke Allgemeininteresse daran zu verhindern, dass altes und neues Recht nicht unbegrenzt nebeneinander existieren. Praktisch erscheint das nämlich kaum umsetzbar. Erstens stellt sich hier die Schwierigkeit, dass die Ungleichbehandlung von Betreuungsunterhaltspflichtigen in Abhängigkeit von der Ehelichkeit des Kindes verfassungswidrig war.[694] Zweitens könnten zwar nebeneinander die einzelnen Unterhaltstatbestände angewendet werden, aufgrund ihrer Verknüpfung durch die Rangfolge führt dies aber zu Schwierigkeiten. Zumindest für den Unterhaltsrang müsste diesbezüglich ein einheitliches Konzept gefunden werden, da ansonsten beispielsweise auch die (verfassungsrechtlich bedenkliche) Schlechterstellung der Gläubiger von Betreuungsunterhalt nach § 1615l BGB aufrechterhalten würde. Schon aus diesen Erwägungen

---

691 *Menne,* FPR 2005, 323, 325 und 327; *Hohloch,* FF 2005, 217, 226, der die Reform als „Änderung" und nicht als „Neukonzeption" einstuft.

692 *Weber,* FPR 2005, 511 f., spricht insofern von „tiefen Einschnitten". Kritisch insoweit *Willutzki,* FPR 2005, 505; *ders.*, ZKJ 2006, 334, 343; *Grundmann,* FF 2005, 213, 216 f.; *Graba,* FamRZ 2008, 1217; *Berringer,* S. 131, 151.

693 Das OLG Dresden, NJW 2009, 2071, spricht davon, dass inzwischen erkennbar geworden sei, dass die Rechtsprechung eine Überbetonung des Grundsatzes der Eigenverantwortung im Bereich des Betreuungsunterhalts nicht vornehme und das UÄndG nicht in der beabsichtigten Schärfe umgesetzt werde.

694 BVerfG, Urt. v. 28.2.2007 - 1 BvL 9/04 = BVerfGE 118, 45 = NJW 2007, 1735 = FamRZ 2007, 965.

heraus ist verständlich, weshalb ein Nebeneinander von altem und neuem Recht nicht dauerhaft in Betracht kommt.[695]

Zudem ist bei der verfassungsrechtlichen Überprüfung zu beachten, dass der Gesetzgeber es mit § 36 Nr. 1 EGZPO gerade ermöglicht, Härtefälle abzumildern. Sofern also aus Vertrauensschutzgesichtspunkten die Anwendung des neuen Rechts nicht in Betracht kommt, bietet die Norm die Möglichkeit einer Billigkeitskorrektur. Ziel muss es also sein, § 36 EGZPO so auszulegen und anzuwenden, dass er seiner Funktion als „Wahrer des Vertrauensschutzes" nachkommt und damit als unecht rückwirkende Norm den Anforderungen des Vertrauensschutzes für die Abänderung bestehender Unterhaltsregelungen gerecht wird.

b) Anwendung des neuen Rechts auf Verheiratete

Des Weiteren stellt sich die Frage der Rückwirkung bzw. des Vertrauensschutzes auch bezüglich der Anwendung des neuen Rechts auf bereits geschlossene Ehen, die aber noch nicht geschieden wurden oder deren Unterhaltsansprüche noch nicht tituliert sind. Die Regelungen des § 36 Nr. 1-7 EGZPO lassen indes offen, ob die in Nr. 1 enthaltene Vertrauensschutzregelung auch Anwendung finden kann, wenn nach dem 1.1.2008 erstmalig eine Unterhaltsfestsetzung erfolgt.[696] Bereits nach dem Wortlaut bezieht sich § 36 Nr. 1 EGZPO ausschließlich auf bestehende Regelungen, während § 36 Nr. 7 EGZPO lediglich bestimmt, dass sich Unterhaltsleistungen, die vor Inkrafttreten des neuen Rechts fällig geworden sind, nach dem bis zum 31.12.2007 geltenden Recht richten.[697] Damit ist aber noch nichts dazu gesagt, inwieweit auch in solchen Fällen Vertrauensschutzaspekte zu berücksichtigen sein können.

Im Hinblick auf das 1. EheRG stellte das BVerfG darauf ab, dass gegenüber dem Allgemeininteresse am baldigen Inkrafttreten des neuen Rechts kein schützenswertes Vertrauen der Verheirateten bestand,[698] insbesondere, da die Verschuldensscheidung mit dem dazugehörigen Scheidungsfolgenrecht bereits lange rechtspolitisch äußerst umstritten war. Davon kann hinsichtlich der aktuellen Reform nicht ausgegangen werden. Zwar gab es durchaus Zweifel an der Billigkeit des Scheidungsfolgenrechts, allerdings bestand diesbezüglich kein Konsens,[699] zumal das bisherige Recht auch mehrfach in verfassungsrechtlicher Hin-

695 § 36 Nr. 1 EGZPO berücksichtigt dies, indem als Rechtsfolge nicht das alte Recht unverändert Anwendung findet, sondern eine Einzelfalllösung gesucht wird.

696 *Borth,* UÄndG, Rn. 400.

697 A.a.O.

698 BVerfG, NJW 1980, 689, 691.

699 *Schwab,* Stellungnahme Unterhaltsrechtsänderungsgesetz, S. 20 f.

sicht bestätigt wurde.[700] Gleichwohl ist auch hier zu reklamieren, dass dem Allgemeininteresse an der sofortigen Geltung des neuen Rechts überragende Bedeutung zukommt. Würden bestehende Ehen weiterhin dem alten Recht unterworfen, bestünde dieses noch Jahrzehnte in erheblichem Umfang fort,[701] besonders in Anbetracht der extrem gestiegenen Scheidungszahlen. Das Nebeneinander von altem und neuem Recht würde - wie oben anhand der Rangfolge aufgezeigt - auch erhebliche praktische Schwierigkeiten aufwerfen.

Außerdem würde man den Gesetzgeber mit einer solch restriktiven Anwendung des Vertrauensschutzprinzips in seiner Handlungsfreiheit zu stark einschränken. Modifizierungen im Scheidungsfolgenrecht wären stets erst in einem Zeitrahmen von mehreren Jahrzehnten umfassend wirksam. Eine gesellschaftspolitische Steuerung oder ein Reagieren auf den gesellschaftlichen Wandel wären so kaum noch möglich. Ergänzend ist hier auch wiederum darauf abzustellen, dass kein gänzlicher Systemwechsel vollzogen wurde. An das Gewicht der Änderung anknüpfend könnte man auch aus der Argumentation des BVerfG einen Erst-Recht-Schluss ziehen: Wenn nicht einmal ein vollständiger Systemwechsel Bestandsschutz für noch nicht Geschiedene erforderlich mache, müsse dies erst recht für weniger eingreifende Modifizierungen gelten. Stringent lässt sich diesem Argument allerdings nicht folgen, denn die konkreten Situationen sind nur bedingt miteinander vergleichbar. 1976 ging es gerade darum, endlich ein an der Bedürftigkeit orientiertes Unterhaltsrecht zu schaffen und damit den zumeist nicht erwerbstätigen Ehefrauen auch dann eine Sicherung ihrer wirtschaftlichen Situation zukommen zu lassen, wenn diese nicht an der Ehe festhalten wollten. Ein schutzwürdiges Vertrauen, insofern am Schuldausspruch für alle diejenigen festzuhalten, die vor Inkrafttreten der Reform geheiratet haben, lässt sich nicht begründen. Das Interesse, den wirtschaftlich Schwächeren - zumeist die Ehefrau - weiterhin zu benachteiligen, ist unter dem Aspekt der Gleichberechtigung nicht als schutzwürdig zu qualifizieren. Hinsichtlich der aktuellen Reform geht es aber hauptsächlich um die Verringerung von Ansprüchen. Diesbezüglich kann es Fälle geben, in denen ein Bedürfnis dafür gegeben sein kann, überkommenes Recht auch für noch nicht Geschiedene anzuwenden. Man denke etwa an den Fall, dass eine über Jahrzehnte in traditioneller Rollenteilung gelebte Ehe kurz nach Inkrafttreten des neuen Rechts zerbricht. Teils wird man hier bereits über die Billigkeitsklauseln der Unterhaltstatbestände, etwa über § 1570 Abs. 2 BGB, eine angemessene Regelung finden können. Im Übrigen ist diesbezüglich über eine Anwendung des § 36 EGZPO innewohnenden Gedankens des Vertrauensschutzes nachzudenken.[702]

---

700 Siehe u.a. BVerfG, Urt. v. 14.7.1981 -1 BvL 28/77, 1 BvL 48/79, 1 BvR 154/79, 1 BvR 170/80 = NJW 1981, 1771; BVerfG, Beschl. v. 10.1.1984 - 1 BvL 5/83 = NJW 1984, 1523.

701 Mit dieser Kritik plädiert auch *Menne,* FF 2006, 220, 228, für die gefundene Übergangsregelung.

702 Siehe dazu 5. Kapitel VI.

Es lässt sich also feststellen, dass auch bei noch nicht erfolgter Erstfestsetzung des Unterhalts durchaus die Wahrung von Vertrauen angebracht sein kann. § 36 Nr. 1 EGZPO regelt diesen Fall aber gerade nicht und entfaltet damit auch diesbezüglich keine Rückwirkung. Lediglich das Fehlen einer expliziten Regelung dieser Fälle könnte damit noch bedenklich sein, sofern nicht auch in dieser Hinsicht anderweitig Vertrauensschutz gewährleistet werden kann. Dies wird noch einmal bei der detaillierten Untersuchung des Vertrauenskriteriums in § 36 Nr. 1 EGZPO zu untersuchen sein.

3. Fazit: Verfassungsmäßigkeit bei verfassungskonformer Auslegung

Im Ergebnis bleibt festzuhalten, dass das vom Gesetzgeber gewählte Übergangsrecht wie auch die gesamte Reform in ihrer Abkehr von der nachehelichen Verantwortung der Ehegatten füreinander und der Verschiebung der finanziellen Belastung auf die Solidargemeinschaft insgesamt rechts- und gesellschaftspolitisch abzulehnen sind, sich daraus gleichwohl keine Verfassungswidrigkeit reklamieren lässt. Der Vertrauensschutz ist ein in der Verfassung nur schwach ausgeprägtes Element und steht im ständigen Widerstreit mit der Gestaltungsfreiheit des demokratisch legitimierten Gesetzgebers. Bei Schaffung des § 36 Nr. 1 EGZPO hat sich dieser durchaus in dem ihm zustehenden Spielraum gehalten. In Hinsicht auf das Bestimmtheitsgebot und den Vertrauensschutz für bestehende Unterhaltsregelungen genügt die Regelung den verfassungsrechtlichen Vorgaben, wenn sie im Einzelfall verfassungsgemäß ausgelegt und angewendet wird. Diese Verpflichtung der Rechtsprechung ergibt sich bereits aus Art. 20 Abs. 3 GG. Wie diesbezüglich die Tatbestandsmerkmale ausgefüllt werden müssen, soll die Untersuchung im Folgenden zeigen.

Hinsichtlich des Schutzbedürfnisses derjenigen, die noch keine Unterhaltsregelung haben - weil sie entweder noch nicht geschieden sind oder eine Regelung trotz Scheidung noch nicht erzielt werden konnte -, besteht zunächst eine Lücke, die gegebenenfalls aber durch bestehende Regelungen geschlossen werden könnte. Auch dies soll im weiteren Verlauf untersucht werden.

Fünftes Kapitel:

§ 36 Nr. 1 EGZPO - Vertrauensschutz im Übergangsrecht zum Gesetz zur Änderung des Unterhaltsrechts vom 21.12.2007

Nachdem versucht wurde, die Besonderheiten des Vertrauensschutzes im Eherecht sowie die sich aus den verfassungsrechtlichen Vorgaben zum Vertrauensschutz ergebenden Maßstäbe für Übergangsregelungen herauszuarbeiten, sollen die daraus gewonnenen Erkenntnisse nun in ihrer praktischen Umsetzung der Übergangsvorschrift zum Gesetz zur Änderung des Unterhaltsrechts, § 36 Nr. 1 EGZPO, untersucht werden. Gleichzeitig sollen die einzelnen Tatbestandsmerkmale, insbesondere das Vertrauen, näher betrachtet und eine den tatsächlichen und rechtlichen Gegebenheiten gerecht werdende Auslegung und Konkretisierung versucht werden.[703]

I. Allgemeines zur Konkretisierung des Vertrauensmerkmals in § 36 Nr. 1 EGZPO

1. Dogmatische Einordnung der Vertrauensprüfung in den Prüfungsaufbau des Abänderungsverfahrens

Vor der Untersuchung der einzelnen Tatbestandsmerkmale und der konkreten Umsetzung des Vertrauensschutzes soll § 36 Nr. 1 EGZPO in dogmatischer Sicht in den Prüfungsaufbau des Abänderungsverfahrens eingeordnet werden, um zu verdeutlichen, an welcher Stelle und im Zusammenspiel mit welchen anderen Bestimmungen die Norm zur Geltung gelangt.[704]

Die Regelung des § 36 Nr. 1 EGZPO enthält die wesentlichen materiellen sowie prozessualen Voraussetzungen für eine Abänderung bestehender Unterhaltstitel zwecks Anpassung an das neue Unterhaltsrecht. Dabei stellt die Regelung allerdings keine eigene Klage- oder Antragsart dar, sondern konkretisiert und ergänzt die Abänderungsklage nach § 323 ZPO bzw. den Abänderungsantrag nach §§ 238, 239 FamFG. § 36 Nr. 1 EGZPO ist also stets im Zusammenspiel mit diesen Regelungen zu prüfen und an verschiedenen Stellen der Zulässigkeit und der Begründetheit zu berücksichtigen.

703 Einen Überblick über die einzelnen Tatbestandsmerkmale bietet bereits das 1. Kapitel III.

704 Dabei wird insbesondere die Abänderungsklage bzw. der Abänderungsantrag thematisiert, da dies wohl die häufigste Form ist, in der ein Abänderungsbegehren geltend gemacht wird. Je nach Konstellation könnte aber auch eine Vollstreckungsabwehrklage in Betracht kommen; diesbezüglich gelten die Ausführungen entsprechend.

a) Zulässigkeitsfragen

Die Anforderungen an die Zulässigkeit einer Abänderungsklage nach § 323 ZPO bzw. eines Abänderungsantrags nach § 238 FamFG[705] verändern sich durch § 36 Nr. 1 EGZPO lediglich geringfügig. Neben den allgemeinen Prozessvoraussetzungen setzt die Zulässigkeit des Abänderungsverfahrens voraus, dass ein Abänderungstitel gegeben ist, der auf eine künftig fällig werdende, wiederkehrende Leistung gerichtet ist. Insofern differenziert die Übergangsbestimmung danach, ob über den Unterhaltsanspruch bereits rechtskräftig entschieden ist, ein vollstreckbarer Titel errichtet oder eine Unterhaltsvereinbarung getroffen wurde.[706] Zwischen den Parteien bzw. dem Antragsteller und dem nach § 7 Abs. 2 Nr. 1 FamFG Beteiligten sowie dem Streitgegenstand[707] des jetzigen und des vorhergehenden Verfahrens muss Identität bestehen. Zudem ist Zulässigkeitsvoraussetzung, dass eine wesentliche Änderung der der Entscheidung zugrunde liegenden rechtlichen oder tatsächlichen Verhältnisse geltend gemacht wird, vgl. § 328 Abs. 1 S. 1 FamFG. Hier wirkt § 36 Nr. 1 EGZPO insoweit einschränkend, als es lediglich um Umstände gehen kann, die durch das Gesetz zur Änderung des Unterhaltsrechts erheblich geworden sind.[708] Die grundsätzliche Beschränkung, dass der Umstand erst nach Schluss der mündlichen Verhandlung bzw. der Tatsachenverhandlung des vorausgegangenen Verfahrens entstanden sein darf, § 323 Abs. 2 ZPO, § 238 Abs. 2 FamFG, ist durch § 36 Nr. 2 EGZPO für die erstmalige Abänderung aufgehoben.

b) Begründetheitsprüfung

In der Begründetheitsprüfung der Klage oder des Antrags erlangt § 36 Nr. 1 EGZPO besondere Bedeutung. Grundsätzlich sind die Abänderungsklage nach § 323 ZPO und der Abänderungsantrag nach § 238 FamFG begründet, wenn eine wesentliche Veränderung derjenigen Verhältnisse eingetreten ist, die für die Verurteilung zur Entrichtung der Leistungen, für die Bestimmung ihrer Höhe

---

705 Nach Art. 111 FGG-Reformgesetz (Gesetz vom 17.12.2008, BGBl. I S. 2586) findet die ZPO weiterhin Anwendung für Verfahren, die vor dem 1.9.2009 eingeleitet wurden oder deren Einleitung beantragt wurde.

706 Abänderbar nach § 36 Nr. 1 EGZPO sind rechtskräftige Urteile, Titel gemäß § 794 Abs. 1 Nr. 5 ZPO, Unterhaltsvergleiche (§ 794 Abs. 1 Nr. 1 ZPO), Anwaltsvergleiche (§ 796a ZPO), Jugendamtsurkunden gemäß §§ 59, 60 SGB VIII und formlose Unterhaltsvereinbarungen. Sogar ein Unterhaltsverzicht kann abänderbar sein, sofern die Berufung auf ihn infolge der Änderung des Unterhaltsrechts und einer daraus folgenden Erhöhung des Anspruchs gegen Treu und Glauben, § 242 BGB, verstoßen würde. Eine Abfindungsregelung hingegen kann lediglich dann an das neue Recht angepasst werden, wenn mit ihr keine abschließende Regelung getroffen werden sollte. Keine Anwendung findet die Norm hingegen auf einstweilige Anordnungen nach §§ 620 Nrn. 4-6, 644 ZPO. Siehe dazu 1. Kapitel III. 2.

707 Zur Frage der Identität des Streitgegenstandes vgl. *Bumiller/Harders,* FamFG, § 238 Rn. 5 ff.

708 Siehe OLG Dresden, Urt. v. 12.3.2009 - 2 UF 179/08.

oder für die Dauer ihrer Entrichtung maßgebend waren.[709] Zu prüfen ist also, ob und in welcher Höhe derzeit ein Anspruch besteht und ob dieser wesentlich vom bereits titulierten Anspruch abweicht.[710] § 36 Nr. 1 EGZPO enthält ebenfalls das Wesentlichkeitskriterium. Im Übrigen stellt die Bestimmung weitere Voraussetzungen für die Abänderung auf, wodurch ihr eine zusätzliche begrenzende Funktion zukommt.[711] Sofern der Anwendungsbereich des § 36 Nr. 1 EGZPO eröffnet ist, also ein Altfall vorliegt *(...über den Unterhaltsanspruch vor dem 1.1.2008 rechtskräftig entschieden,...)* und sich das Abänderungsbegehren auf die Gesetzesnovellierung bezieht *(...Umstände, die vor diesem Tag entstanden und durch das Gesetz zur Änderung des Unterhaltsrechts erheblich geworden sind...)*, ist als zusätzliches Erfordernis für die Begründetheit der Klage bzw. des Antrags die Zumutbarkeit der Titelanpassung unter besonderer Berücksichtigung des Vertrauens zu prüfen. Erst an dieser Stelle erfolgen die Feststellung von schützenswertem Vertrauen und die Zumutbarkeitsabwägung.

Im Wesentlichen begründet § 36 Nr.1 EGZPO damit eine Einschränkung der Begründetheit eines Abänderungsverfahrens, indem die Bestimmung das zusätzliche Erfordernis der Zumutbarkeit aufstellt,[712] welches im Anschluss an die allgemeinen Begründetheitsvoraussetzungen zu prüfen ist.

2. Grundlegende Kritik an der bisherigen Handhabung in der Rechtsprechung

§ 36 Nr. 1 EGZPO ist durch die Besonderheit gekennzeichnet, dass er eine Vielzahl unbestimmter Rechtsbegriffe enthält und zur Umsetzung des Vertrauens-

---

709 Bei titulierten und formlosen Unterhaltsvereinbarungen sind die Grundsätze über die Änderung oder den Wegfall der Geschäftsgrundlage, § 313 BGB, maßgebend; vgl. Wendl/Staudigl/*Schmitz,* § 10 Rnrn. 176 d, 169 f.

710 Insofern gilt grundsätzlich die 10%-Grenze; siehe OLG Hamburg, FamRZ 1983, 932, 932 f.; OLG Frankfurt, FamRZ 1978, 934; KG, FamRZ 1983, 291, 292; OLG Düsseldorf, FamRZ 1993, 1103; Thomas/Putzo/*Hüßtege,* ZPO, § 323 Rn. 28; *Ehinger/Rasch,* FamRB 2007, 78, 79. Bei beengten wirtschaftlichen Verhältnissen ist nicht starr an dieser Grenze festzuhalten. Kritisch in Bezug auf die 10%-Grenze *Braun,* ZZP 108, 319, 329 ff.

711 Wendl/Staudigl/*Schmitz,* § 10 Rn. 176 b.

712 Auch in Hinblick auf die Rechtsfolge treten durch § 36 Nr. 1 EGZPO Veränderungen des Abänderungsverfahrens ein. Bei der Abänderungsklage bzw. dem Abänderungsantrag erfolgt eine Anpassung der Entscheidung an die veränderten Umstände, ansonsten ist das Gericht an die Entscheidung gebunden. Dies wird auch in § 238 Abs. 4 FamFG verdeutlicht, der insoweit von einer Anpassung an die Entscheidung unter Wahrung ihrer Grundlagen spricht. Bei der Abänderung einer Entscheidung nach § 36 Nr. 1 EGZPO hingegen kommen auch zeitlich abgestufte Titeländerungen in Betracht (siehe dazu 5. Kapitel III. 2., 3.), allerdings ist auch hier die durch den Vortitel geschaffene Bindungswirkung zu beachten, weshalb es für Tatsachen, die bereits im vorherigen Rechtsstreit hätten geltend gemacht werden können und denen nach dem veränderten Unterhaltsrecht keine andere Bedeutung zukommt, nicht berücksichtigt werden können (Wendl/Staudigl/*Schmitz,* a.a.O.; OLG Dresden, Urt. v. 12.3.2009 - 2 UF 179/08).

schutzes selbst das Tatbestandsmerkmal des Vertrauens herangezogen wird. Hier bietet sich reichlich Spielraum, um die grundgesetzlichen Vertrauensschutzkriterien sowie die aufgezeigten Besonderheiten des Eherechts entsprechend umzusetzen. Bisher hat die Rechtsprechung allerdings nur verhalten Gebrauch von der Übergangsregelung gemacht und sich in den einzelnen Entscheidungen weitgehend nicht besonders detailliert mit dem Vertrauensschutz auseinandergesetzt.[713] Häufig wird § 36 Nr. 1 EGZPO gar nicht angesprochen, obwohl nach den in der Literatur bisher herangezogenen Vertrauenskriterien seine Anwendung nicht fernliegend wäre, so beispielsweise in einer Entscheidung des BGH vom 30.7.2008.[714] Im zu entscheidenden Fall war die Ehefrau im Jahr 1948 geboren und das Ehepaar hatte sich nach 24-jähriger Ehe im Jahre 2002 getrennt. Die Scheidung erfolgte 2005, also zu einem Zeitpunkt, in dem die Ehefrau bereits 57 Jahre alt war. Der geschlossene Vergleich sah unbefristeten Unterhalt in Höhe von 600 € monatlich vor. Gegen diesen ging der geschiedene Ehemann nach der Unterhaltsrechtsreform mit seinem Abänderungsbegehren vor. Aufgrund des Alters der Ehefrau und der langen Ehedauer ist im Zweifel eine Versorgung durch die Erhöhung eigener Einkünfte, die sich bisher auf 1200 € beliefen, nicht möglich. Der BGH hat diesbezüglich lediglich eine Zurückverweisung an das OLG vorgenommen unter Bezug auf die Darlegung von ehebedingten Nachteilen der Beschränkungsmöglichkeiten des § 1578b BGB. Vertrauensschutz nach § 36 Nr. 1 EGZPO wurde indes nicht thematisiert, was angesichts der langen Ehedauer sowie des hohen Lebensalters der Unterhaltsberechtigten und den dadurch sehr eingeschränkten Möglichkeiten, die Versorgungssituation noch einmal zu beeinflussen, überrascht. Ausgehend von der Konzeption der Übergangsregelung sowie ihrer verfassungsrechtlichen Bedeutung müsste ihre Anwendbarkeit eigentlich im Rahmen jeder auf das UÄndG gestützten Abänderungsklage überprüft werden.

Generell zeigt sich nach bisher veröffentlichten Entscheidungen eine Tendenz, den Vertrauensschutz mit § 1578b BGB zu verbinden, einer der Regelungen, die im rein materiellen Recht Vertrauen berücksichtigen kann.[715] Dies spiegelt sich auch wider in der Entscheidung des KG vom 27.11.2008.[716] Die Ehefrau bezog wegen einer paranoiden Psychose (Schwerbehinderung zu 70 %) Krankenunter-

713 Vgl. *Börger,* FPR 2009, 71, 74. Ausführlich zur Frage der Abänderbarkeit hingegen OLG Dresden, Urt. v. 11.3.2009 - 23 UF 626/08; OLG Schleswig, Urt. v. 19.1.2009 - 15 UF 124/08 = OLGR Schleswig 2009, 259.

714 BGH, Urt. v. 30.7.2008 - XII ZR 177/06 = NJW 2008, 3213 = FamRZ 2008, 1911. Zur Notwendigkeit der Gewährung von Vertrauensschutz in diesem Fall siehe *Börger,* FPR 2009, 71, 74.

715 Näheres zur Abgrenzung des § 1578b BGB zu § 36 Nr. 1 EGZPO sodann im 5. Kapitel V.

716 KG, Urt. v. 27.11.2008 - 16 UF 131/08. Das Urteil des KG ist allerdings noch nicht rechtskräftig geworden. Nachgehend BGH, XII ZR 9/09. Siehe auch OLG Celle, NJW 2008, 3575.

halt nach § 1572 BGB, der zunächst am ehelichen Lebensstandard ausgerichtet war, ab dem 14.11.2002 aber nach § 1578 Abs. 1 S. 2 BGB a.F. auf den angemessenen Lebensbedarf herabgesetzt wurde. Ihre Wurzeln hatte die Psychose in der Kindheit der Ehefrau. Sie trat allerdings erst infolge von Ehekrise und Trennung zutage. Das KG sah diesbezüglich die Voraussetzungen einer erneuten Herabsetzung des Unterhaltsanspruchs nach § 1578b Abs. 2 BGB nicht als gegeben. § 1578b BGB diene nicht dazu, im Falle des Bestehens einer Krankheit zum Zeitpunkt der Rechtskraft der Scheidung die nacheheliche Solidarität, auf welcher der Krankenunterhalt fuße, zu beenden und die finanzielle Absicherung der Gesellschaft aufzubürden. Ferner stütze auch § 36 Nr. 1 EGZPO den Bestand des Unterhaltsanspruchs, denn die geschiedene Ehefrau habe darauf vertrauen dürfen, dass bereits herangezogene Tatsachen nicht zu einem späteren völligen Verlust des Anspruchs führen. Eine konkrete Subsumtion unter die Voraussetzungen des § 36 Nr. 1 EGZPO bieten die Entscheidungsgründe trotz des letztlich überzeugenden Ergebnisses nicht. Die Entscheidung erscheint vielmehr auf allgemeinen Billigkeitserwägungen zu beruhen.

Auch in anderen Entscheidungen wird versucht, über die Anwendung des § 1578b ein billiges Ergebnis zu erzielen. Sofern damit auch tatsächlich eine angemessene Regelung gefunden werden kann, ist dies nicht zu beanstanden, denn § 36 Nr. 1 EGZPO selbst erfährt erst dann Anwendung, wenn die Situation nach der neuen Rechtslage nicht zumutbar ist. Gleichwohl müsste an dieser Stelle eben auch das ermittelt werden. Viel zu häufig endet die gerichtliche Abwägung mit einer Betrachtung des § 1578b BGB und lässt insoweit die Möglichkeit eines weitergehenden Vertrauensschutzes außer Acht. Diese ist aber durchaus nötig, denn § 1578b BGB kann nicht alle Vertrauenssituationen im übergangsrechtlichen Sinne erfassen.[717] Die restriktive Anwendung des § 36 Nr. 1 EGZPO führt zugleich auch zu einer Benachteiligung der geschiedenen Ehefrau, da in den meisten Fällen Frauen unterhaltsberechtigt sind. Dabei böte die Regelung ein ungemeines Potenzial, welches den feinen Nuancen des Vertrauens im Ehe- und Scheidungsunterhaltsrecht bei entsprechender Anwendung und Umsetzung gerecht werden könnte. Insgesamt scheint aber, insbesondere auch in der Beratungspraxis, eine große Unsicherheit zu bestehen, wie die unbestimmten Rechtsbegriffe des § 36 Nr. 1 EGZPO sachgerecht ausgefüllt werden könnten.[718] Dies zeigt sich auch anhand der bislang geringen Zahl veröffentlichter Urteile oder Beschlüsse zur Thematik. Die meisten anderen Neuerungen des UÄndG wurden bereits in einer deutlich größeren Anzahl von Entscheidungen thematisiert.

717 Zur Abgrenzung von § 1578b BGB und § 36 Nr. 1 EGZPO siehe 5. Kapitel V.

718 *Börger,* FPR 2009, 71, 74.

3. Notwendigkeit der Typisierung

§ 36 Nr. 1 EGZPO bestimmt, dass eine Abänderung aufgrund von Faktoren, die durch das Gesetz zur Änderung des Unterhaltsrechts erheblich geworden sind, nur in Betracht kommt, soweit eine wesentliche Änderung der Unterhaltsverpflichtung eintritt und die Änderung dem anderen Teil unter Berücksichtigung seines Vertrauens zumutbar ist. Insofern setzt die Anwendung des § 36 Nr. 1 EGZPO stets eine Interessenabwägung unter Einbeziehung sämtlicher Aspekte voraus, die eine „dem Einzelfall gerecht werdende Lösung" als Resultat haben soll,[719] stellt also auf den konkret zu entscheidenden Lebenssachverhalt ab. Dies ist für den Vertrauensschutz im Scheidungsfolgenrecht auch der richtige Ansatz, denn jeder Scheidungsfall und jede Unterhaltsvereinbarung sind anders und müssen individuell bewertet werden, um ihren Besonderheiten gerecht zu werden. Gleichwohl ist bereits das materielle Unterhaltsrecht mit einer Vielzahl unbestimmter Rechtsbegriffe ausgestattet und sorgt damit für die nötige Einzelfallgerechtigkeit, die in stetigen Widerstreit zur Rechtssicherheit und Vorhersehbarkeit des Tenors tritt.[720] Damit die Einzelfallgerechtigkeit als legitimes und auch - besonders im Unterhaltsrecht - erstrebenswertes Ziel aber nicht in eine für niemanden mehr kalkulierbare Willkür umschlägt, ist eine gewisse Typisierung durchaus von Vorteil, die ebenfalls der Ökonomie von Unterhaltsprozessen entgegenkommt. Die Entwicklung von Fallbeispielen zur Ausfüllung unbestimmter Rechtsbegriffe hat dabei den Vorteil, dass diese nicht abschließend sind, wie es beispielsweise eine konkrete Verankerung von Fallbeispielen im Gesetz sein könnte. Eine gewisse Typisierung nach Sinn und Zweck der Norm unter Einbeziehung dessen, was im „Normalfall" der Einzelfallgerechtigkeit Rechnung tragen kann, muss daher Aufgabe der Rechtsprechung und der Rechtswissenschaft sein. Ansonsten droht das nacheheliche Unterhaltsrecht eine für keinen mehr durchschaubare Angelegenheit zu werden, die aufgrund ihrer Intransparenz auch bei dem Rechtsunterworfenen kaum noch Akzeptanz finden kann. Gerade für die Überleitungsfälle gibt es bestimmte Umstände, die in fast jeder Vertrauensschutzprüfung eine Rolle spielen und die als Indikatoren für das Vorliegen und die Schutzwürdigkeit von Vertrauen dienen können.

4. Vertrauen als Tatbestandsmerkmal

a) Vertrauen als inneres Merkmal

Es stellt mithin eine große Herausforderung für den Rechtsanwender dar, wenn Vertrauen als Tatbestandsmerkmal einer Rechtsnorm verankert wird. Bereits die Ausführungen im zweiten Kapitel haben versucht zu verdeutlichen, wie vielschichtig Vertrauensaspekte sein können, insbesondere da Vertrauen eine innere Einstellung kennzeichnet und damit kaum feststell- und beweisbar ist. Um dennoch tragfähige Kriterien zu entwickeln, muss darauf abgestellt werden, wann

719 BT-Drs. 16/1830, S. 33.

720 Zur Balance zwischen Rechtssicherheit und Einzelfallgerechtigkeit im Familienrecht siehe auch *Willutzki,* ZRP 2006, 197.

von einem nach außen sichtbaren Verhalten oder aufgrund von generalisierbaren Erwägungen auf inneres, rechtlich relevantes Vertrauen geschlossen werden kann. Dabei müssen besonders eherechtsspezifische Erwägungen und die Intention von übergangsrechtlichem Vertrauensschutz beachtet werden.

b) Eingrenzung nach Wortlaut sowie Sinn und Zweck

Um Kriterien zu bestimmen, die das Merkmal des Vertrauens ausfüllen können, ist eine Orientierung am Wortlaut sowie an Sinn und Zweck der Norm erforderlich. Es zeigt sich, dass § 36 Nr. 1 EGZPO eigentlich nichts anderes in eine kurze prägnante Formel verpackt, als der Vertrauensschutzgedanke in verfassungsrechtlicher Sicht besagt, nämlich dass im Einzelfall eine Billigkeitsabwägung zwischen den divergierenden Interessen stattfinden muss, welche im Ergebnis praktische Konkordanz herstellt. Da es für den Gesetzgeber selbst kaum möglich ist, sämtliche Einzelfälle zu antizipieren und eine angemessene Regelung für diese zu finden, hat er insoweit eine Norm geschaffen, die es dem Richter ermöglicht, die erforderliche Abwägung für den konkreten Fall vorzunehmen und schließlich eine Unterhaltsregelung zu finden, welche die Interessen aller Beteiligter abhängig von ihrer Schutzwürdigkeit in Ausgleich bringt.[721]

Trotz des grundsätzlichen richterlichen Spielraums hat der Gesetzgeber aber gewisse gemeinverbindliche Vorgaben zur Abwägung geschaffen.[722] Aus dem Wortlaut der Regelung „*nur* zu berücksichtigen, *soweit* ... die Änderung dem anderen Teil ... zumutbar ist“ ergibt sich, dass der „Bestandsschutz“ als Regelfall angesehen werden und ihm im Zweifelsfall größeres Gewicht zukommen müsste als dem Anpassungsbegehren an das neue Recht.[723] Bisher lässt sich dies in der gerichtlichen Handhabung des § 36 Nr. 1 EGZPO nicht unbedingt verzeichnen. Insofern orientiert sich die Rechtsprechung eher an der Intention des Gesetzgebers, eine universale Geltung des neuen Rechts zu erreichen. Zudem hat der Gesetzgeber den Vertrauensschutz auch insoweit konkretisiert, als er in § 36 Nr. 1 EGZPO ausdrücklich auf das Vertrauen in den Bestand einer Unterhaltsregelung abstellt („...Berücksichtigung seines Vertrauens *in die getroffene Regelung* ...“) und damit den Vertrauensschutz zunächst auf bereits Geschiedene beschränkt. Ergo spiegelt das Vertrauenskriterium in § 36 Nr. 1 EGZPO nicht das Vertrauen in den Bestand der Ehe oder das nacheheliche Unterhaltsrecht allgemein wider, sondern allein das Vertrauen in den Bestand der konkret getroffenen Unterhaltsregelung. Damit sind auch die Kriterien, die den unbestimmten Begriff des Vertrauens näher ausformen sollen, daran auszurichten. Zwar wäre eine andere Regelung gesellschaftspolitisch wünschenswert gewesen, denn die

721 Kritisch unter Bezug auf die Gewaltenteilung *Brudermüller,* Eigenverantwortung vs. Solidarität, S. 55, 62.

722 Daher hält sich auch der große Entscheidungsspielraum der Judikativen im Rahmen der Gewaltenteilung.

723 *Diehl,* JAmt 2007, 566, 570. Siehe auch AG Peine, FamRZ 1987, 593, 594 und *Jaeger,* FamRZ 1986, 737, 747 bzgl. Art. 6 Nr. 1 UÄndG 1986.

Überlegungen im zweiten Kapitel zeigen, auf wie vielfältige Art und Weise Vertrauen entstehen kann. Die Auslegung der Tatbestandsmerkmale muss sich aber an den Grenzen des Wortlauts orientieren. Deshalb sind Aspekte, die sich auf das Vertrauen in den Bestand der Ehe und damit verbunden in die Ausgestaltung des Scheidungsunterhalts generell richten, zunächst nicht erheblich; diese haben unmittelbar nichts mit dem Vertrauen in den Fortbestand der konkreten Unterhaltsregelung zu tun, sondern können allenfalls ein Vertrauen auf den Fortbestand eines angemessenen Scheidungsfolgenrechts begründen. Damit können allgemeine Billigkeitskriterien des nachehelichen Unterhaltsrechts, wie beispielsweise die Ehedauer,[724] die Kinderbetreuung[725] an sich oder die Ehebedingtheit der Nachteile[726] nicht pauschal als Billigkeitskriterien für den Vertrauensschutz in den Bestand auf die Unterhaltsregelung herangezogen werden, sondern müssen daraufhin untersucht werden, inwieweit sie tatsächlich das Bestandsvertrauen in eine Unterhaltsregelung beeinflussen.

Obgleich dieser Einschränkung durch den Wortlaut dürfen die eingangs aufgezeigten, für das Unterhaltsrecht relevanten gesellschaftlichen Entwicklungen nicht unbeachtet bleiben. Die Untersuchungen im ersten Kapitel haben versucht herauszustellen, dass der vermeintliche gesellschaftliche Wandel, auf den der Reformgesetzgeber das neue Recht stützt, für die älteren Generationen gar nicht oder zumindest nicht im reklamierten Maße zu verzeichnen ist.[727] Gerade in diesen Fällen stellt sich die Frage nach Vertrauensschutz unabhängig von dem Bestehen einer Unterhaltsregelung. Primär muss es natürlich die Aufgabe des materiellen Unterhaltsrechts an sich bleiben, hier durch angemessene Auslegung der Billigkeitsnormen und Härtefallregelungen das neue Recht einzelfallgerecht anzuwenden. In Härtefällen ist aber auch diesbezüglich zu überlegen, inwieweit für diese Fälle Vertrauensschutz im Sinne von Bestandsschutz zu gewähren ist. Zu denken ist hier beispielsweise an die bereits in der Einleitung vorgestellte Fallkonstellation, allerdings mit der Abweichung, dass die Ehegatten erst am 2.1.2008 geschieden werden. Alleine aufgrund des Entstehenszeitpunktes der Unterhaltsregelung, welchen die Parteien bei gerichtlicher Entscheidung kaum steuern können, ändern sich die tatsächlichen Gegebenheiten nicht. Die Ehefrau kann die Lebensführung genauso wenig an ein zunehmend auf Eigenverantwortung ausgerichtetes Unterhaltsrecht anpassen wie eine Ehegattin, die noch im Dezember 2007 eine Unterhaltsregelung erwirken konnte. Diese Problematik soll später noch gesondert aufgegriffen werden.[728]

---

724 §§ 1570 Abs. 2, 1574 Abs. 2 S. 2 und 1578b Abs. 1 S. 3 BGB berücksichtigen die Dauer der Ehe als Billigkeitskriterium im Scheidungsunterhaltsrecht.

725 Die Kinderbetreuung wird in §§ 1570 Abs. 2, 1574 Abs. 2 S. 2, 1577 Abs. 4 S. 2, 1578b Abs. 1 S. 1, Abs. 2 und 1579 BGB berücksichtigt.

726 Ehebedingte Nachteile finden Berücksichtigung in §§ 1575 Abs. 1 S. 2 und 1578b Abs. 1 S. 2 BGB.

727 Siehe auch *Börger,* FPR 2009, 71, 73.

728 Siehe dazu 5. Kapitel VI.

c) Rückgriff auf Kriterien des verfassungsrechtlichen Vertrauensschutzes
Aufgrund der Ähnlichkeit der verfassungsrechtlichen Vertrauensvorgaben und der Ausgestaltung von § 36 Nr. 1 EGZPO sollte auch bei der Auslegung auf die zum verfassungsrechtlichen Vertrauensschutz gebildeten Kriterien zurückgegriffen werden. Entwickelt wurde diesbezüglich die Stufung von Vertrauensgrundlage, Vertrauensbetätigung und Schutzwürdigkeit des Vertrauens, die als Anhaltspunkt zur Untersuchung des Vertrauens auf eine Unterhaltsregelung dienen kann.

Die Grundlage des Vertrauens bei § 36 Nr. 1 EGZPO bietet generell die Unterhaltsregelung als solche, also rechtskräftige Urteile, Titel gemäß § 794 Abs. 1 Nr. 5 ZPO, Unterhaltsvergleiche im Sinne des § 794 Abs. 1 Nr. 1 ZPO, Anwaltsvergleiche im Sinne des § 796a ZPO, Jugendamtsurkunden nach §§ 59, 60 SGB VIII und formlose Unterhaltsvereinbarungen.[729] Grundsätzlich sind titulierte Unterhaltsansprüche und Unterhaltsvereinbarungen als gleich schutzwürdig anzusehen. Dem durch die gerichtliche Festsetzung erzeugten Anschein der Verbindlichkeit der Regelung stehen bei der nichttitulierten Unterhaltsvereinbarung der Rechtsbindungswille beider Parteien und ihr erzielter Konsens gegenüber. Dennoch kann es in einigen Fällen zur konkreten Feststellung des Vertrauens einen Unterschied machen, was im Speziellen die Vertrauensgrundlage bildete. Auf diese Unterschiede wird dann jeweils im Rahmen der einzelnen Vertrauenskriterien einzugehen sein.

Nicht alle Geschiedenen schalten zwingend Anwälte oder ein Gericht ein, um sich über den Unterhalt zu einigen. Trotz des Erfordernisses der notariellen Beurkundung in § 1585c BGB n.F. bleiben die unter Geltung des alten Rechts getroffenen Vereinbarungen wirksam, auch soweit sie Unterhaltsansprüche für die Zeit nach dem 1.1.2008 regeln.[730] Diese Unterhaltsvereinbarungen unterfallen ebenfalls dem Anwendungsbereich des § 36 Nr. 1 EGZPO. Bisweilen wird der Unterhalt auch einfach schlicht gezahlt, ohne dass diesbezüglich besondere Absprachen getroffen wurden. Aus § 36 Nr. 1 EGZPO ergibt sich zunächst nicht direkt, ob diese Fälle ebenfalls von der Möglichkeit der Berufung auf den Vertrauensschutz erfasst sein sollen.[731] Von seiner Konzeption her hat die Regelung nämlich die Fälle des § 323 ZPO im Blick,[732] der aber gerade nicht auf außergerichtliche Vereinbarungen anwendbar ist,[733] sofern die Parteien ihre Vereinba-

729 Auch ein Unterhaltsverzicht oder eine Abfindungsregelung können einer Abänderung unterliegen. *Peschel-Gutzeit,* Unterhaltsrecht aktuell, Rn. 197.
730 BT-Drs. 16/1830, S. 39.
731 Siehe Münchener Anwaltshandbuch/*Grandel,* § 9 Rn. 313.
732 A.a.O.
733 BGH, FamRZ 1982, 782, 784; OLG Braunschweig, FamRZ 1979, 928, 929; OLG Zweibrücken, FamRZ 1982, 302, 303; Weinreich/Klein/*Bäumel,* § 323 ZPO Rn. 3.

rung nicht selbst der Geltung des § 323 ZPO unterstellt haben.[734] Allerdings zeigt sich bereits von Wortlaut und Systematik des § 36 Nr. 1 EGZPO her die Differenzierung zwischen Titel und Unterhaltsvereinbarung, die beide der Abänderungsmöglichkeit unterstellt werden sollen.[735] Auch der Vergleich mit Art. 6 UÄndG 1986 - dem „Vorbild" für die Schaffung von § 36 Nr. 1 EGZPO - zeigt eine Unterscheidung zwischen Titulierung und Vereinbarung und erstreckte seine Anwendbarkeit ebenfalls auf beides.[736] Letztlich ergibt sich auch bereits aus der Interessenlage heraus die Anwendbarkeit von § 36 Nr. 1 EGZPO. Denn das Vertrauen des Berechtigten in den Fortbestand der Unterhaltsregelung ist in beiden Fällen gleichwertig, unabhängig davon, ob eine Regelung tituliert wurde oder die Situation formlos oder sogar konkludent geregelt wurde.[737] Für den juristischen Laien, dem die verschiedenen Formmöglichkeiten nicht ständig präsent sind, kann es für die Schutzwürdigkeit auch keinen Unterschied machen, welche Form er und sein geschiedener Partner für die Vereinbarung gewählt haben. In diesem Sinne ist wohl auch die Formulierung „stillschweigende Unterhaltsvereinbarung"[738] in der Gesetzesbegründung zu verstehen, die ebenfalls der Geltung der Übergangsregelung unterstehen soll.[739] Dementsprechend ist der Begriff „Unterhaltsvereinbarung" des § 36 Nr. 1 EGZPO weit auszulegen[740] und erfasst auch Fälle der privatschriftlichen oder sogar konkludenten Vereinbarungen. Deshalb können auch diese die Vertrauensgrundlage bilden und dem Vertrauensschutz unterfallen.

II. Kriterien für schutzwürdiges Vertrauen

Trotz ihrer Individualität fußen Unterhaltsregelungen häufig auf ähnlichen Lebenssachverhalten, die sich aus den klassischen Ehebildern, wie beispielsweise der Hausfrauenehe, der Zuverdienerehe oder der Doppelverdienerehe, ergeben. Daran anknüpfend lassen sich Kriterien ableiten, die generell aussagekräftig hinsichtlich des Vorliegens und der Schutzwürdigkeit von Vertrauen sind. Diesbezüglich bietet sich aufgrund der Ähnlichkeit der Regelungen auch ein Rückgriff auf die zur Übergangsregelung des UÄndG 1986 ergangenen Urteile an.[741]

---

734 Weinreich/Klein/*Bäumel,* § 323 ZPO Rn. 3; Zöller/*Vollkommer,* ZPO, § 323 Rn. 43. A.A. *Graba,* Die Abänderung von Unterhaltstiteln, Rn. 64, nach dessen Auffassung das Klagesystem nicht zur Disposition der Parteien stehe.

735 *Jüdt,* FuR 2008, 112, 115.

736 *Jüdt,* FuR 2008, 112, 115 f.

737 Münchener Anwaltshandbuch/*Grandel,* § 9 Rn. 313.

738 BT-Drs. 16/1830, S. 33.

739 Münchener Anwaltshandbuch/*Grandel,* § 9 Rn. 313

740 A.a.O. In prozessualer Hinsicht ist Leistungsklage zu erheben.

741 Art. 6 Nr. 1 UÄndG 1986: „(1) Ist über den Unterhaltsanspruch vor dem Inkrafttreten dieses Gesetzes rechtskräftig entschieden, ein vollstreckbarer Schuldtitel errichtet oder eine Unterhaltsvereinbarung getroffen worden, so kann sich der Unterhaltspflichtige auf Umstände, die vor dem Inkrafttreten dieses Gesetzes entstanden sind, nur berufen, soweit die Aufrechterhaltung des Titels oder die Bindung an die Vereinbarung auch unter besonderer Berücksichtigung des Vertrauens des Berechtigten in die getroffene Rege-

Art. 6 Nr. 1 UÄndG unterschied sich von der jetzigen Übergangsregelung hauptsächlich dadurch, dass die Wesentlichkeitsschwelle nicht ausdrücklich erwähnt wurde. Allein aus dem Kriterium der Zumutbarkeit indes konnte sich die 10%-Grenze aber nicht ergeben.[742] Zudem wurde das Kriterium des Vertrauens noch dadurch ausdrücklich betont, dass es *besondere* Berücksichtigung und nicht lediglich Berücksichtigung wie in § 36 Nr. 1 EGZPO finden sollte. Des Weiteren lag ein Unterschied darin, dass den Gesamtregelungen ein umfänglicher Bestandsschutz derart zugebilligt wurde, dass diese lediglich dann abänderbar waren, wenn der übrige Teil der Gesamtvereinbarung auch ohne die Unterhaltsregelung so getroffen worden wäre.

1. Vertrauensschutz bei Dispositionen

a) Weiter Dispositionsbegriff

Bereits die verfassungsrechtliche Untersuchung des Vertrauensschutzes hat die Bedeutung von Dispositionen in diesem Zusammenhang gezeigt. Auch ausweislich der Gesetzesbegründung soll die Übergangsregelung insbesondere dem Umstand Rechnung tragen, dass der Unterhaltsgläubiger sich vielfach auf den Fortbestand der Vereinbarung eingestellt habe.[743] In Anlehnung an die Rechtsprechung des BVerfG zu „Vertrauensinvestitionen" kann dies angenommen werden,[744] wenn der Empfänger im Vertrauen auf den Fortbestand bereits Entscheidungen getroffen hat, die nicht reversibel sind und deren Nachteile über die bloße Enttäuschung seiner Erwartungen hinausgehen.[745] Abgestellt wird somit letztlich auf betätigtes Vertrauen. Überträgt man dies auf das Unterhaltsrecht, so ergibt sich daraus eine Schutzwürdigkeit von Vertrauen, welches dadurch seinen Ausdruck gefunden hat, dass derjenige, der die Änderung gegen sich gelten lassen müsste, Vermögensdispositionen oder Entscheidungen in wirtschaftlicher oder beruflicher Hinsicht getroffen hat, von denen er ansonsten abgesehen hätte und die er nicht mehr rückgängig machen kann.[746] Als Beispiel kommen hier insbesondere in Betracht die Eingehung eines längerfristigen Mietvertrags[747]

---

lung für den Verpflichteten unzumutbar ist. [...] (3) Wurde im Zusammenhang mit der Scheidung außer dem Unterhalt auch anderes durch Vereinbarung geregelt, so kann sich der Unterhaltspflichtige auf Umstände im Sinne des Satzes 1 nicht berufen, es sei denn, dass die Regelung im übrigen auch ohne die Regelung über den Unterhalt getroffen worden wäre."

742 *Jaeger,* FamRZ 1986, 737, 747.

743 BT-Drs. 16/1830, S. 33.

744 Siehe *Jüdt,* FuR 2008, 468, 469.

745 BVerfGE 30, 367, 389.

746 OLG Karlsruhe, NJW 2009, 525, 526; *Jüdt,* FuR 2008, 468, 469; *Rasch,* FPR 2008, 15, 17; Büte/Poppen/Menne/*Büte,* § 36 EGZPO Rn. 12. Auf konkrete bzw. fehlende Dispositionen stellen ferner ab OLG Celle, NJW 2008, 3575, 3578; *Gutjahr,* NJW 2008, 1985, 1989. Siehe bzgl. Art. 6 Nr. 1 UÄndG 1986 AG Peine, FamRZ 1987, 593, 594; OLG Bremen, FamRZ 1991, 86, 87.

747 *Jüdt,* FuR 2008, 468, 470. Zum Abschluss eines befristeten Mietvertrages über Wohnraum siehe § 575 BGB. Möglich ist allerdings auch die Vereinbarung eines beiderseiti-

oder der Abschluss eines Darlehensvertrages für objektiv notwendige Anschaffungen,[748] ebenso eine längerfristige Beurlaubung.[749] In diesen Fällen hat der Unterhaltsgläubiger sich irreversibel gebunden. Vernünftigerweise ist regelmäßig davon auszugehen, dass er dies gemacht hat, weil er in den Bestand der Regelung vertraut hat, obwohl eine streng kausale Verknüpfung zwischen Disposition und Vertrauensgrundlage nicht erforderlich ist. Grundsätzlich keine Rolle für die Beurteilung einer solchen Disposition spielt hingegen das generelle Risiko, das dem Unterhaltsanspruch immanent ist.[750]

Eine Disposition in diesem Sinne kann aber auch dann gesehen werden, wenn der Unterhaltsgläubiger weiterhin (im Einvernehmen mit dem Schuldner) die in der Ehe gewählte traditionelle Rollenverteilung beibehält und insofern eine „Disposition durch Unterlassen" dahingehend trifft, dass sich aufgrund der stetig länger werdenden Erwerbsunterbrechung seine Beschäftigungsmöglichkeiten zunehmend verschlechtern. Der Unterhaltsberechtigte zeigt sein Vertrauen in den Bestand der Vereinbarung, indem er auf eine eigene Zukunftssicherung verzichtet oder verzichten muss, weil er dazu (ehebedingt) kaum in der Lage ist. Gleichzeitig tritt das Vertrauen zutage, dass der Gesetzgeber auch in Zukunft die einvernehmliche Gestaltung der Erwerbs- und Hausarbeit in der Ehe respektieren und diese im Scheidungsfolgenrecht umfassend berücksichtigen wird, wie auch, dass der Unterhaltspflichtige sich künftig an der gewählten Rollenteilung zumindest in beschränktem Umfang festhalten lassen muss. Dies zeigt sich auch im Fallbeispiel der Einleitung. Die Ehefrau hatte hier während der Ehe die Kinderbetreuung und die Haushaltsführung sowie Pflegeleistungen vollständig übernommen, nach der Scheidung wurde diese Rollenteilung in Bezug auf die Betreuungsleistung beibehalten. Dies ist als für den Vertrauensschutz relevante Disposition anzuerkennen, schließlich ist die Entscheidung gegen die Erwerbstätigkeit in Bezug auf die bereits verstrichene Zeit und die damit resultierenden finanziellen Nachteile nicht mehr reversibel. Gleichzeitig ist in Anbetracht des fortgeschrittenen Alters ein Einstieg in den Arbeitsmarkt nur mit erheblichen Schwierigkeiten möglich, insbesondere wegen der langen Erwerbspause. Auch aufgrund der fortgeschrittenen Zeit ergibt sich also, dass die gewählte Rollenverteilung kaum noch reversibel ist. Diese Wertungen spiegeln sich auch in einer Entscheidung des OLG Celle wider, welches als ein den Vertrauensschutz

---

gen formularmäßigen Kündigungsverzichts für die Dauer von bis zu vier Jahren. Die Rechtsprechung wendet hier § 557a Abs. 3 S. 1 BGB entsprechend an und erreicht dadurch einen Gleichlauf zwischen dem Ausschluss der ordentlichen Kündigung beim Staffelmietvertrag und bei unbefristeten Mietverträgen. Siehe dazu BGH, NJW 2005, 1574; 2009, 45.

748 Zur Frage, wann die Anschaffung objektiv notwendig ist, vgl. *Jüdt,* FuR 2008, 468, 470.

749 *Rasch,* FPR 2008, 15, 17.

750 Anders insoweit OLG Karlsruhe, Urt. v. 15.7.2009 - 18 UF 10/09, in Bezug auf einen - wohl nicht längerfristigen - Mietvertrag.

begründendes Merkmal die Tatsache einordnet, dass die Unterhaltsgläubigerin nach Scheidung noch 11 Jahre die Erziehung gemeinsamer minderjähriger Kinder übernommen hatte und nicht oder nur geringfügig erwerbstätig war, wie dies auch schon zur Ehezeit praktiziert wurde, weshalb sich - auch in Anbetracht ihres Alters und der fehlenden Berufsausbildung - kaum mehr die Chance zu einem Einstieg in den Arbeitsmarkt ergibt.[751]

Bei Berücksichtigung der Rollenverteilung muss aber sehr genau darauf geachtet werden, dass auf die Zeit einer bestehenden Unterhaltsvereinbarung abgestellt wird und nicht schlechthin auf die Ehezeit, da der Gesetzgeber hierfür nach dem Wortlaut der Übergangsregelung keinen Vertrauensschutz vorsieht. Dies könnte allenfalls bei einem über das Vertrauen auf die Unterhaltsregelung hinausgehenden Vertrauensschutz berücksichtigt werden. Gleichfalls muss Beachtung finden, inwieweit die gewählte Rollenteilung noch reversibel derart ist, dass der Unterhaltsberechtigte in Anbetracht seiner Qualifikation und des Alters Erfolgsaussichten auf dem Arbeitsmarkt hat.

b) Keine Erforderlichkeit eines „finalen Elementes“

Wie bereits die Berücksichtigung von Dispositionen durch Unterlassen zeigt, ist der Begriff nicht sonderlich restriktiv zu handhaben. Weitere Einschränkungen sind in Bezug auf die Disposition daher nicht zu machen. Nicht erforderlich ist insbesondere ein „finales Element“ im Sinne einer objektiven Betrachtung, inwieweit sich ein verständiger Dritter in der Situation des Investierenden im Vertrauen auf den Bestand der Rechtslage in gleicher Weise längerfristig und in einem nicht nur unerheblichen Maße finanziell gebunden hätte.[752] Dies würde den Vertrauensschutz empfindlich und unangemessen einschränken. Denn die Nachteile, die dem Investierenden entstehen können, ergeben sich unabhängig davon, ob die Investition als vernünftig erscheint oder nicht. Außerdem knüpft das Unterhaltsrecht formell an den ehelichen Lebensstandard an, weshalb es generell schwierig wäre, die Sichtweise eines objektiven Dritten zu begründen. Dieser Bezugspunkt sollte nicht noch zusätzlich dadurch entwertet werden, dass der Vertrauensschutz objektiviert wird. Lediglich in extremen Fällen, beispielsweise bei Anmietung einer Wohnung, deren Zahlungsverpflichtung schon im Zeitpunkt des Abschlusses des Mietvertrages die Lebensverhältnisse weit übersteigt, wird man wohl ein eigenes „Verschulden“ annehmen können und die Schutzwürdigkeit der Disposition geringer einstufen müssen, weil hier eine Verbindlichkeit eingegangen wurde, die nicht im Zusammenhang mit dem Unterhaltsanspruch stehen kann. Grundsätzlich ist hingegen die Schutzwürdigkeit von oben beschriebenen Vermögensdispositionen als hoch zu betrachten. Zwar sind in unterhaltsrechtlicher Hinsicht Dispositionen immer mit einem Risiko behaf-

751 OLG Celle, Beschl. v. 27.10.2008 - 10 WF 350/08 = BeckRS 2008 22791 = NJW-RR 2009, 302.

752 So aber *Jüdt,* FuR 2008, 468, 469 f.

tet.[753] Der Unterhaltsgläubiger hat aus den bereits ausgeführten Gründen grundsätzlich nicht die Sicherheit, dass sein Anspruch tatsächlich in voller Höhe Bestand hat.[754] Jedoch sollte der Unterhaltsgläubiger nicht noch zusätzlich das Risiko einer Gesetzesänderung tragen.

c) Keine Einschränkung durch das Gewicht der Disposition

Eine Einschränkung des Vertrauensschutzes ergibt sich auch nicht aufgrund des Gewichtes der Disposition. Vorgeschlagen wird hierzu, grundsätzlich auf die 10 %-Grenze des § 323 Abs. 1 ZPO abzustellen und somit lediglich Dispositionen als schutzwürdig zu erachten, wenn sie etwa 10 % der zum Lebensbedarf zur Verfügung stehenden monatlichen Geldmittel ausmachen.[755] Wenn eine Abänderungsklage oder ein Abänderungsantrag generell oder das Berufen auf Vertrauensschutz nach § 36 Nr. 1 EGZPO nur bei Erreichen der Wesentlichkeitsgrenze anzunehmen sei, dann spiegele dies die grundsätzliche Entscheidung des Gesetzgebers wider, erst ab diesem Gewicht könne ein Anlass zur Abänderung bestehen, deutlich geringere Abweichungen hingegen seien hinzunehmen. Allerdings würde eine solche Begrenzung den Vertrauensschutz noch weiter einschränken. Durch die Wesentlichkeitsschwelle des § 36 Nr. 1 EGZPO wird sowieso schon eine Eingrenzung erzeugt. Sicherlich muss bei der Frage, in welcher Form konkret der Vertrauensschutz gewährt werden soll, auch die Höhe der Vermögensdisposition beachtet werden. Sind nur in sehr begrenztem Umfang Dispositionen vorgenommen worden, so wird sich hier kaum ein absoluter Bestandsschutz rechtfertigen lassen. Die Höhe sollte aber nicht schon darüber entscheiden, ob Vertrauen vorliegt oder nicht.

Gleichzeitig lässt sich das finanzielle Äquivalent für das Vertrauen auch nicht immer in einem direkten Geldwert ausdrücken, beispielsweise wenn es um Dispositionen durch Unterlassen geht. Wie soll nämlich im Fallbeispiel der Einleitung beziffert werden, welcher finanzielle Verlust für die Ehefrau entstanden ist, weil sie - statt einer Erwerbstätigkeit nachzugehen - Hausfrau und Mutter war? Diesbezüglich müssten Erwägungen über den hypothetischen Kausalverlauf des Berufslebens angestellt werden, die sich aber kaum verifizieren lassen. Schwierigkeiten ergeben sich in dieser Hinsicht bereits daraus, dass der Arbeitsmarkt einem stetigen Wandel unterliegt und insbesondere früher eine höhere Durchlässigkeit aufwies und somit berufliche Aufstiege ohne herausragende Schulbildung durchaus möglich waren. Wie soll die Ehefrau hier beweisen, dass sie es geschafft hätte, mit ihrer Sekretärinnenausbildung zur Chefsekretärin, Büroleiterin, Assistentin oder sogar ins einfache oder mittlere Management aufzusteigen? Möglicherweise wäre sie auch einfache Sekretärin geblieben. All dies ist kaum

753 *Gutjahr,* NJW 2008, 1985, 1989; Hoppenz/Hülsmann/*Hoppenz,* § 36 EGZPO Rn. 1.
754 Siehe dazu 2. Kapitel III. 3. b).
755 *Jüdt,* FuR 2008, 468, 470.

verlässlich feststellbar und gerät in die Nähe von Spekulationen.[756] Ein Verweis auf die Erfahrungen der Rechtsprechung im Bereich von hypothetischen Entwicklungen zur Ermittlung der Schadenshöhe im Deliktsrecht bei Berufsunfähigkeit kann nicht überzeugen, denn auch in dieser Hinsicht stellt sich stets die Frage, inwieweit die Erwägungen spekulativ sind. Schon aus diesen Gründen sollte der Dispositionsbegriff weit gefasst und nicht zusätzlich durch die Dispositionshöhe begrenzt werden.

d) Ergebnis

Bereits die im öffentlichen Recht anzutreffende Ansicht, Vertrauensschutz bedeute Dispositionsschutz,[757] verdeutlicht, welche Wichtigkeit einer Disposition in diesem Kontext zukommt. Schließlich ist das Eingehen von Verbindlichkeiten tatsächlich ein Aspekt, der das subjektive Vertrauen objektiv sichtbar macht. Zugleich entsteht dem Betroffenen regelmäßig auch ein „Schaden", wenn in seine Dispositionen eingegriffen wird. Um ein ausreichendes Korrektiv im Vertrauensschutz darzustellen, muss der Dispositionsbegriff allerdings weit gefasst werden und insbesondere auch ein Unterlassen umfassen. Sonstige Einschränkungen sind nicht erforderlich, insbesondere auch aufgrund der Erwägung, dass generell Vertrauensschutzaspekte eher restriktiv angewendet werden und zusätzlich Einschränkungen diese Tendenz weiter verstärken könnten.

2. Zeit als vertrauensbegründendes Merkmal

Der Umstand „Zeit" spielt im materiellen nachehelichen Unterhaltsrecht eine herausragende Rolle.[758] Insbesondere die Dauer der Ehe wird dabei als entscheidendes Kriterium herangezogen. §§ 1570 Abs. 2, 1574 Abs. 2 S. 2 BGB und § 1578b Abs. 1 S. 3 BGB berücksichtigen die Ehedauer jeweils als Billigkeitskriterium zur Modifizierung des Unterhaltsanspruchs.[759] Bei der Frage der Verwirkung nach § 1579 Nr. 1 BGB und im Rahmen der Rangfolge nach § 1609 Nr. 2 BGB spielt die Dauer der Ehe ebenfalls eine Rolle. Diesen Bestimmungen liegt die Erwägung zugrunde, dass Zeit einen vertrauensbildenden Umstand darstellt und eine längere Ehedauer beim bedürftigen Ehegatten zu Recht Vertrauen darin erwecken kann, dass er auch künftig nach Trennung und Scheidung finanzielle Unterstützung erhält, insbesondere wenn sich dieses Vertrauen auf die während der Ehe eingenommene Rollenverteilung stützt; denn mit zunehmender Dauer der Ehe steigen regelmäßig die wirtschaftlichen Verflechtungen der Ehe-

---

756 Siehe für hypothetische Entwicklungen bei ehebedingten Nachteilen *Börger,* FPR 2009, 71, 74 f.

757 *Ossenbühl,* DÖV 1972, 25, 27; *Grabitz,* DVBl. 1973, 675, 678; *Kisker,* VVDStRL Heft 32 (1964), 149, 151; *Frotscher,* DVBl. 1976, 281, 284. Vgl. bereits 3. Kapitel III. 2. b) cc) (1).

758 *Jüdt,* FuR 2008, 468, 471.

759 Auch beim Trennungsunterhalt wird die Ehedauer nach § 1361 Abs. 2 BGB berücksichtigt.

gatten sowie deren wirtschaftliche Abhängigkeit voneinander.[760] Zudem verfestigen sich gewählte Strukturen durch Zeitablauf. Gleichwohl ist es schon aufgrund des Wortlauts von § 36 Nr. 1 EGZPO nicht möglich, die Ehedauer selbst als Kriterium heranzuziehen, da die Ehedauer nicht in Zusammenhang mit dem Bestand einer Unterhaltsregelung steht.[761] Daran knüpft § 36 Nr. 1 EGZPO aber gerade an. Wenn eine Ehe besonders lange Bestand hatte, ergibt sich aber nicht automatisch auch ein Vertrauen auf die Unterhaltsregelung. Allein aufgrund der Ehedauer kann auch nicht auf eine besondere Solidarität geschlossen werden, die sich außerhalb des materiellen Scheidungsfolgenrechts auch auf den Bestand der Unterhaltsregelung auswirken könnte. Zwar könnte man sagen, das Vertrauen auf die finanzielle Absicherung nehme mit der Dauer der Ehe zu; gerade dieses wird dann aber durch Trennung und Scheidung zerstört. Die Ehedauer kann indes ein Merkmal für Vertrauen in den Bestand der Ehe oder des Scheidungsfolgenrechts insgesamt sein.

a) Bestandsdauer der Unterhaltsvereinbarung

Die zu der Ehedauer vorgenommenen Erwägungen können aber auf die Bestehensdauer des Unterhaltsanspruchs übertragen werden.[762] So wie sich die Ehegatten im Laufe der Ehezeit auf die Ehe einrichten, stellen sich auch die geschiedenen Gatten mit zunehmender Dauer regelmäßig auf die neue wirtschaftliche Situation und damit verbunden auf die Unterhaltsregelung ein.[763] Vertrauenskriterium ist damit die Bezugsdauer des Unterhalts, also die Zeitspanne ab Entstehen der Unterhaltsregelung bis zur Geltendmachung des Abänderungsbegehrens.[764] Dass der Bestand einer Unterhaltsregelung als schützenswert anzuerkennen ist, lässt sich bereits aus den Erwägungen des Gesetzgebers schließen, der § 36 Nr. 1 EGZPO gerade so konzipiert hat, dass ausdrücklich an eine bestehende Regelung angeknüpft wird sowie ausschließlich für Fälle, in denen bereits eine Unterhaltsregelung existiert, überhaupt Vertrauensschutz gewährt wird.

Generell lässt sich feststellen, dass Vertrauen in den Fortbestand von Regelungen wächst, je länger diese Geltung besessen haben.[765] Daher ist das Vertrauen

760 *Jüdt,* FuR 2008, 468, 471.

761 A.A. insoweit OLG Celle, NJW-RR 2009, 302; NJW 2008, 3575; OLG Bremen, NJW 2009, 449, 451.

762 Zu dieser Erwägung insgesamt siehe *Jüdt,* FuR 2008, 469, 471 f.

763 *Jüdt,* FuR 2008, 469, 471. Vgl. auch Musielak/*Borth,* ZPO, § 323 Rn. 12, und *Borth,* FamRZ 2008, 105, 109, der die Schutzwürdigkeit der zeitlichen Dauer einer Regelung verbindet mit der Gestaltung der Arbeitsteilung während der Ehe und den eigenen Einkünften des Unterhaltsgläubigers.

764 OLG Celle, NJW 2008, 3575, 3578; OLG Karlsruhe, NJW 2009, 525; KG, Beschl. v. 11.7.2008 - 13 WF 58/08 = BeckRS 2008 21272; OLG Bremen, Beschl. v. 5.3.2009 - 4 UF 116/08 = OLGR Bremen 2009, 380 = NJW 2009, 1976; *Gutjahr,* NJW 2008, 1985, 1989; *Borth,* UÄndG, Rn. 401.

765 AG Peine, FamRZ 1987, 593, 594 bzgl. Art. 6 Nr. 1 UÄndG 1986.

umso stärker zu berücksichtigen, je später die Abänderung verlangt wird. Im Hinblick darauf, dass die Zeitkomponente im Unterhaltsrecht vor allem berücksichtigt wird, weil mit zunehmendem Zeitablauf die wirtschaftlichen Verflechtungen stärker werden und dadurch die ökonomische Eigenständigkeit vermehrt eingeschränkt wird und sich diese Verhältnisse mit zunehmender Zeit verfestigen, sollte sich auch die Zeitdauer, ab der eine Unterhaltsregelung als besonders schützenswert erachtet wird, daran bemessen, wann eine solche Verfestigung des Vertrauens eingetreten ist.[766] Zu Recht ist das OLG Celle davon ausgegangen, dass bei einer seit ca. 2 Jahren bestehenden Unterhaltsvereinbarung noch nicht von einer solchen Verfestigung ausgegangen werden kann.[767] Zwar hatten die Ehegatten den Unterhaltsvergleich vor ca. 8 Jahren geschlossen, allerdings wurde dieser nach ca. 6 Jahren abgeändert und der Anspruch auf eine neue Anspruchsgrundlage gestützt (Krankenunterhalt statt Betreuungsunterhalt). Der Zeitraum, der für die Beurteilung von Vertrauen relevant ist, ist aber grundsätzlich derjenige seit der letzten Modifizierung. Denn das Vertrauen in den Bestand der Regelung endet regelmäßig mit deren Abänderung. Eine Gesamtbetrachtung des vollständigen Zeitraums kommt lediglich dann in Betracht, wenn die Bezugsdauer von Unterhalt insgesamt besonders lange war und die Änderungen sich in Hinsicht auf die Höhe nur bedingt ausgewirkt haben, so dass die einzelnen Änderungen keine Zäsur in der Entstehung und Verfestigung des Vertrauens darstellen. Hier stünde dann im Blickpunkt eine Betrachtung derart, dass sich das Vertrauen nicht ausschließlich auf den einzelnen Unterhaltstatbestand richtet, sondern wiederum auf das gesamte System des Unterhaltsrechts, in dem die Anspruchsgrundlagen ineinander greifen. So lag der Fall aber nicht, weshalb das OLG Celle berechtigterweise die Bezugsdauer als nicht schützenswert eingestuft hat.

Anderes könnte allerdings hinsichtlich einer Entscheidung des OLG Karlsruhe gelten.[768] Hier stand ein vor ca. 14 Jahren ergangener Titel zur Überprüfung und das OLG hat dennoch den Vertrauensschutz als nicht so gewichtig erkannt, dass dieser eine Herabsetzung des Anspruchs nach § 1578b BGB unzumutbar machen könnte. Allerdings lag die Besonderheit darin, dass der Titel bereits seit ca. 8 Jahren durch den Kläger zur gerichtlichen Überprüfung gestellt wurde. Zwar ist durchaus möglich, dass die Beklagte auch in dieser Zeit darauf vertraut hat, dass der Titel letztlich nicht abgeändert werden würde. Jedoch könnte ein solches Vertrauen nicht als schutzwürdig eingestuft werden, weil die Beklagte davon ausgehen musste, dass ihr geschiedener Mann keinesfalls an der bestehenden Regelung festhalten wollte und sie deshalb mit der Abänderung rechnen musste. Abgesehen von diesem Spezialfall könnte die Zeitdauer von ca. 14 Jahren durchaus geeignet sein, einen weitreichenden Vertrauensschutz zu gewäh-

766 *Jüdt,* FuR 2008, 468, 471.
767 OLG Celle, NJW 2008, 3573, 3576.
768 OLG Karlsruhe, NJW 2009, 525.

ren. Ähnlich wie bei dem Kriterium der Ehe von langer Dauer ist nicht eine strikte Orientierung an einer bestimmten Zeitmarke angezeigt.[769] Vielmehr sollte nach Sinn und Zweck auf die entstandene Abhängigkeit unter Zuhilfenahme der Bezugsdauer abgestellt werden. Ab einer Bezugsdauer des Unterhalts von ca. 5 bis 7 Jahren sollte besonderer Vertrauensschutz erwogen werden. Zupass kommt dabei, dass § 36 Nr. 1 EGZPO eine schonende Anpassung an die neue Rechtslage mithilfe einer gestaffelten Übergangszeit ermöglicht, innerhalb derer allmählich der Anspruch abgesenkt werden kann auf die Höhe, die anschließend noch zu gewähren ist. In Anlehnung an die ältere Befristungsrechtsprechung zu § 1573 Abs. 5 BGB a.F., welche zumindest teilweise die Tendenz aufwies, bei gleichzeitiger Herabsetzung und Abschmelzung des Unterhalts die Auslauffrist an der Ehedauer zu bemessen,[770] könnte man sich diesbezüglich ebenfalls an der Bestandsdauer der Unterhaltsregelung orientieren.[771] Ab einer besonders langen Bezugsdauer, deren Beginn man abhängig von der tatsächlichen Verfestigung des Vertrauens bei ungefähr 15 bis 20 Jahren annehmen könnte, sollte dann ein vollständiger Bestandsschutz in Betracht kommen. Meist wird sich dies bereits auch aus dem Zusammentreffen mehrerer Aspekte ergeben, denn nach einer Bezugsdauer von 15 bis 20 Jahren sind die Unterhaltsgläubiger häufig bereits so alt, dass eine Umstellung auf eine gesteigerte Eigenverantwortlichkeit kaum noch möglich ist.

b) Zeitpunkt der Geltendmachung des Änderungsinteresses

aa) Parallele zur Verwirkung gemäß § 242 BGB

Als weiteres Zeitmoment kommt auch der Zeitpunkt der Geltendmachung des Änderungsinteresses in Betracht; da die Übergangsregelung des UÄndG zeitlich nicht befristet ist, kann sie noch über einige Jahre hinweg in Abänderungsver-

---

769 Zur langen Ehedauer BGH, FamRZ 2006, 1006; 2007, 1232. Palandt/*Brudermüller,* § 1578b Rn. 10; Schulz/Hauß/*Pauling,* § 1609 Rn. 7 f.; Weinreich/Klein/*Klein,* § 1609 Rn. 16.

770 **Beispiele zum Erwerbslosenunterhalt:** OLG Hamburg, FamRZ 1987, 1250, 1253: 9 Jahre und 4 ½ Monate Ehedauer, 53-jährige Ehefrau, kinderlos, keine ehebedingten Nachteile: Begrenzung auf Ehedauer; OLG Hamm, FamRZ 1986, 1108, 1109: 9 ½ Jahre Ehedauer, kinderlos: Begrenzung auf etwa die Ehedauer. **Beispiele zum Aufstockungsunterhalt:** OLG Celle, FamRZ 1987, 69, 70: 2 Jahre 11 Monate Ehedauer, 56-jährige Ehefrau, gab wegen Heirat ihre Erwerbstätigkeit auf und arbeitete im Betrieb des Ehemannes mit: Nach 3 Jahren Begrenzung auf das voreheliche Einkommen, Wegfall des Anspruchs ab Vollendung des 65. Lebensjahres; AG Peine, FamRZ 1987, 593, 594: 3-jähriges Zusammenleben, 5 ½-jährige Ehedauer, keine ehebedingten beruflichen Nachteile: Begrenzung Unterhalt auf etwa 5 Jahre; OLG Düsseldorf, FamRZ 1988, 838, 839: 5 ½ Jahre Ehedauer: Begrenzung auf etwa 5 ½ Jahre; OLG Hamm, FamRZ 1996, 1417, 1418: Nach 4-jähriger Ehe und zunächst teilweiser, dann vollständiger Aufgabe der Erwerbstätigkeit wegen Aufnahme eines Pflegekindes Befristung auf 5 Jahre.

771 *Jüdt,* FuR 2008, 468, 471. Siehe auch AG Peine, FamRZ 1987, 593, 594 hinsichtlich Art. 6 Nr. 1 UÄndG 1986.

fahren eine Rolle spielen.[772] Kriterium für den Vertrauensschutz wäre damit die Zeitspanne zwischen Inkrafttreten des UÄndG und dem Zeitpunkt der Rechtshängigkeit des Abänderungsbegehrens. Man könnte nämlich sagen, dass man tatsächlich auf den Bestand einer bereits getroffenen Regelung vertrauen kann, wenn über einen gewissen Zeitraum die Möglichkeit zur Abänderung bestand, diese aber nicht wahrgenommen wurde. Diese Argumentation zeigt Parallelen zur Frage der Verwirkung von Unterhaltsansprüchen auf, bei der es ebenfalls darum geht, dass die Möglichkeit zur Geltendmachung eines Anspruchs nicht genutzt wird.[773] Grundsätzlich ist nach §§ 1585b Abs. 2, 1613 BGB die Forderung von Unterhalt für die Vergangenheit sowieso nur ausnahmsweise möglich.[774] Verwirkt nach § 242 BGB ist Unterhalt dann, wenn der Berechtigte seinen Anspruch längere Zeit nicht geltend macht, obwohl er dazu in der Lage war und der Verpflichtete sich mit Rücksicht auf das gesamte Verhalten des Berechtigten redlicherweise darauf einrichten durfte, dass dieser sein Recht auch zukünftig nicht geltend machen wird.[775] Es wird also auf ein Zeit- und ein Umstandsmoment abgestellt. Wann sich der Verpflichtete auf die Lage eingerichtet habe, wird sehr großzügig gehandhabt. Besondere Vertrauensinvestitionen seien hier nicht erforderlich,[776] vielmehr könne davon ausgegangen werden, dass der Unterhaltsgläubiger regelmäßig seine Lebensführung an die ihm zur Verfügung stehenden Einkünfte anpasse und durch Unterhaltsnachforderungen häufig in Bedrängnis gerate, weil die Unterhaltsrückstände „zu einer erdrückenden Schuldenlast“ angewachsen seien.[777] Möglich sei eine solche Verwirkung bereits nach einem Jahr,[778] selbst wenn der Anspruch bereits tituliert worden sei,[779] denn der Jahreszeitraum habe als allgemeiner Rechtsgedanke in den §§ 1585b Abs. 3, 1613 Abs. 2 Nr. 1 i.V.m. §§ 1360a Abs. 3, 1361 Abs. 4 S. 4 BGB Niederschlag gefunden.[780] Grundsätzlich wird also mit Verstreichenlassen der Jahresfrist von einer Verwirkung ausgegangen und eine spätere Geltendmachung als unbillig unterstellt.[781]

bb) Unterschiede zur Verwirkung eines Unterhaltsanspruchs

Hier zeigt sich aber bereits der Unterschied zwischen Verwirkung und Vertrauensschutz. Es kann im Rahmen eines Abänderungsverfahrens nämlich nicht einfach unterstellt werden, dass es unbillig sei, nicht direkt eine Änderung der

772 *Jüdt,* FuR 2008, 468, 472.
773 *Jüdt,* a.a.O.
774 Siehe dazu Göppinger/Wax/*Kodal,* Rnrn. 1203 ff.
775 BGH, FamRZ 2007, 453, 455; *Jüdt,* FuR 2008, 468, 472; *Dethloff,* § 6 Rn. 104.
776 BGH, FamRZ 2002, 1698, 1699; 1988, 370, 373.
777 BGH, FamRZ 2007, 453, 455; *Jüdt,* FuR 2008, 468, 472 f.
778 BGHZ 103, 62, 68; BGH, NJW 2003, 128; 2007, 1273, 1274; NJW-RR 2004, 649, 650; OLG Hamm, NJW-RR 2007, 726; Palandt/*Heinrichs,* § 242 Rn. 108.
779 *Dethloff,* § 6 Rn. 104.
780 BGH, FamRZ 2007, 453, 455.
781 Zu diesen Erwägungen insgesamt *Jüdt,* FuR 2008, 468, 472 f.

Unterhaltsregelung anzustreben; dafür kann es durchaus gute Gründe geben.[782] Zunächst einmal kann aufgrund des Prozessrisikos ein Interesse daran bestehen, vorerst abzuwarten, inwieweit und unter welchen Umständen die Rechtsprechung mit den Kriterien des § 36 Nr. 1 EGZPO tatsächlich Vertrauensschutz gewährt.[783] Schließlich kann insoweit noch nicht auf ein höchstrichterliches Präjudiz zurückgegriffen werden.

Zudem sind auch Fälle denkbar, in denen sich tatsächlich erst nach Ablauf eines längeren Zeitraums die Änderung des Unterhaltsrechts auswirkt. Zu denken ist hier beispielsweise an den Fall, dass ein anderer Unterhaltsgläubiger seine Vorrangstellung erst nach einiger Zeit geltend macht und der Unterhaltsschuldner im Wege eines Abänderungsverfahrens eine Reduzierung der eigenen Unterhaltslast gegenüber einem Dritten herbeiführen will.[784] Möglich ist auch, dass eine Abänderungsklage oder ein Abänderungsantrag verzögert erhoben wird, weil die Änderungen der Rangfolge sich erst nach einiger Zeit auswirken, da zunächst kein Mangelfall vorlag. Solange kein Mangelfall gegeben ist, wird jeder Unterhaltsgläubiger nämlich in der vollen Höhe seines Unterhaltsanspruchs befriedigt. Tritt nun erst einige Zeit nach Inkrafttreten des neuen Unterhaltsrechts ein Mangelfall ein, etwa weil der Unterhaltsschuldner unverschuldet weniger Einkommen erzielt oder ein gleich- oder vorrangiger Unterhaltsberechtigter hinzutritt, so kann es durchaus sein, dass erst dadurch die Notwendigkeit entsteht, sich auf Vertrauensaspekte zu berufen.

Streng genommen liegt insbesondere im letzten Fall keine Änderung allein durch eine Neubewertung von Umständen aufgrund des UÄndG vor, denn zu dieser kam es bereits vor Eintritt des Mangelfalls. Änderungen von tatsächlichen Gegebenheiten werden allein nach § 323 ZPO bzw. §§ 238, 239 FamFG berücksichtigt.[785] Allerdings besteht für den Gläubiger vorliegend gar nicht die Möglichkeit, sich bereits vorab auf den Vertrauensschutz zu berufen. Denn solange noch kein Mangelfall besteht und alle Ansprüche in voller Höhe befriedigt werden, ist die Wesentlichkeitsschwelle des § 36 Nr. 1 EGZPO nicht erreicht. Für den Unterhaltsgläubiger besteht dann auch gar nicht die Notwendigkeit, sich auf den Vertrauensschutz zu berufen. Zudem ist für ihn häufig auch gar nicht ersichtlich, dass sich für seinen Anspruch etwas durch die Reform verändert hat.

782 So auch *Jüdt,* FuR 2008, 468, 473.

783 Die Erfahrungen in der Beratungspraxis scheinen derzeit darauf hinzuweisen, dass häufig Abänderungsverfahren zunächst zurückgestellt werden in der Hoffnung auf die Entwicklung von belastbaren Kriterien durch die Rechtsprechung. Siehe dazu *Börger,* FPR 2009, 71.

784 *Jüdt,* FuR 2008, 468, 473. Der Unterhaltsschuldner muss allerdings das Verhalten des nun Vorrangigen nicht abwarten, sondern kann unabhängig davon Abänderung verlangen.

785 Siehe Hoppenz/Hülsmann/*Hoppenz,* § 36 EGZPO Rn. 11; *Gutjahr,* NJW 2008, 1985, 1989.

Entsteht nun der Mangelfall nach Inkrafttreten des UÄndG, so erscheint es angemessen, dem Benachteiligten die Berufung auf den Vertrauensschutz zu ermöglichen, weil für ihn nicht allein die Änderung der tatsächlichen Gegebenheiten, sondern diese in Verbindung mit der Rechtsänderung zu einer Modifizierung seines Anspruchs führen. Daher muss auch in einem solchen Fall die Anwendung von § 36 Nr. 1 EGZPO eröffnet sein. Insgesamt muss also im Rahmen des Abänderungsverfahrens auch dann § 36 Nr. 1 EGZPO beachtet werden, wenn tatsächliche und rechtliche Änderungen kumulativ zusammenwirken.

Die Beispielsfälle zeigen auf, dass es gute Gründe geben kann, weshalb eine Geltendmachung des Abänderungsbegehrens erst verspätet erfolgt. Gleichwohl bleibt zu bedenken, dass dem jeweils anderen diese Gründe nicht zwangsläufig bekannt gewesen sind und sich dadurch, dass der andere trotz der objektiven Möglichkeit der Abänderung eine solche nicht angestrebt hat, Vertrauen auf die Fortgeltung der bisherigen Regelung gebildet haben kann. Daher muss grundsätzlich davon ausgegangen werden, dass, je länger der Zeitraum zwischen dem Inkrafttreten des UÄndG und dem Zeitpunkt der Geltendmachung des Änderungsinteresses ist, das Vertrauen potenziell gewachsen und ein erhöhter Vertrauensschutz zu gewähren ist.[786] Damit kann diese Zeitspanne durchaus als Indikator für das Vorliegen von Vertrauen herangezogen werden. Allerdings bietet sie nicht zwingend einen Anhaltspunkt für die tatsächliche Schutzwürdigkeit dieses Vertrauens. Dafür sind vielmehr im Rahmen der Zumutbarkeitsprüfung die Aspekte einzubeziehen, die auf der anderen Seite dafür ausschlaggebend waren, dass das Abänderungsinteresse längere Zeit nicht geltend gemacht wurde. Letztlich sind also die Umstände des konkreten Falls maßgeblich, was zwar für die Vorhersehbarkeit des Ergebnisses nicht befriedigt, um der Einzelfallgerechtigkeit willen aber nicht anders handhabbar ist.

c) Zeitpunkt der Titulierung

aa) Unterhaltsvereinbarungen und -titel

Als weiteres vertrauensschützendes Zeitmoment wird der Zeitpunkt der Titulierung oder des Vertragsschlusses vorgeschlagen. Bei vor dem Notar geschlossenen oder vom Familiengericht protokollierten Unterhaltsvereinbarungen sei einerseits ein Gläubiger dann besonders schutzwürdig, wenn er sich mit dem Verpflichteten bereits vor etlichen Jahren über den Unterhaltsanspruch verständigt habe, als eine mögliche Änderung des Unterhaltsrechts noch nicht absehbar war.[787] Dies korreliert mit den Erwägungen zur Bestandsdauer der Unterhaltsregelung. Andererseits sei aber auch dann eine Überleitung auf das neue Recht

786 DIJuF-Rechtsgutachten, JAmt 2008, 155, 156; AG Peine, FamRZ 1987, 593, 593, im Hinblick auf Art. 6 Nr. 1 UÄndG 1986.

787 *Jüdt,* FuR 2008, 532, 534. Konkret eingeleitet wurden die Reformüberlegungen durch den Beschluss des Deutschen Bundestages vom 6.7.2000, in die Überprüfung des geltenden Unterhaltsrechts und die Einbringung eines Vorschlages angeregt wurde. Siehe BT-Drs. 14/3781.

zu versagen, wenn die Vereinbarung ohne einen auf das UÄndG abzielenden Änderungsvorbehalt geschlossen worden sei, nachdem der 1. Regierungskompromiss zur Reform der breiten Öffentlichkeit[788] bekannt war.[789] Teilweise wird aber auch gerade bemerkt, dass die Zumutbarkeit einer Abänderung dann eher zu bejahen sei, wenn die geltende Regelung zu einem Zeitpunkt getroffen worden sei, in dem die Diskussion um die Unterhaltsrechtsreform in vollem Gange war.[790] Bereits an dieser Stelle zeigt sich, dass die Betrachtung des Zeitpunkts des Vertragsschlusses nur wenig weiterführend ist und nichts über das Vorliegen von Vertrauen oder gar dessen Schutzwürdigkeit aussagen kann. Es greifen nämlich beide Argumentationsansätze. Es kann sein, dass eine Vereinbarung gerade keinen Hinweis auf das neue Recht enthält, weil eine Abänderung nicht in Betracht kommen sollte. Allerdings könnte man auch argumentieren, eine Vereinbarung, die im Wissen der gesetzlichen Neuerungen getroffen worden sei, hätte, um Vertrauen entstehen zu lassen, einen deutlichen Hinweis darauf enthalten müssen, dass sie nicht abänderbar sein soll. Beide Schlüsse sind möglich und deshalb kann dieser Zeitpunkt kein Indiz für das Vertrauen sein. Stichtage, die sich auf einen Zeitpunkt während des Gesetzgebungsverfahrens - und damit auf die Kenntnis oder das Kennenmüssen eines Reformprojekts - abstellen, sagen generell weder etwas aus über das tatsächliche Vorliegen von Vertrauen noch über dessen Schutzwürdigkeit. Für den Gesetzesunterworfenen ist es selbst nach der Ankündigung eines konkreten Reformprojekts kaum absehbar, wann und in welcher Ausgestaltung eine Reform tatsächlich in Gesetzeskraft erwachsen wird. Selbst für Spezialisten in den einzelnen Rechtsgebieten sind die Gesetzgebungsvorgänge heute nur sehr schwer durchschaubar. Insbesondere beim UÄndG war schließlich - noch kurz bevor der Gesetzesbeschluss verabschiedet werden sollte - durch das Urteil des BVerfG zur Verfassungswidrigkeit des Betreuungsunterhalts für die nichteheliche Mutter[791] wieder offen, wann und wie die Reform letztlich umgesetzt würde; bis zuletzt wurden noch Änderungen angemahnt.[792] Hinsichtlich der Konkretisierung des Vertrauensmerkmals nun aber gerade einen so kritischen Stichtag zu wählen, suggeriert eine Überschaubarkeit der Rechtslage, die vor Verabschiedung des Gesetzes gar nicht bestand. Deshalb sollte auf dieses Kriterium verzichtet werden.

Gleiches gilt bei einer Festsetzung durch ein Urteil. Auch hier kann der Zeitpunkt der Titulierung nichts über das Entstehen von Vertrauen aussagen. Würde man annehmen, ein Urteil, welches kurz vor dem 1.1.2008 rechtskräftig wurde, begründe Vertrauen, so zwänge man letztlich die andere Partei, allein in der va-

788 Hier könnte man auf die Publizierung in den Medien abstellen, beispielsweise auf das Programm der „Tagesschau", welches am 22.3.2006 den Entwurf erstmalig vorstellte.

789 *Jüdt,* FuR 2008, 532, 534.

790 *Gutjahr,* NJW 2008, 1985, 1989; *Büte,* FuR 2008, 177, 180.

791 BVerfGE 118, 45 = BVerfG, NJW 2007, 1735 = FamRZ 2007, 965.

792 Siehe dazu *Schwab,* FamRZ 2007, 1053, 1056 f.; *Wellenhofer,* FamRZ 2007, 1282, 1289.

gen Hoffnung auf eine Änderung der gerichtlichen Entscheidung Rechtsmittel einzulegen.[793] Eine solche Argumentation liefe schließlich auch der Konzeption der Abänderungsklage bzw. des Abänderungsantrages entgegen, welche es gerade ermöglichen sollen, einen rechtskräftigen Titel abzuändern.[794]

bb) Anwendbarkeit von § 36 Nrn. 5, 6 EGZPO

Anders stellt sich die Situation indes bei Anwendbarkeit von § 36 Nrn. 5 und 6 EGZPO dar, die es ermöglichen, die bereits geschlossene mündliche Verhandlung wieder zu eröffnen, beziehungsweise die eigentlich präkludierten Tatsachen des § 36 Nr. 1 EGZPO noch in nächster Instanz vorzubringen.[795] Zwar kann sich die Partei, die nicht von der Möglichkeit nach § 36 Nr. 6 EGZPO Gebrauch macht, einen Antrag auf Wiedereröffnung einer vor dem 1.1.2008 geschlossenen mündlichen Verhandlung zu stellen, grundsätzlich im Berufungsverfahren oder einer späteren Abänderungsklage auf die neuen Tatsachen berufen.[796] Dadurch, dass nicht alle Rechtsmittel ausgeschöpft wurden, konnte bei der anderen Partei gleichwohl in zulässiger Weise der Eindruck entstehen, dass eine Berufung auf das neue Recht unterbleiben soll.[797] Eine andere Handhabung gegenüber der Revision oder der Berufung erscheint gerechtfertigt, weil bei Anwendbarkeit von § 36 Nrn. 5, 6 EGZPO verfahrensrechtliche Möglichkeiten noch für die jeweils laufende Instanz bestehen, während im Übrigen die Instanz durch gerichtliche Entscheidung zum Abschluss gekommen ist.[798] Werden diese nicht genutzt, so signalisiert dies dem anderen durchaus, dass der Unterhaltstitel als gültig anerkannt wird und Bestand haben soll.[799]

3. Billigkeit des bisherigen Unterhaltsrechts

a) Allgemeine Billigkeitserwägungen

Eines der Anliegen des Gesetzgebers bei der Novellierung des Unterhaltsrechts war es, vermeintlich unbillige Ergebnisse des überkommenen Unterhaltsrechts zu korrigieren.[800] Daher wird vorgeschlagen, bei der Bewertung des Vertrauens darauf abzustellen, inwiefern das bisherige Unterhaltsrecht zu unbilligen Ergeb-

---

793 *Jüdt,* FuR 2008, 532, 534.

794 Siehe zur Durchbrechung der Rechtskraft *Graba,* Die Abänderung von Unterhaltstiteln, Rn. 8.

795 Zur Anwendbarkeit von § 36 Nr. 5, 6 EGZPO siehe BGH, FamRZ 2008, 1911: Eine Berufung auf § 36 Nr. 5, 6 EGZPO ist lediglich bei Umständen möglich, die durch das neue Unterhaltsrecht anders zu bewerten sind als nach dem bis Ende 2007 geltenden Unterhaltsrecht.

796 *Gutjahr,* NJW 2008, 1985, 1986; *Borth,* FamRZ 2008, 105, 111; *ders.,* UÄndG, Rn. 415; Hoppenz/Hülsmann/*Hoppenz,* § 36 EGZPO Rn. 5; *Büte,* FuR 2008, 177, 182.

797 *Jüdt,* FuR 2008, 532, 535.

798 A.a.O.

799 Siehe zum Ganzen *Jüdt,* FuR a.a.O.

800 BT-Drs. 16/1830, S. 32.

nissen geführt hat.[801] Allerdings bleibt in der Gesetzesbegründung letztlich unklar, welche Regelungen tatsächlich zu dieser Unbilligkeit geführt haben sollen.[802] Mutmaßlich bezieht sich dies auf alle Normen, die nun auch im Zuge des UÄndG reformiert wurden. Insbesondere kann nicht anknüpfend an das Anliegen des Gesetzgebers, die Stellung der Kinder im Unterhaltsrecht zu verbessern, zur Bestimmung der Billigkeit auf das Kriterium des Kindeswohls zurückgegriffen werden. Einmal ist das Kindeswohl selbst ein sehr auslegungsbedürftiger Begriff, der nicht immer ohne Weiteres bestimmt werden kann. Zum Zweiten hat der Reformgesetzgeber dieses Anliegen nicht konsequent umgesetzt, wie sich an der deutlichen Herabsetzung des Betreuungsunterhalts zeigt. Die dadurch erzeugte Doppelbelastung der Mutter wird sich häufig nicht unbedingt positiv auf das Kind auswirken. Wenn aber der Gesetzgeber das Anliegen der Besserstellung selbst nicht uneingeschränkt verwirklicht hat, kann dies nicht als Programmsatz der Reform für die Auslegung der neuen gesetzlichen Regelungen herangezogen werden.

Die Gesetzesbegründung macht letztlich allein deutlich, dass durch die Reform die nacheheliche Solidarität weiter reduziert werden sollte. Obgleich das überholte Unterhaltsrecht die nacheheliche Solidarität, die heute vielfach nicht mehr als ausreichender Legitimationsgrund für eine nacheheliche Unterhaltspflicht anerkannt wird,[803] nachdrücklich betonte - insbesondere durch die teilweise sehr extensive Handhabung der Rechtsprechung -, so kann dennoch nicht davon gesprochen werden, dass das überkommene Unterhaltsrecht tatsächlich in großem Maße zu unbilligen Ergebnissen führte, zumal es mehrfach Gegenstand verfassungsgerichtlicher Überprüfungen war.[804] Das neue Recht ist letztlich nicht „gerechter“, sondern steht vielmehr im Kontext einer geänderten Auffassung von Verantwortung der Ehegatten füreinander, auch über die Ehe hinaus, die bereits in den letzten Jahren von der Rechtsprechung vermehrt reduziert wurde. Unbilligkeit begründet diese veränderte Sichtweise allein allerdings nicht.[805] Es ist stets eine Frage der Perspektive, inwieweit Recht als unbillig angesehen wird. Auch das derzeit geltende Unterhaltsrecht begegnet dem Vorwurf der Unbilligkeit. Zudem kann das Billigkeitsargument auch deshalb nicht überzeugen, da

801 *Rasch,* FPR 2008, 15, 17; vgl. dazu auch *Diederichsen,* NJW 1986, 1462, 1470 hinsichtlich Art. 6 Nr. 1 UÄndG 1986.

802 Siehe *Borth,* UÄndG, Rn. 379; *Peschel-Gutzeit,* Unterhaltsrecht aktuell, Rn. 190.

803 Zu den Rechtfertigungsgründen des Scheidungsunterhalts ausführlich *Brudermüller*, Geschieden und doch gebunden?; *ders.,* FamRZ 1998, 649 ff.; *Metz,* S. 167 ff.; *Diederichsen,* NJW 1993, 2265 ff., *Grandel,* FPR 2005, 320, 321 f.; *Schürmann,* FPR 2005, 492, 495 f.; Lipp/Röthel/Windel/*Lipp,* S. 53 ff.

804 Siehe beispielsweise BVerfGE 47, 85; 53, 224; 57, 361; 66, 84. Vgl. ferner BVerfGE 68, 256; 108, 351; BVerfG, FamRZ 1996, 343; 2001, 1685.

805 Anders insoweit *Rasch,* FPR 2008, 15, 17, die als Beispiel für eine mögliche Unbilligkeit auf den Unterhaltsanspruch wegen Krankheit verweist, der nunmehr befristet werden kann.

Unterhaltsansprüche von nach dem Verschuldensprinzip geschiedenen Ehegatten vollständig von der Reform ausgenommen wurden, § 36 Nr. 7 EGZPO. Durch Orientierung an der Scheidungsschuld dürfte es hier zu weitaus unbilligeren Ergebnissen gekommen sein.

Damit eignen sich allgemeine Billigkeitserwägungen in Bezug auf das überkommene materielle Scheidungsunterhaltsrecht nicht, um das Vertrauen zu konkretisieren. Sofern das alte Recht tatsächlich zu Unbilligkeiten führte, war es die Aufgabe des Gesetzgebers, diese zu beseitigen. Dies befreite ihn aber nicht auch von den Anforderungen des Vertrauensschutzes, weil dieser nicht darauf fußt, ob Regelungen billig waren, sondern danach fragt, ob Betroffene auf den Bestand vertraut haben. Da Billigkeit ein sehr subjektives Kriterium ist, können Betroffene auch Vertrauen in vermeintlich unbillige Regelungen gefasst haben. Auch aus diesem Grund eignen sich Billigkeitserwägungen in Bezug auf die alte Rechtslage nicht zur Konkretisierung des Vertrauensschutzes.

b) Rückgriff auf die Kriterien des § 1579 BGB

Fernerhin wird zur Feststellung von Vertrauen ein Rückgriff auf die Kriterien des § 1579 BGB vorgeschlagen.[806] Eine Herabsetzung des Unterhaltsanspruchs könne für den Berechtigten unzumutbar sein, wenn der Unterhaltsverpflichtete beispielsweise längere Zeit hindurch seine Pflicht, zum Familienunterhalt beizutragen, gröblich verletzt habe (vgl. § 1579 Nr. 6 BGB) oder er sich eines Verbrechens oder schweren vorsätzlichen Vergehens gegen den Unterhaltsberechtigten schuldig gemacht habe (vgl. § 1579 Nr. 3 BGB).[807] Gleiches gelte, sofern dem Unterhaltsverpflichteten ein Fehlverhalten im Sinne des § 1579 Nr. 2 BGB vorgeworfen werden könne, weil er aus einer intakten Ehe ausgebrochen und eine neue Partnerschaft eingegangen sei.[808]

§ 1579 BGB ist als negative Härteklausel konzipiert, um im verschuldensunabhängigen Scheidungsfolgenrecht aufgrund von Billigkeitserwägungen Ergebnisse zu vermeiden, die dem Gerechtigkeitsempfinden grob widersprechen würden, weil der Berechtigte vom Unterhaltsverpflichteten eine Solidarität fordert, die er selbst hat vermissen lassen.[809] Faktisch geht es also darum, dass die Anforderungen an die Solidarität des Unterhaltspflichtigen sich an der Solidarität des Unterhaltsberechtigten messen lassen sollen. Würde man diese Kriterien zur Konkretisierung von § 36 Nr. 1 EGZPO anwenden, würde dies im Ergebnis dazu führen, dass der Unterhaltspflichtige aufgrund seiner fehlenden Solidarität einen höheren Unterhalt gewähren müsste als ein solidarischer Unterhaltspflichtiger. Die Übergangsregelung ist aber nicht dazu gedacht, unsolidarisches Ver-

806 *Gutjahr,* NJW 2008, 1985, 1989; *Rasch,* FPR 2008, 15, 17 f.
807 *Rasch,* FPR 2008, 15, 17; *Ehinger/Rasch,* FamRB 2007, 78, 80.
808 *Rasch,* a.a.O.
809 Palandt/*Brudermüller,* § 1579 Rn. 1.

halten zu sanktionieren, sondern Vertrauen zu schützen. Es geht um die Frage, inwiefern sich die Parteien auf den Bestand der Unterhaltsregelung verlassen haben und verlassen durften, inwiefern sie also gerade auf die Solidarität des anderen vertrauen durften. Wenn der Unterhaltspflichtige es aber an Solidarität hat missen lassen, so wird man nicht davon ausgehen können, dass besonderes Vertrauen entstanden ist. Im Gegenteil müsste man wohl häufig sogar feststellen, dass das Vertrauen des einen mit dem unsolidarischen Verhalten des anderen eher abnimmt. Letztlich passt die Ausweitung der Vorschrift auf den Kreis des Vertrauensschutzes also nicht, weil § 1579 BGB und § 36 Nr. 1 EGZPO völlig verschiedene Ziele verfolgen und Vertrauensschutz nicht unnötig mit Sanktionen für ein ehewidriges oder unsolidarisches Verhalten vermischt werden sollte.

4. Möglichkeit zur eigenen Versorgung

Als weiteres Kriterium zur Betrachtung des Vertrauens wird die Möglichkeit zur eigenen Versorgung vorgeschlagen.[810] Sofern ein Ehegatte nicht selbst für seine Versorgung aufkommen könne, spreche objektiv vieles dafür, dass er davon ausging, eine in der Partnerschaft gelebte Rollenverteilung hätte Bestand auch über die Scheidung hinaus und sei auch nach der Scheidung so dauerhaft, dass er sich selbst nicht versorgen müsse. Konzentriert man sich auf diesen Aspekt, ist man schnell wieder im Bereich der Vermögensdisposition durch Unterlassen.[811] Stellt man darauf ab, inwieweit die eigenen Einkünfte aus Vermögen oder Erwerbstätigkeit es dem Unterhaltsberechtigten ermöglichen, für den eigenen Unterhalt selbst oder zumindest teilweise selbst aufzukommen,[812] so ergibt dies nicht unbedingt ein Kriterium für den Vertrauensschutz. Denn die Möglichkeit zur eigenen Versorgung wird nicht erst bei der Schutzwürdigkeit von Vertrauen geprüft, sondern bereits im Rahmen der Bedürftigkeitsprüfung nach § 1577 Abs. 1 BGB thematisiert. Sobald der ursprünglich Unterhaltsberechtigte in der Lage ist, durch eigene Einkünfte seinen Unterhaltsbedarf zu decken, entfällt der Anspruch auf Unterhalt, weshalb regelmäßig die Problematik des Vertrauensschutzes nicht relevant wird.

Grundsätzlich stellt sich damit die Frage der Berücksichtigung von eigenen Einkünften nur für solche Einkünfte, die bei der Bedürftigkeit nicht berücksichtigt werden.[813] In Betracht kommen besonders freiwillige Zuwendungen Dritter,[814]

---

810 *Borth,* FamRZ 2008, 105, 109; *Borth,* UÄndG, Rn. 401.

811 Siehe dazu bereits 5. Kapitel II. 1.

812 *Borth,* UÄndG, Rn. 401; AG Peine, FamRZ 1986, 539, 594 bzgl. Art. 6 Nr. 1 UÄndG 1986.

813 Für eine Berücksichtigung Hoppenz/Hülsmann/*Hoppenz,* § 36 EGZPO Rn. 12. Wurden die Einkünfte aus anderen Gründen nicht erfasst, so unterliegen sie grundsätzlich den üblichen Präklusionsbestimmungen.

814 Für eine Berücksichtigung dieser im Rahmen der Zumutbarkeit Hoppenz/Hülsmann/*Hoppenz,* a.a.O., unter Verweis auf BGH, NJW 2001, 3618, 3621. In diesem Fall

auf die kein Rechtsanspruch besteht und die grundsätzlich exklusiv dem Zuwendungsempfänger zugutekommen sollen und aus diesem Grund nicht die Bedürftigkeit im Verhältnis zum Unterhaltsverpflichteten entfallen lassen.[815] Besonders relevant sind hier freiwillige Geld- oder Naturalleistungen, wie beispielsweise Betreuungs- oder Pflegeleistungen, die der Zuwendungsempfänger ansonsten bezahlen müsste. Bedeutend sind in diesem Zusammenhang auch die Einkünfte aus unzumutbarer Arbeit. Allerdings widerspräche es der Systematik des Unterhaltsrechts, bestimmte Einkünfte zwar im Rahmen der Bedürftigkeit nicht zu berücksichtigen, dann aber bei der Frage des Vertrauensschutzes heranzuziehen. Zudem ergäbe sich daraus regelmäßig eine Unbilligkeit für den Zuwendungsempfänger. Da die Zuwendungen meist auf freiwilliger Basis erfolgen und der Zuwendungsempfänger selbst keinen Rechtsanspruch auf diese hat und auch sonst keinerlei Einwirkungsmöglichkeiten diesbezüglich für ihn bestehen, würde ihm die weitere Prozesslast auferlegt. Entfielen diese Leistungen nämlich einmal, beispielsweise weil die Großmutter das Enkelkind aus gesundheitlichen Gründen nicht mehr betreuen kann, so müsste der Empfänger des Betreuungsunterhalts eine erneute Abänderung des Titels anstreben. Insoweit trüge er das Prozessrisiko. Eine ähnliche Unbilligkeit zeigt sich bei der Berücksichtigung überobligationsmäßiger Erwerbstätigkeit. Der besonders „fleißige" Unterhaltsberechtigte würde hier gegenüber dem „faulen" benachteiligt, wenn Zumutbarkeits- und Vertrauensaspekte plötzlich darauf abstellten. Aus diesem Grund kann die Möglichkeit zur eigenen Versorgung kein Kriterium für das Bestehen von Vertrauen sein, zugleich aber auch nur bedingt für Zumutbarkeitsaspekte herangezogen werden.

Allerdings kann die Möglichkeit zur eigenen Versorgung dann eine Rolle spielen, wenn der eheliche Lebensstandard besonders hoch war, die Selbstversorgung die notwendigen Kosten abdeckt, nicht aber die ehelichen Lebensverhältnisse erreicht. Zwar führt dies dazu, dass der Maßstab der ehelichen Lebensverhältnisse zusätzlich entwertet und das Unterhaltsrecht systemwidrig zur bloßen Sicherung des Existenzminimums degradiert wird. Gleichwohl wird man in einem Mangelfall, der bei solch gesteigerten Einkommensverhältnissen aber kaum

---

wurde die Abänderung eines Prozessvergleiches wegen der Rechtsprechungsänderung zur Bemessung des nachehelichen Unterhalts nach § 1578 BGB angestrebt. Im Rahmen der Zumutbarkeitsprüfung wurde auch darauf abgestellt, dass die Unterhaltsgläubigerin mietfrei (als Zuwendung Dritter) leben konnte, während der Unterhaltsgläubiger einen Mietzins entrichten musste.

815 BGH, NJW 1980, 124, 125; 1982, 1216, 1217 f.; FamRZ 1990, 979; *Büttner,* FamRZ 2002, 1445, 1446; Palandt/*Brudermüller,* § 1577 Rn. 20. Die Leistungen können aber dann als Einkommen angesetzt werden, wenn dies dem Willen des Dritten entspricht, vgl. BGH, FamRZ 1993, 417. Allerdings besteht eine Vermutung dahingehend, dass die Zuwendung dem Familienangehörigen des Dritten grundsätzlich alleine zukommen soll, BGH, NJW 1995, 1486, 1486.

vorkommen wird, unter Beachtung der Interessen sonstiger Unterhaltsgläubiger vielfach zur Zumutbarkeit der Verringerung des Anspruchs kommen.[816]

5. Art der Titulierung

Vertrauen kann sich überdies aufgrund der Art der Titulierung des Unterhaltsanspruchs bilden, da verschiedene Titulierungsarten den Parteien durchaus unterschiedliche Erwartungen in ihren Bestand vermitteln.[817] Insbesondere der vorläufige Rechtsschutz ist einem ausgeprägten Bestandsvertrauen nicht zugänglich. Einstweilige Anordnungen etwa können nach §§ 49, 246, 54 FamFG jederzeit aufgehoben oder abgeändert werden sowie nach § 620f Abs. 1 ZPO bzw. § 56 FamFG außer Kraft treten; ergehen Unterhaltsfestsetzungen auf diesem Wege, so muss sich jede Partei darauf einstellen, dass die Regelung allein vorläufigen Charakter besitzt.[818] Daher besteht kein Schutzbedürfnis für einen Verfahrensbeteiligten, der sich darauf beruft, er habe sich auf die Regelung eingestellt.[819] Entsprechendes gilt für noch nicht rechtskräftige Entscheidungen. Erst mit Eintritt der Rechtskraft wird eine gerichtliche Entscheidung „beständig“. Vertrauensschutz kommt allerdings in Betracht bei in Rechtskraft erwachsenen Entscheidungen in der Hauptsache, die bereits den Instanzenweg durchlaufen haben. Durch die Überprüfung einer höheren Instanz steigt nach der Grundidee des Instanzenzuges auch die Richtigkeitsgewähr des Urteils; so entsteht Vertrauen in die Richtigkeit der Entscheidung sowie in deren Bestandskraft.[820]

6. Das eigene Verhalten als vertrauenszerstörendes Merkmal

Die vorangegangenen Kriterien haben sich damit auseinandergesetzt, inwieweit vom Verhalten auf ein entstandenes Vertrauen geschlossen werden kann. Allerdings kann das eigene Verhalten auch vertrauenszerstörend wirken und insoweit gerade die Berufung auf den Vertrauensschutz ausschließen. Zu denken ist hier in Anlehnung an die Rechtsprechung zur Abänderbarkeit von gerichtlichen Unterhaltsvergleichen daran, dass sich der auf den Vertrauensschutz berufende Ehegatte selbst nicht an die Regelung gehalten hat.[821] Zwar könnte die „unredli-

---

816 Siehe dazu OLG Bremen, Beschl. v. 5.3.2009 - 4 UF 116/08 = OLGR Bremen 2009, 380. Hier wurde das überdurchschnittliche Einkommen des Unterhaltspflichtigen als Zumutbarkeitsaspekt gewertet.

817 Siehe *Jüdt,* JuR 2008, 532, 536.

818 A.a.O.

819 A.a.O,

820 *Jüdt,* FuR 2008, 532, 536, zu diesen Erwägungen insgesamt.

821 Hoppenz/Hülsmann/*Hoppenz,* § 36 EGZPO Rn. 12. Siehe dazu auch OLG Hamm, FamRZ 1999, 1163. In dem dort entschiedenen Fall war die Ausbildungsunterhalt beziehende Unterhaltsgläubigerin ihrer sich aus dem Vergleich ergebenden Informationspflicht nicht nachgekommen und hatte den Unterhaltspflichtigen nicht über ihre veränderten wirtschaftlichen Verhältnisse (erfolglose Beendigung der Ausbildung) informiert. Hier sah das Gericht einen Vertrauensschutz der Gläubigerin zu Recht als nicht gerechtfertigt an.

che“ Partei trotzdem davon ausgehen, dass die andere Seite sich an die Vereinbarung hält und insoweit auch Vertrauen aufbauen, allerdings ist dieses nicht als schutzwürdig anzusehen. In einem solchen Fall muss sich jeder sein eigenes Verhalten zurechnen lassen. Insofern lässt sich schließlich eine Parallele zum Rechtsgedanken des § 1579 BGB ziehen: Die eigene Solidarität des Unterhaltsgläubigers setzt die Maßstäbe für die Anforderungen an die Solidarität des Unterhaltsschuldners. Übertragen auf den Vertrauensschutz bedeutet dies, dass man sich allein dann auf den Bestand einer Regelung berufen kann, wenn man selbst sein Verhalten an dieser Regelung ausgerichtet hat, also beispielsweise nicht selbst gegen die Vereinbarung handelte, indem zum Beispiel bei einer Gesamtregelung der finanziellen Scheidungsfolgen nicht die vereinbarte Gegenleistung erbracht wird. Nicht berücksichtigt werden kann allerdings „ehewidriges“ Verhalten, wie dies bereits im Rahmen der Ausführungen zur Anwendbarkeit des § 1579 BGB erörtert wurde.

Diese Erwägung gilt übertragen für das gesamte Verhalten. Orientieren sich die Parteien sehr stark an der Regelung und wurde diese einvernehmlich zwischen den Ehegatten geschlossen, beispielsweise auch nach vorangegangener Mediation, so kann dies dafür sprechen, dass Vertrauen darin entsteht, die Vereinbarung regele abschließend die finanzielle Auseinandersetzung nach der Scheidung; eine solche einvernehmliche Regelung schafft Vertrauen.[822] Im Gegenzug wird man ein deutlich geringeres Vertrauen annehmen können, wenn die Regelung besonders umstritten war,[823] oder der Regelungsinhalt selbst eine Unsicherheit beinhaltet. Dies kann beispielsweise dann der Fall sein, wenn ein Vergleich einen Widerrufsvorbehalt enthielt.[824] Allerdings sind diese Kriterien nicht stets aussagekräftig. Denn auch eine zunächst umstrittene Regelung kann schließlich durch mehrere Instanzen immer wieder im Sinne der gleichen Partei überprüft worden sein, so dass danach durchaus auch Vertrauen in die Regelung entstehen kann, gerade weil diese mehrmals gerichtlich überprüft wurde. Aus diesem Grund wird man diese Erwägungen allenfalls in Kombination mit anderen Vertrauenskriterien heranziehen können, eine eigene vertrauensbegründende Wirkung zeigen sie indes nicht.

7. Fazit

Vielfältige Kriterien lassen sich heranziehen, um das Vertrauensmerkmal näher zu konkretisieren. Insbesondere das Vorliegen einer Disposition sowie der Zeitfaktor - einerseits in Hinsicht auf die Bezugsdauer des Unterhalts bis zum Abänderungsbegehren, andererseits bedingt durch die Zeitspanne zwischen Inkrafttreten des UÄndG und dem Abänderungsbegehren - können Kriterien sein, die für ein Vertrauen in die Unterhaltsregelung sprechen. Ebenfalls können die Art der

822 *Jüdt,* FuR 2008, 532, 536.
823 A.a.O.
824 Siehe OLG Karlsruhe, RNotZ 2009, 404, 406.

Unterhaltstitulierung und das Zustandekommen der Vereinbarung sowie das Maß, in dem sich die Parteien an der Regelung orientieren, Anhaltspunkte dafür bilden, dass der Abänderungsbeklagte in den Bestand der Unterhaltsregelung vertraut hat.

Nicht geeignet zur Konkretisierung des Vertrauensmerkmals sind indes allgemeine Billigkeitsbetrachtungen in Bezug auf die alte Rechtslage und die Reform. Vertrauensschutz hat nämlich gerade eine gegenläufige Aufgabe, nämlich den Schutz von Kontinuitäts- und Bestandsvertrauen, welches unabhängig von der vermeintlichen Unbilligkeit der Rechtslage sein kann. Des Weiteren können keine Kriterien herangezogen werden, die sich auf den Bestand der Ehe und deren Versorgungscharakter beziehen, da diese bereits durch den Wortlaut des § 36 Nr. 1 EGZPO aus seinem Anwendungsbereich ausgenommen sind. Vielmehr stellt die Bestimmung nur auf Vertrauen in getroffene Unterhaltsregelungen ab.

III. Zumutbarkeit der Abänderung

Nachdem versucht wurde, das Vertrauenskriterium näher zu bestimmen, soll nun die Rechtsfolgenseite betrachtet werden.[825] Denn die Übergangsregelung zum UÄndG sieht nicht einen absoluten Bestandsschutz der Unterhaltsregelung beim Vorliegen von Vertrauen vor, sondern gewährt diesen lediglich im Rahmen einer Abwägung mit ihm entgegenstehenden Interessen. Nach dem Wortlaut des Gesetzes („... *dem anderen* Teil unter Berücksichtigung *seines* Vertrauens ...") wird allein auf das Vertrauen des Abänderungsbeklagten abgestellt. Regelmäßig ist dies beim Scheidungsunterhalt der Unterhaltsberechtigte. Geht es indes um die Geltendmachung der Vorrangstellung der Kinder, so ist das Vertrauen des Unterhaltspflichtigen entscheidend.[826] Damit stellt das Merkmal des Vertrauens allein auf die Interessen des Abänderungsbeklagten ab. § 36 Nr. 1 EGZPO bezweckt aber gerade eine Abwägung und den Ausgleich der Interessen. In dogmatischer Hinsicht ist es das Tatbestandsmerkmal der Zumutbarkeit, welches diese Abwägung ermöglicht. Allerdings ist fraglich, wessen Interessen neben dem Vertrauen des Abänderungsbeklagten zu berücksichtigen sind.

1. Berücksichtigung der Interessen Dritter

a) Berücksichtigung der weiteren Unterhaltsgläubiger

Grundsätzlich ist das Unterhaltsverhältnis ein bipolares Schuldverhältnis: Unterhaltsschuldner und -gläubiger stehen sich gegenüber. Bestehen mehrere Unterhaltsverhältnisse, so sind diese voneinander unabhängig und jedes Unterhaltsverhältnis obliegt generell einer eigenen Anpassung nach § 36 Nr. 1

825 Streng genommen stellt die Zumutbarkeit zwar ein Tatbestandsmerkmal dar, geht mit ihrer Abwägung jedoch unmittelbar in die Rechtsfolge über.

826 Da die Vorrangstellung für die Kinder günstig ist, werden diese sie regelmäßig gerichtlich geltend machen.

EGZPO. Dabei kann der Schuldner bereits dann gegen einen seiner Gläubiger vorgehen und sich auf dessen Nachrangigkeit berufen, wenn die vorrangigen Unterhaltsgläubiger selbst noch gar nicht ihren Vorrang geltend gemacht haben.[827] Für den Unterhaltsschuldner kann dieses Vorgehen sogar sinnvoll sein, wenn er etwa befürchten muss, dass der nachrangige Gläubiger sich ansonsten weiter auf die Höhe seines Anspruchs einstellt und schließlich Vertrauensschutz für sich reklamiert.

Trotz der generellen Unabhängigkeit der einzelnen Unterhaltsverhältnisse ist bei der Beurteilung im Abänderungsverfahren zu berücksichtigen, dass insbesondere bei begrenzter Leistungsfähigkeit aufgrund der Verknüpfung der einzelnen Ansprüche mittels Rangfolge Drittinteressen tangiert werden können.[828] Zudem beeinflussen sich mehrere Unterhaltsverhältnisse beim Bedarf gegenseitig, beispielsweise die Prägung der ehelichen Lebensverhältnisse durch Unterhaltszahlungen für minderjährige Kinder oder privilegiert Volljährige, wenn das Einkommen in Höhe solcher Zahlungen für den allgemeinen Lebensbedarf der Ehegatten nicht zur Verfügung steht.[829] Daher wirken sich die Modifizierungen eines Unterhaltsanspruchs nicht ausschließlich auf Schuldner und Gläubiger aus, sondern zusätzlich auf die weiteren Unterhaltsgläubiger. Sofern damit Drittinteressen betroffen sein können, sollten diese berücksichtigt werden.[830] Folgerichtig muss bei der Beurteilung von Änderungen durch das UÄndG beim Abänderungsbegehren eine Gesamtschau stattfinden.[831] In die Prüfung des verfahrensgegenständlichen Unterhaltsanspruchs müssen sämtliche anderen Ansprüche so einbezogen werden, als würde gleichzeitig über alle befunden,[832] selbst wenn einer der anderen Ansprüche gar nicht tituliert ist.[833] Gegebenenfalls muss der andere Anspruch dann seinerseits durch Abänderungsverfahren angepasst werden.[834]

---

827 Hoppenz/Hülsmann/*Hoppenz,* § 36 EGZPO Rn. 18. Vgl. dazu auch BGH, FamRZ 2005, 1154, 1155 f. Beim Zusammentreffen von minderjährigen oder privilegiert volljährigen Kindern i.S.d. § 1603 Abs. 2 BGB a.F. mit einem nach § 1582 BGB a.F. vorrangigen geschiedenen Ehegatten war der Unterhaltsanspruch des neuen Ehegatten auch dann nachrangig, wenn der geschiedene Ehegatte seinen Unterhaltsanspruch nicht geltend macht. Kritisch insoweit *Gutjahr,* NJW 2008, 1985, 1989.

828 Siehe bereits 1. Kapitel II. 4.

829 Hoppenz/Hülsmann/*Hoppenz,* § 36 EGZPO Rn. 20; BGH, FamRZ 2008, 986; 2006, 683. Dieses gilt auch für nach der Scheidung geborene Kinder aus einer neuen Verbindung, vgl. BGH, FamRZ 2008, 986; Wendl/Staudigl/*Gerhardt,* § 4 Rn. 189.

830 Siehe *Gutjahr,* NJW 2008, 1985, 1988.

831 BT-Drs. 16/1830, S. 34; Büte/Poppen/Menne/*Büte,* § 36 EGZPO Rn. 9; Palandt/*Brudermüller,* Einf. II v. § 1569 Rn. 14; Hoppenz/Hülsmann/*Hoppenz,* § 36 EGZPO Rn. 20.

832 BGH, FamRZ 1992, 797.

833 Palandt/*Brudermüller,* Einf. II v. § 1569 Rn. 14; Hoppenz/Hülsmann/*Hoppenz,* § 36 EGZPO Rn. 20.

834 Hoppenz/Hülsmann/*Hoppenz,* a.a.O.

b) Berücksichtigung der weiteren Unterhaltsschuldner

Bisher wurden lediglich die Interessen der anderen Unterhaltsgläubiger als berücksichtigungswürdig eingestuft. Wie bereits erläutert sind im Unterhaltsverhältnis allerdings auch die einzelnen Unterhaltsschuldner eines Bedürftigen durch eine Rangfolge miteinander verbunden. Bereits im Zuge der generellen Erläuterung der verschiedenen Interessen wurde die Berücksichtigung dieser Interessen durch die Legislative abgelehnt.[835] Aus den gleichen Erwägungen heraus sind auch in der konkreten Einzelfallabwägung des Richters diese Interessen nicht zu berücksichtigen.

2. Anpassung im Einzelfall

a) Stufenweise Anpassung mittels Übergangsfrist

Wie nach Ermittlung und Abwägung der verschiedenen Interessen die Anpassung der Unterhaltsregelung im Einzelfall erfolgen soll, ergibt sich aus § 36 Nr. 1 EGZPO selbst. Durch den Gesetzeswortlaut „soweit ... die Änderung ... zumutbar ist" wird deutlich, dass es als Rechtsfolge von § 36 Nr. 1 EGZPO nicht nur in Betracht kommt, entweder die alte Rechtslage vollständig aufrecht zu erhalten oder die Unterhaltsvereinbarung gänzlich an das neue Recht anzupassen, sondern auch Zwischenstufen gefunden werden dürfen und sogar müssen,[836] die in Anbetracht des individuellen Einzelfalls zu einem angemessenen Ergebnis führen. Abweichungen sind dabei nicht nur bezüglich der Höhe des Unterhaltsanspruchs, sondern auch in Hinblick auf den Zeitpunkt denkbar, von dem an die Abänderung greift.[837] Die Rechtsfolge ist damit typisch für die generelle Problematik des Vertrauensschutzes, die selbst immer praktische Konkordanz fordert und kein schematisches Ergebnis nach dem „Alles-oder-Nichts"-Prinzip. Gleichzeitig wird auch ermöglicht, der grundsätzlich fragilen Ausgestaltung des Unterhaltsanspruchs Rechnung zu tragen, soweit die Risikoverteilung dies erfordert.

Als konkretes Gestaltungsmittel, um ein dem Einzelfall gerecht werdendes Ergebnis zu schaffen, bietet sich eine Übergangsfrist an, innerhalb derer der Anspruch aus der bestehenden Unterhaltsregelung fortbesteht oder ein lediglich geringfügig verminderter Unterhaltsanspruch besteht.[838] Die Übergangsfrist dient als Anpassungshilfe und muss so bemessen werden, dass dem Betroffenen ausreichend Zeit gegeben wird, sich auf die neue Situation einzustellen.[839] Dabei muss allerdings beachtet werden, dass der Unterhaltsberechtigte durch die Übergangsregelung nicht besser gestellt wird, als er durch Anwendung des alten Rechts stehen würde. So darf beispielsweise für die Betreuungsunterhalt bezie-

---

835 Siehe dazu 4. Kapitel I. 3.

836 BT-Drs. 16/1830, S. 34; *Gutjahr,* NJW 2008, 1985, 1990; Münchener Anwaltshandbuch/*Grandel,* § 9 Rn. 319.

837 *Gutjahr,* NJW 2008, 1985, 1990; *Schürmann,* FamRZ 2008, 313, 326.

838 Siehe AG Peine, FamRZ 1987, 593, 594 zu Art. 6 Nr. 1 UÄndG 1986.

839 *Diehl,* JAmt 2007, 566, 570.

hende geschiedene Ehefrau die Auslauffrist nicht so bemessen sein, dass sie länger Unterhalt beziehen würde, als dies nach dem bisher praktizierten Altersphasenmodell der Fall war.[840] Gleiches gilt bei einer Übergangs- oder Auslaufzeit nach § 1578b BGB. § 1578b BGB und § 36 Nr. 1 EGZPO können kumulativ angewendet werden, so dass letztlich mehrere Abwägungen nebeneinander stattfinden.[841] Bei Addition der Übergangsfristen darf der Unterhaltsberechtigte jedoch wiederum nicht besser gestellt werden, als er nach der alten Rechtslage stand. Ansonsten würde § 36 Nr. 1 EGZPO überkompensatorische Wirkung erlangen, was aber weder im Gesetz angelegt ist noch Sinn und Zweck der Regelung entspricht.

Der Übergang kann auch so gestaltet werden, dass er stufenweise zur vollen Abänderung führt.[842] Dabei schmilzt der Unterhalt kontinuierlich über einen gewissen Zeitraum ab, um eine schonende Anpassung über eine längere Zeitspanne zu ermöglichen.

Als Anhaltspunkt für die Bemessung einer Übergangszeit wird eine Zeitspanne von sechs Monaten vorgeschlagen, die wiederum anhand des Einzelfalls variiert wird.[843] Sachgerechter erscheint allerdings, die Übergangsfrist unter Rückgriff auf die bereits aufgezeigte Befristungsrechtsprechung zu § 1573 Abs. 5 BGB a.F. an der bisherigen Bezugsdauer des Unterhalts zu bemessen.[844] Eine mehr oder weniger pauschale Orientierung an einer sechsmonatigen Frist ist zu starr, um insbesondere bei langer Bezugsdauer dem Einzelfall gerecht zu werden. Berücksichtigt man noch einmal Sinn und Zweck einer Übergangsfrist, dem Betroffenen eine Anpassung zu ermöglichen, zeigt sich, dass beispielsweise bei einer Bezugsdauer des Unterhalts von zehn Jahren die Umstellung schwerlich innerhalb eines halben Jahres erfolgen kann, wenn man bedenkt, dass damit zum Beispiel ein Wohnungswechsel verbunden sein kann. Angezeigt ist es daher, als Anknüpfungspunkt die Zeitspanne zu nehmen, innerhalb derer das Vertrauen entstanden ist und sich verfestigt hat. Auch die Rechtsprechung orientiert sich nicht an einer sechsmonatigen Frist, sondern stellt auf den Einzelfall ab.[845]

---

840 *Jüdt,* FuR 2008, 468, 472.

841 Vgl. OLG Hamm, NJW 2008, 2445, 2447; OLG Karlsruhe, NJW 2009, 525, 526, stellt auf eine umfassende Billigkeitsabwägung ab.

842 Hoppenz/Hülsmann/*Hoppenz,* § 36 EGZPO Rn. 10; *Rasch,* FPR 2008, 15, 17.

843 Stellungnahme der Ständigen Fachkonferenz 3 „Familienrecht und Beistandschaft, Amtsvormundschaft" des DIJuF, FuR 2008, 274, 275.

844 *Jüdt,* FuR 2008, 468, 471. Bzgl. Art. 6 Nr. 1 UÄndG 1986 siehe AG Peine, FamRZ 1987, 593, 594.

845 Siehe dazu OLG Stuttgart, Urt. v. 20.8.2008 - UF 256/07 = BeckRS 2009 04683, welches im Falle des Unterhaltsbezuges von fast 12 Jahren eine Übergangsfrist von zunächst zwei Jahren vorsah, innerhalb derer der volle Unterhalt gezahlt werden muss. Anschließend wird der Unterhalt um 50 % auf 500 € für einen Zeitraum bis 2018 reduziert.

Als zusätzlicher Orientierungspunkt müssen bei der Anpassung im Abänderungsverfahren und der Wahl einer Übergangsfrist die Höhe und die Möglichkeiten zur eigenen Versorgung unter Vermeidung der Inanspruchnahme von Sozialleistungen beachtet werden.[846] Da die Unterhaltspflicht auch einen Rückgriff auf Sozialleistungen verhindern soll, sollte sich daran auch das Zumutbarkeitskriterium orientieren und insbesondere dann keine oder nur eine geringe Herabsetzung des Anspruchs erfolgen, wenn der Unterhaltsberechtigte tatsächlich für seinen Lebensunterhalt aufkommen könnte.

b) Vollständiger Bestandsschutz

§ 36 Nr. 1 EGZPO ermöglicht es aber nicht nur, eine Übergangsfrist zu finden. Vielmehr besteht auch die Möglichkeit des absoluten Bestandsschutzes. Im Mangelfall wird sich hier vielfach aus einer Abwägung mit den Interessen der anderen Unterhaltsgläubiger ergeben, dass ein absoluter Bestandsschutz, der den Unterhaltsanspruch sowohl in der Höhe als auch in der Geltungsdauer und der Rangposition insgesamt nach altem Recht aufrecht erhält, meist nicht gewährt werden kann, insbesondere wenn dies für unterhaltsberechtigte Kinder einen Verweis auf Sozialleistungen bedeuten würde. Allerdings ist immer dann an einen umfassenden Bestandsschutz zu denken, wenn der Unterhaltsschuldner besonders leistungsfähig ist und ihm bei Befriedigung aller an ihn gestellten Unterhaltsansprüche deutlich mehr als sein Selbstbehalt verbleibt. Bei besonders großem Einkommen ist dem Unterhaltsschuldner generell mehr zumutbar.[847]

Bei der Frage nach vollständigem Bestandsschutz ebenfalls zu berücksichtigen sind die Gründe, aus denen heraus sich überhaupt eine Unterhaltsabhängigkeit ergibt. Argumentativ lässt sich diesbezüglich an die Rechtfertigungsgründe des Scheidungsunterhaltsrechts - die nachwirkende eheliche Solidarität einerseits[848] sowie die ehebedingte Bedürftigkeit andererseits[849] - anknüpfen. Gerade dann, wenn die Bedürftigkeit aufgrund ehebedingter Nachteile entstanden ist, wie beispielsweise im Fallbeispiel der Einleitung durch die einvernehmliche Rollenteilung, ist ein völliger Bestandsschutz leichter zumutbar, denn der Unterhaltsschuldner hat selbst zur Bedürftigkeit des anderen beigetragen. Die Berücksichtigung der Ehebedingtheit beim Vertrauensschutz im übergangsrechtlichen Sin-

---

846 *Jüdt,* FuR 2008, 532, 535.

847 Vgl. OLG Bremen, FamRZ 1991, 86, 87 bzgl. Art. 6 Nr. 1 UÄndG 1986.

848 *Schwab,* FamRZ 1997, 521, 521 ff.; Siehe auch *Schwab,* Familienrecht, Rn. 368. Kritisch *Rauscher,* Familienrecht, Rn. 557.

849 BVerfGE 80, 286; *Gernhuber/Coester-Waltjen,* § 30 Rn. 3. *Muscheler*, Rn. 412, spricht sich für eine Rechtfertigung unter dem Gesichtspunkt des Vertrauensschutzes aus. Nur wenn der bedürftige Ehegatte auf die Haltbarkeit der ehelichen Lebensplanung vertraut habe und vertrauen durfte, eine Vertrauensdisposition vorgenommen habe, die seine berufliche Lage für eine bestimmte Frist oder auf Dauer verschlechtert, und die Scheidung diese latente Verschlechterung aktualisiere, sei ein Unterhaltsanspruch legitim. In diesem Sinne auch *Metz,* S. 183 ff.

ne steht schließlich auch im Einklang mit der starken Berücksichtigung ehebedingter Nachteile im materiellen Scheidungsunterhaltsrecht.

3. „Durchbrechung“ der Rangpriorität

a) Grundsätzliche Erwägungen

Hinsichtlich der konkreten Ausgestaltung des Vertrauensschutzes stellt sich als wohl entscheidendste Frage die eines Eingriffes in die Rangfolge: Inwieweit kann zugunsten des Vertrauensschutzes in den Vor- oder Gleichrang eines anderen Unterhaltsgläubigers eingegriffen werden? Insofern wird bemerkt, dass unter dem Zumutbarkeitsgesichtspunkt nicht die Verschlechterung der Rangposition des Abänderungsbeklagten relativiert werden könne, da Vorrang bedeute, dass ein nachrangiger Berechtigter mit seinem Anspruch nur zum Zuge komme, soweit nach vollständiger Befriedigung der vorrangigen Ansprüche ein freier Betrag verbleibe.[850] Aus diesem Grund könne ein durch die Gesetzesänderung geschaffener Vorrang, der gleichzeitig zur Nachrangigkeit eines anderen führe, nicht im Rahmen der Zumutbarkeit berücksichtigt werden.[851] Führe der Auf- oder Abstieg in die Gleichrangigkeit oder bestehe diese bereits, so sei besonders zu beachten, dass die zur Befriedigung der Unterhaltsansprüche bestehenden Mittel beim Schuldner in ihrer Höhe gleich blieben.[852] Die Gewährung von Bestandsschutz führe in einem solchen Fall zwangsläufig zur Schlechterstellung des Unterhaltsschuldners, sofern dieser die Beibehaltung des Anspruchs nicht durch Minderung des Unterhaltsanspruchs eines anderen Gläubigers kompensieren könne. Daher sei bei der Frage der Zumutbarkeit grundsätzlich darauf zu achten, ob eine Minderung in einem anderen Verhältnis zumutbar sei.[853]

Diese Differenzierung zwischen Vor- und Gleichrangigkeit kann aber nicht vollständig überzeugen. Der generelle Ausschluss des Vertrauensschutzes im Fall der Vorrangigkeit würde einen empfindlichen und verfassungsrechtlich bedenklichen Einschnitt in den Anwendungsbereich des § 36 Nr. 1 EGZPO bedeuten. Die Rangveränderung stellt aber gerade einen Aspekt dar, der „Altfälle“ besonders hart treffen kann. Aus diesem Grund sollte man nicht von vornherein den Vertrauensschutz noch stärker eingrenzen. Zwar ist beizupflichten, dass bei der Zumutbarkeit im Mangelfall generell überprüft werden muss, inwieweit der Unterhaltspflichtige auf einer möglichen Mehrbelastung „sitzenbleibt“. Dies ist

850 Hoppenz/Hülsmann/*Hoppenz,* § 36 EGZPO Rn. 22. Siehe BGH, FamRZ 1980, 555, 557; 1988, 705, 706; *Schürmann,* FamRZ 2008, 313, 320. Siehe zur Frage der vollen Rangpriorität bereits 1. Kapitel II. 4. b).

851 Hoppenz/Hülsmann/*Hoppenz,* a.a.O.; Palandt/*Brudermüller,* Einf. II v. § 1569 Rn. 14; *Maurer,* FamRZ 2008, 2157, 2168. Siehe auch Göppinger/Wax/*Bäumel,* Rn. 876, der allein die Rangdurchbrechung für einen kurzen Zeitraum als gerechtfertigt anerkennt, da ansonsten der mit § 1609 Nr. 1 BGB verbundene Minderjährigenschutz weitgehend ins Leere laufe.

852 Hoppenz/Hülsmann/*Hoppenz,* § 36 EGZPO Rn. 23.

853 A.a.O.; Palandt/*Brudermüller,* Einf. II v. § 1569 Rn. 14.

aber keine Sonderfrage des Eingriffs in die neue Rangordnung, sondern kann sich ebenfalls als Konsequenz aus der Erhöhung von Unterhaltsansprüchen - beispielsweise der Anpassung an den Mindestunterhalt - ergeben.

Auch aus dem Gesetzestext ergibt sich eine solche Einschränkung nicht. Der Gesetzesbegründung ist mangels Einschränkung vielmehr zu entnehmen, dass in die Rangposition eingegriffen werden kann.[854] Dies ist auch erforderlich, um dem Vertrauensschutz das Gewicht zukommen zu lassen, welches notwendig ist, um den „Altfällen" gerecht zu werden.[855] Im Unterhaltsrecht gilt zwar ein absoluter Rangbegriff. Dieser allein sagt aber nichts darüber aus, ob es nicht im Rahmen der Gewährung von Vertrauensschutz angemessen sein kann, in die Rangfolge einzugreifen. Insoweit ermöglicht § 36 Nr. 1 EGZPO aufgrund seiner Flexibilität, die Rangfolge nach dem alten Unterhaltsrecht teilweise aufrecht zu erhalten. Damit wird dann schließlich auch der Rangbegriff nicht unterlaufen. Vielmehr schafft der Abänderungstitel selbst eine „neue Rangfolge", innerhalb derer dann der absolute Rangbegriff Anwendung findet. Letztlich müssen sich auch diejenigen mit solchen Erwägungen behelfen, die lediglich bei Gleichrangigkeit eine Möglichkeit zur Gewährung von Vertrauensschutz unter Eingriff in die Rangfolge sehen. Sind nämlich in formaler Hinsicht zwei Unterhaltsgläubiger gleichrangig und wird - aufgrund von Bestandsschutzerwägungen - das zur Verfügung stehende Einkommen nicht paritätisch aufgeteilt, so schafft man innerhalb einer Rangstufe ein Verhältnis von Vor- und Nachrangigkeit.[856] Dieses hat die gleichen Auswirkungen, die auch mit einem generellen Eingriff in die Rangstufen verbunden sind.

b) Vereinbarkeit mit dem Kindeswohl

Ein Eingriff in die Rangfolge kommt aber erst nach äußerst sorgfältiger Abwägung aller Interessen in Betracht. In Fällen eingeschränkter Leistungsfähigkeit ist zu beachten, dass es sich nachteilig auf die gleich- oder nachrangigen Unterhaltsgläubiger auswirkt, wenn der eigene Anspruch in der Höhe oder der Bezugsdauer erweitert wird. Bedeutsam wird dies besonders dann, wenn sich im zweiten Rang Gläubiger gegenüberstehen, die alle Betreuungsunterhalt beziehen, und der Anspruch eines Gläubigers ausgeweitet werden soll. Dies wirkt sich unmittelbar nachteilig auf den anderen betreuenden Elternteil aus und mittelbar auch auf das Kind. Denn Betreuungsunterhalt wird aus Gründen des Kindeswohls gewährt.[857] Damit ist er am Kind und seinem Bedarf an persönlicher Betreuung ausgerichtet und prägt die Umstände, unter denen das Kind auf-

---

854 Vgl. BT-Drs. 16/1830 S. 33 f.

855 A.A. Hoppenz/Hülsmann/*Hoppenz,* § 36 EGZPO Rn. 22; *Maurer,* FamRZ 2008, 2157, 2168.

856 Ein relatives Rangverhältnis galt auch nach alter Rechtslage zwischen dem geschiedenen und dem jetzigen Ehegatten.

857 BVerfGE 118, 45, 63.

wächst.[858] Zu berücksichtigen ist somit auch, inwiefern sich die Aufrechterhaltung des einen Unterhaltsanspruchs auch gegenüber dem Kindeswohl rechtfertigen lässt. Der Vertrauensschutz als Frage von Übergangsrecht und das Kindeswohl als eines der zentralen Elemente des Familienrechts[859] stehen sich dementsprechend als Interessen gegenüber.

Konkret sollte der Unterhalt privilegierter Kinder nach § 1609 Nr. 1 BGB nicht leichtfertig gekürzt werden. Auch die Verminderung eines Anspruchs auf Betreuungsunterhalt entweder nach § 1570 BGB oder nach § 1615l BGB sollte restriktiv gehandhabt werden, da Anspruchsinhaber zwar regelmäßig ein Erwachsener ist, dem es prinzipiell überlassen werden könnte, selbst für seinen Unterhalt zu sorgen, sich dieser Anspruch aber mittelbar auf das Kind auswirkt. Hier sind aber leichter Zugeständnisse zu machen als beim Kindesunterhalt an sich, zumal auch der Vertrauensschutz ein hohes Gut darstellt. Allerdings kann nicht pauschal unter Berufung auf das Kindeswohl dem Vertrauensschutz eine Absage erteilt werden. Denn nicht immer wirkt es sich tatsächlich nachteilig für das unterhaltbeziehende Kind aus, wenn Vertrauensschutz gewährt wird.

aa) Privilegierung der eigenen Kinder

Zu denken ist zunächst an den Fall, dass der Unterhaltsschuldner lediglich dem anderen Elternteil und Kindern aus dieser Verbindung gegenüber unterhaltspflichtig ist. Hier kann sich ein Mangelfall und damit eine Schlechterstellung des anderen Elternteils dadurch ergeben, dass das Kind nach § 1612a Abs. 1 BGB i.V.m. § 36 Nr. 4 EGZPO seinen Mindestunterhalt geltend macht.[860] Diesbezüglich kann sich der Unterhaltsschuldner generell nicht darauf berufen, er habe auf den Bestand des bereits titulierten oder versprochenen Mangelunterhalts vertraut,[861] obgleich der Anwendungsbereich des § 36 Nr. 1 EGZPO für diese Konstellation von seiner Gestaltung und dem Wortlaut her eröffnet ist. Grundsätzlich ist dem Unterhaltsschuldner eine solche Anpassung nämlich zumutbar. Es muss ihm bewusst gewesen sein, dass allein durch Zahlung des Mangelunterhalts beim Kind keine Bedarfsdeckung herbeigeführt worden ist, weshalb er sich insoweit nicht auf ein Vertrauen berufen kann.[862] Geschützt wird der Schuldner dabei ausreichend durch seinen Selbstbehalt. Eine andere Sichtweise stünde zugleich in Widerspruch zu den Reformzielen des Gesetzgebers, insbesondere zur angestrebten Verbesserung der Stellung des Kindes im Unterhaltsrecht.[863]

---

858 BVerfGE 103, 89, 110.

859 Zu Kindeswohlaspekten im Rahmen der elterlichen Sorge siehe *Coester,* Das Kindeswohl als Rechtsbegriff.

860 *Borth,* UÄndG, Rn. 390. Instruktiv zur Wiedereinführung des Mindestbedarfs *Finke,* FPR 2005, 477.

861 *Jüdt,* FuR 2008, 532.

862 A.a.O.

863 *Jüdt,* FuR 2008, 532, 532 f.; *Klinkhammer,* FamRZ 2008, 193, 200.

Ist es allerdings dem Unterhaltsschuldner untersagt, sich zulasten seiner eigenen Kinder auf Vertrauensschutzaspekte zu berufen, so begründet dies im Gegenzug die Erwartung, dass der unterhaltsbeziehende Elternteil sich seinerseits ebenfalls nicht auf Vertrauensschutzaspekte beruft.[864] Schließlich verändert sich alleine durch die Reform nicht der Geldbetrag, der dem Schuldner zur Befriedigung aller Ansprüche zur Verfügung steht. Ließe man hier zu, dass sowohl die gemeinsamen Kinder ihren Unterhaltsanspruch erhöhen könnten, ohne dass sich der Unterhaltspflichtige auf Vertrauensschutz berufen könnte, als auch der andere Ehegatte seinen Anspruch aufrecht erhalten könnte, indem er sich auf den Vertrauensschutz beruft, so würde dies einen Eingriff in den Selbstbehalt des Unterhaltsschuldners nach sich ziehen. Ausfluss der nachehelichen Solidarität muss es aber auch sein, dem anderen seinen Selbstbehalt zu belassen und gleichzeitig die Verantwortung für die gemeinsamen Kinder zu tragen.[865]

Freilich zeigt sich ein Unterschied darin, dass eine Berufung des Gläubigers auf Vertrauensaspekte nicht direkt gegenüber den Kindern erfolgt, sondern diese erst mittelbar über den Mangelfall tangiert. Zudem geht es für den Gläubiger häufig auch um eine existenzgefährdende Verschlechterung, denn anders als dem Schuldner sein Selbstbehalt belassen wird, muss der Gläubiger gegebenenfalls auf staatliche Unterstützung zurückgreifen. Diese beträgt[866] derzeit als Regelsatz allerdings nur 351 € gegenüber einem relativen Selbstbehalt von 1000 €.[867] Dies verdeutlicht, dass der Ausschluss der Berufung auf den Vertrauensschutz den Gläubiger wesentlich stärker beeinträchtigen kann. Gerechtfertigt erscheint dies dennoch durch einen „Erwerbstätigenbonus“, den sich der Schuldner dadurch sichern kann, dass er selbst das Einkommen erwirtschaftet.

Damit ist eine teleologische Reduktion des § 36 Nr. 1 EGZPO in benanntem Fall angebracht.[868] Letztlich wird es in der Praxis in solchen Fällen häufig aber gar nicht zu einer Berufung auf den Vertrauensschutz von Seiten des betreuenden Elternteils kommen. Schließlich zählt, solange eine Bedarfsgemeinschaft mit dem Kind besteht, nicht unbedingt, welchen Anspruch der Einzelne erzielt, sondern wie die Bedarfsgemeinschaft insgesamt gestellt wird. Teilweise kann es für die Bedarfsgemeinschaft sogar von Vorteil sein, wenn die Ansprüche der Kinder erhöht und dann vorrangig befriedigt werden, denn ihnen gegenüber hat der Schuldner einen geringeren Selbstbehalt und die Zahlungsbereitschaft ist den eigenen Kindern gegenüber häufig größer.

---

864 *Jüdt,* FuR 2008, 532.

865 *Jüdt,* FuR 2008, 532, 533.

866 Stand 1.7.2008.

867 351 € sind der Regelsatz für den Haushaltsvorstand oder Alleinstehende. Zur Errechnung des konkreten Bedarfs siehe SGB XII.

868 *Jüdt,* FuR 2008, 532. Anders insoweit wohl BT-Drs. 16/1830, S. 34.

bb) Keine Privilegierung der „Zweitfamilie“

Etwas anderes gilt indes für Fälle, in denen die Unterhaltsgläubiger verschiedenen Familien entstammen, also beispielsweise „Erst-“ und „Zweitfamilie“ aufeinander treffen. Hier kann das Argument der Familiensolidarität nicht überzeugen, denn alleine der Unterhaltsschuldner ist mit allen Kindern verwandt. Von den anderen Elternteilen hingegen kann unter der Berufung auf das Kindeswohl nicht Solidarität mit der fremden Familie verlangt werden.[869] Nichts anderes aber würde man fordern, wenn man die Argumentation auch auf eine solche Konstellation übertragen würde, wie folgende Beispielsrechnung zeigt:

Das bereinigte Nettoeinkommen des Unterhaltspflichtigen (M) beträgt 1400 €. Er zahlt Unterhalt für ein eheliches (K1, 8 Jahre) und ein nichteheliches Kind (K2, 8 Jahre) in Höhe von jeweils 250 €. Die geschiedene Ehefrau (F) und die Mutter von K2 (N) haben ebenfalls beide einen Unterhaltsanspruch, jeweils in Höhe von 770 €.

Nach der alten Rechtslage standen die beiden Kinder und F im ersten Rang, N war nachrangig. Die Mangelfallberechnung erfolgte wie folgt:

Der Eigenbedarf des M gegenüber der F belief sich auf 1000 €.[870] Dieser wurde von der Verteilungsmasse abgezogen, sodass insgesamt ein Betrag von 400 € verblieb *[Bereinigtes Nettoeinkommen (1400 €) – Eigenbedarf gegenüber dem Ehegatten (1000 €) = 400 €]*. Die Summe der Einsatzbeträge *[Anspruch K1 (250 €) + Anspruch K2 (250 €) + Anspruch F (770 €)]* belief sich auf 1270 €. In Relation ergab sich somit für jedes Kind ein Anspruch auf 128,74 € *[Unterhaltsanspruch (250 €) x Verteilungsmasse (400 €) : Summe der Einsatzbeträge (1270 €) = 78,74 €. Dieser Betrag wird dann aufgestockt um 1/2 x Differenz aus Eigenbedarf gegenüber F und Eigenbedarf gegenüber K (1000 € - 900€) = 50 €, sodass sich letztlich ein Betrag von 128,74 € ergibt. Der unterschiedliche Selbstbehalt ergibt sich aus der gesteigerten Erwerbspflicht gegenüber den Kindern. Nach § 1612b Abs. 5 BGB a.F. wird kein Kindergeld angerechnet.[871]]* F konnte hingegen nach der Berechnung 242,52 € verlangen *[770 € x 400 € : 1270 € = 242,52 €; hier erfolgt keine Aufstockung.]*. Der Lebensgemeinschaft aus F und K1 standen also insgesamt 371,26 € zur Verfügung. Der Bedarfsgemeinschaft von K2 und N standen lediglich 128,74 € zur Verfügung, da der Anspruch der N selbst nicht befriedigt werden konnte.

Nach der neuen Rechtslage ergäbe sich die Situation wie folgt, sofern man davon ausgehen würde, dass beide Frauen weiterhin einen Unterhaltsanspruch hät-

---

869 *Peschel-Gutzeit,* Unterhaltsrecht aktuell, Rn. 335.

870 Zur Höhe des Selbstbehalts vgl. 1. Kapitel I. 1.

871 Zur Anrechnung des Kindergeldes nach altem Recht vgl. *Dose,* FamRZ 2007, 1289, 1289 ff.

ten: K1 und K2 sind nun vorrangig. Unter Wahrung des Eigenbedarfs des M in Höhe von 900 € gegenüber seinen Kindern werden die Ansprüche von K1 und K2 von jeweils 250 € voll befriedigt. F und N gehen in Anbetracht des Selbstbehalts des M leer aus. Bei Anrechnung des hälftigen Kindergeldes auf die Ansprüche von K1 und K2 ergibt sich eine Minderung des Anspruchs auf jeweils 158 €. In diesem Fall verblieben 84 € zur anteiligen Befriedigung der zweitrangigen Kindsmütter *[Bereinigtes Nettoeinkommen (1400 €) - Unterhalt Kinder (316 €) – Selbstbehalt gegenüber F und N (1000 €) = 84 €]*. F und N erhalten davon jeweils 42 €. Für die Bedarfsgemeinschaft von F und K1 bedeutet dies eine Schlechterstellung von 121,26 € bzw. 171,26 € bei Kindergeldanrechnung monatlich. Die Bedarfsgemeinschaft von N und K2 wird durch die Rangverschiebung um 121,26 € bzw. 71,26 € bei Kindergeldanrechnung besser gestellt.[872]

Stuft man den Bedarf der Kinder fortan mit dem Mindestunterhalt ein, so ergibt sich ein Zahlbetrag von 272 € pro Kind[873] *[Mindestunterhalt gemäß § 1612a Abs. 1 S. 3 Nr. 2 BGB i.V.m. § 36 Nr. 4 EGZPO (364 €) – hälftiges Kindergeld (92 €) = 272 €]*. Die Ansprüche von F und N können nicht mehr befriedigt werden, da sonst in den Selbstbehalt des M gegenüber F und N eingegriffen würde. In diesem Fall ergäbe sich eine Schlechterstellung der Bedarfsgemeinschaft von F und K1 um 99,26 €.

Für das Wohl des K1 wird in der Regel ausschlaggebend sein, inwieweit sich die finanzielle Situation der Bedarfsgemeinschaft mit F insgesamt verändert. Aufgrund der Verminderung des Gesamtbetrages, den es zusammen mit F erhält, verschlechtert sich seine wirtschaftliche Situation vielmehr. Bestandsschutz für F könnte diesbezüglich durchaus förderlich für das Wohl von K1 sein, da dieser hauptsächlich zu Lasten der N gehen würde. Dies wiederum würde sich aber nachteilig auf K2 auswirken. Somit tritt bei einem Eingriff in die Rangregelung wieder der Konflikt zutage, der sich bereits bei Schaffung der neuen Rangfolge ergab, nämlich die Frage, wer im Mangelfall des meisten Schutzes bedürfe. Diesbezüglich wählte der Gesetzgeber zu Recht eine klare Privilegierung aller Kinder. Gleichwohl zeigt sich im Einzelfall, dass die gleichmäßige Verteilung des Mangels auf „Erst-“ und „Zweitfamilie“ für die „Erstfamilie“ eine gravierende finanzielle Einbuße herbeiführen und daher durchaus Vertrauensschutz begründen kann. Kumulativ können dann das Schutzbedürfnis und der Vertrauensschutz dazu führen, dass im Einzelfall für Fallkonstellationen mit Vergangenheitsbezug von der aktuell-gesetzlichen Rangfolge abgewichen werden muss. Ein Verzicht auf den Eingriff in die Rangpositionen würde in diesen Fällen nämlich vielfach dazu führen, dass zu Lasten des Vertrauensschutzes die

872 Zur Kindergeldverrechnung siehe *Dose,* FamRZ 2007, 1289, 1293; *ders.,* JAmt 2009, 57, 57 f.

873 Unter Beachtung des Selbstbehalts ergibt sich eine Zahlung von 250 €.

„Zweitfamilie“ begünstigt wird. Diese hatte aber gerade die Möglichkeit, sich auf die Situation einzurichten.[874] Zudem muss auch gesehen werden, dass im günstigsten Falle die Bedarfsgemeinschaft von N und K2 noch mit M zusammenlebt, der seinen Selbstbehalt einbringt.

c) Vereinbarkeit mit der Gleichstellung nichtehelicher Kinder

Die Frage nach dem Eingriff in die Vorrangstellung lässt sich aber nicht nur unter dem Gesichtspunkt des Kindeswohls untersuchen, sondern auch unter dem Aspekt, inwieweit die verfassungsrechtlich gebotene[875] Gleichstellung von geschiedenen und ledigen Betreuenden eine Berufung auf den Vertrauensschutz verwehrt.

Gewährte man dem geschiedenen Ehegatten die Möglichkeit, für sich Vertrauensschutz geltend zu machen mit der Konsequenz der Aufrechterhaltung der überkommenen Rangfolge, folgte daraus, dass die bisherige Schlechterstellung eines nicht verheirateten Elternteils fortbestünde. Versagte man aber die Berufung auf den Vertrauensschutz, so wäre § 36 Nr. 1 EGZPO nur ein sehr stumpfes Schwert, welches in Mangelfällen fast nicht, bei noch Verheirateten gar nicht und ansonsten auch nur sehr beschränkt Anwendung finden könnte. Indes hat das BVerfG auch nicht dazu Stellung bezogen, ob die unterschiedlichen Ränge gegen den Gleichbehandlungsgrundsatz verstoßen. Da sich die Rangverschiedenheit von Ansprüchen aus § 1570 BGB a.F. und § 1615l BGB a.F. letztlich aber auch nach der Ehelichkeit differenzierte, ist nicht davon auszugehen, dass diese in Einklang mit der Verfassung stünde.[876] Wie auch schon im Hinblick auf das Kindeswohl ergibt sich ein Aufeinandertreffen zweier verfassungsrechtlich geschützter Interessen. Sowohl die Gleichstellung aller Kinder, Art. 6 Abs. 5 GG, als auch der Vertrauensschutz sind im Grundgesetz verankert; aus diesem Grund kann nicht einfach einem der beiden Prinzipien der absolute Vorrang eingeräumt werden. Ein Ausgleich lässt sich wiederum durch das Prinzip der praktischen Konkordanz erreichen. Sowohl der Gleichstellung als auch dem Vertrauensschutz sollte zur jeweils größtmöglichen Geltung verholfen werden. Hier bietet sich grundsätzlich eine kontinuierliche Abschmelzung des Anspruchs an, aber auch absoluter Bestandsschutz kann beim Überwiegen des Vertrauens in Betracht kommen. Nicht angemessen erscheint es indes, die Vertrauensschutzprüfung von vornherein nicht zuzulassen sowie einen Eingriff in die Rangfolge zu versagen.[877]

874 Siehe BVerfGE 66, 84, 98
875 BVerfG, FamRZ 2007, 965.
876 *Graba,* FF 2007, 246, 250.
877 Mit diesem Ergebnis letztlich auch *Jüdt,* FuR 2008, 532, 533 f., der zur Deckung des Bedarfs auch auf den Selbstbehalt des Pflichtigen zurückgreifen will.

4. Fazit

Zur Schaffung einer dem Vertrauensschutz gerecht werdenden Einzelfalllösung kann durchaus auch die gesetzliche Rangfolge modifiziert werden. Durch Urteil wird praktisch eine individuelle Rangfolge für den Einzelfall geschaffen, wobei diese dann nicht nur Wirkung inter partes entfaltet, sondern ebenso wie beispielsweise auch die Festsetzung der Höhe eines vorrangigen Unterhaltsanspruchs sich auf Dritte auswirken kann. Kein Eingriff in die Rangfolge kommt allerdings in Fällen in Betracht, in denen allein eigene Kinder die weiteren Unterhaltsgläubiger darstellen. Aus Gründen der Gleichbehandlung beider Elternteile sowie aus Aspekten der Familiensolidarität und des Kindeswohles muss der Unterhaltsgläubiger grundsätzlich auf den Vertrauensschutz verzichten.

IV. Vertrauensschutz bei umfassenden finanziellen Regelungen

1. Abänderung von Unterhaltsvereinbarungen allgemein

Der Wortlaut des § 36 Nr. 1 EGZPO stellt Unterhaltsvereinbarungen dem Urteil gleich. Grundsätzlich werden sie nach den gleichen Vorgaben an die Veränderungen des UÄndG angepasst wie Unterhaltstitel, allerdings mit der Maßgabe, dass anstatt § 323 ZPO bzw. §§ 238, 239 FamFG[878] Grundlage zur Anpassung einer Unterhaltsvereinbarung das materielle Recht ist.[879] Denn Geltungsgrund aller Unterhaltsvereinbarungen ist ausschließlich der Parteiwille.[880] Es gelangen die im Zuge der Schuldrechtsreform in § 313 BGB verankerten Grundsätze zum Wegfall der Geschäftsgrundlage zur Anwendung.[881] Insoweit verweist auch § 239 FamFG auf § 313 BGB. Im Wege der Auslegung ist zu ermitteln, welche Verhältnisse die Parteien zur Grundlage ihrer Einigung gemacht haben und von welcher Rechtslage sie ausgegangen sind.[882] Ob und in welcher Weise dann eine Anpassung an die veränderte Rechtslage erfolgen kann, bedarf einer sorgfältigen Prüfung unter Berücksichtigung der beiderseitigen Interessen.[883] Dabei ist zugleich zu beachten, ob die im Vergleich insgesamt getroffenen Regelungen noch in einem ausgewogenen Verhältnis zueinander stehen; insbesondere gilt dies bei Scheidungsfolgenvereinbarungen, welche mehrere Punkte enthalten.[884] Entscheidend kommt es hier auf den Parteiwillen an. Damit bedeutet die Änderung

---

878 Nach dem FamFG richtet sich die Abänderung nach § 238 FamFG für gerichtliche Entscheidungen, nach § 239 FamFG für Vergleiche und Urkunden. § 239 FamFG verweist diesbezüglich auf § 313 BGB.

879 Ständige Rechtsprechung des Senats, vgl. BGHZ GSZ 85, 64, 73 = NJW 1983, 228, 229; BGH, NJW 1995, 1891; 2001, 3618, 3619.

880 BGH, NJW 2001, 3618, 3619.

881 Siehe dazu BGH, FamRZ 1992, 539; 1986, 790, 791; OLG Karlsruhe, FamRZ 2006, 1147; OLG Oldenburg, FamRZ 2006, 1842; OLG Düsseldorf, FamRZ 2008, 1002; OLG Stuttgart, FamRZ 2000, 377, 378; OLG Hamm, FamRZ 1999, 1510, 1511; OLG Bamberg, FamRZ 1992, 185; *Soyka,* Die Abänderungsklage im Unterhaltsrecht, Rn. 147; *Graba,* Die Abänderung von Unterhaltstiteln, Rn. 289a; *Jüdt,* FuR 2008, 577, 578.

882 BGH, NJW 2001, 3618, 3619.

883 A.a.O.

884 A.a.O.; Hoppenz/Hülsmann/*Hoppenz,* § 36 EGZPO Rn. 13.

der Rechtslage nicht automatisch, dass die von ihr betroffenen Umstände „erheblich" im Sinne eines Abänderungsverfahrens geworden sind.[885]

Der Eingriff in eine Unterhaltsvereinbarung berührt dabei nicht nur die Frage des Vertrauensschutzes, sondern tangiert zugleich auch die Privatautonomie.[886] Sofern Recht disponibel ist, stehen den Parteien vertragliche Regelungen frei. Kennzeichnend ist für Verträge aber gerade auch, dass diese verbindlich sind und die Parteien sich am erzielten Konsens festhalten lassen müssen, sofern nicht beide übereinstimmend eine Anpassung erzielen. Das Bereitstellen einer gesetzlichen Abänderungsmöglichkeit der vertraglichen Regelung wiegt also besonders schwer. Gleichwohl wäre es verfehlt, eine solche nicht zu eröffnen, wenn sie auch für Titel besteht. Denn die Ehepaare, die es geschafft haben, eine einvernehmliche Regelung der finanziellen Scheidungsfolgen zu finden, dürfen nicht schlechter gestellt werden. Dies wäre aber das Resultat, wenn man nicht auch für privatautonome Unterhaltsregelungen eine Abänderung ermöglichte, die zugleich in besonderem Maße den Vertrauensschutz berücksichtigt.

2. Besonderheiten der Abänderung von Gesamtvereinbarungen

Von § 36 Nr. 1 EGZPO erfasst sind auch Gesamtvereinbarungen,[887] deren Abänderbarkeit sich materiell-rechtlich ebenfalls nach § 313 BGB richtet. Anders als noch im Rahmen des Art. 6 Nr. 1 UÄndG 1986 wurde die Änderung einer Gesamtvereinbarung nicht nur dann vorgesehen, wenn die vereinbarte Gesamtregelung im Übrigen auch ohne die Unterhaltsregelung getroffen worden wäre. Insoweit gelten also keine zusätzlichen Voraussetzungen im Vergleich zu sonstigen privatautonomen Unterhaltsvereinbarungen. Dennoch ergeben sich aufgrund der Besonderheiten von Gesamtvereinbarungen einige Abweichungen. Gesamtvereinbarungen nehmen eine Sonderstellung bei den privatautonomen Regelungen anlässlich Trennung und Scheidung ein, die auch in der Gesetzesbegründung des UÄndG herausgestellt wird. Sinn einer Gesamtvereinbarung anlässlich Trennung oder Scheidung ist die umfassende Regelung zur vollständigen oder weitestgehend vollständigen Vermögensauseinandersetzung. In einer solchen „Paketlösung"[888] werden regelmäßig Unterhalt, güterrechtliche Aspekte, Hausrat und Wohnung geregelt sowie die Vermögensauseinandersetzung, wenn beispielsweise Miteigentum begründet wurde. Teilweise werden in einer solchen Vereinbarung ebenfalls Aspekte des Versorgungsausgleichs einbezogen. Kennzeichnend ist häufig, dass die einzelnen Regelungsbereiche zusammenhängend angegangen werden und praktisch als Gesamtpaket eine Regelung gefunden wird, deren einzelne Regelungsbereiche in gegenseitiger Abhän-

885 Hoppenz/Hülsmann/*Hoppenz,* § 36 EGZPO Rn. 9.

886 Siehe auch *Jüdt,* FuR 2008, 577, 578.

887 Zu Unrecht sieht *Gerhardt,* FuR 2005, 529, 537 und FuR 2008, 62, 66, indes keine Geltung der Überleitungsbestimmung für Gesamtvereinbarungen. A.A. *Borth,* FamRZ 2006, 813, 821; Viefhues/Mleczko/*Viefhues,* Rn. 538.

888 *Peschel-Gutzeit,* Unterhaltsrecht aktuell, Rn. 202.

gigkeit stehen.[889] In einigen Bereichen werden Zugeständnisse gemacht, um die Interessen in einem anderen Bereich voll durchzusetzen. Insofern emanzipiert die Gesamtvereinbarung sich vom geltenden Drei-Säulen-System des finanziellen Ausgleichs im deutschen Recht und nähert sich dem Modell des „clean break“ an, der einen umfassenden, zusammenhängenden finanziellen Ausgleich anstrebt.[890]

Üblich sind bei Gesamtvereinbarungen vor allem Verrechnungsfälle, in denen zum Ausgleich von Vor- oder Nachteilen bei der Vermögensauseinandersetzung der Scheidungsunterhalt höher oder niedriger als gesetzlich geschuldet bemessen wird.[891] Beispielsweise erhält der Unterhaltsbedürftige einen geringeren Unterhaltsanspruch und wird im Gegenzug von der Zahlungsverpflichtung auf eine Gesamtschuld freigestellt. Denkbar ist auch, dass der Unterhalt noch weiter reduziert und dem Gläubiger dafür die alleinige Nutzung der gemeinsamen Immobilie überlassen wird. Neben einem einzigen zusammenhängenden Vertrag ist auch möglich, dass die Ehegatten Vereinbarungen über die einzelnen Aspekte des Scheidungsfolgenrechts sowie die Vermögensauseinandersetzung zeitlich nacheinander treffen, dabei allerdings einen Bezug und eine gegenseitige Abhängigkeit der einzelnen Regelungsaspekte herstellen.

Wird nun in einem Regelungsbereich einer solchen Gesamtvereinbarung etwas verändert, so kann dies zur Folge haben, dass die Vereinbarung insgesamt aus dem Gleichgewicht gerät. Würde man im oben beschriebenen Verrechnungsfall den Unterhaltsgläubiger beispielsweise wieder zur Zahlung auf die Verbindlichkeit verpflichten ohne gleichzeitig auch den Unterhaltsanspruch zu erhöhen, so käme es in der Gesamtschau zu einem unbilligen Ergebnis. Wie bei einer mathematischen Gleichung kann nicht einfach auf einer der beiden Gleichungsseiten etwas hinzuaddiert oder subtrahiert werden, sondern es muss auf beiden Seiten gleichwertig verändert werden.[892] Diese Verknüpfung der einzelnen Regelungsbereiche wirkt sich auch auf den Vertrauensschutz aus. Zwar könnte man der drohenden Unausgewogenheit der Gesamtvereinbarung begegnen, indem neben der Unterhaltsregelung zusätzlich die übrigen Regelungen der Gesamt-

889 *Eickelberg,* RNotZ 2009, 1, 36.

890 Zur Verbreitung der Idee des „clean break“ in ausländischen Rechtsordnungen vgl. *Dethloff,* Gutachten, S. A 33 f.

891 Hoppenz/Hülsmann/*Hoppenz,* § 36 EGZPO Rn. 15.

892 Nicht zutreffend sind Erwägungen in Bezug auf eine Teil- oder Gesamtnichtigkeit (siehe aber *Schwab,* Stellungnahme Unterhaltsrechtsänderungsgesetz, S. 20). Der unterhaltsrechtliche Teil der Gesamtvereinbarung wird nämlich modifiziert und fällt damit nicht gänzlich weg. Außerdem erfolgt die Anpassung der Unterhaltsregelung erst auf Rechtsfolgenseite, womit zum Zeitpunkt der Erwägungen die Regelung noch besteht. Im Falle einer Nichtigkeit nach § 139 BGB entfällt ein Teilbereich bereits vorher. Insofern ist für die vorliegende Fragestellung § 313 BGB die einschlägige Regelung (im Ergebnis so auch *Schwab,* a.a.O.). Ein Vergleich zur Nichtigkeit eines Vertragsteils und damit eine Anwendung von § 139 BGB geht fehl und ist nicht erforderlich.

vereinbarung angepasst werden. Allerdings gestattet § 36 Nr. 1 EGZPO alleine einen Eingriff in den unterhaltsrechtlichen Teil einer Gesamtvereinbarung.[893] Die Anpassung der Gesamtregelung obliegt aus Gründen der Privatautonomie allein den Parteien selbst.[894] Da es aber nicht der Intention von § 36 Nr. 1 EGZPO entspricht, eine Schieflage in der Verteilung der Belastungen durch die Gesamtvereinbarung zu erzeugen, diese aber auch nicht durch das Gericht beseitigt werden kann, ist eine auf § 36 Nr. 1 EGZPO gestützte Abänderungsklage bzw. ein Abänderungsantrag im Grundsatz nicht zumutbar.[895] Anderes gilt nur, sofern dem Gericht der Eingriff in die privatautonome Gestaltung des Vertrages offensteht. Dies kommt im Rahmen der allgemeinen Ausübungskontrolle[896] in Betracht,[897] um eine im Kernbereich angesiedelte Ungleichgewichtslage zu beseitigen.[898] In Verrechnungsfällen ist ein solcher Eingriff teilweise möglich. Wird etwa ein geringerer Unterhaltsanspruch vereinbart und im Gegenzug dazu der Unterhaltsgläubiger von der Zahlungsverpflichtung auf eine Gesamtschuld freigestellt, so kann beispielsweise bei einem Wegfall des Unterhaltsanspruchs durch das neue Unterhaltsrecht, etwa durch Rangverschlechterung und Leistungsunfähigkeit des Schuldners, eine Anpassung über § 313 BGB im Wege der Beteiligung an der Bedienung der Gesamtschuld durch den bisher freigestellten Ehegatten erfolgen.[899] Aufgrund der Bedeutung der Vertragsfreiheit im Zivilrecht generell muss die Abwägung hier besonders kritisch vorgenommen werden.

V. Abgrenzung zu § 1578b BGB

Bei der Anwendung des § 36 Nr. 1 EGZPO stellt sich letztlich noch die Frage nach der Abgrenzung zum Anwendungsbereich des § 1578b BGB. § 1578b BGB eröffnet die Möglichkeit der Herabsetzung des Unterhaltsanspruchs auf den angemessenen Lebensbedarf und/oder eine zeitliche Begrenzung des Anspruchs unter Billigkeitsaspekten. Diese Regelung bezieht sich nicht ausdrücklich auf Altfälle, sondern gilt insoweit für das gesamte materielle Scheidungsunterhaltsrecht.[900] Bereits eingangs[901] wurde aufgezeigt, dass die Rechtsprechung die Übergangsregelung nur verhalten anwendet, häufig gar nicht erst ihren Anwendungsbereich thematisiert; stattdessen konzentriert sie sich in vielen Fällen

---

893 Hoppenz/Hülsmann/*Hoppenz,* § 36 EGZPO Rn. 14; *Jüdt,* FuR 2008, 577, 582; Palandt/*Brüdermüller,* Einf. II v. § 1569 Rn. 13; *Gutjahr,* NJW 2008, 1985, 1989.

894 Ausführlich *Jüdt,* FuR 2008, 577, 580.

895 Siehe Palandt/*Brudermüller,* Einf. II v. § 1569 Rn. 13; *Gutjahr,* NJW 1985, 1989.

896 Ausführlich zur Inhalts- und Ausübungskontrolle bei Eheverträgen *Rakete-Dombek,* NJW 2004, 1273; *Gageik,* FPR 2005, 122.

897 Hoppenz/Hülsmann/*Hoppenz,* § 36 EGZPO Rn. 15.

898 OLG Düsseldorf, FamRZ 2008, 519, 519 f.

899 Beispiel nach Hoppenz/Hülsmann/*Hoppenz,* § 36 EGZPO Rn. 15.

900 Vgl. zum Überblick und zu den einzelnen Tatbestandsmerkmalen des § 1578b BGB 2. Kapitel II. 2.

901 5. Kapitel I. 2.

auf eine Auseinandersetzung mit den Voraussetzungen des § 1578b BGB und versucht, dadurch ein einzelfallgerechtes Ergebnis zu erzielen. Dazu werden vorrangig ehebedingte Nachteile berücksichtigt und gegen eine Beschränkung des Anspruchs angeführt, aber auch die darüber hinausgehende eheliche Solidarität findet im Rahmen der Billigkeitserwägungen Berücksichtigung.[902]

1. Ähnliche Abwägungskriterien

Zunächst liegt ein Rückgriff auf § 1578b BGB nahe, denn diese Norm ermöglicht ebenfalls eine Billigkeitsabwägung. Unter Berücksichtigung des Prüfungsaufbaus der Begründetheit einer Abänderungsklage bzw. eines Abänderungsantrags wäre zuerst § 1578b BGB zu prüfen - nämlich bei der Frage, inwieweit überhaupt ein Anspruch nach dem geltenden Recht besteht -, bevor sich Zumutbarkeitsfragen nach § 36 Nr. 1 EGZPO stellen. Die Abwägungskriterien und die Argumente in Fragen der Billigkeit in einem Rechtsgebiet ähneln sich zudem meist zwangsläufig. Denn im Rahmen von Billigkeitserwägungen bietet sich ein Rückgriff auf allgemeine Wertungen des speziellen Rechtsgebiets an; im Scheidungsunterhaltsrecht spielen bei einer sachorientierten und einzelfallgerechten Abwägung grundsätzlich Sinn und Zweck der einzelnen Unterhaltstatbestände und damit die Legitimationsgrundlage von nachehelichem Unterhaltsrecht generell eine besondere Rolle. Diese Abwägungsvorgaben finden sich wieder in der gesetzlichen Konzeption des § 1578b BGB und dessen Konkretisierung durch die Rechtsprechung. Die Regelung greift einerseits auf die ehebedingten Nachteile zurück[903] und orientiert sich daran, in welchem Maße der Unterhaltsberechtigte aufgrund der Ausgestaltung der Ehe, insbesondere der Aufgabenteilung innerhalb der Ehe, der Aufteilung der Kinderbetreuung und der Haushaltsführung, in eine wirtschaftliche Abhängigkeit vom anderen Ehegatten geraten ist[904] und diese auch noch nach Beendigung der Ehe fortdauert.[905] Andererseits spielt nachrangig auch die nach der Scheidung fortwirkende eheliche Solidarität eine Rolle.[906] Auch bei der Abwägung nach § 36 Nr. 1 EGZPO finden sich diese Argumentationslinien wieder. § 36 Nr. 1 EGZPO knüpft insbesondere an schützenswerte Dispositionen (durch Unterlassen) an, welche dann anzunehmen sind, wenn einerseits explizit Vermögensdispositionen getroffen wurden, welche die eigenverantwortliche finanzielle Versorgung unmöglich machen. Andererseits ist aber auch die Entscheidung erfasst, zugunsten von Haushalt und Familie die

902 BGH, FPR 2009, 418. Es ist zu begrüßen, dass § 1578b BGB nicht ausschließlich ehebedingte Nachteile berücksichtigt, sondern auch auf die nacheheliche Solidarität abstellt, die in jüngerer Zeit von der Rechtsprechung des BGH zurückgestellt wurde, in jüngster Zeit - wohl auch als Korrektiv für das nunmehr insoweit strengere neue Unterhaltsrecht - wieder vermehrt zur argumentativen Begründung herangezogen wird. Siehe dazu auch BGH, FPR 2009, 361, 363.

903 Vgl. § 1578b Abs. 1 S. 3 BGB.

904 *Bosch,* FF 2007, 293, 297.

905 OLG Brandenburg, FPR 2009, 388, 389.

906 BGH, FPR 2009, 418.

eigene außerhäusliche Berufstätigkeit zu vernachlässigen und dadurch auch in Zukunft Nachteile beim Erwerbseinkommen hinzunehmen. Dies gilt aber nur, soweit diese Entscheidung über die Ehezeit hinaus aufrechterhalten wird. Ehebedingte Nachteile per se finden keine Berücksichtigung, sofern sie keinen übergangrechtlichen Bezug aufweisen. Insofern müssen die beiden Abwägungsergebnisse nach § 1578b BGB und § 36 Nr. 1 EGZPO nicht zwangläufig übereinstimmen.

2. Verschiedene Regelungsintentionen

Wenn auch zunächst die in der Abwägung nach § 1578b BGB und § 36 Nr. 1 EGZPO angewendeten Kriterien durchaus Ähnlichkeiten aufzeigen und beide Regelungen dazu gedacht sind, die schematische Anwendung des geltenden Scheidungsunterhaltsrechts durch Billigkeitserwägungen im Einzelfall gerechter zu machen, so zeigen sich im Detail deutliche Unterschiede, die zu einem eigenständigen Anwendungsbereich des § 36 Nr. 1 EGZPO führen. Im Wesentlichen resultieren diese Unterschiede bereits aus den verschiedenen Regelungsintentionen der Normen.

§ 1578b BGB ist eine rein materiell-rechtliche Vorschrift. Konzeptionell ist die Regelung nicht speziell für Übergangsfälle gedacht, sondern soll einen angemessen Ausgleich bei allen derzeitig und zukünftig anstehenden Titulierungen ermöglichen. Im Blickpunkt steht damit die Frage der Billigkeit von Höhe und Dauer eines nach neuem Recht bestehenden Unterhaltsanspruchs generell. Insofern muss im Rahmen der Billigkeitsabwägung auch die derzeitige Konzeption des Unterhaltsrechts zugrunde gelegt werden. Grundsätzliche Entscheidungen und Wertungen des Reformgesetzgebers,[907] wie beispielsweise die Gleichrangigkeit aller Betreuungsunterhalt beziehenden Mütter oder Väter oder die Anwendbarkeit der Herabsetzungsmöglichkeiten auf alle Unterhaltstatbestände, müssen berücksichtigt werden und dürfen nicht durch die Billigkeitsabwägung umgangen werden. Die Regelung ist dabei darauf konzentriert, generelle Billigkeitserwägungen im geltenden Unterhaltskonzept zu ermöglichen. Sofern dadurch auch Vertrauen geschützt wird, bezieht sich der Schutz auf das in der Ehe entstandene Vertrauen sowie auf das Vertrauen in ein interessengerechtes Scheidungsunterhaltsrecht.[908] Aus diesem Grund spielt auch die Ehedauer eine besondere Rolle bei der Abwägung des § 1578b BGB, während diese im Rahmen der Prüfung des § 36 Nr. 1 EGZPO keine Berücksichtigung findet. Die Bezugsdauer des Unterhalts hingegen, die für einen übergangsrechtlichen Vertrauensschutz ausschlaggebend sein kann, ist für sich alleine nicht zwangsläufig als Billigkeitsaspekt nach § 1578b BGB zu berücksichtigen.

---

907 Zu den wesentlichen Veränderungen durch die Reform siehe bereits 1. Kapitel II.

908 Siehe zur Abgrenzung der verschiedenen Vertrauensebenen 2. Kapitel III.

§ 36 Nr. 1 EGZPO hingegen ist durch die übergangsrechtliche Problematik gekennzeichnet, inwiefern neues Recht für Altfälle Anwendung finden kann. Damit bezieht sich die Abwägung nicht auf die Frage, welche Unterhaltshöhe oder -dauer generell für den Einzelfall angemessen erscheinen, sondern inwieweit es aus Vertrauensaspekten bei der Fortgeltung des nach altem Recht bestimmten Anspruchs verbleibt. Die Billigkeitserwägung erfolgt somit anhand spezifisch übergangsrechtlicher Aspekte. Vertrauen wird nur in Bezug auf die Fortgeltung einer Unterhaltsvereinbarung geschützt. Sofern die Ehebedingtheit als Vertrauenskriterium herangezogen werden soll, muss diese im Gegensatz zu § 1578b BGB ihre Fortsetzung in der Zeit nach der Ehe gefunden haben. Für die generelle Kompensation der ehebedingten Nachteile hingegen greift der übergangsrechtliche Vertrauensschutz aufgrund der ausdrücklichen Eingrenzung der Altfälle nur auf solche Fälle, in denen bereits eine Unterhaltsregelung existiert, nicht ein. Wegen seines intertemporalen Bezuges ermöglicht es § 36 Nr. 1 EGZPO bei der Abwägung, entgegen den Leitideen des neuen Rechts an bisherigen Wertungen des Unterhaltsrechts - beispielsweise dem überkommenen Altersphasenmodell - festzuhalten.

Die spezifisch übergangsrechtlichen Abwägungsaspekte sollten auch in ihrer Prüfung nicht systemwidrig „vorgezogen“ und bereits in die Argumentationslinie der Abwägung nach § 1578b BGB einbezogen werden. Damit würde diese Billigkeitsabwägung überladen und konturlos. Es bestünde zudem die Gefahr, dass eine sich dadurch entwickelnde Kasuistik letztlich nicht auf die eigentlich kritischen Übergangsfälle beschränkt bliebe, sondern im Ergebnis auch für „Neufälle“ angewendet würde. Dadurch würde zugleich die verfassungsrechtliche Bedeutung der Übergangsregelung verkannt. Die Auseinandersetzung mit den dogmatischen Grundlagen des Vertrauensschutzes hat gezeigt, dass dieser zwar in seiner konkreten Ausgestaltung umstritten ist, generell aber die Notwendigkeit erkannt wird, dass Vertrauen in die Kontinuität der Gesetzgebung schützenswert ist, wenn auch nicht unbedingt in der Form absoluten Bestandsschutzes. Wenn aber sogar der Gesetzgeber die Notwendigkeit sieht, das Vertrauen in die Fortgeltung des überkommenen Unterhaltsrechts mittels eigener Übergangsbestimmung zu schützen, so sollte diese auch angewendet werden.

Nicht nur hinsichtlich der Abwägungskriterien ist die Übergangsregelung spezieller. Die Abwägung nach § 36 Nr. 1 EGZPO ermöglicht es zudem, die Interessen Dritter einzubeziehen. Es sind durchaus Fälle vorstellbar, in denen gerade die Betrachtung der Gesamtsituation - insbesondere in Bezug auf die wechselseitige Abhängigkeit durch die Rangfolge - einen anderen Blickwinkel bringt, weil beispielsweise Aspekte des Kindeswohls berücksichtigt werden müssen. § 1578b Abs. 1 S. 1, 2, Abs. 2 S. 1 BGB eröffnet einzig die Möglichkeit, die Belange gemeinschaftlicher Kinder zu berücksichtigen, während in die Zumutbarkeitsprüfung des § 36 Nr. 1 EGZPO auch die Interessen nichtgemeinschaftlicher Kinder eingestellt werden. Alleine dann, wenn die Abwägung nach § 1578b

BGB schon dazu führt, dass der Unterhaltsanspruch auch nach neuem Recht nicht geschmälert wird und auch in der Möglichkeit zur tatsächlichen Befriedigung gleich bleibt, ist eine zusätzliche Abwägung nach § 36 Nr. 1 EGZPO nicht erforderlich und auch nicht möglich, da keine wesentliche Änderung im Sinne der Regelung vorliegt.

Einen eigenständigen Anwendungsbereich erfährt die Regelung des § 36 Nr. 1 EGZPO zudem auch beim Betreuungsunterhalt. Denn hier kommt § 1578b BGB regelmäßig nicht zur Anwendung,[909] da sich eine Befristung bereits nach den Altersstufen des Kindes ergibt bzw. § 1570 Abs. 2 BGB eine eigene Billigkeitsabwägung enthält, die aber wiederum nicht auf die spezifisch übergangsrechtlichen Fragen zugeschnitten ist. Wegen der großen Unterschiede zum nunmehr überkommenen Unterhaltsrecht sowie aufgrund der vielen nach § 1570 BGB anspruchsberechtigten Personen wird sich besonders häufig die Frage nach der Gewährung von Vertrauensschutz stellen.

3. Unterschiedliche Rechtsfolgenseiten

Des Weiteren zeigt sich der selbstständige Anwendungsbereich des § 36 Nr. 1 EGZPO auch auf Rechtsfolgenseite. § 1578b BGB ermöglicht die Befristung und/oder Herabsetzung eines am Maßstab der ehelichen Lebensverhältnisse ermittelten Unterhaltsanspruchs auf die angemessenen Lebensverhältnisse. § 36 Nr. 1 EGZPO hingegen eröffnet die Möglichkeit, einen Anspruch in Höhe und Geltungsdauer (teilweise) nach altem Recht beizubehalten. Die Ausgangsfrage ist also nicht auf Herabsetzung des Anspruchs aus Billigkeitsgründen gerichtet, sondern darauf, inwiefern ein Unterhaltsanspruch nach altem Recht in seiner konkreten Ausgestaltung (teilweise) aufrechterhalten werden kann. Für jeden Einzelfall individuell kann damit der Geltungsbereich des neuen Unterhaltsrechts eröffnet werden. Folglich stellt die Übergangsregelung eine zusätzliche Option zur Verfügung, um der besonderen Situation der Altfälle gerecht zu werden, die über die Möglichkeiten der rein materiellen Billigkeitsvorschriften hinausgeht. Sichtbar wird dieser Unterschied auch bei der - neben der Modifizierung des Betreuungsunterhalts - wohl gravierendsten Neuerung des Unterhaltsrechts, nämlich der Veränderung der Rangfolge. Hier kann der Unterhaltsanspruch nach der Billigkeitsabwägung des § 1578b BGB zwar in voller Höhe und Geltungsdauer aufrechterhalten werden, alleine dadurch wird für den Unterhaltsberechtigten aber dann kein Schutz gewährt, wenn die eigentliche Beeinträchtigung sich durch die Veränderung der Rangfolge ergibt. Einzig § 36 Nr. 1 EGZPO kann diesbezüglich Abhilfe schaffen, indem unter engen Voraussetzungen die Rangstufe nach dem alten Recht aufrechterhalten werden kann.

909 BGH, Urt. v. 6.5.2008 - XII ZR 114/08.

4. Fazit

Insgesamt zeigt sich, dass § 1578b BGB und § 36 Nr. 1 EGZPO in ähnlich gelagerten Fällen zur Anwendung gelangen, nämlich immer dann, wenn das geltende Unterhaltsrecht dem Einzelfall nicht gerecht wird. Gleichwohl verfolgen beide Regelungen verschiedene Ziele und konzentrieren sich auf unterschiedliche Billigkeits- und Vertrauenserwägungen. § 1578b BGB erfasst Unbilligkeiten[910] im materiellen Scheidungsunterhaltsrecht, § 36 Nr. 1 EGZPO berücksichtigt übergangsrechtliche Problemfälle. Insofern greift § 36 Nr. 1 EGZPO auch bei den entscheidenden Änderungen der Reform - der Rangfolge und dem Betreuungsunterhalt -, während § 1578b BGB diese als Wertungen des Reformgesetzgebers respektieren muss. Wenn auch in der Rechtsprechung bereits die Tendenz zu bemerken ist, dass § 36 Nr. 1 EGZPO kaum Anwendung findet und insofern über § 1578b BGB ein Ausgleich versucht wird, so sollte sich eine sachgerechte Handhabung des Einzelfalls daran orientieren, dass § 36 Nr. 1 EGZPO ein spezielleres und umfassenderes Instrumentarium bereithält, um Vertrauensschutz im übergangsrechtlichen Sinne zu gewähren.

VI. Vertrauensschutz bei noch nicht Geschiedenen - Anwendung des Rechtsgedankens des § 36 Nr. 1 EGZPO?

1. Notwendigkeit des Vertrauensschutzes

§ 36 Nr. 1 EGZPO orientiert sich ausdrücklich an einer bestehenden Unterhaltsregelung. Daher erhält die Übergangsregelung - obwohl sie eigentlich nicht so ausgestaltet ist - Stichtagscharakter. Die Wahl des 31.12.2007 als Stichtag für das Bestehen einer Unterhaltsregelung kann aus Vertrauensaspekten heraus nur bedingt überzeugen. Bereits bei den oben vorgenommenen Ausführungen, insbesondere zur Verfassungsmäßigkeit und zur Berücksichtigung der Ehedauer, zeigt sich, dass es im Hinblick auf Vertrauen bei der Ehe häufig künstlich wirkt, diese in die einzelnen Phasen zu zerteilen. Zumeist wird man damit der Lebenswirklichkeit nicht gerecht. Die Untersuchungen im ersten Kapitel haben zudem gezeigt, dass sich die dem neuen Unterhaltsrecht zugrundeliegende Konzeption von Familie in der Gesellschaft nicht zwingend mit den Gegebenheiten deckt. Die Übergangsregelung soll gerade in Fällen als Auffangmöglichkeit dienen, in denen die Anwendung des neuen Rechts unbillig wäre. Dies kann aber auch dann der Fall sein, wenn die Ehegatten erst nach dem 31.12.2007 geschieden werden oder die Erstfestsetzung des Unterhalts nach diesem Stichtag erfolgte.[911]

---

910 Allerdings ist fraglich, ob ein an den ehelichen Lebensverhältnissen ausgerichteter Unterhalt überhaupt als unbillig eingeordnet werden kann. Letztlich kommt hier dem Gesetzgeber aber ein Einschätzungsspielraum zu.

911 Die Notwendigkeit des Vertrauensschutzes in solchen Fällen bejaht auch *Borth,* UÄndG, Rn. 400; *ders.,* FamRZ 2008, 105, 109. Siehe auch *Maurer,* FamRZ 2008, 2157, 2167, und Wendl/Staudigl/*Schmitz,* § 10 Rn. 176 e, der insbesondere darauf abstellt, dass im Falle der einstweiligen Anordnung keine Vertrauensschutz begründet werden kann. In rechtspolitischer Hinsicht hält wohl auch MüKo/*Gruber,* ZPO, § 36

Vergegenwärtigt man sich die Situation noch einmal anhand des Fallbeispiels der Einleitung, so zeigt sich, dass die alleinige Gewährung von Vertrauensschutz nur zugunsten der bereits Geschiedenen die Besonderheiten des Eherechts nicht ausreichend berücksichtigen kann. Für die Ehefrau ist es nach so langer beruflicher Unterbrechung und in Anbetracht ihres Lebensalters von über 50 Jahren nicht ohne Weiteres möglich, ihren Unterhaltsbedarf eigenverantwortlich zu erwirtschaften. Dies ist unabhängig davon, ob die Unterhaltsregelung vor dem 1.1.2008 oder danach erfolgt. In Hinsicht auf die Anwendung des § 36 Nr. 1 EGZPO ist dies aber das entscheidende Kriterium.

Schon das Beispiel verdeutlicht, dass die Einschränkung des Vertrauensschutzes auf Geschiedene nicht vollends überzeugen kann. Der Gesetzgeber gibt den Ehegatten kein Ehebild mehr vor, sondern ermöglicht es ihnen, die Rollenverteilung in gegenseitigem Einvernehmen zu gestalten.[912] Aus gewachsenen Strukturen heraus oder aus Überzeugung leben nach wie vor viele Ehepaare in traditioneller Rollenverteilung. Gestützt wird diese Möglichkeit dadurch, dass § 1360 S. 2 BGB die Haushaltsführung ausdrücklich der außerhäuslichen Erwerbsarbeit gleichstellt, weil die Haushaltsführung als „eine gleichwertige und nicht ergänzungsbedürftige Beitragsleistung zum Familienunterhalt"[913] angesehen wird. Zudem befördern zusätzliche Anreize die klassische Rollenverteilung, wie beispielsweise das Ehegattensplitting. Entsprechend war lange Zeit auch das Scheidungsfolgenrecht sehr hausfrauenfreundlich ausgerichtet. Nun wird dies aber zunehmend schuldnerfreundlich gestaltet. Die Funktion wird nach und nach nur noch auf eine bloße Sicherung des Existenzminimums zurückgefahren. Aufgrund der ausgeprägten Orientierung des Gesetzgebers am klassischen Rollenbild, die auch - Stichwort Splittingvorteil - nach wie vor gilt, haben viele Ehegatten sich entweder gar keine Gedanken über eine mögliche finanzielle Absicherung nach einer Trennung gemacht oder aber daran geglaubt, dass sie finanziell abgesichert seien. Durch die Leistungen im Haushalt hat der haushaltsführende Ehegatte zudem dazu beigetragen, den ehelichen Lebensstandard zu erreichen und zu sichern. Gerade die Einvernehmlichkeit dieser Entscheidung kann Vertrauen dahingehend begründen, dass der andere sich auch an dieses Arrangement hält.[914] Wenn aber beide Ehegatten diese Entscheidung einvernehmlich getroffen haben, müssen nach dem Scheitern der Paarbeziehung auch beide Partner die (finanzielle) Verantwortung dafür übernehmen.[915] Dies wurde im bisherigen materiellen Scheidungsfolgenrecht (meist) ausreichend gewürdigt und muss nun auch beim Übergangsrecht berücksichtigt werden.

EGZPO Fn. 2, einen fehlenden Vertrauensschutz für bedenklich. Kritisch *Hohloch,* Konzeption und Ziele der Unterhaltsrechtsreform, S. 7, 27.

912 BGHZ 94, 1, 5 f.; Weinreich/Klein/*Klein,* § 1360 Rn. 17.

913 BT-Drs. 7/650, S. 99.

914 Siehe *Kirchhof,* FamRZ 2007, 241, 247.

915 So auch *Klein/Schlechta,* FPR 2005, 496, 499.

2. Ausformung des Vertrauensschutzes

a) Ausgleich durch Billigkeits- und Härtefallregelungen des materiellen Rechts

Primär ist es Aufgabe der Billigkeits- und Härtefallregelungen des materiellen Scheidungsfolgenrechts, einen angemessenen finanziellen Ausgleich bei Trennung und Scheidung herbeizuführen, der den Gegebenheiten des Einzelfalls gerecht werden kann. Hier bietet sich insbesondere eine großzügige Handhabung von § 1570 Abs. 2 BGB sowie § 1578b BGB an.[916]

Teilweise wird die Berücksichtigung des hier angesprochenen Vertrauensaspekts über die Billigkeitsgesichtspunkte des materiellen Rechts zwar als ausreichend erachtet.[917] Allerdings lässt gerade eine der bedeutendsten Änderungen der Reform keine Billigkeitserwägungen zu. Das Rangkonzept ist starr und am absoluten Rangbegriff orientiert; allenfalls über den Begriff der Ehe von langer Dauer könnten Billigkeitsaspekte berücksichtigt werden.[918] Die Modifizierung der Rangfolge kann aber gerade eine besondere Härte bei der Umstellung des alten auf das neue Unterhaltsrecht darstellen. Auch sonst kann das materielle Recht, wie bereits im zweiten Kapitel untersucht, nicht alle Unbilligkeiten auffangen.

Die Ausführungen im ersten Kapitel haben versucht aufzuzeigen, zu welchen Veränderungen die Reform tatsächlich geführt hat. Diese knüpfen an eine im Bewusstsein der Eigenverantwortung gelebte Ehe an. Allein besondere Unbilligkeiten fängt das neue Scheidungsunterhaltsrecht noch auf. Nicht hingegen vermag es zu kompensieren, dass die Ehepartner sich über einen längeren Zeit-

---

916 Vgl. 2. Kapitel III. 2. c).

917 Siehe *Gutjahr,* NJW 2008, 1985 bzgl. § 1578b BGB n. F.

918 Insoweit sei auch auf die bereits erfolgte Abgrenzung zum Anwendungsbereich des § 1578b BGB verwiesen (5. Kapitel V.). Obwohl die Anwendung des Rechtsgedankens des § 36 Nr. 1 EGZPO an die bereits in der Ehezeit entstandenen Vertrauensaspekte anknüpft und insoweit - wie auch § 1578b BGB - auf ehebedingte Nachteile abstellt, so wurde versucht aufzuzeigen, dass die Abwägung im Rahmen der Übergangsbestimmung dennoch spezieller ist und insbesondere in Bezug auf die Rechtsfolge (Aufrechterhaltung des Titels auch bezüglich der Rangfolge) einen umfassenden Vertrauensschutz gewähren kann. Des Weitern kann durch § 1578b BGB kein Unterhaltsanspruch begründet oder aufrechterhalten werden; Drittinteressen können nicht in die Abwägung eingestellt werden. Zudem spielt eine spezifisch übergangsrechtliche Abwägung auch dann eine Rolle, wenn es um den Betreuungsunterhalt geht. Nach der neuen Rechtslage käme insoweit beispielsweise für die Mutter eines siebenjährigen Kindes auch unter Billigkeitsaspekten regelmäßig kein voller Betreuungsunterhaltsanspruch mehr in Betracht, wohingegen unter Geltung des Altersphasenmodells grundsätzlich ein Anspruch in voller Höhe begründet wäre. Hier könnte alleine eine Abwägung nach § 36 Nr. 1 EGZPO zur Interessenwahrung führen. § 1578b BGB kommt insoweit nicht zur Anwendung, könnte aber auch keinen Ausgleich ermöglichen, da diesbezüglich die grundsätzliche Wertung des Gesetzgebers zu beachten wäre, dass das Altersphasenmodell aufgegeben werden sollte.

raum auf etwas völlig anderes eingestellt haben. Daher ist erforderlich, dass zusätzlich Vertrauensschutz gewährt wird.[919]

b) Anwendung des Rechtsgedankens des § 36 Nr. 1 EGZPO

Da das materielle Scheidungsfolgenrecht nicht alle Konstellationen von schützenswertem Vertrauen ausreichend erfassen kann, muss hier mithilfe der Übergangsregelung abgeholfen werden. Denkbar wäre zwar auch eine Ausweitung der materiell-rechtlichen Billigkeitsregelungen; gleichwohl könnte der Gesetzgeber damit aber nicht sein Anliegen genauso erfolgreich verfolgen. Ziel des Gesetzgebers war es schließlich, einem stärker an der Eigenverantwortlichkeit orientierten Scheidungsunterhaltsrecht möglichst schnell und umfassend zur Geltung zu verhelfen. Hätte der Gesetzgeber nun eine weitere Billigkeitsregelung beispielsweise direkt in Zusammenhang mit der Rangfolge geschaffen, so würde dies - abgesehen davon, dass Billigkeitsregeln im absoluten Rangsystem systemfremd wären - dazu führen, dass diese Regelung auch für „Neufälle" Anwendung fände und damit das ganze materielle Recht beeinflusste und nicht nur Fragen des Vertrauensschutzes für „Altfälle" beträfe. Systematisch näher liegt aus diesem Grunde eine Regelung, die selbst auch dem Übergangsrecht zuzuordnen ist. Letztlich besteht also das Defizit der gegenwärtigen Regelung darin, dass der Gesetzgeber den Begriff des „Altfalls" zu eng gefasst hat und darunter lediglich Ehegatten fasst, die bereits geschieden sind und die eine Unterhaltsregelung getroffen haben.[920]

Besonders zum Tragen kommt der zusätzliche Vertrauensschutz in Fallkonstellationen, in denen über einen länger anhaltenden Zeitraum Dispositionen im weitesten Sinne vorgenommen wurden. Regelmäßig wird dies der Fall sein bei einer in klassischer Rollenteilung gelebten Ehe, in der die Ehefrau ihre Erwerbstätigkeit ganz oder zumindest in einem großen Umfang (phasenweise) einstellt und stattdessen die Kinderbetreuung oder auch die Pflege kranker Familienangehöriger des Ehegatten übernimmt, damit rechnend oder zumindest unbewusst darauf vertrauend, dass sie im Falle einer Scheidung durch die gesetzlichen Ausgleichssysteme des Zugewinns, des Unterhaltsrechts und des Versorgungsausgleichs abgesichert ist. Tatsächlich ergab sich vielfach keine Veranlassung für die Ehepartner, vertraglich für die Situation der Scheidung vorzusorgen, da die Rechtsprechung lange besonders „hausfrauenfreundlich" war. Hätten die Ehepartner die Gesetzesänderung antizipieren können, so hätte dies ihnen die Möglichkeit eröffnet, den Abschluss eines Ehevertrages unter anderen Voraus-

919 A.A. insoweit Göppinger/Wax/*Bäumel,* Rnrn. 878, 880, nach dessen Auffassung ein Vertrauensschutz für diese Fallgruppen sich alleine an der neuen materiellen Rechtslage orientieren müsse.

920 Kritisch insoweit auch *Schwab,* FamRZ 2007, 1053, 1056 f.; *ders.,* FamRZ 2005, 1417, 1425; *Weber,* FPR 2005, 511 ff.; *Berghahn/Wersig,* FPR 2005, 508, 509; *Peschel-Gutzeit,* ZRP 2005, 177, 180 f.; *dies.,* Unterhaltsrecht aktuell, Rnrn. 206 ff.; *Borth,* FamRZ 2006, 813, 821.

setzungen zu überdenken, um einen finanziellen Ersatz für den Einkommensverlust aufgrund der vorrangigen Haushaltsführung zu vereinbaren. In intakten Ehen wird dies unter Umständen auch nachträglich noch möglich sein, allerdings ist zu befürchten, dass ein Ehepartner im Interesse des Familienfriedens die Problematik gar nicht anspricht, um beim anderen Ehegatten nicht die falsche Vermutung zu wecken, er wolle sich trennen. Keine privatautonome Regelung wird regelmäßig bei Paaren in Betracht kommen, die bereits in Trennung leben. Der mutmaßlich Unterhaltsverpflichtete wird nämlich in der Regel kein Interesse daran haben, seine Unterhaltspflichten zu erweitern.

Auch sonst eröffnet sich in den meisten Fällen keine Möglichkeit mehr, die langfristige Lebensplanung noch einmal zu überdenken. Ist die Ehefrau bereits vor mehreren Jahrzehnten aus dem Erwerbsleben ausgeschieden, so besteht kaum noch eine Chance für sie, wieder im Berufsleben Fuß zu fassen und für ihren eigenen Unterhalt aufzukommen. Ein Eingriff in diese Planung von Seiten des Gesetzgebers muss allerdings abgefedert werden. Aus diesem Grund sollte die Rechtsprechung auch für diese Fälle die Gewährung von Vertrauensschutz ermöglichen und sich diesbezüglich auf den dem § 36 Nr. 1 EGZPO innewohnenden Rechtsgedanken des Vertrauensschutzes, der sich allerdings auch bereits aus dem Grundgesetz ergibt, anwenden.[921] Möglich wäre insoweit auch, sich bereits auf § 242 BGB zu berufen, allerdings liegt § 36 EGZPO systematisch näher. Eine analoge Anwendung des § 36 Nr. 1 EGZPO scheidet indes aus, da es an einer planwidrigen Regelungslücke fehlt.[922]

Vertrauensschutz scheint insbesondere dann angebracht, wenn die Aufgabenteilung in der Ehe auch im Hinblick auf eine Absicherung durch das Scheidungsfolgenrecht getroffen wurde. Dies wird regelmäßig zu vermuten sein. Allerdings ist dies dann nicht mehr gegeben, wenn die Ehegatten neue Dispositionen treffen, obwohl sie bereits wissen, dass nunmehr das neue Recht für sie greifen würde. Haben sich Ehegatten bereits vor mehreren Jahren für eine traditionelle Rollenteilung entschieden, so könnte für sie eine Vertrauensschutzregelung Anwendung finden. Entscheiden sich Ehegatten, die bereits einige Zeit verheiratet sind, erst nach dem 1.1.2008 für eine traditionelle Rollenteilung oder führen sie diese längerfristig über mehrere Jahre fort, so kommt hier kein Vertrauensschutz mehr in Betracht, weil sie sich auf ein Vertrauen auf eine Absicherung durch das alte Scheidungsfolgenrecht nicht mehr berufen können. So weit kann ein Ver-

---

921 *Borth,* FamRZ 2008, 105, 109. Anwendung muss der Rechtsgedanke ferner finden, wenn zwar § 36 Nr. 1 EGZPO an sich einschlägig wäre, die Disposition aber gerade während der Ehezeit und nicht in der Bezugszeit von Unterhalt liegt, weshalb mangels Vertrauens in eine Unterhaltsregelung kein Vertrauensschutz gewährt werde könnte.

922 Im Gesetzgebungsverfahren wurde mehrfach auf diesen Mangel verwiesen. Siehe *Schwab,* Stellungnahme Unterhaltsrechtsänderungsgesetz, S. 18 ff.; *ders.,* FamRZ 2007, 1053, 1057.

trauensschutz, der auch das Änderungsinteresse eines demokratisch legitimierten Gesetzgebers berücksichtigen muss, nicht gehen.

c) Orientierung am Schutzumfang des § 36 Nr. 1 EGZPO

Fraglich ist indes, inwieweit hier ein höherer oder geringerer Vertrauensschutz im Vergleich zu bereits Geschiedenen bestehen sollte. *Borth*[923] geht davon aus, dass der Vertrauensschutz mindestens denselben Umfang haben müsste, eigentlich dem Vertrauen in den Bestand der Ehe und die damit zusammenhängende wirtschaftliche Absicherung, verstärkt durch das Element des gegenseitigen füreinander Einstehens in wirtschaftlicher und persönlicher Hinsicht, eine wesentlich höhere Bestandskraft zukommen müsste. Dazu argumentiert er, dass die Frage des Vertrauensschutzes sich auch auf den in der bestehenden Ehe erlangten unterhaltsrechtlichen Status beziehe, dem eine wesentlich höhere Bestandskraft zukommen müsse als einem getrennt lebenden oder geschiedenen Ehegatten, der aufgrund des Scheiterns der Ehe wegen des Grundsatzes der Eigenverantwortung sich in geringerem Umfang auf eine dauerhafte Unterhaltsregelung verlassen könne. Letztlich greift hier wieder der Einwand, dass Unterhaltsansprüchen generell ein gewisses Risiko immanent ist.

Dennoch überzeugt die Argumentation für einen höheren Bestandsschutz nicht. Zwar ist *Borth* zuzustimmen, wenn er das Vertrauen in den Bestand der Ehe als schutzwürdig einstuft, allerdings geht es darum nur mittelbar bei Änderung des Scheidungsfolgenrechts. In den Bestand einer Ehe wird direkt nur durch das Scheidungsrecht an sich und durch rechtliche Regelungen zur Ausgestaltung der Ehe eingegriffen. Bei der vorliegenden Frage wird das Vertrauen in den Bestand der Ehe indes nur mittelbar tangiert. Es geht eher um das Vertrauen in eine angemessene Abwicklung der Ehe, wenn das Vertrauen in den Bestand bereits enttäuscht wurde.

Zudem ist bei noch nicht geschiedenen Paaren nicht absehbar, ob diese Personen tatsächlich einmal Normadressaten werden. Allenfalls in solchen Fällen, in denen der Scheidungsantrag bereits anhängig ist, könnte man davon mit einer hohen Wahrscheinlichkeit ausgehen. Es handelt sich also um ein Vertrauen darauf, dass der Gesetzgeber das Scheidungsfolgenrecht kohärent zur wirtschaftlichen Abhängigkeit eines Ehegatten von dem anderen konzipiert. Letztlich geht es also um ein in sich stimmiges Ehe- und Scheidungsfolgenrecht. Bezugspunkt des Vertrauens bilden die Regelungen des Ehe- und Scheidungsfolgenrechts, wobei allerdings die Adressaten des Vertrauensschutzes noch nicht Adressaten des Scheidungsfolgenrechts sind. Zwar ist grundsätzlich zur Berücksichtigung von Vertrauen erforderlich, dass derjenige, der sich auf den Vertrauensschutz beruft, selbst überhaupt Normadressat ist, allerdings liegt hier die Besonderheit darin, dass es gerade um die Verknüpfung von Eherecht und Scheidungsunterhalt geht.

---

923 *Borth,* UÄndG, Rn. 400; *ders.,* FamRZ 2008, 105, 109.

Anknüpfend an die Argumentation des BVerfG zur Rückwirkung könnte man hier von noch nicht abgeschlossenen Tatbeständen sprechen, die durchaus noch einem Wandel unterliegen können. Diese können aber nicht per se schutzwürdiger sein als solche Konstellationen, in denen schon Unterhalt tituliert oder zwischen den Ehegatten vereinbart wurde, sondern allenfalls ein gleichwertiges Schutzbedürfnis auslösen.

d) Zwischenergebnis

Aus diesen Gründen heraus sollte sich der Vertrauensschutz für noch nicht Geschiedene an dem durch § 36 Nr. 1 EGZPO ausgestalteten Vertrauensschutz orientieren und diesen in demselben Umfang gewähren. Allein die Frage, wann Vertrauensschutz angebracht erscheint, sollte restriktiver gehandhabt und grundsätzlich auf den Aspekt der Gestaltung der Ehe reduziert werden, um auch dem Interesse des Gesetzgebers an einer möglichst schnellen universalen Geltung des neuen Rechts gerecht zu werden.

VII. Fazit: Weite Auslegung des Vertrauensmerkmals unter Berücksichtigung von Sinn und Zweck des Vertrauensschutzes

Die bisherige Handhabung des übergangsrechtlichen Vertrauensschutzes ist zu restriktiv. Da auch im materiellen Scheidungsunterhaltsrecht Vertrauen nicht unbedingt ein ausreichender Stellenwert zugemessen wird, muss § 36 Nr. 1 EGZPO entsprechend seiner Funktion, den verfassungsrechtlich garantierten Vertrauensschutz zu gewähren und dabei den eherechtlichen Besonderheiten gerecht zu werden, weit ausgelegt werden. Insoweit ist es nicht ausreichend, § 1578b BGB eine Art „Auffangwirkung“ im materiellen Scheidungsunterhaltsrecht zukommen zu lassen. Der Stellenwert des Vertrauensschutzes nach § 36 Nr. 1 EGZPO sollte sich nach den Bedürfnissen der Abänderungsbeklagten bemessen und entsprechend bei jeder Abänderung thematisiert werden.

Obwohl § 36 Nr. 1 EGZPO darauf ausgerichtet ist, eine Einzelfallabwägung zu ermöglichen, kann in Bezug auf die Tatbestandsmerkmale dennoch eine gewisse Typisierung vorgenommen werden. Denn im Scheidungsunterhaltsrecht finden sich gewisse Konstellationen, die immer wieder unabhängig von den Besonderheiten des Einzelfalls auftreten. Beispielhaft sei die Hausfrauenehe genannt, die regelmäßig in allen Fällen zu den gleichen Folgen führt, nämlich einer finanziellen Abhängigkeit, die kaum noch kompensiert werden kann. Anhand solcher Typisierungen lassen sich Kriterien entwickeln, die auf schützenswertes Vertrauen schließen lassen.

Kriterien für das Vorliegen von Vertrauen bilden insofern insbesondere die Vornahme einer Disposition sowie Zeitaspekte. Vertrauen an sich ist grundsätzlich ein Vorgang oder Zustand, der innerlich erfolgt und mithin kaum beweisbar ist. Um aber justiziable Kategorien zu erhalten, muss darauf abgestellt werden, inwiefern das Vertrauen rechtlich relevant nach außen erkennbar in Erscheinung getreten ist. Aus diesem Grund ist die Disposition ein gut handhabbares Kriterium, denn auch die rechtliche Relevanz ergibt sich hier zumeist aus dem finanziell zu beziffernden „Schaden“. Um aber tatsächlich sämtliche schutzbedürftigen „Altfälle“ erfassen zu können, darf sich der Dispositionsbegriff nicht auf Vermögensdispositionen im engeren Sinne beschränken, sondern muss sich auch auf Fälle erstrecken, in denen in beruflicher Hinsicht zugunsten der Familie einseitig Zugeständnisse gemacht wurden und insofern Vertrauen auf den Fortbestand der finanziellen Absicherung durch die Unterhaltsregelung entstanden ist. Bereits nach dem Wortlaut des § 36 Nr. 1 EGZPO kann diesbezüglich nicht auf die Rollenverteilung während der Ehe zurückgegriffen werden, denn diese kann regelmäßig kein Vertrauen in die Unterhaltsregelung begründen. Vertrauensschutz gewährt der Gesetzgeber nur in Bezug auf bereits bestehende Unterhaltsregelungen. Daher kommt auch kein Rückgriff auf die Dauer der Ehe in Betracht, um Vertrauen zu bestimmen; denn die Ehedauer sagt wiederum nichts über das Vertrauen in den Bestand der Unterhaltsregelung aus. Diesbezüglich können aber die Bestandsdauer der Unterhaltsregelung und die Zeitspanne zwischen Inkrafttreten des UÄndG und dem Abänderungsbegehren aussagekräftig sein. Darüber hinaus können ferner die Art und das Zustandekommen der Regelung sowie das Maß, in dem sich die Parteien wechselseitig an der Regelung orientieren, als Kriterien herangezogen werden.

Sofern auf Seiten des Abänderungsbeklagten Vertrauen vorliegt, führt dies aber noch nicht automatisch zur Gewährung von Bestandsschutz. § 36 Nr. 1 EGZPO sieht insofern über das Tatbestandsmerkmal der Zumutbarkeit eine Abwägung mit den Interessen des Abänderungsklägers sowie denen anderer Unterhaltsgläubiger vor, soweit diese mittelbar betroffen sein können. Als Rechtsfolge kommen - je nach Resultat der Abwägung - von der Gewährung vollständigen Bestandsschutzes bis zur Anpassung an die aktuelle Rechtslage sämtliche Zwischenstufen in Betracht, insbesondere eine Herabstufung mit Übergangsfristen. Dabei sollte die Übergangsfrist so gewählt werden, dass dem Abänderungsbeklagten ausreichend Zeit verbleibt, sich auf die neuen Umstände einzustellen. Um einen angemessenen Ausgleich zu erzielen, kann grundsätzlich auch in die Rangfolge eingegriffen werden.

Diese Grundsätze finden auch Anwendung im Rahmen der Anpassung komplexer Gesamtvereinbarungen über mehrere finanzielle Aspekte nach Scheidung, allerdings mit der Maßgabe, dass durch die Modifizierung des unterhaltsrechtlichen Teils kein Ungleichgewicht der Regelungen insgesamt erreicht wird.

Gleichsam muss der Rechtsgedanke des § 36 Nr. 1 EGZPO auch Anwendung finden, wenn zwischen den Ehegatten bisher noch keine Unterhaltsvereinbarung existiert. Insofern kann sich nämlich ein ähnliches Schutzbedürfnis ergeben.

Zusammenfassung und Ausblick

„Ein friedliches Zusammenleben der Menschen unter Rechtsgesetzen, die jedem „das Seinige" sichern, ist nur möglich, wo das unerlässliche Vertrauen gewahrt bleibt. Allseitiges totales Misstrauen führt zu allseitiger totaler Abschließung oder zur Herrschaft des Stärkeren, also zum Gegenteil eines „Rechtszustandes". Vertrauen zu ermöglichen und *gerechtfertigtes* Vertrauen zu schützen, ist daher eines der elementarsten Gebote, denen die Rechtsordnung nachzukommen hat."[924]

Ziel der vorliegenden Arbeit war es zu untersuchen, inwieweit der Gesetzgeber es mit § 36 Nr. 1 EGZPO tatsächlich vermag, gerechtfertigtes Vertrauen in Bezug auf die Veränderungen des Unterhaltsrechts zu schützen. Es hat sich gezeigt, dass die Regelung bei einer Auslegung, die sich an der der Vertrauensschutzproblematik zugrunde liegenden Interessenkollision orientiert, von ihrer Konzeption her durchaus Vertrauensschutz vermitteln kann, entweder in direkter Anwendung oder unter Anwendung des ihr immanenten Rechtsgedankens. In der Rechtsprechung indes werden die verschiedenen Ansätze zum Vertrauensschutz bislang insgesamt zu wenig beachtet. Angesichts der Bedeutung für die Betroffenen müsste § 36 Nr. 1 EGZPO im Rahmen jedes Abänderungsverfahrens thematisiert werden. Insoweit kann auch eine auf § 1578b BGB gestützte Abwägung es nicht kompensieren, wenn der übergangsrechtliche Vertrauensschutz nicht separat geprüft wird.

Für das Fallbeispiel aus der Einleitung - die über Jahrzehnte in klassischer Rollenteilung gelebte Ehe mit anschließender Kinderbetreuung durch die geschiedene Ehefrau - ergibt die Untersuchung, dass der Unterhaltsanspruch der Ehefrau aus Vertrauensgesichtspunkten heraus nicht einfach abgeändert werden kann. Aufgrund der ehebedingten Nachteile, die sie erlitten hat, ist ihr Vertrauen schutzwürdig. Zum Ausdruck kommt das Vertrauen dabei in der langen Bezugsdauer des Unterhalts sowie in der nachehelichen Fortführung der Rollenverteilung. Der Betreuungsunterhalt muss daher auch weiter an den Altersstufen des aufgegebenen Altersphasenmodells orientiert werden. In einem potenziellen Mangelfall müsste erwogen werden, den Unterhaltsanspruch der geschiedenen Ehefrau in Bezug auf die Rangstufe vorrangig vor dem Anspruch der Mutter des vierten Kindes einzustufen. Ähnliche Erwägungen gelten, wenn der Anspruch auf Betreuungsunterhalt aufgrund des Alters der Kinder entfallen und sich daran ein Kranken- oder Erwerbslosenunterhaltsanspruch anschließen sollte.

924 *Larenz/Canaris,* Methodenlehre der Rechtswissenschaft, S. 305.

I. Allgemeine Vorgaben zum Vertrauensschutz im Scheidungsunterhaltsrecht

In den vergangenen Jahrzehnten seit Einführung der Zerrüttungsscheidung und dem dazugehörigen Scheidungsfolgenrecht hat ein gesellschaftlicher Wandel stattgefunden. Während ursprünglich die Ehe als einzig legitime Form des partnerschaftlichen Zusammenlebens angesehen wurde, zeigt sich heute eine wachsende Vielfalt an Lebensformen; insbesondere lässt sich ein deutlicher Zuwachs der Zahl nichtehelicher Lebenspartner und außerhalb einer Ehe geborener Kinder feststellen. Trotz dieser „bunten" Lebenswirklichkeit zeigt sich, dass gerade ältere Generationen an tradierten Vorstellungen von Ehe und Familie weiterhin festhalten und auch jüngere Menschen wieder bewusst eine Entscheidung für die Ehe treffen, häufig in dem Zeitpunkt, in dem eine Familie gegründet wird.

Aus diesen Veränderungen heraus ergibt sich ein Bedürfnis, die bisherige Konzeption des Scheidungsfolgenrechts zu überdenken. Es stellt sich die Frage, inwiefern Lebenspartner oder Eltern eines gemeinsamen Kindes sich gegenseitig über den Bestand der Partnerschaft hinaus solidarisch zeigen müssen und sich daraus auch eine finanzielle Solidarität ableiten lässt. Für Verheiratete hat der Gesetzgeber diese Frage mit dem UÄndG dahingehend beantwortet, dass er die nacheheliche Solidarität weiter verringert hat und die Eigenverantwortlichkeit eines jeden Ehepartners fortan in den Vordergrund stellt. Insofern ergeben sich für die Betroffenen einige gravierende Änderungen, insbesondere in Hinblick auf die nunmehr modifizierte Rangfolge, die erweiterten Begrenzungsmöglichkeiten von Unterhaltsansprüchen insgesamt sowie in Bezug auf den Betreuungsunterhalt, der durch „Abschaffung" des bisher praktizierten Altersphasenmodells weitaus restriktiver gehandhabt wird. Den Geltungsbereich dieses modifizierten Unterhaltsrechts hat der Gesetzgeber nicht nur auf zukünftig entstehende Unterhaltsverhältnisse erstreckt, sondern auch grundsätzlich dessen Anwendung für „Altfälle" normiert. Die Vertrauensschutzproblematik hat er dabei insoweit berücksichtigt, als er mit § 36 Nr. 1 EGZPO eine Übergangsregelung geschaffen hat, die das Vertrauen selbst als Tatbestandsmerkmal in den Mittelpunkt der Betrachtung stellt.

Die nähere Auseinandersetzung mit dem Begriff des Vertrauens zeigt, dass dieses in vielerlei Hinsicht Bedeutung erlangt. Einerseits besitzt es Relevanz für den privaten sowie gesellschaftlichen Bereich, der für das Eherecht aufgrund der „Doppelnatur" der Ehe als sozialkulturelle Erscheinungsform und als rechtliches Institut durchaus eine Rolle spielt. Andererseits findet Vertrauen im Recht vielfache Ausprägung, insbesondere in Hinblick auf das Bestands- und Kontinuitätsvertrauen gesetzlicher Regelungen. Durch die wechselseitige Abhängigkeit von Gesellschafts- und Rechtsordnung findet gerade im Eherecht auch eine Durchmischung der verschiedenen Vertrauensaspekte statt.

In Zusammenhang mit der Ehe und dem Scheidungsunterhaltsrecht zeigt sich das Vertrauen zunächst als „internes“ Vertrauen zwischen den Ehegatten. Rechtliche Relevanz erlangt es, wenn es sich auf die auf Lebenszeit geschlossene Ehe bezieht. Unter dem Aspekt der Ehe als Versorgungsinstitut erstreckt sich das Vertrauen dann nicht mehr auf den jeweils anderen Ehegatten, sondern auf den Gesetzgeber, der den Versorgungsgedanken in den materiell-rechtlichen Regelungen des Scheidungsfolgenrechts berücksichtigen muss. Insofern ist es, wenngleich dies auch unbewusst erfolgen mag, beifolgend auf die Fortdauer des einmal bestehenden Ausgleichssystems gerichtet. Sind die Ehegatten bereits geschieden, kann sich darüber hinaus Vertrauen in den Bestand der konkreten Unterhaltsregelung zeigen. Kennzeichnend für diese Vertrauensaspekte ist gerade, dass sie sich nicht strikt voneinander trennen lassen, sondern häufig ineinander übergehen. Dabei ist das Vertrauen nicht punktuell auf einzelne Momente gerichtet, sondern entwickelt sich während des gesamten Verlaufes der Ehe, weshalb sich Verhaltensweisen in den verschiedenen Phasen einer Ehe auch in einem späteren Zeitpunkt auswirken können.

Das Vertrauen in die Kontinuität des Rechts ist trotz der vielen eherechtsspezifischen Besonderheiten ein generelles Phänomen der Gesetzgebungsproblematik. In verfassungsrechtlicher Hinsicht hat der Gesetzgeber diesbezüglich die Vorgaben des grundgesetzlichen Vertrauensschutzprinzips zu beachten, welches in den Grundrechten sowie subsidiär im Rechtsstaatsprinzip wurzelt und - orientiert an der Vertrauensgrundlage und der Schutzwürdigkeit von entstandenem Vertrauen - das Vertrauen des von einer Gesetzesänderung nachteilig Betroffenen selbst in den Mittelpunkt stellt. Die insoweit vom BVerfG vorgenommene Konzentration auf den Aspekt der Rückwirkung und die daraus abgeleitete Differenzierung zwischen echter und unechter Rückwirkung bzw. zwischen Rückbewirkung von Rechtsfolgen und tatbestandlicher Rückanknüpfung kann nicht überzeugen. Das Vertrauensschutzprinzip gewährt allerdings keinen absoluten Vertrauensschutz, sondern fordert die Herstellung praktischer Konkordanz zwischen den sich gegenüberstehenden Interessen des Gesetzgebers und den von der Gesetzesänderung nachteilig Betroffenen einerseits, aber zugleich auch die Beachtung von gegebenenfalls tangierten Drittinteressen andererseits. Konkret ergibt sich für den Gesetzgeber die Möglichkeit, praktische Konkordanz durch Verabschiedung einer Übergangsreglung zu erzielen. Für das Scheidungsunterhaltsrecht bietet sich diesbezüglich insbesondere eine Härtefallregelung an.

II. Vertrauensschutz durch § 36 Nr. 1 EGZPO

Zur Umsetzung dieser Vorgaben im Rahmen der aktuellen Reform des Unterhaltsrechts hat der Gesetzgeber § 36 Nr. 1 EGZPO als Härteklausel gewählt. Bei Prüfung des § 36 Nr. 1 EGZPO ist zunächst festzustellen, ob vor dem 1.1.2008 eine rechtskräftige Entscheidung oder eine Unterhaltsvereinbarung getroffen oder ein vollstreckbarer Titel errichtet wurde. Durch dieses Kriterium ergibt sich der Anwendungsbereich der Regelung überhaupt; insoweit definiert der Gesetzgeber den „Altfall“ als eine Konstellation von bereits Geschiedenen, die über eine Unterhaltsregelung verfügen. Über diesen normierten Fall gilt der Rechtsgedanke der Regelung aber auch dann, wenn die Ehegatten noch nicht geschieden sind, aber insbesondere durch ihre einvernehmliche Rollenteilung während der Ehe Nachteile eingetreten sind, die nach einer Scheidung mithilfe des materiellen Rechts nicht ausgeglichen werden können. Schutzwürdiges Vertrauen begründet sich insofern in der Disposition durch Unterlassen in Hinblick auf die Möglichkeit, eigenverantwortlich für den eigenen Lebensunterhalt aufzukommen. Eine andere Auslegung stünde in Widerspruch zum grundgesetzlichen Vertrauensschutzprinzip.

Ferner erfordert der Tatbestand des § 36 Nr. 1 EGZPO, dass Umstände, die bereits vor dem 1.1.2008 entstanden sind, durch das UÄndG eine neue rechtliche Bewertung erfahren. Damit beschränkt der Gesetzgeber den Anwendungsbereich des § 36 Nr. 1 EGZPO auf die Fälle, in denen sich aufgrund der Reform die rechtliche Bewertung verändert. Ausgenommen werden dadurch Änderungen der tatsächlichen Gegebenheiten. Aus Vertrauensschutzgesichtspunkten muss dieses Merkmal weit ausgelegt werden und auch dann eingreifen, wenn eine tatsächliche Änderung und die neue rechtliche Bewertung zusammen für den Abänderungsbeklagten belastend wirken. Zudem ist erforderlich, dass aufgrund der neuen rechtlichen Bewertung eine wesentliche Änderung der Unterhaltsverpflichtung eintritt. Diesbezüglich gelten die zu § 323 Abs. 1 ZPO entwickelten Grundsätze.

Schließlich stellt sich die Frage nach der Zumutbarkeit. Der Zumutbarkeitsaspekt erfordert eine Abwägung zwischen dem Interesse des Unterhaltsschuldners und dem Vertrauen des Unterhaltsgläubigers in den Bestand der konkreten Unterhaltsregelung. Sofern auch Dritte mittelbar betroffen sein können, sind deren Interessen ebenfalls im Rahmen der Zumutbarkeit zu berücksichtigen.

Die Ermittlung des Vertrauens im Rahmen der Zumutbarkeit bildet den zentralen Aspekt des § 36 Nr. 1 EGZPO, ist es doch das Merkmal, welches dem Bestands- und Kontinuitätsinteresse Rechnung tragen kann. Diesbezüglich ist bereits nach dem Wortlaut des § 36 Nr. 1 EGZPO alleine darauf abzustellen, in welcher Form bisher eine konkrete Unterhaltsvereinbarung oder -titulierung bestand und inwieweit der Unterhaltsgläubiger auf deren Fortbestand vertraut hat.

Aufgrund der typischen Fallkonstellationen im Unterhaltsrecht lassen sich verallgemeinerbare Kriterien bilden, nach denen bestimmt werden kann, wann schützenswertes Vertrauen vorliegt. Eines der aussagekräftigsten Kriterien ist das Vorliegen einer Disposition. Erfasst werden vorrangig Vermögensdispositionen, aber auch andere Dispositionen, beispielsweise in beruflicher Hinsicht, können sich als schutzwürdig erweisen. Unter den Dispositionsbegriff fällt insbesondere auch die nach Scheidung fortgeführte Rollenverteilung. Des Weiteren spielt der Zeitfaktor bei der Beurteilung des Vertrauens eine große Rolle. Hat der Unterhaltsgläubiger den Unterhalt schon lange Zeit bezogen, so kann regelmäßig darauf geschlossen werden, dass der Unterhaltsberechtigte sich auf den Unterhaltsanspruch eingestellt hat. Hinsichtlich der Bestandsdauer ist dabei nicht alleine auf eine bestimmte Zeitspanne abzustellen, sondern es ist auch die sich ergebende wirtschaftliche Abhängigkeit zu berücksichtigen.

Grundsätzlich kann auch der Zeitpunkt des Abänderungsbegehrens Aufschluss über das entstandene Vertrauen geben. Je länger nämlich der Zeitraum zwischen der abstrakten Möglichkeit der Geltendmachung des Abänderungsbegehrens und der tatsächlichen Geltendmachung ist, desto weniger muss der jeweils andere mit dieser Änderung rechnen und kann diesbezüglich entsprechend sein Vertrauen in die Regelung erweitern. Allerdings sind dabei auch die Gründe für das Unterlassen der Geltendmachung besonders zu berücksichtigen, da es andernfalls zu Unbilligkeiten kommen könnte. Weiterhin kann sich Vertrauen manifestieren, wenn sich die Parteien wechselseitig sehr stark an der Unterhaltsregelung orientieren.

Als nicht aussagekräftig hinsichtlich des Vorliegens von schutzwürdigem Vertrauen hingegen erweisen sich grundsätzlich der Titulierungszeitpunkt oder der Zeitpunkt, in dem eine Unterhaltsvereinbarung zwischen den Parteien abgeschlossen wurde. Eine Ausnahme gilt, sofern ein Anwendungsfall des § 36 Nr. 5 oder Nr. 6 EGZPO vorliegt. Ebenfalls nicht als Vertrauenskriterium geeignet erscheinen allgemeine Billigkeitserwägungen in Bezug auf das überkommene Scheidungsunterhaltsrecht oder ein Rückgriff auf die Kriterien des § 1579 BGB.

Das Vorliegen von Vertrauen alleine führt aber noch nicht per se zu einem absoluten Bestandsschutz. Das Zumutbarkeitskriterium ermöglicht insofern auch einen abgestuften Vertrauensschutz, der insbesondere mittels Übergangsfristen gewährt werden kann. Hinsichtlich ihrer Länge sollte die Übergangsfrist unter anderem an der Bestandsdauer der Unterhaltsregelung ausgerichtet sein. Daneben ermöglicht es § 36 Nr. 1 EGZPO auch, in die Rangfolge einzugreifen und aus Vertrauensschutzgesichtspunkten von den nunmehr geltenden Rangstufen abzuweichen. Diesbezüglich müssen allerdings das Kindeswohl und die Gleichstellung aller betreuenden Elternteile besonders beachtet werden.

Diese Grundsätze zur Modifizierung von Unterhaltsregelungen finden auch Anwendung bei der Anpassung komplexer Gesamtvereinbarungen. Diesbezüglich besteht allerdings die Besonderheit darin, dass durch einseitige Modifizierung des unterhaltsrechtlichen Teils der Vereinbarung nicht insgesamt ein Ungleichgewicht erzeugt werden darf. Daher wird regelmäßig eine Anpassung von umfassenden Scheidungsfolgenregelungen ausscheiden.

III. Ausblick auf zukünftige Reformprojekte

Die aktuelle Reform des Unterhaltsrechts wird nicht die letzte Veränderung in diesem Rechtsgebiet sein. So wie die gesellschaftlichen Strukturen einem stetigen Wandel unterliegen, ergibt sich durch die enge Beziehung des Ehe- und Familienrechts zur Ehe- und Familienpolitik eine ständige Notwendigkeit zur Aktualisierung. Hier steht der Gesetzgeber noch vor einigen Herausforderungen; genannt sei an dieser Stelle ein in der Literatur vermehrt geforderter Unterhaltsanspruch zwischen nichtehelichen Lebenspartnern.

Auch auf zukünftige Reformvorhaben im Unterhaltsrecht lassen sich die bisherigen Erwägungen übertragen; die Ausgangslage ist insoweit nämlich stets eine ähnliche: Änderungs- und Bestandsinteresse treffen aufeinander und müssen gegeneinander abgewogen werden.

Trotz der Notwendigkeit von Veränderungen im materiellen Recht muss der Gesetzgeber auch in Zukunft beachten, dass der Einzelne ein Bedürfnis nach Kontinuität hat. Gerade wegen der Sensibilität des Scheidungsfolgenrechts sollten die Rechtskraft von Titeln und die Bestandskraft von Unterhaltsvereinbarungen nicht leichtfertig gefährdet werden. Insoweit haben sich die Betroffenen häufig auf ihre Situation eingerichtet; eine Veränderung kann einen empfindlichen Eingriff in die Lebensplanung darstellen. Daraus ergibt sich auch für künftige Reformen die Notwendigkeit, Vertrauensschutz zu gewähren. Die Untersuchung des § 36 Nr. 1 EGZPO hat gezeigt, dass dieser grundsätzlich geeignet erscheint, zumindest das Vertrauen in eine bestehende Unterhaltsregelung interessengerecht zu gewähren. Auch für zukünftige Reformen bietet sich eine daran orientierte Regelung an, die im Gegensatz zu einem absoluten Bestandsschutz auch das hinter dem Reformanliegen stehende legitime Interesse der Neugestaltung berücksichtigen kann und damit einen schonenden Ausgleich der konträren Anliegen ermöglicht.

Gleichwohl sollte der Gesetzgeber bei kommenden Reformen darauf achten, wie er den „Altfall" definiert. Die Betrachtung der einzelnen Vertrauensaspekte hat insoweit gezeigt, dass Vertrauen nicht erst nach der Scheidung entsteht, sondern die Weichen für einen am Grundsatz der Eigenverantwortlichkeit orientierten Unterhalt bereits deutlich früher gestellt werden. Führen Reformen also zu einer weiteren Steigerung der Selbstverantwortlichkeit, so muss der Gesetzgeber den Kreis der „Altfälle" weiter ziehen. Deshalb sollte er die Geltung des reformierten Rechts auf Ehen, die vor dem Inkrafttreten des Gesetzes geschlossen wurden, nur erstrecken, soweit die Änderung dem anderen unter Berücksichtigung der bisherigen Gestaltung des Ehelebens zumutbar ist, wobei in Bezug auf die Gestaltung des Ehelebens insbesondere die wirtschaftliche Abhängigkeit der Ehegatten voneinander berücksichtigt werden muss. Eine solche Regelung würde zwar die Vorhersehbarkeit und Rechtssicherheit weiter vermindern, könnte aber zu größerer Einzelfallgerechtigkeit und einer an den tatsächlichen Gegebenheiten ausgerichteten Würdigung des konkreten Sachverhalts führen. Gleichzeitig entfiele damit auch die Notwendigkeit, das verfassungsrechtlich gebotene Vertrauen unter Rückgriff auf den Rechtsgedanken einer gegebenen Übergangsregelung zu gewähren.

Die Erwägungen zur Berücksichtigung von Vertrauen lassen sich auch auf die anderen Gebiete des Scheidungsfolgenrechts, namentlich auf den Versorgungs- und Zugewinnausgleich, die ebenfalls beide in jüngster Zeit reformiert wurden,[925] übertragen. Zwar unterliegt das Unterhaltsverhältnis als Dauerschuldverhältnis noch einmal gesonderten Anforderungen, aber auch das Güterrecht und der Versorgungsausgleich dienen letztlich im dreigliedrigen System des Scheidungsfolgenrechts[926] dazu, einen den Umständen des Einzelfalls gerecht werdenden Vermögensausgleich sowie eine zukünftige finanzielle Absicherung zu gewährleisten. Für die Bereiche, die dabei vom Güterrecht und dem Versorgungsausgleich erfasst werden, gilt gleichfalls die den Vertrauensschutz im Unterhaltsrecht tragende Erkenntnis, dass die einmal durch die (einvernehmliche) Lebensplanung entstandenen Gegebenheiten sich nachträglich nur noch sehr schwer korrigieren lassen.

In der aktuellen Reform des Güterrechts hat der Gesetzgeber im Wesentlichen auf Übergangsregelungen verzichtet. Alleine hinsichtlich der Neueinführung des negativen Anfangsvermögens[927] wurde durch Art. 229 § 20 Abs. 2 EGBGB eine starre Stichtagsregelung getroffen, nach welcher für Verfahren über den Ausgleich des Zugewinns, die vor dem 1.9.2009 anhängig wurden, § 1374 BGB in der bis dahin geltenden Fassung Anwendung findet, weshalb in diesen Fällen weiterhin nicht von einem negativen Anfangsvermögen ausgegangen werden kann.[928] Die übrigen Korrekturen, die hauptsächlich dazu dienen sollten, Vermögensmanipulationen zu verhindern, erstreckt der Gesetzgeber auch auf Altfälle. Denn lediglich bezüglich des negativen Anfangsvermögens ergebe sich ein

925 Das Güterrecht wurde reformiert durch das Gesetz zur Änderung des Zugewinnausgleichs- und Vormundschaftsrechts vom 6.7.2009, gültig seit dem 1.9.2009, BGBl. I, 1696. Die Reformierung des Versorgungsausgleichs erfolgte mit dem Gesetz zur Strukturreform des Versorgungsausgleichs vom 3.4.2009, in Kraft seit dem 1.9.2009, BGBl. I, 700.

926 Der Zugewinnausgleich fällt mithin lediglich zum Teil ins Scheidungsfolgenrecht. Ein Zugewinnausgleich findet auch statt, wenn die Ehe durch den Tod eines der Ehegatten beendet wird.

927 Nach bisheriger Gesetzeslage konnte das Anfangsvermögen eines Ehegatten nicht negativ sein. Verbindlichkeiten konnten allenfalls in Höhe des positiven Vermögens abgezogen werden, § 1374 Abs. 1 BGB a.F. Im Falle des Fehlens eines Vermögensverzeichnisses kam ebenfalls kein negatives Anfangsvermögen in Betracht, vgl. § 1377 Abs. 3 BGB a.F.

928 Art. 229 § 20 Abs. 2 EGBGB: „Für Verfahren über den Ausgleich des Zugewinns, die vor dem 1. September 2009 anhängig werden, ist für den Zugewinnausgleich § 1374 des Bürgerlichen Gesetzbuches in der bis zu diesem Tag geltenden Fassung anzuwenden."

schutzwürdiges Interesse an der Fortgeltung der alten Rechtslage; ein Vertrauen auf den Fortbestand der Manipulationsmöglichkeiten im überkommenen Zugewinnausgleichsrecht sei nicht schutzwürdig.[929] Ob damit aber dem Vertrauensschutz tatsächlich Genüge getan ist, bleibt zu bezweifeln. Sicherlich kann dem Gesetzgeber insofern zugestimmt werden, als ein Vertrauen in die Möglichkeit, Vermögensverschiebungen und -manipulationen zulasten des Ausgleichsberechtigten vorzunehmen, nicht als schutzwürdig eingestuft werden kann. Allerdings ist zu beachten, dass der weitgehende Verzicht auf eine Übergangsregelung nicht nur diejenigen trifft, die in unlauterer Absicht die Schwächen des alten Rechts ausnutzen wollten, sondern auch solche Ehegatten, die in Kenntnis der alten Gesetzeslage in redlicher Absicht Vermögensdispositionen getroffen haben. Die Berücksichtigung von Schulden im Anfangsvermögen kann hier zu gravierenden Änderungen führen. Weshalb diesbezüglich lediglich schutzwürdiges Vertrauen in Fällen entstanden sein sollte, in denen das Verfahren bereits anhängig war, ist nicht ersichtlich.[930]

In Hinblick auf die Reform des Versorgungsausgleichs hat der Gesetzgeber indes differenzierte Übergangsregelungen getroffen. Insofern regeln §§ 48-53 VersAusglG das zeitliche Aufeinandertreffen der verschiedenen Gesetzeslagen.[931] Vom Grundsatz her gilt auch hier eine Stichtagsregelung derart, dass in Verfahren über den Versorgungsausgleich, die vor dem 1.9.2009 eingeleitet worden sind, das bis dahin geltende materielle Recht einschließlich des Verfahrensrechts weiterhin Anwendung findet, § 48 Abs. 1 VersAusglG. Neben einigen Ausnahmen von dieser Regelung findet sich auch die Möglichkeit einer Abänderung eines bereits durchgeführten öffentlich-rechtlichen Versorgungsausgleiches, § 52 VersAusglG. Auch hier hat der Gesetzgeber grundsätzlich aber von einem besonderen Vertrauensschutz abgesehen. Im Gegensatz zum Zugewinnausgleich erscheint ein weitergehender Vertrauensschutz aber auch nicht zwingend erforderlich. Denn anders als der Zugewinnausgleich oder das Unterhaltsrecht stellte die zuletzt geltende rechtliche Regelung des Versorgungsausgleichs nach vielfachen Anpassungen wegen verfassungsrechtlicher Bedenken[932] nur noch eine Übergangslösung bis zur endgültigen Reform dar.[933] Außerdem beschränken sich die Veränderungen des Versorgungsausgleichs im Wesentlichen darauf, dass die Verrechnung fortan auf andere Weise erfolgt. Größere Abweichungen in der Höhe werden regelmäßig nicht zu erwarten sein. Der

---

929 BT-Drs. 635/08, S. 53.

930 Zu welchen Unbilligkeiten die Übergangsregelung in der praktischen Anwendung führen kann, zeigt *Schwab* anhand verschiedener Beispielsfälle in FamRZ 2009, 1961 ff.

931 Vertiefend zu den einzelnen Übergangsregelungen *Holzwarth,* FamRZ 2009, 1884 ff.

932 Siehe zu den rechtlichen Einwendungen gegen die Barwertverordnung BGHZ 148, 351. Vgl. auch BGH, NJW 2009, 222, 224.

933 Ausführlich zur Entwicklung des Versorgungsausgleichs unter Verweis auf die wegen verfassungsrechtlicher Bedenken durchgeführten Änderungen *Ruland,* Versorgungsausgleich, 1. Kapitel I., II.

Wegfall des Bagatellausgleiches kann ebenfalls kein derart hohes Vertrauen begründen, dass der Gesetzgeber dieses hätte zusätzlich schützen müssen. Insofern bestand bei der Veränderung des Versorgungsausgleichs nicht zwangsläufig die Notwendigkeit, übergangsrechtlichen Vertrauensschutz zu gewährleisten. Sofern der Gesetzgeber aber zukünftig weitere Änderungen vorzunehmen plant, sollte er auch diesbezüglich die besondere Bedeutung von Übergangsrecht berücksichtigen. Denn gerade im sensiblen Bereich des Scheidungsfolgenrechts, in dem wirtschaftliche, persönliche und gesellschaftspolitische Aspekte und Interessen aufeinander treffen, bedarf der Schutz von Vertrauen besonderer Beachtung.

Anhang

Synopse und Übergangsvorschrift UÄndG

Zum Überblick werden nachfolgend die durch das Gesetz zur Änderung des Unterhaltsrechts modifizierten Vorschriften des Bürgerlichen Gesetzbuches, des Lebenspartnerschaftsgesetz der Zivilprozessordnung sowie des EGBGB gegenübergestellt.[934]

In der ersten Spalte findet sich die Fassung bis zum 31.12.2007, in der zweiten Spalte die Gesetzesfassung ab dem 1.1.2008. Kursiv sind Paragrafen und Absätze, an denen durch die Reform eine Änderung vorgenommen wurde.

Bürgerliches Gesetzbuch (BGB)

§ 1361 Unterhalt bei Getrenntleben	§ 1361 Unterhalt bei Getrenntleben
(1) Leben die Ehegatten getrennt, so kann ein Ehegatte von dem anderen den nach den Lebensverhältnissen und den Erwerbs- und Vermögensverhältnissen der Ehegatten angemessenen Unterhalt verlangen; für Aufwendungen infolge eines Körper- oder Gesundheitsschadens gilt § 1610a. Ist zwischen den getrennt lebenden Ehegatten ein Scheidungsverfahren rechtshängig, so gehören zum Unterhalt vom Eintritt der Rechtshängigkeit an auch die Kosten einer angemessenen Versicherung für den Fall des Alters sowie der verminderte Erwerbsfähigkeit.	(1) Leben die Ehegatten getrennt, so kann ein Ehegatte von dem anderen den nach den Lebensverhältnissen und den Erwerbs- und Vermögensverhältnissen der Ehegatten angemessenen Unterhalt verlangen; für Aufwendungen infolge eines Körper- oder Gesundheitsschadens gilt § 1610a. Ist zwischen den getrennt lebenden Ehegatten ein Scheidungsverfahren rechtshängig, so gehören zum Unterhalt vom Eintritt der Rechtshängigkeit an auch die Kosten einer angemessenen Versicherung für den Fall des Alters sowie der verminderte Erwerbsfähigkeit.
(2) Der nicht erwerbstätige Ehegatte kann nur dann darauf verwiesen werden, seinen Unterhalt durch eine Erwerbstätigkeit selbst zu verdienen, wenn dies von ihm nach seinen persönlichen Verhältnissen, insbesondere wegen einer früheren Erwerbstätigkeit unter Berücksichtigung der Dauer der Ehe, und nach den wirtschaftlichen Verhältnissen beider Ehegatten erwartet werden kann.	(2) Der nicht erwerbstätige Ehegatte kann nur dann darauf verwiesen werden, seinen Unterhalt durch eine Erwerbstätigkeit selbst zu verdienen, wenn dies von ihm nach seinen persönlichen Verhältnissen, insbesondere wegen einer früheren Erwerbstätigkeit unter Berücksichtigung der Dauer der Ehe, und nach den wirtschaftlichen Verhältnissen beider Ehegatten erwartet werden kann.
(3) Die Vorschrift des § 1579 Nr. 2 bis 7 über die Herabsetzung des Unterhaltsanspruchs aus Billigkeitsgründen ist entsprechend anzuwenden.	*(3) Die Vorschrift des § 1579 Nr. 2 bis 8 über die Beschränkung oder Versagung des Unterhalts wegen grober Unbilligkeit ist entsprechend anzuwenden.*
(4) Der laufende Unterhalt ist durch Zahlung einer Geldrente zu gewähren. Die Rente ist	(4) Der laufende Unterhalt ist durch Zahlung einer Geldrente zu gewähren. Die Rente ist

934 In Anlehnung an die Synopse bei *Peschel-Gutzeit,* Unterhaltsrecht aktuell, Anhang (S. 145 ff.) sowie am FamRZ 2007, 1940 ff.

monatlich im Voraus zu zahlen. Der Verpflichtete schuldet den vollen Monatsbetrag auch dann, wenn der Berechtigte im Laufe des Monats stirbt. § 1360a Abs. 3,4 und die §§ 1360b, 1605 sind entsprechend anzuwenden.	monatlich im Voraus zu zahlen. Der Verpflichtete schuldet den vollen Monatsbetrag auch dann, wenn der Berechtigte im Laufe des Monats stirbt. § 1360a Abs. 3,4 und die §§ 1360b, 1605 sind entsprechend anzuwenden.
§ 1569 Abschließende Regelung Kann ein Ehegatte nach der Scheidung nicht selbst für seinen Unterhalt sorgen, so hat er gegen den anderen Ehegatten einen Anspruch auf Unterhalt nach den folgenden Vorschriften.	*§ 1569 Grundsatz der Eigenverantwortung* *Nach der Scheidung obliegt es jedem Ehegatten, selbst für seinen Unterhalt zu sorgen. Ist er dazu außerstande, hat er gegen den anderen Ehegatten einen Anspruch auf Unterhalt nur nach den folgenden Vorschriften.*
§ 1570 Unterhalt wegen Betreuung eines Kindes Ein geschiedener Ehegatte kann von dem anderen Unterhalt verlangen, solange und soweit von ihm wegen der Pflege oder Erziehung eines gemeinschaftlichen Kindes eine Erwerbstätigkeit nicht erwartet werden kann.	*§ 1570 Unterhalt wegen Betreuung eines Kindes* *(1) Ein geschiedener Ehegatte kann von dem anderen wegen der Pflege oder Erziehung eines gemeinschaftlichen Kindes für mindestens drei Jahre nach der Geburt Unterhalt verlangen. Die Dauer des Unterhaltsanspruchs verlängert sich, solange und soweit dies der Billigkeit entspricht. Dabei sind die Belange des Kindes und die bestehenden Möglichkeiten der Kinderbetreuung zu berücksichtigen.* *(2) Die Dauer des Unterhaltsanspruchs verlängert sich darüber hinaus, wenn dies unter Berücksichtigung der Gestaltung von Kinderbetreuung und Erwerbstätigkeit in der Ehe sowie der Dauer der Ehe der Billigkeit entspricht.*
§ 1573 Unterhalt wegen Erwerbslosigkeit und Aufstockungsunterhalt (1) Soweit ein geschiedener Ehegatte keinen Unterhaltsanspruch nach den §§ 1570 bis 1572 hat, kann er gleichwohl Unterhalt verlangen, solange und soweit er nach der Scheidung keine angemessene Erwerbstätigkeit zu finden vermag. (2) Reichen die Einkünfte aus einer angemessenen Erwerbstätigkeit zum vollen Unterhalt (§ 1578) nicht aus, kann er, soweit er nicht bereits einen Unterhaltsanspruch nach den §§ 1570 bis 1572 hat, den Unterschiedsbetrag zwischen den Einkünften und dem vollen Unterhalt verlangen. (3) Absätze 1 und 2 gelten entsprechend,	§ 1573 Unterhalt wegen Erwerbslosigkeit und Aufstockungsunterhalt (1) Soweit ein geschiedener Ehegatte keinen Unterhaltsanspruch nach den §§ 1570 bis 1572 hat, kann er gleichwohl Unterhalt verlangen, solange und soweit er nach der Scheidung keine angemessene Erwerbstätigkeit zu finden vermag. (2) Reichen die Einkünfte aus einer angemessenen Erwerbstätigkeit zum vollen Unterhalt (§ 1578) nicht aus, kann er, soweit er nicht bereits einen Unterhaltsanspruch nach den §§ 1570 bis 1572 hat, den Unterschiedsbetrag zwischen den Einkünften und dem vollen Unterhalt verlangen. (3) Absätze 1 und 2 gelten entsprechend,

wenn Unterhalt nach den §§ 1570 bis 1572, 1575 zu gewähren war, die Voraussetzungen dieser Vorschriften aber entfallen sind. (4) Der geschiedene Ehegatte kann auch dann Unterhalt verlangen, wenn die Einkünfte aus einer angemessenen Erwerbstätigkeit wegfallen, weil es ihm trotz seiner Bemühungen nicht gelungen war, den Unterhalt durch die Erwerbstätigkeit nach der Scheidung nachhaltig zu sichern. War es ihm gelungen, den Unterhalt teilweise nachhaltig zu sichern, so kann er den Unterschiedsbetrag zwischen dem nachhaltig gesicherten und dem vollen Unterhalt verlangen. (5) Die Unterhaltsansprüche nach Absatz 1 bis 4 können zeitlich begrenzt werden, soweit insbesondere unter Berücksichtigung der Dauer der Ehe sowie der Gestaltung von Haushaltsführung und Erwerbstätigkeit ein zeitlich unbegrenzter Unterhaltsanspruch unbillig wäre; dies gilt in der Regel nicht, wenn der Unterhaltsberechtigte nicht nur vorübergehend ein gemeinschaftliches Kind allein oder überwiegend betreut hat oder betreut. Die Zeit der Kindesbetreuung steht der Ehedauer gleich.	wenn Unterhalt nach den §§ 1570 bis 1572, 1575 zu gewähren war, die Voraussetzungen dieser Vorschriften aber entfallen sind. (4) Der geschiedene Ehegatte kann auch dann Unterhalt verlangen, wenn die Einkünfte aus einer angemessenen Erwerbstätigkeit wegfallen, weil es ihm trotz seiner Bemühungen nicht gelungen war, den Unterhalt durch die Erwerbstätigkeit nach der Scheidung nachhaltig zu sichern. War es ihm gelungen, den Unterhalt teilweise nachhaltig zu sichern, so kann er den Unterschiedsbetrag zwischen dem nachhaltig gesicherten und dem vollen Unterhalt verlangen. *(5) (weggefallen)*
§ 1574 Angemessene Erwerbstätigkeit (1) Der geschiedene Ehegatte braucht nur eine ihm angemessene Erwerbstätigkeit auszuüben. (2) Angemessen ist eine Erwerbstätigkeit, die der Ausbildung, den Fähigkeiten, dem Lebensalter und dem Gesundheitszustand des geschiedenen Ehegatten sowie den ehelichen Lebensverhältnissen entspricht; bei den ehelichen Lebensverhältnissen sind die Dauer der Ehe und die Dauer der Pflege oder Erziehung eines gemeinschaftlichen Kindes zu berücksichtigen. (3) Soweit es zur Aufnahme einer angemessenen Erwerbstätigkeit erforderlich ist, obliegt es dem geschiedenen Ehegatten, sich ausbilden, fortbilden oder umschulen zu lassen, wenn ein erfolgreicher Abschluss der Ausbildung zu erwarten ist.	*§ 1574 Angemessene Erwerbstätigkeit* *(1) Dem geschiedenen Ehegatten obliegt es, eine angemessene Erwerbstätigkeit auszuüben.* *(2) Angemessen ist eine Erwerbstätigkeit, die der Ausbildung, den Fähigkeiten, einer früheren Erwerbstätigkeit, dem Lebensalter und dem Gesundheitszustand des geschiedenen Ehegatten entspricht, soweit eine solche Tätigkeit nicht nach den ehelichen Lebensverhältnissen unbillig wäre. Bei den ehelichen Lebensverhältnissen sind insbesondere die Dauer der Ehe sowie die Dauer der Pflege oder Erziehung eines gemeinschaftlichen Kindes zu berücksichtigen.* (3) Soweit es zur Aufnahme einer angemessenen Erwerbstätigkeit erforderlich ist, obliegt es dem geschiedenen Ehegatten, sich ausbilden, fortbilden oder umschulen zu lassen, wenn ein erfolgreicher Abschluss der Ausbildung zu erwarten ist.

§ 1577 Bedürftigkeit (1) Der geschiedene Ehegatte kann den Unterhalt nach den §§ 1570 bis 1573, 1575 und 1576 nicht verlangen, solange und soweit er sich aus seinen Einkünften und seinem Vermögen selbst unterhalten kann. (2) Einkünfte sind nicht anzurechnen, soweit der Verpflichtete nicht den vollen Unterhalt (§ 1578) leistet. Einkünfte, die den vollen Unterhalt übersteigen, sind insoweit anzurechnen, als dies unter Berücksichtigung der beiderseitigen wirtschaftlichen Verhältnisse der Billigkeit entspricht. (3) Den Stamm des Vermögens braucht der Berechtigte nicht zu verwerten, soweit die Verwertung unwirtschaftlich oder unter Berücksichtigung der beiderseitigen wirtschaftlichen Verhältnisse unbillig wäre. (4) War zum Zeitpunkt der Ehescheidung zu erwarten, dass der Unterhalt des Berechtigten aus seinem Vermögen nachhaltig gesichert sein würde, fällt das Vermögen aber später weg, so besteht kein Anspruch auf Unterhalt. Dies gilt nicht, wenn im Zeitpunkt des Vermögenswegfalls von dem Ehegatten wegen der Pflege oder Erziehung eines gemeinschaftlichen Kindes eine Erwerbstätigkeit nicht erwartet werden kann.	§ 1577 Bedürftigkeit (1) Der geschiedene Ehegatte kann den Unterhalt nach den §§ 1570 bis 1573, 1575 und 1576 nicht verlangen, solange und soweit er sich aus seinen Einkünften und seinem Vermögen selbst unterhalten kann. *(2) Einkünfte sind nicht anzurechnen, soweit der Verpflichtete nicht den vollen Unterhalt (§§ 1578 und 1578b) leistet. Einkünfte, die den vollen Unterhalt übersteigen, sind insoweit anzurechnen, als dies unter Berücksichtigung der beiderseitigen wirtschaftlichen Verhältnisse der Billigkeit entspricht.* (3) Den Stamm des Vermögens braucht der Berechtigte nicht zu verwerten, soweit die Verwertung unwirtschaftlich oder unter Berücksichtigung der beiderseitigen wirtschaftlichen Verhältnisse unbillig wäre. (4) War zum Zeitpunkt der Ehescheidung zu erwarten, dass der Unterhalt des Berechtigten aus seinem Vermögen nachhaltig gesichert sein würde, fällt das Vermögen aber später weg, so besteht kein Anspruch auf Unterhalt. Dies gilt nicht, wenn im Zeitpunkt des Vermögenswegfalls von dem Ehegatten wegen der Pflege oder Erziehung eines gemeinschaftlichen Kindes eine Erwerbstätigkeit nicht erwartet werden kann.
§ 1578 Maß des Unterhalts (1) Das Maß des Unterhalts bestimmt sich nach den ehelichen Lebensverhältnissen. Die Bemessung des Unterhaltsanspruchs nach den ehelichen Lebensverhältnissen kann zeitlich begrenzt und danach auf den angemessenen Lebensbedarf abgestellt werden, soweit insbesondere unter Berücksichtigung der Dauer der Ehe sowie der Gestaltung von Haushaltsführung und Erwerbstätigkeit eine zeitlich unbegrenzte Bemessung nach Satz 1 unbillig wäre; dies gilt in der Regel nicht, wenn der Unterhaltsberechtigte nicht nur vorübergehend ein gemeinschaftliches Kind allein oder überwiegend betreut hat oder betreut. Die Zeit der Kindesbetreuung steht der Ehedauer gleich. Der Unterhalt umfasst den gesamten Lebensbedarf.	§ 1578 Maß des Unterhalts *(1) Das Maß des Unterhalts bestimmt sich nach den ehelichen Lebensverhältnissen. Der Unterhalt umfasst den gesamten Lebensbedarf.* (2) Zum Lebensbedarf gehören auch die Kosten einer angemessenen Versicherung für den Fall der Krankheit und der Pflegebedürftigkeit sowie die Kosten einer Schul- oder Berufsausbildung, einer Fortbildung oder einer Umschulung nach den §§ 1574, 1575. (3) Hat der geschiedene Ehegatte einen Unterhaltsanspruch nach den §§ 1570 bis 1573 oder § 1576, so gehören zum Lebensbedarf auch die Kosten einer angemessenen Versicherung für den Fall des Alters sowie der verminderte Erwerbsfähigkeit

(2) Zum Lebensbedarf gehören auch die Kosten einer angemessenen Versicherung für den Fall der Krankheit und der Pflegebedürftigkeit sowie die Kosten einer Schul- oder Berufsausbildung, einer Fortbildung oder einer Umschulung nach den §§ 1574, 1575. (3) Hat der geschiedene Ehegatte einen Unterhaltsanspruch nach den §§ 1570 bis 1573 oder § 1576, so gehören zum Lebensbedarf auch die Kosten einer angemessenen Versicherung für den Fall des Alters sowie der verminderte Erwerbsfähigkeit.	
	§ 1578b Herabsetzung und zeitliche Begrenzung des Unterhalts wegen Unbilligkeit *(1) Der Unterhaltsanspruch des geschiedenen Ehegatten ist auf den angemessenen Lebensbedarf herabzusetzen, wenn eine an den ehelichen Lebensverhältnissen orientierte Bemessung des Unterhaltsanspruchs auch unter Wahrung der Belange eines dem Berechtigten zur Pflege oder Erziehung anvertrauten gemeinschaftlichen Kindes unbillig wäre. Dabei ist insbesondere zu berücksichtigen, inwieweit durch die Ehe Nachteile im Hinblick auf die Möglichkeit eingetreten sind, für den eigenen Unterhalt zu sorgen. Solche Nachteile können sich vor allem aus der Dauer der Pflege oder Erziehung eines gemeinschaftlichen Kindes, aus der Gestaltung von Haushaltsführung und Erwerbstätigkeit während der Ehe sowie aus der Dauer der Ehe ergeben.* *(2) Der Unterhaltsanspruch des geschiedenen Ehegatten ist zeitlich zu begrenzen, wenn ein zeitlich unbegrenzter Unterhaltsanspruch auch unter Wahrung der Belange eines dem Berechtigten zur Pflege oder Erziehung anvertrauten gemeinschaftlichen Kindes unbillig wäre. Absatz 1 Satz 2 und 3 gilt entsprechend.* *(3) Herabsetzung und zeitliche Begrenzung des Unterhaltsanspruchs können miteinander verbunden werden.*
§ 1579 Beschränkung oder Wegfall der Verpflichtung Ein Unterhaltsanspruch ist zu versagen, herabzusetzen oder zeitlich zu begrenzen, so-	*§ 1579 Beschränkung oder Versagung des Unterhalts wegen grober Unbilligkeit* *Ein Unterhaltsanspruch ist zu versagen, herabzusetzen oder zeitlich zu begrenzen, so-*

weit die Inanspruchnahme des Verpflichteten auch unter Wahrung der Belange eines dem Berechtigten zur Pflege oder Erziehung anvertrauten gemeinschaftlichen Kindes grob unbillig wäre, weil 1. die Ehe von kurzer Dauer war; der Ehedauer steht die Zeit gleich, in welcher der Berechtigte wegen der Pflege oder Erziehung eines gemeinschaftlichen Kindes nach § 1570 Unterhalt verlangen konnte, 2. der Berechtigte sich eines Verbrechens oder eines schweren vorsätzlichen Vergehens gegen den Verpflichteten oder einen nahen Angehörigen des Verpflichteten schuldig gemacht hat, 3. der Berechtigte seine Bedürftigkeit mutwillig herbeigeführt hat, 4. der Berechtigte sich über schwerwiegende Vermögensinteressen des Verpflichteten mutwillig hinweggesetzt hat, 5. der Berechtigte vor der Trennung längere Zeit hindurch seine Pflicht, zum Familienunterhalt beizutragen, gröblich verletzt hat, 6. dem Berechtigten ein offensichtlich schwerwiegendes, eindeutig bei ihm liegendes Fehlverhalten gegen den Verpflichteten zur Last fällt oder 7. ein anderer Grund vorliegt, der ebenso schwer wiegt wie die in den Nummern 1 bis 6 aufgeführten Gründe.	*weit die Inanspruchnahme des Verpflichteten auch unter Wahrung der Belange eines dem Berechtigten zur Pflege oder Erziehung anvertrauten gemeinschaftlichen Kindes grob unbillig wäre, weil* *1. die Ehe von kurzer Dauer war; dabei ist die Zeit zu berücksichtigen, in welcher der Berechtigte wegen der Pflege oder Erziehung eines gemeinschaftlichen Kindes nach § 1570 Unterhalt verlangen kann,* *2. der Berechtigte in einer verfestigten Lebensgemeinschaft lebt,* *3. der Berechtigte sich eines Verbrechens oder eines schweren vorsätzlichen Vergehens gegen den Verpflichteten oder einen nahen Angehörigen des Verpflichteten schuldig gemacht hat,* *4. der Berechtigte seine Bedürftigkeit mutwillig herbeigeführt hat,* *5. der Berechtigte sich über schwerwiegende Vermögensinteressen des Verpflichteten mutwillig hinweggesetzt hat,* *6. der Berechtigte vor der Trennung längere Zeit hindurch seine Pflicht, zum Familienunterhalt beizutragen, gröblich verletzt hat,* *7. dem Berechtigten ein offensichtlich schwerwiegendes, eindeutig bei ihm liegendes Fehlverhalten gegen den Verpflichteten zur Last fällt oder* *8. ein anderer Grund vorliegt, der ebenso schwer wiegt wie die in den Nummern 1 bis 7 aufgeführten Gründe.*
§ 1582 Rangverhältnisse mehrerer Unterhaltsbedürftiger (1) Bei Ermittlung des Unterhalts des geschiedenen Ehegatten geht im Falle des § 1581 der geschiedene Ehegatte einem neuen Ehegatten vor, wenn dieser nicht bei entsprechender Anwendung der §§ 1569 bis 1574, § 1576 und des § 1577 Abs. 1 unterhaltsberechtigt wäre. Hätte der neue Ehegatte nach diesen Vorschriften einen Unterhaltsanspruch, geht ihm der geschiedene Ehegatte gleichwohl vor, wenn er nach § 1570 oder nach § 1576 unterhaltsberechtigt ist oder die Ehe mit dem geschiedenen	*§ 1582 Rang des geschiedenen Ehegatten bei mehreren Unterhaltsberechtigten* *Sind mehrere Unterhaltsberechtigte vorhanden, richtet sich der Rang des geschiedenen Ehegatten nach § 1609.*

Ehegatten von langer Dauer war. Der Ehedauer steht die Zeit gleich, in der ein Ehegatte wegen der Pflege oder Erziehung eines gemeinschaftlichen Kindes nach § 1570 unterhaltsberechtigt war. (2) § 1609 bleibt im Übrigen unberührt.	
§ 1585b Unterhalt für die Vergangenheit (1) Wegen eines Sonderbedarfs (§ 1613 Abs. 2) kann der Berechtigte Unterhalt für die Vergangenheit verlangen. (2) Im Übrigen kann der Berechtigte für die Vergangenheit Erfüllung oder Schadensersatz wegen Nichterfüllung erst von der Zeit an fordern, in der der Unterhaltspflichtige in Verzug gekommen oder der Unterhaltsanspruch rechtshängig geworden ist. (3) Für eine mehr als ein Jahr vor der Rechtshängigkeit liegende Zeit kann Erfüllung oder Schadensersatz wegen Nichterfüllung nur verlangt werden, wenn anzunehmen ist, dass der Verpflichtete sich der Leistung absichtlich entzogen hat.	§ 1585b Unterhalt für die Vergangenheit (1) Wegen eines Sonderbedarfs (§ 1613 Abs. 2) kann der Berechtigte Unterhalt für die Vergangenheit verlangen. *(2) Im Übrigen kann der Berechtigte für die Vergangenheit Erfüllung oder Schadensersatz wegen Nichterfüllung nur entsprechend § 1613 Abs. 1 fordern.* (3) Für eine mehr als ein Jahr vor der Rechtshängigkeit liegende Zeit kann Erfüllung oder Schadensersatz wegen Nichterfüllung nur verlangt werden, wenn anzunehmen ist, dass der Verpflichtete sich der Leistung absichtlich entzogen hat.
§ 1585c Vereinbarungen über den Unterhalt Die Ehegatten können über die Unterhaltspflicht für die Zeit nach der Scheidung Vereinbarungen treffen.	*§ 1585c Vereinbarungen über den Unterhalt* *Die Ehegatten können über die Unterhaltspflicht für die Zeit nach der Scheidung Vereinbarungen treffen. Eine Vereinbarung, die vor der Rechtskraft der Scheidung getroffen wird, bedarf der notariellen Beurkundung. § 127a findet auch auf eine Vereinbarung Anwendung, die in einem Verfahren in Ehesachen vor dem Prozessgericht protokolliert wird.*
§ 1586a Wiederaufleben des Unterhaltsanspruchs (1) Geht ein geschiedener Ehegatte eine neue Ehe oder Lebenspartnerschaft ein und wird die Ehe oder Lebenspartnerschaft wieder aufgelöst, so kann er von dem früheren Ehegatten Unterhalt nach § 1570 verlangen, wenn er ein Kind aus der früheren Ehe oder Lebenspartnerschaft zu pflegen oder zu erziehen hat. Ist die Pflege oder Erziehung beendet, so kann er Unterhalt nach den §§ 1571 bis 1573, 1575 verlangen. (2) Der Ehegatte der später aufgelösten Ehe haftet vor dem Ehegatten der früher aufge-	§ 1586a Wiederaufleben des Unterhaltsanspruchs *(1) Geht ein geschiedener Ehegatte eine neue Ehe oder Lebenspartnerschaft ein und wird die Ehe oder Lebenspartnerschaft wieder aufgelöst, so kann er von dem früheren Ehegatten Unterhalt nach § 1570 verlangen, wenn er ein Kind aus der früheren Ehe oder Lebenspartnerschaft zu pflegen oder zu erziehen hat.* (2) Der Ehegatte der später aufgelösten Ehe haftet vor dem Ehegatten der früher aufgelösten Ehe. Satz 1 findet auf Lebenspartnerschaften entsprechende Anwendung.

lösten Ehe. Satz 1 findet auf Lebenspartnerschaften entsprechende Anwendung.	
§ 1604 Einfluss des Güterstands Besteht zwischen Ehegatten Gütergemeinschaft, so bestimmt sich die Unterhaltspflicht des Mannes oder der Frau Verwandten gegenüber so, wie wenn das Gesamtgut dem unterhaltspflichtigen Ehegatten gehörte. Sind bedürftige Verwandte beider Ehegatten vorhanden, so ist der Unterhalt aus dem Gesamtgut so zu gewähren, wie wenn die Bedürftigen zu beiden Ehegatten in dem Verwandtschaftsverhältnis ständen, auf dem die Unterhaltspflicht des verpflichteten Ehegatten beruht.	*§ 1604 Einfluss des Güterstands* *Lebt der Unterhaltspflichtige in Gütergemeinschaft, bestimmt sich seine Unterhaltspflicht Verwandten gegenüber so, als ob das Gesamtgut ihm gehörte. Haben beide in Gütergemeinschaft lebende Personen bedürftige Verwandte, ist der Unterhalt aus dem Gesamtgut so zu gewähren, als ob die Bedürftigen zu beiden Unterhaltspflichtigen in dem Verwandtschaftsverhältnis stünden, auf dem die Unterhaltspflicht des Verpflichteten beruht.*
§ 1609 Rangfolge mehrerer Bedürftiger (1) Sind mehrere Bedürftige vorhanden und ist der Unterhaltspflichtige außerstande, allen Unterhalt zu gewähren, so gehen die Kinder im Sinne des § 1603 Abs. 2 den anderen Kindern, die Kinder den übrigen Abkömmlingen, die Abkömmlinge den Verwandten der aufsteigenden Linie und unter den Verwandten der aufsteigenden Linie die näheren den entfernteren vor. (2) Der Ehegatte steht den Kindern im Sinne des § 1603 Abs. 2 gleich; er geht anderen Kindern und den übrigen Verwandten vor. Ist die Ehe geschieden oder aufgehoben, so geht der unterhaltsberechtigte Ehegatte den anderen Kindern im Sinne des Satzes 1 sowie den übrigen Verwandten des Unterhaltspflichtigen vor.	*§ 1609 Rangfolge mehrerer Unterhaltsberechtigter* *Sind mehrere Unterhaltsberechtigte vorhanden und ist der Unterhaltspflichtige außerstande, allen Unterhalt zu gewähren, gilt folgende Rangfolge:* *1. minderjährige unverheiratete Kinder und Kinder im Sinne des § 1603 Abs. 2 Satz 2,* *2. Elternteile, die wegen der Betreuung eines Kindes unterhaltsberechtigt sind oder im Fall einer Scheidung wären, sowie Ehegatten und geschiedene Ehegatten bei einer Ehe von langer Dauer; bei der Feststellung einer Ehe von langer Dauer sind auch Nachteile im Sinne des § 1578b Abs. 1 Satz 2 und 3 zu berücksichtigen,* *3. Ehegatten und geschiedene Ehegatten, die nicht unter Nummer 2 fallen,* *4. Kinder, die nicht unter Nummer 1 fallen,* *5. Enkelkinder und weitere Abkömmlinge,* *6. Eltern,* *7. weitere Verwandte der aufsteigenden Linie; unter ihnen gehen die Näheren den Entfernteren vor.*
§ 1612 Art der Unterhaltsgewährung (1) Der Unterhalt ist durch Entrichtung einer Geldrente zu gewähren. Der Verpflichtete kann verlangen, dass ihm die Gewährung	§ 1612 Art der Unterhaltsgewährung (1) Der Unterhalt ist durch Entrichtung einer Geldrente zu gewähren. Der Verpflichtete kann verlangen, dass ihm die Gewährung

des Unterhalts in anderer Art gestattet wird, wenn besondere Gründe es rechtfertigen. (2) Haben Eltern einem unverheirateten Kind Unterhalt zu gewähren, so können sie bestimmen, in welcher Art und für welche Zeit im Voraus der Unterhalt gewährt werden soll, wobei auf die Belange des Kindes die gebotene Rücksicht zu nehmen ist. Aus besonderen Gründen kann das Familiengericht auf Antrag des Kindes die Bestimmung der Eltern ändern. Ist das Kind minderjährig, so kann ein Elternteil, dem die Sorge für die Person des Kindes nicht zusteht, eine Bestimmung nur für die Zeit treffen, in der das Kind in seinen Haushalt aufgenommen ist. (3) Eine Geldrente ist monatlich im Voraus zu zahlen. Der Verpflichtete schuldet den vollen Monatsbetrag auch dann, wenn der Berechtigte im Laufe des Monats stirbt.	des Unterhalts in anderer Art gestattet wird, wenn besondere Gründe es rechtfertigen. *(2) Haben Eltern einem unverheirateten Kind Unterhalt zu gewähren, können sie bestimmen, in welcher Art und für welche Zeit im Voraus der Unterhalt gewährt werden soll, sofern auf die Belange des Kindes die gebotene Rücksicht genommen wird. Ist das Kind minderjährig, kann ein Elternteil, dem die Sorge für die Person des Kindes nicht zusteht, eine Bestimmung nur für die Zeit treffen, in der das Kind in seinen Haushalt aufgenommen ist.* (3) Eine Geldrente ist monatlich im Voraus zu zahlen. Der Verpflichtete schuldet den vollen Monatsbetrag auch dann, wenn der Berechtigte im Laufe des Monats stirbt.
§ 1612a Art der Unterhaltsgewährung bei minderjährigen Kindern (1) Ein minderjähriges Kind kann von einem Elternteil, mit dem es nicht in einem Haushalt lebt, den Unterhalt als Vomhundertsatz des jeweiligen Regelbetrags nach der Regelbetrag-Verordnung verlangen. (2) Der Vomhundertsatz ist auf eine Dezimalstelle zu begrenzen; jede weitere sich ergebende Dezimalstelle wird nicht berücksichtigt. Der sich bei der Berechnung des Unterhalts ergebende Betrag ist auf volle Euro aufzurunden. (3) Die Regelbeträge werden in der Regelbetrag-Verordnung nach dem Alter des Kindes für die Zeit bis zur Vollendung des sechsten Lebensjahrs (erste Altersstufe), die Zeit vom siebten bis zur Vollendung des zwölften Lebensjahrs (zweite Altersstufe) und für die Zeit vom 13. Lebensjahr an (dritte Altersstufe) festgesetzt. Der Regelbetrag einer höheren Altersstufe ist ab dem Beginn des Monats maßgebend, in dem das Kind das betreffende Lebensjahr vollendet. (4) Die Regelbeträge ändern sich entsprechend der Entwicklung des durchschnittlich verfügbaren Arbeitsentgelts erstmals zum 1. Juli 1999 und danach zum 1. Juli jeden zweiten Jahres. Die neuen Regelbeträge er-	*§ 1612a Mindestunterhalt minderjähriger Kinder* *(1) Ein minderjähriges Kind kann von einem Elternteil, mit dem es nicht in einem Haushalt lebt, den Unterhalt als Prozentsatz des jeweiligen Mindestunterhalts verlangen. Der Mindestunterhalt richtet sich nach dem doppelten Freibetrag für das sächliche Existenzminimum eines Kindes (Kinderfreibetrag) nach § 32 Abs. 6 Satz 1 des Einkommensteuergesetzes. Er beträgt monatlich entsprechend dem Alter des Kindes* *1. für die Zeit bis zur Vollendung des sechsten Lebensjahrs (erste Altersstufe) 87 Prozent,* *2. für die Zeit vom siebten bis zur Vollendung des zwölften Lebensjahrs (zweite Altersstufe) 100 Prozent und* *3. für die Zeit vom 13. Lebensjahr an (dritte Altersstufe) 117 Prozent* *eines Zwölftels des doppelten Kinderfreibetrags.* *(2) Der Prozentsatz ist auf eine Dezimalstelle zu begrenzen; jede weitere sich ergebende Dezimalstelle wird nicht berücksichtigt. Der sich bei der Berechnung des Unterhalts ergebende Betrag ist auf volle Euro aufzurunden.*

geben sich, indem die zuletzt geltenden Regelbeträge mit den Faktoren aus den jeweils zwei der Veränderung vorausgegangenen Kalenderjahren für die Entwicklung 1. der Bruttolohn- und -gehaltssumme je durchschnittlich beschäftigten Arbeitnehmer und 2. der Belastung bei Arbeitsentgelten vervielfältigt werden; das Ergebnis ist auf volle Euro aufzurunden. Das Bundesministerium der Justiz hat die Regelbetrag-Verordnung durch Rechtsverordnung, die nicht der Zustimmung des Bundesrates bedarf, rechtzeitig anzupassen. (5) Die Faktoren im Sinne von Absatz 4 Satz 2 werden ermittelt, indem jeweils der für das Kalenderjahr, für das die Entwicklung festzustellen ist, maßgebende Wert durch den entsprechenden Wert für das diesem vorausgegangene Kalenderjahr geteilt wird. Der Berechnung sind 1. für das der Veränderung vorausgegangene Kalenderjahr die dem Statistischen Bundesamt zu Beginn des folgenden Kalenderjahrs vorliegenden Daten der Volkswirtschaftlichen Gesamtrechnung, 2. für das Kalenderjahr, in dem die jeweils letzte Veränderung vorgenommen wurde, die vom Statistischen Bundesamt endgültig festgestellten Daten der Volkswirtschaftlichen Gesamtrechnung, sowie 3. im Übrigen die der Bestimmung der bisherigen Regelbeträge zugrunde gelegten Daten der Volkswirtschaftlichen Gesamtrechnung zugrunde zu legen; sie ist auf zwei Dezimalstellen durchzuführen.	*(3) Der Unterhalt einer höheren Altersstufe ist ab dem Beginn des Monats maßgebend, in dem das Kind das betreffende Lebensjahr vollendet.* *(4) u. (5) (weggefallen)*
§ 1612b Anrechnung von Kindergeld (1) Das auf das Kind entfallende Kindergeld ist zur Hälfte anzurechnen, wenn an den barunterhaltspflichtigen Elternteil Kindergeld nicht ausgezahlt wird, weil ein anderer vorrangig berechtigt ist. (2) Sind beide Elternteile zum Barunterhalt verpflichtet, so erhöht sich der Unterhaltsanspruch gegen den das Kindergeld bezie-	*§ 1612b BGB Deckung des Barbedarfs durch Kindergeld* *(1) Das auf das Kind entfallende Kindergeld ist zur Deckung seines Barbedarfs zu verwenden:* *1. zur Hälfte, wenn ein Elternteil seine Unterhaltspflicht durch Betreuung des Kindes erfüllt (§ 1606 Abs. 3 Satz 2);* *2. in allen anderen Fällen in voller Höhe.*

henden Elternteil um die Hälfte des auf das Kind entfallenden Kindergelds. (3) Hat nur der barunterhaltspflichtige Elternteil Anspruch auf Kindergeld, wird es aber nicht an ihn ausgezahlt, ist es in voller Höhe anzurechnen. (4) Ist das Kindergeld wegen Berücksichtigung eines nicht gemeinschaftlichen Kindes erhöht, ist es im Umfang der Erhöhung nicht anzurechnen. (5) Eine Anrechnung des Kindergelds unterbleibt, soweit der Unterhaltspflichtige außerstande ist, Unterhalt in Höhe von 135 Prozent des Regelbetrags nach der Regelbetrag-Verordnung zu leisten.	*In diesem Umfang mindert es den Barbedarf des Kindes.* *(2) Ist das Kindergeld wegen der Berücksichtigung eines nicht gemeinschaftlichen Kindes erhöht, ist es im Umfang der Erhöhung nicht bedarfsmindernd zu berücksichtigen.*
§ 1615l Unterhaltsanspruch von Mutter und Vater aus Anlass der Geburt (1) Der Vater hat der Mutter für die Dauer von sechs Wochen vor und acht Wochen nach der Geburt des Kindes Unterhalt zu gewähren. Dies gilt auch hinsichtlich der Kosten, die infolge der Schwangerschaft oder der Entbindung außerhalb dieses Zeitraums entstehen. (2) Soweit die Mutter einer Erwerbstätigkeit nicht nachgeht, weil sie infolge der Schwangerschaft oder einer durch die Schwangerschaft oder die Entbindung verursachten Krankheit dazu außerstande ist, ist der Vater verpflichtet, ihr über die in Absatz 1 Satz 1 bezeichnete Zeit hinaus Unterhalt zu gewähren. Das Gleiche gilt, soweit von der Mutter wegen der Pflege oder Erziehung des Kindes eine Erwerbstätigkeit nicht erwartet werden kann. Die Unterhaltspflicht beginnt frühestens vier Monate vor der Geburt; sie endet drei Jahre nach der Geburt, sofern es nicht insbesondere unter Berücksichtigung der Belange des Kindes grob unbillig wäre, einen Unterhaltsanspruch nach Ablauf dieser Frist zu versagen. (3) Die Vorschriften über die Unterhaltspflicht zwischen Verwandten sind entsprechend anzuwenden. Die Verpflichtung des Vaters geht der Verpflichtung der Verwandten der Mutter vor. Die Ehefrau und minderjährige unverheiratete Kinder des Vaters gehen bei Anwendung des § 1609 der Mutter	§ 1615l Unterhaltsanspruch von Mutter und Vater aus Anlass der Geburt (1) Der Vater hat der Mutter für die Dauer von sechs Wochen vor und acht Wochen nach der Geburt des Kindes Unterhalt zu gewähren. Dies gilt auch hinsichtlich der Kosten, die infolge der Schwangerschaft oder der Entbindung außerhalb dieses Zeitraums entstehen. (2) Soweit die Mutter einer Erwerbstätigkeit nicht nachgeht, weil sie infolge der Schwangerschaft oder einer durch die Schwangerschaft oder die Entbindung verursachten Krankheit dazu außerstande ist, ist der Vater verpflichtet, ihr über die in Absatz 1 Satz 1 bezeichnete Zeit hinaus Unterhalt zu gewähren. Das Gleiche gilt, soweit von der Mutter wegen der Pflege oder Erziehung des Kindes eine Erwerbstätigkeit nicht erwartet werden kann. Die Unterhaltspflicht beginnt frühestens vier Monate vor der Geburt *und besteht für mindestens drei Jahre nach der Geburt. Sie verlängert sich, solange und soweit dies der Billigkeit entspricht. Dabei sind insbesondere die Belange des Kindes und die bestehenden Möglichkeiten der Kinderbetreuung zu berücksichtigen.* *(3) Die Vorschriften über die Unterhaltspflicht zwischen Verwandten sind entsprechend anzuwenden. Die Verpflichtung des Vaters geht der Verpflichtung der Verwandten der Mutter vor. § 1613 Abs. 2 gilt entsprechend. Der Anspruch erlischt nicht mit*

vor; die Mutter geht den übrigen Verwandten des Vaters vor. § 1613 Abs. 2 gilt entsprechend. Der Anspruch erlischt nicht mit dem Tod des Vaters. (4) Wenn der Vater das Kind betreut, steht ihm der Anspruch nach Absatz 2 Satz 2 gegen die Mutter zu. In diesem Falle gilt Absatz 3 entsprechend.	*dem Tod des Vaters.* (4) Wenn der Vater das Kind betreut, steht ihm der Anspruch nach Absatz 2 Satz 2 gegen die Mutter zu. In diesem Falle gilt Absatz 3 entsprechend.

Lebenspartnerschaftsgesetz (LPartG)

§ 5 Verpflichtung zum Lebenspartnerschaftsunterhalt Die Lebenspartner sind einander verpflichtet, durch ihre Arbeit und mit ihrem Vermögen die partnerschaftliche Lebensgemeinschaft angemessen zu unterhalten. § 1360 Satz 2 und die §§ 1360a und 1360b des Bürgerlichen Gesetzbuchs sowie § 16 Abs. 2 gelten entsprechend.	§ 5 Verpflichtung zum Lebenspartnerschaftsunterhalt Die Lebenspartner sind einander verpflichtet, durch ihre Arbeit und mit ihrem Vermögen die partnerschaftliche Lebensgemeinschaft angemessen zu unterhalten. *§ 1360 Satz 2, die §§ 1360a, 1360b und 1609 des Bürgerlichen Gesetzbuchs gelten entsprechend.*
§ 12 Unterhalt bei Getrenntleben Leben die Lebenspartner getrennt, so kann ein Lebenspartner von dem anderen den nach den Lebensverhältnissen und den Erwerbs- und Vermögensverhältnissen der Lebenspartner angemessenen Unterhalt verlangen. § 1361 des Bürgerlichen Gesetzbuchs und § 16 Abs. 2 gelten entsprechend.	§ 12 Unterhalt bei Getrenntleben Leben die Lebenspartner getrennt, so kann ein Lebenspartner von dem anderen den nach den Lebensverhältnissen und den Erwerbs- und Vermögensverhältnissen der Lebenspartner angemessenen Unterhalt verlangen. *Die §§ 1361 und 1609 des Bürgerlichen Gesetzbuchs gelten entsprechend.*
§ 16 Nachpartnerschaftlicher Unterhalt (1) Kann ein Lebenspartner nach der Aufhebung der Lebenspartnerschaft nicht selbst für seinen Unterhalt sorgen, so hat er gegen den anderen Lebenspartner einen Anspruch auf Unterhalt entsprechend den §§ 1570 bis 1581 und 1583 bis 1586b des Bürgerlichen Gesetzbuchs. (2) Bei der Ermittlung des Unterhalts des früheren Lebenspartners geht dieser im Falle des § 1581 des Bürgerlichen Gesetzbuchs einem neuen Lebenspartner und den übrigen Verwandten im Sinne des § 1609 Abs. 2 des Bürgerlichen Gesetzbuchs vor; alle anderen gesetzlich Unterhaltsberechtigten gehen dem früheren Lebenspartner vor.	*§ 16 Nachpartnerschaftlicher Unterhalt* *Nach der Aufhebung der Lebenspartnerschaft obliegt es jedem Lebenspartner, selbst für seinen Unterhalt zu sorgen. Ist er dazu außerstande, hat er gegen den anderen Lebenspartner einen Anspruch auf Unterhalt nur entsprechend den §§ 1570 bis 1586b und 1609 des Bürgerlichen Gesetzbuchs.*

Zivilprozessordnung (ZPO)

§ 645 Statthaftigkeit des vereinfachten Verfahrens (1) Auf Antrag wird der Unterhalt eines minderjährigen Kindes, das mit dem in Anspruch genommenen Elternteil nicht in einem Haushalt lebt, im vereinfachten Verfahren festgesetzt, soweit der Unterhalt vor Anrechnung der nach §§ 1612b, 1612c des Bürgerlichen Gesetzbuchs zu berücksichtigenden Leistungen das Eineinhalbfache des Regelbetrages nach der Regelbetrag-Verordnung nicht übersteigt. (2) Das vereinfachte Verfahren findet nicht statt, wenn zum Zeitpunkt der Zustellung des Antrags oder einer Mitteilung über seinen Inhalt an den Antragsgegner ein Gericht über den Unterhaltsanspruch des Kindes entschieden hat, ein gerichtliches Verfahren anhängig ist oder ein zur Zwangsvollstreckung geeigneter Schuldtitel errichtet worden ist.	§ 645 Statthaftigkeit des vereinfachten Verfahrens *(1) Auf Antrag wird der Unterhalt eines minderjährigen Kindes, das mit dem in Anspruch genommenen Elternteil nicht in einem Haushalt lebt, im vereinfachten Verfahren festgesetzt, soweit der Unterhalt vor Berücksichtigung der Leistungen nach § 1612b oder § 1612c des Bürgerlichen Gesetzbuchs das 1,2-fache des Mindestunterhalts nach § 1612a Abs. 1 des Bürgerlichen Gesetzbuchs nicht übersteigt.* (2) Das vereinfachte Verfahren findet nicht statt, wenn zum Zeitpunkt der Zustellung des Antrags oder einer Mitteilung über seinen Inhalt an den Antragsgegner ein Gericht über den Unterhaltsanspruch des Kindes entschieden hat, ein gerichtliches Verfahren anhängig ist oder ein zur Zwangsvollstreckung geeigneter Schuldtitel errichtet worden ist.

Übergangsvorschrift, § 36 EGZPO (Art. 3 Abs. 2 UÄndG 2007)

Für das Gesetz zur Änderung des Unterhaltsrechts vom 21. Dezember 2007 (BGBl. I S. 3189) gelten folgende Übergangsvorschriften:

1. Ist über den Unterhaltsanspruch vor dem 1. Januar 2008 rechtskräftig entschieden, ein vollstreckbarer Titel errichtet oder eine Unterhaltsvereinbarung getroffen worden, sind Umstände, die vor diesem Tag entstanden und durch das Gesetz zur Änderung des Unterhaltsrechts erheblich geworden sind, nur zu berücksichtigen, soweit eine wesentliche Änderung der Unterhaltsverpflichtung eintritt und die Änderung dem anderen Teil unter Berücksichtigung seines Vertrauens in die getroffene Regelung zumutbar ist.
2. Die in Nummer 1 genannten Umstände können bei der erstmaligen Änderung eines vollstreckbaren Unterhaltstitels nach dem 1. Januar 2008 ohne die Beschränkungen des § 323 Abs. 2 und des § 767 Abs. 2 der Zivilprozessordnung geltend gemacht werden.
3. Ist einem Kind der Unterhalt aufgrund eines vollstreckbaren Titels oder einer Unterhaltsvereinbarung als Prozentsatz des jeweiligen Regelbetrags nach der Regelbetrag-Verordnung zu leisten, gilt der Titel oder die Unterhaltsvereinbarung fort. An die Stelle des Regelbetrags tritt der Mindestunterhalt. An die Stelle des bisherigen Prozentsatzes tritt ein neuer Prozentsatz. Hierbei gilt:
   a) Sieht der Titel oder die Vereinbarung die Anrechnung des hälftigen oder eines Teils des hälftigen Kindergelds vor, ergibt sich der neue Prozentsatz, indem dem bisher zu zahlenden Unterhaltsbetrag das hälftige Kindergeld hinzugerechnet wird und der sich so ergebende Betrag in Verhältnis zu dem bei Inkrafttreten des Gesetzes zur Änderung des Unterhaltsrechts geltenden Mindestunterhalt gesetzt wird; der zukünftig zu zah-

lende Unterhaltsbetrag ergibt sich, indem der neue Prozentsatz mit dem Mindestunterhalt vervielfältigt und von dem Ergebnis das hälftige Kindergeld abgezogen wird.

b) Sieht der Titel oder die Vereinbarung die Hinzurechnung des hälftigen Kindergelds vor, ergibt sich der neue Prozentsatz, indem vom bisher zu zahlenden Unterhaltsbetrag das hälftige Kindergeld abgezogen wird und der sich so ergebende Betrag in Verhältnis zu dem bei Inkrafttreten des Gesetzes zur Änderung des Unterhaltsrechts geltenden Mindestunterhalt gesetzt wird; der zukünftig zu zahlende Unterhaltsbetrag ergibt sich, indem der neue Prozentsatz mit dem Mindestunterhalt vervielfältigt und dem Ergebnis das hälftige Kindergeld hinzugerechnet wird.

c) Sieht der Titel oder die Vereinbarung die Anrechnung des vollen Kindergelds vor, ist Buchstabe a anzuwenden, wobei an die Stelle des hälftigen Kindergelds das volle Kindergeld tritt.

d) Sieht der Titel oder die Vereinbarung weder eine Anrechnung noch eine Hinzurechnung des Kindergelds oder eines Teils des Kindergelds vor, ist Buchstabe a anzuwenden. Der sich ergebende Prozentsatz ist auf eine Dezimalstelle zu begrenzen. Die Nummern 1 und 2 bleiben unberührt.

4. Der Mindestunterhalt minderjähriger Kinder im Sinne des § 1612a Abs. 1 des Bürgerlichen Gesetzbuchs beträgt

   a) für die Zeit bis zur Vollendung des sechsten Lebensjahrs (erste Altersstufe) 279 Euro,

   b) für die Zeit vom siebten bis zur Vollendung des zwölften Lebensjahrs (zweite Altersstufe) 322 Euro,

   c) für die Zeit vom 13. Lebensjahr an (dritte Altersstufe) 365 Euro

   jeweils bis zu dem Zeitpunkt, in dem der Mindestunterhalt nach Maßgabe des § 1612a Abs. 1 des Bürgerlichen Gesetzbuchs den hier festgelegten Betrag übersteigt.

5. In einem Verfahren nach § 621 Abs. 1 Nr. 4, 5 oder Nr. 11 der Zivilprozessordnung können die in Nummer 1 genannten Umstände noch in der Revisionsinstanz vorgebracht werden. Das Revisionsgericht kann die Sache an das Berufungsgericht zurückverweisen, wenn bezüglich der neuen Tatsachen eine Beweisaufnahme erforderlich wird.

6. In den in Nummer 5 genannten Verfahren ist eine vor dem 1. Januar 2008 geschlossene mündliche Verhandlung auf Antrag wieder zu eröffnen.

7. Unterhaltsleistungen, die vor dem 1. Januar 2008 fällig geworden sind oder den Unterhalt für Ehegatten betreffen, die nach dem bis zum 30. Juni 1977 geltenden Recht geschieden worden sind, bleiben unberührt.

Literaturverzeichnis

Achterberg, Norbert: Allgemeines Verwaltungsrecht, Schäfers Grundriß des Rechts und der Wirtschaft, 2. Auflage, Heidelberg 1988 (zit.: *Achterberg,* S.)

Alternativkommentar GG: Kommentar zum Grundgesetz für die Bundesrepublik Deutschland, Reihe Alternativkommentare, 3. Auflage, Neuwied 2001 (zit.: Alternativkommentar/ *Bearbeiter,* GG, Art. Rn.)

Andreß, Hans-Jürgen/Borgloh, Barbara/Güllner, Miriam/Wilking, Katja: Wenn aus Liebe rote Zahlen werden, Über die wirtschaftlichen Folgen von Trennung und Scheidung, Wiesbaden 2003 (zit.: *Andreß/Borgloh/Güllner/Wilking,* S.)

Anwaltkommentar: BGB-Kommentar, Band 4 (Familienrecht), Bonn 2005 (zit.: AnwKom/ *Bearbeiter,* § Rn.)

Arndt, Hans-Wolfgang: Probleme rückwirkender Rechtsprechungsänderung, Studien und Texte zur Theorie und Methodologie des Rechts Band 17, Frankfurt 1974 (zit.: *Arndt,* S.)

Arndt, Hans-Wolfgang/Schumacher, Andreas: Echte Fortschritte bei der unechten Rückwirkung?, NJW 1998, S. 1538 ff.

Aschke, Manfred: Übergangsregelungen als verfassungsrechtliches Problem, Europäische Hochschulschriften Reihe II Band 598, Frankfurt 1987, Diss. jur. Gießen 1986 (zit.: *Aschke,* Übergangsrecht, S.)

Bamberger, Heinz-Georg/Roth, Herbert: Kommentar zum Bürgerlichen Gesetzbuch, Band 3, §§ 1297-2385, EGBGB, 2. Auflage, München 2008 (zit.: Bamberger/Roth/*Bearbeiter,* § Rn.)

Baumbach, Adolf/Lauterbach, Wolfgang/Albers, Jan/Hartmann, Peter: Zivilprozessordnung, 6. Auflage, München 2010 (zit.: Baumbach/Lauterbach/Albers/Hartmann/*Bearbeiter,* ZPO, § Rn.)

Bauer, Hartmut: Bundesverfassungsgericht und Rückwirkungsverbot, JuS 1984, S. 241 ff.

Beck, Ulrich: Risikogesellschaft - Auf dem Weg in eine andere Moderne, Neue Folge Band 365, Frankfurt 2003 (zit.: *Beck,* S.)

Berger, Thomas: Zulässigkeitsgrenzen der Rückwirkung von Gesetzen - Eine kritische Analyse der Rechtsprechung des Bundesverfassungsgerichts und des Gerichtshofs der Europäischen Gemeinschaften, Europäische Hochschulschriften Reihe II Band 3344, Frankfurt 2002, Diss. jur. Bielefeld 2001 (zit.: *Berger,* S.)

Berghahn, Sabine: Das System des Ehegattenunterhalts - ein Konzept für das 21. Jahrhundert?, in: Sabine Berghahn (Hrsg.), Unterhalt und Existenzsicherung, Recht und Wirklichkeit in Deutschland, Baden-Baden 2007, S. 28 ff. (zit.: *Berghahn,* S. 28, genaue Fundstelle)

Berghahn, Sabine/Wersig, Maria: Wer zahlt den Preis für die Überwindung der „Hausfrauenehe"?, FPR 2005, S. 508 ff.

Bergschneider, Ludwig: Zum Formerfordernis nach der Neuregelung des § 1585c BGB im Unterhaltsrechtsänderungsgesetz, FamRZ 2008, S. 17 ff.

Berringer, Christian: Die geplante Reform des Unterhaltsrechts, in: Sabine Berghahn (Hrsg.), Unterhalt und Existenzsicherung, Recht und Wirklichkeit in Deutschland, Baden-Baden 2007, S. 131 ff. (zit.: *Berringer,* S. 131, genaue Fundstelle)

Berringer, Christian/Menzel, Ralf: Das neue Unterhaltsrecht - Folgerungen für die notarielle Praxis, MittBayNot 2008, S. 165 ff.

Bertram, Hans: Familie im Wandel, Teil 1, Die Ursachen des Geburtenrückgangs, ZKJ 2006, S. 273 ff.

Biersack, Cornelia/Knoche, Joachim P.: Abänderungsklagen nach § 323 ZPO auf Grund geänderter Rechtsprechung, MDR 2005, S. 12 ff.

Bißmaier, Volker: Unterhaltsbegrenzung nach § 1578b: Ehebedingte Nachteile und Erwerbsmöglichkeiten, FamRZ 2009, S. 389 ff.

Böckel, Markus: Instrumente der Einpassung neuen Rechts in die Rechtsordnung (unter besonderer Berücksichtigung der Unberührtheitsklauseln), Schriften zum öffentlichen Recht Band 628, Berlin 1993, Diss. jur. Trier 1992 (zit.: *Böckel,* S.)

Bockenförde, Ernst-Wolfgang: Entstehung und Wandel des Rechtsstaatsbegriffes, in: Ehmke, Horst u.a. (Hrsg.), Festschrift für Adolf Arndt, Frankfurt 1969, S. 53 ff., (zit.: *Bockenförde,* FS Arndt, S. 53, genaue Fundstelle)

Bonner Kommentar zum Grundgesetz: Kommentar Grundgesetz, Band 5, Art. 20-21, Dolzer, Rudolf/Vogel, Klaus (Hrsg.), Loseblattausgabe, Heidelberg (zit.: Bonner Kommentar/ *Bearbeiter,* GG, Art. Rn.)

Börger, Ulrike: Erfahrungen mit der Anwendung des neuen Rechts - Plädoyer für die Entwicklung von Anwendungskriterien zur Schaffung von Rechtssicherheit, mehr Vertrauensschutz für Altfälle und die Berücksichtigung nicht nur ehebedingter Nachteile, sondern auch ehebedingter Vorteile, FPR 2009, S. 71 ff.

Born, Winfried: Darstellung OLG Dresden, Beschl. v. 4.7.2008 - 20 WF 574/08, FPR 2008, S. 529 f.

ders.: Das neue Unterhaltsrecht, NJW 2008, S. 1 ff.

ders.: Reform der familienrechtlichen Ausgleichssysteme - Kosmetik oder Kurskorrektur?, NJW 2008, S. 2289 ff.

Borth, Helmut: Der Betreuungsunterhalt geschiedener Ehegatten und die Erwerbsobliegen-heit nach neuem Recht, FamRZ 2008, S. 2 ff.

ders.: Der Gesetzesentwurf der Bundesregierung zur Reform des Unterhaltsrechts, FamRZ 2006, S. 813 ff.

ders.: Die Übergangsbestimmung zur Unterhaltsrechtsreform und die Änderungen der ZPO im UÄndG 2007, FamRZ 2008, S. 105 ff.

ders.: Unterhaltsrechtsänderungsgesetz (UÄndG) - Gesetz zur Änderung des Unterhaltsrechts, FamRZ-Buch 24, Bielefeld 2007 (zit.: *Borth,* UÄndG, Rn.)

Bosch, Rainer: Die wesentlichen Änderungen im neuen Unterhaltsrecht, FF 2007, S. 293 ff.

Braun, Johann: Grundfragen der Abänderungsklage, Jus privatum Band 4, Tübingen 1994 (zit.: *Braun,* Grundfragen der Abänderungsklage, S.)

ders.: Zinstitel und Abänderungsklage, ZZP 108 (1995), S. 319 ff

Brigitte-Untersuchung: Kind? Beruf? oder beides?: Eine repräsentative Studie über die Lebenssituation und Lebensplanung junger Paare zwischen 18 und 33 Jahren in der Bundesrepublik Deutschland im Auftrag der Zeitschrift Brigitte, Redaktion Brigitte (Hrsg.), Hamburg 1988 (zit.: Brigitte-Untersuchung, S.)

Brudermüller, Gerd: Eigenverantwortung vs. Solidarität - Kritische Aspekte der Unterhaltsrechtsreform, in: Lipp, Volker/Schumann, Eva/Veit, Barbara (Hrsg.), Reform des Unterhaltsrechts, 5. Göttinger Workshop zum Familienrecht 2006, Göttinger Juristische Schriften Band 3, Göttingen 2007, S. 55 ff. (zit.: *Brudermüller,* Eigenverantwortung vs. Solidarität, S. 55, genaue Fundstelle)

ders.: Geschieden und doch gebunden? - Ehegattenunterhalt zwischen Recht und Moral, München 2008 (zit.: Brudermüller, Geschieden und doch gebunden?, S.)

ders.: Zeitliche Begrenzung des Unterhaltsanspruchs (§§ 1573 V, 1578 I S. 2 BGB), FamRZ 1998, S. 649 ff.

ders.: Zur geplanten Reform des Unterhaltsrechts, FF 2005, S. 121 f.

Brüning, Christoph: Die Rückwirkung von Legislativakten, NJW 1998, S. 1525 ff.

Budzikiewicz, Christine: Anmerkung zu OLG Bremen vom 20.2.2008 - 4 WF 175/07, NJW 2008, S. 1747

Bumiller, Ursula/Harders Dirk: FamFG - Freiwillige Gerichtsbarkeit, Gesetz über das Verfahren in Familiensachen und in den Angelegenheiten der freiwilligen Gerichtsbarkeit (FamFG), 9. Aufl. 2009 (zit.: *Bumiller/Harders,* FamFG, § Rn.)

Bundesinstitut für Bevölkerungsforschung: Robert Bosch Stiftung (Hrsg.), Höhn Charlotte /Ette, Andreas/Ruckdeschel, Kerstin/Grothe, Friederike (Autoren): Kinderwünsche in Deutschland, Konsequenzen für eine nachhaltige Familienpolitik, Stuttgart 2006 (zit.: Bundesinstitut für Bevölkerungsforschung, S.)

Burmeister, Joachim: Selbstbindung der Verwaltung - Zur Wirkkraft des rechtsstaatlichen Übermaßverbots, des Gleichheitssatzes und des Vertrauensschutzprinzips, DÖV 1981, S. 503 ff.

ders.: Vertrauensschutz im Prozessrecht, Ein Beitrag zur Theorie vom Dispositionsschutz des Bürgers bei Änderung des Staatshandelns, Berlin, New York 1979 (zit.: *Burmeister,* Vertrauensschutz, S.)

Büte, Dieter: Brennpunkte im neuen Unterhaltsrecht, FuR 2008, S. 309 ff.

ders.: Die Neuregelung der §§ 1585b, 1586c, 1586a BGB und die Übergangsvorschrift des § 36 EGZPO, FuR 2008, S. 177 ff.

Büte, Dieter/Poppen, Enno/Menne, Martin/ Botur, André: Unterhaltsrecht, 2. Auflage, München 2009 (zit.: Büte/Poppen/Menne/*Bearbeiter,* § Rn.)

Büttner, Helmut: Anmerkung zum Urteil des BGH vom 28.2.2007 - XII ZR 37/05, FamRZ 2007, S. 800 ff.

ders.: Der Betreuungsunterhalt nach § 1570 BGB, FPR 2009, S. 92 ff.

ders.: Die Härteklauseln (§§ 1578b, 1579 BGB) im geplanten Unterhaltsrecht, FamRZ 2007, S. 773 ff.

ders.: Zur Berücksichtigung freiwilliger Leistungen Dritter im Unterhaltsrecht, FamRZ 2002, S. 1445 ff.

Büttner, Helmut/Niepmann, Birgit: Die Entwicklung des Unterhaltsrechts seit Mitte 2005, NJW 2006, S. 2373 ff.

Canaris, Claus-Wilhelm: Die Vertrauenshaftung im deutschen Privatrecht, Münchener Universitätsschriften, Reihe der Juristischen Fakultät, Band 16, München 1971, Habilitationsschrift München 1967 (zit.: *Canaris,* S.)

Coester, Michael: Das Kindeswohl als Rechtsbegriff: die richterliche Entscheidung über die elterliche Sorge beim Zerfall der Familiengemeinschaft, Frankfurt 1983, Habilitationsschrift Augsburg 1981 (zit.: *Coester,* Das Kindeswohl als Rechtsbegriff, S.)

Coing, Helmut: Grundsätzliches zur Rückwirkung von Gesetzen, BB 1954, S. 137 ff.

Creifelds, Carl: Rechtswörterbuch, 19. Auflage, München 2007 (zit.: *Creifelds,* Stichwort „Rechtsstaatsprinzip“)

Degenhart, Christoph: Systemgerechtigkeit und Selbstbindung des Gesetzgebers als Verfassungspostulat, München 1976, Diss. jur. München 1975 (zit.: *Degenhart,* Systemgerechtigkeit und Selbstbindung, S.)

Der Brockhaus: Die Enzyklopädie, 13. Auflage, Leipzig, Mannheim 2008 (zit.: *Der Brockhaus,* Stichwort)

Derleder, Peter: Die Unterhaltsrechtsreform als Neustrukturierung von Ehe und Familie, in: Sabine Berghahn (Hrsg.), Unterhalt und Existenzsicherung, Recht und Wirklichkeit in Deutschland, Baden-Baden 2007, S. 153 ff. (zit.: *Derleder,* S. 153, genaue Fundstelle)

Dethloff, Nina: Familienarbeit im Wandel, in: Hofer, Sibylle/Kippel, Diethelm, Walter, Ute (Hrsg.), Perspektiven des Familienrechts, Festschrift für Dieter Schwab zum 70. Geburtstag, Bielefeld 2005, S. 343 ff. (zit.: *Dethloff,* FS Schwab, S. 343, genaue Fundstelle)

dies.: Familienrecht, 29. Auflage, München 2009 (*Dethloff,* § Rn.)

dies.: Unterhalt, Zugewinn, Versorgungsausgleich - Sind unsere familienrechtlichen Ausgleichssysteme noch zeitgemäß? Gutachten A zum 67. Deutschen Juristentag Erfurt 2008, München 2008 (zit.: *Dethloff,* Gutachten, S.)

Dieckmann, Albrecht: Die Unterhaltsansprüche geschiedener und getrennt lebender Ehegatten nach dem 1. EheRG vom 14. Juni 1976, FamRZ 1977, S. 81 ff.

Diederichsen, Uwe: Änderungen des Verfahrensrechts nach dem Unterhaltsrechtsänderungsgesetz, NJW 1986, S. 1462 ff.

ders.: Geschiedenenunterhalt - Überforderung nachehelicher Solidarität?, NJW 1993, S. 2265 ff.

Diehl, Gretel: Die Übergangsvorschrift des Unterhaltsrechtsänderungsgesetzes - § 36 EGZPO, JAmt 2007, S. 566 ff.

dies.: Aktuelles zum Betreuungsunterhaltsanspruch - Die Entscheidung des BGH vom 16.7.2008 - XII ZR 109/05, FuR 2008, S. 517 ff.

DIJuF-Rechtsgutachten vom 21.02.2008 - U 0.111 D1: Neues Unterhaltsrecht; Anwendung der Übergangsregelung in § 36 Nr. 1 EGZPO, JAmt 2008, S. 155 ff.

Dose, Hans-Joachim: Ausgewählte Fragen der Unterhaltsreform - Kindergeldanrechnung, Erwerbsobliegenheit und Beschränkungsmöglichkeiten, FamRZ 2007, S. 1289 ff.

ders.: Erste Rechtsprechung des BGH zum Unterhaltsrechtsreformgesetz, Teil 2: Dauer des Betreuungsunterhalts nach §§ 1570 und 1615l Abs. 2 BGB, Rang der Unterhaltsberechtigten und Befristung des nachehelichen Unterhaltsanspruchs, JAmt 2009, S. 1 ff., Teil 3: Kindergeld und Wohnvorteil, JAmt 2009, S. 57 ff.

Dötsch, Franz: Vertrauensschutz gegen die rückwirkende Anwendung einer zum Nachteil des Bürgers wirkenden Änderung der höchstrichterlichen Rechtsprechung durch die Rechtsprechung, DStR 2009, S. 409 ff.

Dreier, Horst (Hrsg.): Grundgesetz, Band 2, Artikel 20-82, 2. Auflage, Tübingen 2008 (zit.: Dreier/*Bearbeiter,* GG, Art. Rn.)

Duden: Das große Wörterbuch zur deutschen Sprache, Mannheim 2005 (zit.: *Duden,* Das große Wörterbuch, Stichwort)

Duderstadt, Jochen: Die nichteheliche Lebensgemeinschaft: der aktuelle Leitfaden für junge Rechtsanwälte, 2. Auflage, München 2004 (zit.: *Duderstadt,* S.)

Ehinger, Uta: Eine erste Übersicht der Rechtsprechung zu §§ 1587b und 1570 BGB seit Inkrafttreten des UÄndG, FPR 2009, S. 105 ff

Ehinger, Uta/Griesche, Gerhard/Rasch, Ingeborg: Handbuch Unterhaltsrecht: Ansprüche, Berechnung, Strategien, Durchsetzung, 5. Auflage, Köln 2008 (zit.: Ehinger/Griesche/ Rasch/*Bearbeiter,* Rn.)

Ehinger, Uta/Rasch, Ingeborg: Die Übergangsvorschrift des § 35 EGZPO-E für den Ehegattenunterhalt und den Unterhalt nach dem Regierungsentwurf zum Unterhalts-rechtsänderungsgesetz, FamRB 2007, S. 78 ff.

Eickelberg, Jan: Das neue Unterhaltsrecht - Hintergründe, ausgewählte Inhalte und Auswirkungen auf die notarielle Praxis, RNotZ 2009, S. 1 ff.

Epping, Volker/Hillgruber, Christian (Hrsg.): Beck`scher Online-Kommentar GG, Stand 1.2.2009 (zit.: Eppinger/Hillgruber/*Bearbeiter,* BeckOK GG, Art. Rn.)

Erdrich, Robert: § 1612 BGB: Die Unterhaltsbestimmung durch die Eltern nach neuem Recht, FPR 2005, S. 490 ff.

Erman, Walter: Bürgerliches Gesetzbuch, Band 2, 12. Auflage, Münster 2008 (Erman/ *Bearbeiter,* § Rn.)

Eschenbruch, Klaus/Klinkhammer, Frank: Der Unterhaltsprozess, Praxishandbuch des materiellen und prozessualen Unterhaltsrechts, 5. Auflage, Köln 2009 (zit.: Eschenbruch/Klinkhammer/*Bearbeiter,* Kap., Rn. (S.))

Fenkel, Walter: Die Rückwirkung der Gesetze im Zivilrecht, Würzburg 1956, Diss. jur. Würzburg 1956 (zit.: *Fenkel,* S.)

Fiedler, Jürgen: Neuorientierung der Verfassungsrechtsprechung zum Rückwirkungsverbot und zum Vertrauensschutz, NJW 1988, S. 1624 ff.

Finke, Fritz: Die Wiederkehr des gesetzlich definierten Mindestbedarfs und die Abschaffung der Regelbetrag-VO - ein Fortschritt?, FPR 2005, S. 477 ff

Frank, Rainer: Familiäre Solidarität im Unterhalts- und Erbrecht, FamRZ 2009, S. 649 ff.

Frenz, Walter: Die neuere Rechtsprechung zum Ehegatten- und Kindesunterhalt im Lichte des Verfassungsrechts, NJW 1993, S. 1103 ff.

Friauf, Karl Heinrich: Gesetzesankündigung und rückwirkende Gesetzgebung im Steuer- und Wirtschaftsrecht, BB 1972, S. 669 ff.

Frotscher, Werner: Vermögensschutz oder Bestandsschutz bei der Rücknahme von Verwaltungsakten, DVBl. 1976, S. 281 ff.

Garbe, Roland/Ullrich, Christoph: Verfahren in Familiensachen: FamFG, ZPO, BGB, 2. Auflage, Baden-Baden 2009 (zit.: Garbe/Ullrich/*Bearbeiter,* § Rn.)

Gageik, Astrid: Wirksamkeits- und Ausübungskontrolle von Eheverträgen unter Berücksichtigung der aktuellen Rechtsprechung seit der Entscheidung des BGH vom 11.2.2004, FPR 2005, S. 122

Gerhardt, Peter: Das Unterhaltsrechtsabänderungsgesetz, FuR 2005, S. 529 ff.

ders.: Die Unterhaltsreform zum 1.1.2008, FuR 2008, S. 9 ff. (Teil 1), S. 62 ff. (Teil 2)

ders.: Neue Berechnungen zum Ehegattenunterhalt, FuR 2008, S. 194 ff.

Gerhardt, Peter/Gutdeutsch, Werner: Die Unterhaltsberechnung bei gleichrangigen Ehegatten nach dem geplanten Recht, FamRZ 2007, S. 778 ff.

Gernhuber, Joachim/Coester-Waltjen, Dagmar: Familienrecht, 6. Auflage München 2010 (zit.: *Gernhuber/Coester-Waltjen,* § Rn.)

Glatzer, Wolfgang: Nichteheliche Lebensgemeinschaften: eheähnlich oder eher alternativ? Stand der Forschung in Deutschland 1996/97; Bundesinstitut für Bevölkerungsforschung beim Statistischen Bundesamt, Wiesbaden 1997 (zit.: *Glatzer,* S.)

v. Goethe, Johann Wolfgang: Die Wahlverwandtschaften, Anaconda, Köln 2008 (zit.: *Johann Wolfgang von Goethe,* Wahlverwandtschaften, Teil, Kapitel, S.)

Goll, Karlheinz: Die Zulässigkeit der Rückwirkung von Gesetzen unter besonderer Berücksichtigung der Gesetzgebungspraxis seit 1919, Diss. jur. Tübingen 1955 (zit.: *Goll,* S.)

Göppinger, Horst/Wax, Peter: Unterhaltsrecht, 9. Auflage, Bielefeld 2008 (zit.: Göppinger/Wax/*Bearbeiter,* Unterhaltsrecht, Rn.)

v. Götz, Volkmar: Bundesverfassungsgericht und Vertrauensschutz, in: Starck, Christian (Hrsg.), Bundesverfassungsgericht und Grundgesetz - Festgabe aus Anlaß des 25jährigen Bestehens des Bundesverfassungsgerichts, Band 2, Tübingen 1976, S. 421 ff. (zit.: *v. Götz,* FG BVerfG Bd. 2 (1976), S. 421, genaue Fundstelle)

Graba, Hans-Ulrich: Auf dem Weg zu einem Ehegattenunterhaltsrecht nach Billigkeit, FamRZ 2008, S. 1217 ff.

ders.: Bedarf und Dauer des Betreuungsunterhalts nach § 1615l BGB, NJW 2008, 3105 ff.

ders.: Die Abänderung von Unterhaltstiteln, 3. Auflage, München 2004 (zit.: *Graba,* Die Abänderung von Unterhaltstiteln, Rn.)

ders.: Die Rechtsprechung des BGH zu den wandelbaren ehelichen Lebensverhältnissen, FF 2008, S. 437 ff.

ders.: Grundzüge der Abänderung von Unterhaltstiteln, FPR 2008, S. 100 ff.

ders.: Prägende Gedanken und offene Fragen des nachehelichen Unterhaltsrechts, FF 2007, S. 246 ff.

Grabitz, Eberhard: Vertrauensschutz als Freiheitsschutz, DVBl. 1973, S. 675 ff.

Grandel, Mathias: Unterhaltsberechnung bei „gleichrangig" berechtigten Ehegatten außerhalb des Mangelfalls, NJW 2008, S. 796 ff.

ders.: Warum werden die Herabsetzungsmöglichkeiten aus dem Unterhaltsrechtsänderungsgesetz von 1986 so wenig angewandt? Brauchen wir eine Gesetzesänderung?, FPR 2005, 320 ff.

Granold, Ute: Das neue Unterhaltsrecht: Genese und Kernpunkte, Ein Überblick aus rechts-politischer Sicht, FF 2008, S. 11 ff.

Grewe, Wilhelm: Das bundesstaatliche System des Grundgesetzes, DRiZ 1949, S. 349 ff. (zit.: *Grewe,* DRiZ 1949, 349, genaue Fundstelle)

Griesche, Gerhard: Die neuere Rechtsprechung des BGH zu den wandelbaren ehelichen Verhältnissen und ihre Auswirkungen auf den Bedarf des Unterhaltsberechtigten im Ehegattenunterhaltsrecht, FPR 2008, S. 63 ff.

Grundmann, Birgit: Die Reform des Unterhaltsrechts kommt, FF 2005, S. 213 ff. (zit.: *Grundmann,* FF 2005, 213, genaue Fundstelle)

Grunsky, Wolfgang: Grenzen der Rückwirkung bei einer Änderung der Rechtsprechung, Karlsruhe 1970 (zit.: *Grunsky,* Grenzen der Rückwirkung, S.)

Gutdeutsch, Werner: Additionsmethode bei Gleichrang von zwei Ehegatten, FamRZ 2006, S. 1072 ff.

ders: Nachrangiger Unterhalt des früheren Ehegatten nach neuem Recht, FamRZ 2008, S. 661 ff.

ders.: Rangverhältnisse und Mangelfall, FuR 2008, S. 164 ff.

Gutjahr, Jens: Die Übergangsregelungen zur Unterhaltsrechtsreform, NJW 2008, S. 1985 ff. (zit.: *Gutjahr,* NJW 2008, 1985, genaue Fundstelle)

Hahn, Hartmut: Zur Rückwirkung im Steuerrecht - Zugleich eine Kritik am Beschluß des Bundesverfassungsgerichts vom 14. Mai 1986, Bonn 1987 (zit.: *Hahn,* S.)

Hauß, Jörn: Der 28.2.2007 - Ein gutes Datum für das Familienrecht. Ein Beitrag zu den Entscheidungen des BVerfG vom 28.2.2007 - 1 BvL 9/04 und des BGH vom 28.2.2007 - XII ZR 37/05, FamRB 2007, S. 211 ff.

Heiderich, Eberhard Georg: Übergangsvorschriften in der neueren Gesetzgebungspraxis, Studien zur Formtypik und verfassungsrechtlichen Problematik von Übergangsvorschriften, Heidelberg1969, Diss. jur. Heidelberg 1967 (zit.: *Heiderich,* S.)

Heinke, Sabine: Ehegattenunterhalt aus richterlicher Sicht oder was der Familienrichter wirklich entscheidet, in: Sabine Berghahn (Hrsg.), Unterhalt und Existenzsicherung, Recht und Wirklichkeit in Deutschland, Baden-Baden 2007, S. 199 ff. (zit.: *Heinke,* S. 199, genaue Fundstelle)

v. Heintschel-Heinegg, Bernd/Gerhardt, Peter: Materielles Scheidungsrecht, 9. Auflage Köln 2009 (zit.: *Heintschel-Heinegg/Gerhardt,* S.)

Heß, Burkhard: Intertemporales Privatrecht, Jus privatum Band 26, Tübingen 1998, Habilitationsschrift München 1996 (zit.: *Heß,* Intertemporales Privatrecht, S.)

Hesse, Konrad: Grundzüge des Verfassungsrechts der Bundesrepublik Deutschland, 20. Auflage, Heidelberg 1999 (zit.: *Hesse,* Grundzüge des Verfassungsrechts, S.)

Heumann, Alexander: Beschränkung des Aufstockungsunterhalts nach langer Kindesbetreuung, Vorwirkung der Reform - und Präklusion?, FamRZ 2007, S. 178 ff. (

Hoffmann, Edgar/Stephan, Walter: Ehegesetz: Nebst Durchführungsverordnungen, 2. Auflage, München 1968 (zit.: *Hoffmann/Walter,* Ehegesetz, S.)

Hohloch, Gerhard: Beschränkung des nachehelichen Unterhalts im Entwurf eines Unterhaltsrechtsänderungsgesetzes, FF 2005, S. 217 ff.

ders.: Konzeption und Ziele der Unterhaltsrechtsreform, in: Lipp, Volker/Schumann, Eva/Veit, Barbara (Hrsg.), Reform des Unterhaltsrechts, 5. Göttinger Workshop zum Familienrecht 2006, Göttinger Juristische Schriften Band 3, Göttingen 2007, S. 7 ff. (zit.: *Hohloch,* Konzeption der Unterhaltsrechtsreform, S. 7, genaue Fundstelle)

Hohmann-Dennhardt, Christine: Familienrechtliche Antworten auf veränderte Familienwelten, FF 2007, S. 174 ff.

dies.: Familienwelten im Wandel, Reaktionen im Familienrecht, ZKJ 2007, S. 382 ff.

Hohnerlein, Eva Maria: Rollenleitbilder und Sozialleistungen - Probleme der eigenständigen Existenzsicherung von Frauen aus vergleichender Sicht, in: Bundesministerium für Familie, Senioren, Frauen und Jugend, Forschungsreihe Band 3, Dokumentation der Tagung „Eigenverantwortung, private und öffentliche Solidarität - Rollenleitbilder im Familien- und Sozialrecht im europäischen Vergleich, 4.-6.10.2007, Villa Vigoni, Como, Italien, 1. Auflage, Baden-Baden, S. 65 ff. (zit.: *Hohnerlein,* S. 65, genaue Fundstelle)

Holzwarth, Andreas: Die Übergangsbestimmungen in §§ 48-54 VersAusglG, FamRZ 20009, S. 1884 ff.

Hoppenz, Rainer/Hülsmann, Bernhard: Der reformierte Unterhalt, Kommentar des neuen und alten Rechts, Heidelberg 2008 (zit.: Hoppenz/Hülsmann/*Bearbeiter,* § Rn.

Huber, Hans: Vertrauensschutz. Ein Vergleich zwischen Recht und Rechtsprechung in der Bundesrepublik und in der Schweiz, in: Bachof, Otto/Heigl, Ludwig/Redeker, Konrad (Hrsg.), Verwaltungsrecht zwischen Freiheit, Teilhabe und Bindung, Festgabe aus Anlaß des 25jährigen Bestehens des Bundesverwaltungsgerichts, München 1978, S. 313 ff. (zit.: *Huber,* FG BVerwG, S. 313, genaue Fundstelle)

ders.: Vertrauen und Vertrauensschutz im Rechtsstaat, in: Häfelin, Ulrich/Haller, Walter/Schinderler, Dietrich (Hrsg.), Festschrift zum 70. Geburtstag von Werner Kägi, Zürich 1979, S. 193 ff. (zit.: *Huber,* FS Kägi, S. 193, genaue Fundstelle)

Iliopoulos-Strangas, Julia: Rückwirkung und Sofortwirkung von Gesetzen, Eine verfassungsrechtliche Untersuchung unter Berücksichtigung des deutschen und griechischen Steuerrechts, Studien und Materialien zur Verfassungsgerichtsbarkeit Band 31, Baden-Baden 1986, Diss. jur. Hamburg 1984 (zit.: *Iliopoulos-Strangas,* S.)

Jaeger, Wolfgang: Die Übergangsregelung des Unterhaltsrechtsänderungsgesetzes, FamRZ 1986, S. 737 ff.

Jarass, Hans/Pieroth, Bodo: Grundgesetz für die Bundesrepublik Deutschland, Kommentar, 10. Auflage, München 2009 (zit.: Jarass/Pieroth/*Bearbeiter,* GG, Art. Rn.)

Jekewitz, Jürgen: Der Zeitpunkt wirksamer Zerstörung des Vertrauensschutzes bei rückwirkenden Rechtsnormen, NJW 1990, S. 3114 ff.

Jellinek, Georg: Allgemeine Staatslehre, 3. Auflage, Bad Homburg vor der Höhe 1960 (zit.: *Jellinek,* Allgemeines Staatslehre, S.)

Jesch, Dietrich: Anmerkung zu BFHE 67, 354, Urteil vom 14.8.1958 - I 39/57, JZ 1960, S. 282 ff.

Jüdt, Eberhard: Der Vertrauensschutz in Überleitungsfällen, FuR 2008, S. 427 ff. (1. Teil), S. 468 ff. (2. Teil), S. 532 ff. (3. Teil), S. 577 ff. (4. Teil)

ders.: UÄndG 2008 und Abänderungsklage: auch gegen eine nicht titulierte Unterhaltsvereinbarung?, FuR 2008, S. 112 ff. (zit.: *Jüdt,* FuR 2008, 112, genaue Fundstelle)

Kalthoener, Elmar/Büttner, Helmut/Niepmann, Birgit: Die Rechtsprechung zur Höhe des Unterhalts, 10. Auflage, München 2008 (zit.: *Kalthoener/Büttner/Niepmann,* Rn.)

Karpen, Ulrich: Anmerkung zum Urteil des BVerfG vom 8.6.1988 - 2 BvL 9/85, JZ 1989, S. 395 f. (zit.: *Karpen,* JZ 1989, 395, genaue Fundstelle)

Kegel, Gerhard: Internationales Privatrecht: ein Studienbuch, 9. Auflage, München 2004 (zit.: *Kegel,* IPR, S.)

Kemper, Rainer: Der Anspruch auf Unterhalt wegen Betreuung eines Kindes nach § 1570 BGB, FuR 2008, S. 169 ff.

ders.: Das neue Unterhaltsrecht, Köln 2008 (zit.: *Kemper,* Das neue Unterhaltsrecht, Rn.)

ders.: Rangverhältnisse im kommenden Unterhaltsrecht, FuR 2007, S. 49 ff.

Kirchhof, Paul: Der allgemeine Gleichheitssatz, Handbuch des Staatsrechts V, 2. Auflage, Heidelberg 2000, § 124, S. 837 ff. (zit.: *Kirchhof,* HStR V, S. 837, genaue Fundstelle)

ders.: Förderpflicht und Staatsferne - Die aktuellen Reformvorschläge zum Ehegattensplitting, Unterhaltsrecht und Scheidungsverfahren und der grundrechtliche Schutz von Ehe und Familie, FamRZ 2007, S. 241 ff.

Kisker, Gunter: Die Rückwirkung von Gesetzen, Eine Untersuchung zum angloamerikanischen und deutschen Recht, Tübinger Rechtswissenschaftliche Abhandlungen Band 8, Tübingen 1963, Diss. jur. Tübingen 1962 (zit.: *Kisker,* Rückwirkung, S.)

ders.: Vertrauensschutz im Verwaltungsrecht, VVdStRL 32 (1974) S. 149 ff.

Klammer, Ute: Eigenständige und abgeleitete Existenzsicherung von Frauen in Deutschland – empirische Befunde, in: Bundesministerium für Familie, Senioren, Frauen und Jugend, Forschungsreihe Band 3, Dokumentation der Tagung „Eigenverantwortung, private und öffentliche Solidarität - Rollenleitbilder im Familien- und Sozialrecht im europäischen Vergleich, 4.-6.10.2007, Villa Vigoni, Como, Italien, 1. Auflage, Baden-Baden, S. 135 ff. (zit.: *Klammer,* S. 135, genaue Fundstelle)

Klein, Michael: Das neue Unterhaltsrecht 2008 mit Beispielsfällen und Musterberechnungen, Bonn 2008 (zit.: *Klein,* S.)

Klein, Friedrich/Barbey, Günther: Bundesverfassungsgericht und Rückwirkung von Gesetzen, Bonn 1964 (zit.: *Klein/Barbey,* S.)

Klein, Anne/Schlechta, Bettina: Will die Unterhaltsrechtsreform den Wert der Frau auf ihre Gebärtüchtigkeit reduzieren?, FPR 2005, S. 496 ff.

Klinkhammer, Frank: Berechnungen zur Unterhaltsreform 2007, FF 2007, S. 13 ff.

ders.: Die Düsseldorfer Tabelle nach der Unterhaltsrechtsreform (Stand: 1.1.2008), FamRZ 2008, S. 193 ff.

Kloepfer, Michael: Künftige Normen und Verwaltungshandeln, DÖV 1973, S. 657 ff.

ders.: Übergangsgerechtigkeit bei Gesetzesänderungen und Stichtagsregelungen, DÖV 1978, S. 225 ff.

Koch, C./Kohlrust, R: Verbindliche Auskünfte im Steuerrecht, BB 1962, S. 649 ff.

Konrad-Adenauer-Stiftung: Familienreport 2005, KAS-Arbeitspapiere Nr. 151/2006, Sankt Augustin 2006 (zit.: Konrad-Adenauer-Stiftung, Familienreport 2005, S.)

Korenke, Thomas: Nachehelicher Unterhalt, Vom Verschuldensprinzip zum Vertrauensschutzprinzip, Neuwied, Kriftel 1998, Diss. jur. 1998 (zit.: *Korenke,* S.)

Krauss, Günther: Verteidigung der Gütergemeinschaft, FamRZ 1954, S. 89 ff.

Kriele, Martin: Plangewährleistungsansprüche?, DÖV 1967, S. 531 ff.

Langenfeld, Gerrit: Die notariell zu beurkundende Vereinbarung über den nachehelichen Unterhalt nach § 1585c BGB n.F., FPR 2008, S. 38 ff.

Larenz, Karl.: Richtiges Recht: Grundzüge einer Rechtsethik, München 1979 (zit.: *Larenz,* Richtiges Recht, S.)

Larenz, Karl/Canaris, Claus-Wilhelm: Methodenlehre der Rechtswissenschaft, 3. Auflage, Berlin, Heidelberg, New York, Tokyo, 1995 (zit.: *Larenz/Canaris,* Methodenlehre der Rechtswissenschaft, S.)

Leibholz, Gerhard/Rinck, Hans J.: Grundgesetz für die Bundesrepublik Deutschland: Kommentar an Hand der Rechtsprechung des Bundesverfassungsgerichts, 5. Auflage, Köln 1975 (zit.: *Leibholz/Rinck,* GG, Art. Rn.)

Leisner, Walter: Das Gesetzesvertrauen des Bürgers, Festschrift für Friedrich Berber, S. 273 ff. (zit.: *Leisner,* FS Berber, S. 273, genaue Fundstelle)

Lenz, Karl-Heinz: Das Vertrauensschutzprinzip, Zugleich eine notwenige Besinnung auf die Grundlagen unserer Rechtsordnung, Berlin 1968 (zit.: *Lenz,* S.)

Lipp, Volker/Röthel, Anne/Windel, Peter: Familienrechtlicher Status und Solidarität, Tübingen 2008 (zit.: *Lipp/Röthel/Windel,* S.)

Louven, Christoph: Problematik und Grenzen rückwirkender Rechtsprechung des Bundesarbeitsgerichts, Schriften des Instituts für Arbeits- und Wirtschaftsrecht der Universität zu Köln Band 73, München 1996, Diss. jur. Köln 1994 (zit.: *Louven,* S.)

Ludwig-Mayerhofer, Wolfgang: Geldarrangements von Paaren, Ein internationaler und zeitlicher Vergleich auf der Grundlage der ISSP-Befragungen von 1994 und 2002, in: Sabine Berghahn (Hrsg.), Unterhalt und Existenzsicherung, Recht und Wirklichkeit in Deutschland, Baden-Baden 2007, S. 231 ff. (zit.: *Ludwig-Mayerhofer,* S. 231, genaue Fundstelle)

Luhmann, Niklas: Vertrauen, Ein Mechanismus der Reduktion sozialer Komplexität, 4. Auflage, Stuttgart 2000 (zit.: *Luhmann,* Vertrauen, S.)

Luthin, Horst/Koch, Elisabeth (Hrsg.): Handbuch des Unterhaltsrechts, 11. Auflage, München 2010 (zit: Luthin/*Beabeiter,* Handbuch des Unterhaltsrechts, Rn.)

ders.: Unterhaltsrecht - quo vadis?, FPR 2004, S. 567 ff.

Mainka, Johannes: Vertrauensschutz im öffentlichen Recht, Bonner rechtswissenschaftliche Abhandlungen Band 58, Bonn 1963, Diss. jur. Bonn 1963 (zit.: *Mainka,* Vertrauensschutz, S.)

Mangoldt, Hermann von/Klein, Friedrich/Starck, Christian: Kommentar zum Grundgesetz, Band 2, Artikel 20-82, 5. Auflage, München 2005 (zit.: Mangoldt/Klein/Starck/ *Bearbeiter,* GG, Art. Rn.)

Maunz, Theodor/Dürig, Günter/Herzog, Roman: Grundgesetz: Kommentar, Band I, Art. 1-5 GG, Band II, Art. 6-16 GG, Band III, Art. 17-27 GG, Loseblatt-Sammlung, München (zit.: Maunz/Dürig/Herzog/Scholz/*Bearbeiter,* GG, Art. Abschnitt, Rn.)

Maurer, Hartmut: Kontinuitätsgewähr und Vertrauensschutz in: Handbuch des deutschen Staatsrechts III, § 60, 3. Auflage, Heidelberg 2005 (zit.: *Maurer,* HStR III, § Rn.)

Maurer, Hans-Ulrich: Anmerkung zu BGH, Urt. v. 30.7.2008, XII ZR 177/06, FamRZ 2008, S. 1919

ders.: Der nacheheliche Unterhalt nach dem UÄndG 2007 - ein Zwischenbericht, FamRZ 2008, S. 2157 ff.

ders.: Zur Bemessung des nachehelichen Unterhalts nach den ehelichen Lebensverhältnissen, FamRZ 2008, S. 975 ff.

Meder, Stephan: Eigenverantwortung und Solidarität im Familienrecht am Beispiel des Geschiedenenunterhalts, in: Bundesministerium für Familie, Senioren, Frauen und Jugend, Forschungsreihe Band 3, Dokumentation der Tagung „Eigenverantwortung, private und öffentliche Solidarität - Rollenleitbilder im Familien- und Sozialrecht im europäischen Vergleich, 4.-6.10.2007, Villa Vigoni, Como, Italien, 1. Auflage, Baden-Baden, S. 81 ff. (zit.: *Meder,* S. 81, genaue Fundstelle)

Medicus, Dieter: Über die Rückwirkung von Rechtsprechung, NJW 1995, S. 2577 ff.

Meier, Werner: Betreuungsunterhalt gemäß §§ 1570 und 1615l BGB nach der Unterhaltsrechtsreform, FamRZ 2008, S. 101 ff.

Menne, Martin: Der Referentenentwurf zum Unterhaltsrechtsänderungsgesetz: Ein erster Überblick über die geplanten Änderungen im Unterhaltsrecht, JAmt 2005, S. 433 ff.

ders.: Der Regierungsentwurf zum Unterhaltsrechtsänderungsgesetz - Sachstand und Ausblick auf die geplanten Änderungen beim nachehelichen Unterhalt und beim Verwandtenunterhalt, FF 2006, S. 220 ff.

ders.: Die Unterhaltsrechtsreform: Der Unterhalt des geschiedenen Ehegatten, FPR 2005, S. 323 ff.

Menne, Martin/ Grundmann, Birgit: Das neue Unterhaltsrecht, Köln 2008 (zit.: *Menne/ Grundmann,* S.)

Metz, Bernhard: Rechtsethische Prinzipien des nachehelichen Unterhalts, Eine Kritik an der nachwirkenden ehelichen Solidarität, Frankfurt 2005, Diss. jur. Hamburg 2004 (zit.: *Metz,* S.)

Meyer-Cording, Ulrich: Die Rückwirkung von Gesetzen, JZ 1952, S. 161 ff.

Möller, Johannes/Rührmair, Alfred: Die Bedeutung der Grundrechte für die verfassungs-rechtlichen Anforderungen an rückwirkende Gesetze, NJW 1999, S. 908 ff.

Muckel, Stefan: Die Rückwirkung von Gesetzen in der neueren Rechtsprechung des Bundesverfassungsgerichts, JA 1994, S. 13 ff.

ders.: Kriterien des verfassungsrechtlichen Vertrauensschutzes bei Gesetzesänderungen, Schriften zum Öffentlichen Recht Band 576, Berlin 1989, Diss. jur. Köln 1989 (zit.: *Muckel,* Vertrauensschutz, S.)

Müller-Vollbehr, Jörg: Sozialverfassung, Sozialpolitik und Sozialreform, ZRP 1984, S. 262 ff.

Münch, Christof: Unterhaltsvereinbarungen nach der Reform, FamRZ 2009, S. 171 ff.

v. Münch, Ingo/Kunig, Philip: Grundgesetz-Kommentar, Band 2, 5. Auflage, München 2001 (zit.: v. Münch/Kunig/*Bearbeiter,* GG, Art. Rn.)

Münchener Anwaltshandbuch: Familienrecht, 2. Auflage, München 2008 (zit.: *Münchener Anwaltshandbuch/Bearbeiter,* S.)

Münchener Kommentar: Bürgerliches Gesetzbuch, Familienrecht I, §§1297-1588, 4. Auflage, München 2000, Familienrecht II, §§1589-1921, 5. Auflage, München 2008 (zit.: MüKo/ *Bearbeiter,* § Rn.)

Münchener Kommentar: Zivilprozessordnung, Band 1 und 3, 3. Auflage, München 2008 (zit.: MüKo/*Bearbeiter,* ZPO, § Rn.)

Muscheler, Karlheinz: Familienrecht, Neuwied 2006 (zit.: *Muscheler,* S.)

Musielak, Hans-Joachim (Hrsg.): Kommentar zur Zivilprozessordnung, 6. Auflage, München 2008 (zit.: Musielak/*Bearbeiter, ZPO, § Rn.*)

Nave-Herz, Rosemarie: Die nichteheliche Lebensgemeinschaft - eine soziologische Analyse, FPR 2001, S. 3 ff.

Niebling, Jürgen: Neues Unterhaltsrecht: Bleibt alles beim Alten? Zur Auslegung von § 1570 BGB, FF 2008, S. 193 ff.

Niehues, Wolfgang: Die Zulässigkeit der Rückwirkung von Gesetzen nach dem Recht der Bundesrepublik Deutschland, Diss. jur. Münster 1973 (zit.: *Niehues,* S.)

Oldiges, Martin: Grundlagen eines Plangewährleistungsrechts, Schriften zum Wirtschafts-verfassungs- und Wirtschaftsverwaltungsrecht, Band. 1, Bad Homburg, Berlin, Zürich 1970, Diss. jur. Köln 1969 (zit.: *Oldiges,* S.)

Ossenbühl, Fritz: Die Rücknahme begünstigender Verwaltungsakte, 2. Auflage, Berlin 1965 (zit.: *Ossenbühl,* Rücknahme, S.)

ders.: Vertrauensschutz im sozialen Rechtsstaat, DÖV 1972, S. 25 ff.

Palandt, Otto von: Bürgerliches Gesetzbuch, 69. Auflage, München 2010; 67. Auflage, München 2008 (zit.: Palandt/*Bearbeiter*, § Rn.)

Peschel-Gutzeit, Lore: Das Rangverhältnis im Unterhaltsrecht - Ein gerechtes System?, FPR 2002, S. 169 ff.

dies.: Der neue Betreuungsunterhalt - Ende des Altersphasenmodells?, FPR 2008, S. 24 ff.

dies.: Kritische Überlegungen zur geplanten Reform des Unterhaltsrechts, ZRP 2005, S. 177 ff.

dies.: Unterhaltsrecht aktuell, Die Auswirkungen der Unterhaltsreform auf die Beratungspraxis, Baden-Baden 2008 (zit.: *Peschel-Gutzeit,* Unterhaltsrecht aktuell, S.)

Peuckert, Rüdiger: Familienformen im sozialen Wandel, 7. Auflage, Wiesbaden 2008 (zit.: *Peuckert,* S.)

Pieroth, Bodo: Die neuere Rechtsprechung des Bundesverfassungsgerichts zum Grundsatz des Vertrauensschutzes, JZ 1990, S. 279 ff.

ders.: Grundlagen und Grenzen verfassungsrechtlicher Verbote rückwirkender Gesetze, 1. Teil Jura 1983, S. 122 ff., 2. Teil Jura 1983, S. 250 ff.

ders.: Rückwirkung und Übergangsrecht, Verfassungsrechtliche Maßstäbe für intertemporale Gesetzgebung, Schriften zum Öffentlichen Recht Band 394, Berlin 1981, Habilitationsschrift Heidelberg 1979 (zit.: *Pieroth,* Rückwirkung, S.)

Pieroth, Bodo/Schlink, Bernhard: Grundrechte, Staatsrecht II, 24. Auflage, Heidelberg 2008 (zit.: *Pieroth/Schlink,* Rn.)

Preuß: Vertrauensschutz als Statusschutz, 1. Teil JA 1977, S. 265-271, 2. Teil JA 1977, S. 313 ff.

Puls, Jutta: Der Betreuungsunterhalt der Mutter eines nichtehelichen Kindes, FamRZ 1998, S. 865 ff.

Püttner, Günter: Vertrauensschutz im Verwaltungsrecht, VVDStRL 32 (1974), S. 200 ff.

Rakete-Dombek, Ingeborg: Das Ehevertragsurteil des BGH - Oder: Nach dem Urteil ist vor dem Urteil, NJW 2004, S. 1273 ff.

Rasch, Ingeborg: Die Abänderung und Anpassung von Unterhaltstiteln an das neue Recht, § 36 EGZPO, FPR 2008, S. 15 ff.

Rauscher, Thomas: Familienrecht (mit Unterhaltsreform zum 1.1.2008), 2. Auflage, Heidelberg 2007 (zit.: *Rauscher,* Familienrecht, S.)

Reinken, Werner: Die Rangfolgenregelung nach neuem Recht mit Berechnungsbeispielen für den Mangelfall, FPR 2008, S. 9 ff.

ders.: Die Änderung der Zumutbarkeitsanforderungen an die Aufnahme einer Erwerbstätigkeit im Reformgesetz, FPR 2005, S. 502 ff.

ders.: Kinderbetreuungskosten - Wo werden sie unterhaltsrechtlich berücksichtigt?, FPR 2008, S. 90 ff.

ders.: Rechtsprechung und Diskussionsstand zur Mangelfallberechnung nach neuem Recht - Unterhaltsberechnung - Rangfragen und Einsatzbeträge, FPR 2009, S. 82 ff.

Renck, Ludwig: Bestandskraft verwaltungsrechtlicher Verträge?, NJW 1970, S. 737 ff.

Riechelmann, Frank: Struktur des verfassungsrechtlichen Bestandsschutzes, Rechtssicherheit als Freiheitsschutz, 3. Auflage, Norderstedt 2008, Diss. jur. Kiel 2005 (zit.: *Riechelmann,* S.)

Riegner, Klaus: Die Leitlinien der Oberlandesgerichte im Spiegel des neuen Unterhaltsrechts und ihre Umsetzung in der Rechtsprechung, FPR 2009, S. 76 ff.

Robbers, Gerhard: Rückwirkende Rechtsprechungsänderung, JZ 1988, S. 481 ff.

Roth-Stielow, Klaus: Die verfassungswidrige Rückwirkung des § 1708 Abs. 1 Satz 1 BGB n. F. durch Art. 9 II Ziff. 2 FamRÄndG, NJW 1963, S. 572 ff.

Ruland, Franz: Versorgungsausgleich - Ausgleich, steuerliche Folgen und Verfahren, 2. Auflage, München 2009 (zit.: *Ruland,* Versorgungsausgleich, Kapitel Abschnitt)

Rupp-v. Brünneck, Wiltraut: Sondervotum zum Beschluss des Bundesverfassungsgerichts vom 20.10.1971, 1 BvR 757/66, BVerfGE 32, S. 129 ff. (zit.: *Rupp-v. Brünneck,* Sondervotum, BVerfGE 32, 129, genaue Fundstelle)

Saenger, Ingo (Hrsg.): Zivilprozessordnung, Handkommentar, 2. Auflage, Baden-Baden 2007 (zit.: *Saenger,* ZPO, § Rn.)

Sachs, Michael: Grundgesetz: Kommentar, 5. Auflage, München 2009 (zit.: *Sachs,* GG, Art. Rn.)

Salzwedel, Jürgen: Verfassungsrechtlich geschützte Besitzstände und ihre Überleitung in neues Recht. Theorie der gesetzesfesten Rechtspositionen, Die Verwaltung 5/1972, S. 16 ff.

v. Savigny, Friedrich Carl: Über Eherecht und Ehescheidung, FamRZ 1969, S. 1 ff

Schellhammer, Kurt: Familienrecht nach Anspruchsgrundlagen samt Verfahren in Familien-, Kindschafts- und Betreuungssachen, 4. Auflage, Heidelberg u.a. 2006 (zit.: *Schellhammer,* S.)

Schilling, Roger: § 1615l BGB nach der Reform, FPR 2008, S. 27 ff.

ders.: Der Betreuungsunterhalt nach der Reform, FF 2008, S. 279 ff.

v. Schlabrendorff, Fabian: Sondervotum zum Beschluss des Bundesverfassungsgerichts vom 25.06. 1974, 2 BvF 2, 3/73, BVerfGE 37, S. 414 ff. (zit.: *v. Schlabrendorff,* Sondervotum, BVerfGE 37, 414, genaue Fundstelle)

Schlenker, Rolf-Ulrich: Soziales Rückschrittsverbot und Grundgesetz, Aspekte verfassungsrechtlicher Einwirkung auf die Stabilität sozialer Rechtslagen, Schriften zum Sozial- und Arbeitsrecht Band 79, Berlin 1986, Diss. jur. Bayreuth 1985 (zit.: *Schlenker,* Soziales Rückschrittsverbot, S.)

Schlink, Bernhard: Abwägung im Verfassungsrecht, Schriften zum Öffentlichen Recht Band 229, Berlin 1976, Diss. jur. Heidelberg 1975 (zit.: *Schlink,* Abwägung, S.)

Schlünder, Rolf: Das Maß des Unterhalts nach den ehelichen Lebensverhältnissen - die Umkehrung des Regel-Ausnahme-Prinzips, FamRZ 2009, S. 487 f.

Schmidt, Walter: „Vertrauensschutz" im öffentlichen Recht - Randpositionen des Eigentums im spätbürgerlichen Rechtsstaat, JuS 1973, S. 529 ff.

Schmidt-Aßmann, Eberhard: Der Rechtsstaat, in: Handbuch des Staatsrechts I, § 24, Heidelberg 1998 (zit.: *Schmidt-Aßmann,* Handbuch des Staatsrechts I, §, S.)

Schmidt-Bleibtreu, Bruno/Hofmann, Hans/Hopfauf, Axel: Kommentar zum Grundgesetz, 11. Auflage, Köln, München 2008 (zit.: Schmidt-Bleibtreu/Hofmann/Hopfauf/*Bearbeiter,* GG, Art. Rn.)

Schmitz, Benedikt: Anmerkung zu BGH, Urt. v. 27.5.2009 – XII ZR 111/08, FPR 2009, 422

Scholz, Harald: Der Kindesunterhalt nach dem Gesetz zur Änderung des Unterhaltsrechts, FamRZ 2007, S. 2021 ff.

Scholz, Rupert: Das Grundrecht der freien Entfaltung der Persönlichkeit in der Rechtsprechung des Bundesverfassungsgerichts, AöR Bd. 100 (1975), S. 80 ff.

Scholz, Harald/Stein Rolf (Hrsg.): Praxishandbuch Familienrecht, Loseblattsammlung, 16. Auflage, München 2009 (zit.: Scholz/Stein/*Bearbeiter*, Fundstelle)

Schramm, Barbara: Der Betreuungsunterhalt nach § 1570 BGB ab 1.1.2008, NJW-Spezial 2007, S. 596 ff.

Schröder, Rudolf/Bergschneider, Ludwig (Hrsg.): Familienvermögensrecht, Handbuch, 2. Auflage, Bielefeld 2007 (zit.: Schröder/Bergschneider/*Bearbeiter,* Familienvermögensrecht, Rn.)

Schulz, Werner/Hauß, Jörn (Hrsg.): Familienrecht - Handkommentar, Baden-Baden 2008 (zit.: Schulz/Hauß/*Bearbeiter,* § Rn.)

Schürmann, Heinrich: Anm. zu BGH, Urt. v. 28.1.2009 - XII ZR 119/07, FamRZ 2009, S. 586 f.

ders.: Generelle Befristung des nachehelichen Unterhalts - eine überfällige Reform?, FPR 2005, S. 492 ff.

ders.: Begrenzung und Befristung beim nachehelichen Unterhalt, FuR 2008, S. 183 ff.

ders.: Kinder - Eltern - Rang. Die neue Rangordnung nach dem Unterhaltsrechtsänderungsgesetz, FamRZ 2008, S. 313 ff.

ders.: Die verschobene Reform - was macht die Rechtsprechung bis zum 31.12.2008?, FuR 2007, S. 445 ff.

Schwab, Dieter: Familienrecht, 17. Auflage, München 2009 (zit.: *Schwab,* Familienrecht, Rn.)

ders.: Koinzidenz - Zur gegenwärtigen Lage der Unterhaltsrechtsreform, FamRZ 2007, S. 1053 ff.

ders.: Familiäre Solidarität, FamRZ 1997, S. 521 ff

ders.: Familie und Staat, FamRZ 2007, S. 1 ff.

ders.: Handbuch des Scheidungsrechts, 5. Auflage, München 2004 (zit.: Schwab/*Bearbeiter,* Handbuch des Scheidungsrechts, Abschnitt, Rn.)

ders.: Übergangsprobleme der Reform des Zugewinnausgleichs - Zugleich: Die Aufstockung der Kappungsgrenze, FamRZ 2009, S. 1961 ff.

ders.: Zur Reform des Unterhaltsrechts, FamRZ 2005, S. 1417 ff.

Schwarz, Kyrill-A.: Vertrauensschutz als Verfassungsprinzip, Eine Analyse des nationalen Rechts, des Gemeinschaftsrechts und der Beziehungen zwischen beiden Rechtskreisen, Baden-Baden 2002, Habilitationsschrift Göttingen 2001 (zit.: *Schwarz,* Vertrauensschutz, S.)

Schwenzer, Ingeborg: Grundlinien eines modernen Familienrechts aus rechtsvergleichender Sicht, RabelsZ 2006, S. 705 ff.

Sell, Stefan: Kinderbetreuungseinrichtungen in der Bundesrepublik - Angebot und Kosten als Kontextbedingung für das reformierte Unterhaltsrecht, FPR 2009, S. 101 ff.

Selmer, Peter: Diskussionsvotum, VVDStRL Heft 32 (1974), S. 260

Seuffert, Walter: Die Rückwirkung von Steuergesetzen nach Verfassungsrecht, BB 1972, S. 1065

15. Shell Jugendstudie: Jugend 2006, Eine pragmatische Generation unter Druck, Frankfurt 2006, Shell Deutschland Holding (Hrsg.) (zit.: 15. Shell-Jugendstudie, Jugend 2006, S.)

Soyka, Jürgen: Auswirkungen der Unterhaltsreform auf den Kindesunterhalt, FuR 2008, S. 157 ff.

ders.: Die Abänderungsklage im Unterhaltsrecht: Änderung der Verhältnisse - Präklusion - Bindungswirkung - Störung der Geschäftsgrundlage, 2. Auflage, Berlin 2005 (zit.: *Soyka,* Abänderungsklage, S.)

Spangenberg, Ernst: Harmonisierung des Mangels in der Unterhaltsbemessung, FamRZ 2008, S. 1312 ff.

Statistisches Bundesamt: Aktualisierte Tabellen zum Datenreport „Die Familie im Spiegel der amtlichen Statistik" (zit.: *Statistisches Bundesamt,* Aktualisierte Tabellen zum Datenreport „Die Familie im Spiegel der amtlichen Statistik", Tabelle.)

dass.: Statistisches Jahrbuch 2009, Wiesbaden 2009, Statistisches Jahrbuch 2005, Wiesbaden 2005 (zit.: *Statistisches Bundesamt,* Statistisches Jahrbuch 2005/2008, S., Tabelle)

Soergel, Hans Theodor: Bürgerliches Gesetzbuch mit Einführungsgesetz und Nebengesetzen, Band 7, 12. Auflage, Stuttgart 1988 (zit.: Soergel/*Bearbeiter*, §, Rn.)

Staudinger, Julius von: Staudingers Kommentar zum Bürgerlichen Gesetzbuch, Einleitung zu §§ 1297 ff; §§ 1297-1302; Nichteheliche Lebensgemeinschaft (Anhang zu §§ 1297 ff); §§ 1303-1362; 13. Auflage, Berlin 2000 (zit.: Staudinger/*Bearbeiter*, §, Rn.)

Stein, Friedrich/Jonas, Martin: Kommentar zur Zivilprozessordnung, Band 4, §§ 253-327, 22. Auflage, Tübingen 2008 (zit.: Stein/Jonas/*Bearbeiter*, §, Rn.)

Steinberger, Helmut: Sondervotum zum Beschluß des Zweiten Senates vom 15.02.1978, 2 BVL 8/74, BVerfGE 48, S. 23 ff. (zit.: *Steinberger,* BVerfGE 48, 23, genaue Fundstelle)

Stellungnahme der Ständigen Fachkonferenz 3 „Familienrecht und Beistandschaft, Amtsvormundschaft" des Deutschen Institutes für Jugendhilfe und Familienrecht (DIJuF) e.V. vom 7. April 2008, ZKJ 2008, S. 320 f.

Stern, Klaus: Das Staatsrecht der Bundesrepublik Deutschland, Band I, 2. Auflage, München 1984 (zit.: *Stern,* Staatsrecht, Bd. I, S.)

ders.: Zur Problematik rückwirkender Gesetze, Festschrift Maunz (1981) S. 381 ff. (zit.: *Stern,* FS Maunz (1981), 381, genaue Fundstelle)

Stich, Rudolf Franz: Vertrauensschutz im Verwaltungsrecht, Mainz 1955, Diss. jur. Mainz 1954 (zit.: *Stich,* Vertrauensschutz im Verwaltungsrecht, S.)

Strohal, Friedrich: Die Rechtsprechung des BGH zum Unterhaltsrecht in 2007/2008, FPR 2009, S. 87 ff.

Stötzel, Martin: Vertrauensschutz und Gesetzesrückwirkung - Grundtypen abgestufter Vertrauensschutzpositionen, abgeleitet aus der Rückwirkungsrechtsprechung des Bundesverfassungsgerichts, Frankfurt 2002, Diss. jur. Bayreuth 2001 (zit.: *Stötzel,* Vertrauensschutz und Gesetzesrückwirkung, S.)

Stüsser, Jörg: Die Rückwirkung in der Rechtsprechung des Bundesverfassungsgerichts, Jura 1999, S. 545 ff.

Tomfort, Sven/Carlberg, Ulrike: Berechnung des Betreuungsunterhalts im Mangelfall, FPR 2008, S. 526 f.

Thomas, Heinz/Putzo, Hans: Zivilprozessordnung, 29. Auflage, München 2008 (zit.: Thomas/Putzo/*Bearbeiter,* ZPO, § Rn.)

Triebs, Michael: Begrenzung und Befristung des Ehegattenunterhalts nach § 1578b BGB n.F., FPR 2008, S. 31 ff.

Viefhues, Wolfram: Berechnungsprobleme bei § 1578b I BGB, FPR 2008, S. 36 ff.

Viefhues, Wolfram/Mleczko, Klaus: Das neue Unterhaltsrecht 2008, 2. Auflage, Münster 2008 (zit.: Viefhues/Mleczko/*Bearbeiter,* Unterhaltsrecht, Rn.)

dies.: Vorsorge treffen für das neue Unterhaltsrecht, Münster 2006 (zit.: *Viefhues/Mleczko,* Vorsorge treffen, Rn.)

Vierhaus, Hans-Peter: Sachverstand als Vierte Gewalt? NVwZ 1993, S. 36 ff.

Viets, Bodo: Rechtsprechungsänderung und Vertrauensschutz: dargestellt anhand der Rechtsprechung des Bundesarbeitsgerichts, Bern 1976 (zit.: *Viets,* S.)

Vogel, Hans-Jochen: Gewaltenvermischung statt Gewaltenteilung? NJW 1996, S.

Vogel, Klaus: Rechtssicherheit und Rückwirkung zwischen Vernunftrecht und Verfassungsrecht, JZ 1988, S. 833 ff.

Volz, Rainer: Zwischen „Alleinernährer“ und „aktivem Vater“: Wandlungen und Widersprüche männlicher Rollenbilder n Deutschland am Beispiel der Vaterrolle, in: Bundesministerium für Familie, Senioren, Frauen und Jugend, Forschungsreihe Band 3, Dokumentation der Tagung „Eigenverantwortung, private und öffentliche Solidarität – Rollenleitbilder im Familien- und Sozialrecht im europäischen Vergleich, 4.-6.10.2007, Villa Vigoni, Como, Italien, 1. Auflage, Baden-Baden, S. 163 ff. (zit.: *Volz,* S.)

Vossenkämper, Rudolf: Der Kindesunterhalt nach neuem Recht ab 1.1.2008, FamRZ 2008, S. 201 ff.

Wagner, Klaus: Vertrauensschutz bei feststellenden Verwaltungsakten, MDR 1960, S. 546 ff.

Weber, Peter: Eingriffsmöglichkeiten in langfristige Lebensplanung - die Überleitungs-vorschrift des Art. 229 § 17 EGBGB-E, FPR 2005, S. 511 ff

Weber-Dürler, Beatrice: Vertrauensschutz im öffentlichen Recht, Basel, Frankfurt, 1983, Habilitationsschrift Zürich 1983 (zit.: *Weber-Dürler,* Vertrauensschutz, S.)

Weber-Monecke, Beatrice/Schnitzler, Klaus: Neue Rechtsprechung des Bundesgerichtshofs (XII. Senat) zum Familienrecht 2005/2006, Zur Wirksamkeits- und Ausübungskontrolle von Eheverträgen (1. Teil), FF 2007, S. 135 ff.

Weinreich, Gerd/Klein, Michael (Hrsg.): Fachanwaltskommentar Familienrecht - Kompaktkommentar zum Familienrecht, 4. Auflage, Köln 2009 (zit.: Weinreich/Klein/ *Bearbeiter,* § Rn.)

Wellenhofer, Marina: Die Unterhaltsrechtsreform nach dem Urteil des BVerfG zum Betreuungsunterhalt, FamRZ 2007, S. 1282 ff.

dies.: Vierzehn Jahre Negative Härteklausel § 1579 BGB - Eine kritische Bestandsaufnahme, München 1993, Diss. jur. München 1992 (zit.: *Wellenhofer-Klein,* Negative Härteklausel, S.)

Wendl, Philipp/Staudigl, Siegfried: Das Unterhaltsrecht in der familienrichterlichen Praxis, 7. Auflage, München 2008 (zit.: *Wendl/Staudigl,* Rn.)

Werder, Alexander: Dispositionsschutz bei der Änderung von Steuergesetzen zwischen Rückwirkungsverbot und Kontinuitätsgebot, Schriften zum Steuerrecht Band 85, Berlin 2005, Diss. jur. Tübingen 2003 (zit.: *Werder,* S.)

Wever, Reinhardt: Unterhalt bei Betreuung nichtehelicher Kinder - der neu gestaltete § 1615l BGB, FamRZ 2008, S. 553 ff.

Wieczorek, Bernhard: Zivilprozessordnung und Nebengesetze, Band 2 §§ 253-510c, 2. Auflage, Berlin 1976 (zit.: Wieczorek/*Bearbeiter*, ZPO, § Fundstelle.)

Wiegmann, Barbelies: Reform des Ehegattenunterhalts - Wo ist der Handlungsbedarf?, FF 2006, S. 135 ff.

Willutzki, Siegfried: Die geplanten Änderungen im Unterhaltsrecht, ZKJ 2006, S. 334 ff

ders.: Die neue Rangfolge im Unterhaltsrecht - ein Beitrag pro Reform, FPR 2005, S. 505 ff.

ders.: Mehr Gerechtigkeit wagen - Gerade im Familienrecht spielen Generalklauseln für die Rechtsfortbildung durch die Gerichte eine wichtige Rolle, ZRP 2006, S. 197 ff.

Zimmermann, Michael J.: Die Verlängerung des Anspruchs nach § 1615l BGB - Diskussionsstand und Rechtsprechung, FPR 2009, S. 97 ff.

Zöller, Richard: Zivilprozessordnung, 27. Auflage, Köln 2009 (zit.: Zöller/*Bearbeiter,* ZPO, § Rn.)

Internetquellen

Bericht der Bundesregierung 2008 nach § 24a Abs. 3 SGB VIII über den Stand des Ausbaus für ein bedarfsgerechtes Angebot an Kindertagesbetreuung für Kinder unter drei Jahren für das Berichtsjahr 2007; abrufbar unter: http://www.bmfsfj.de/bmfsfj/generator/RedaktionBMFSFJ/Abteilung5/Pdf-Anlagen/tag-bericht,property=pdf,bereich=bmfsfj,sprache=de,rwb=true.pdf;
abgerufen am 10.2.2009

BMFSFJ - Ausbau der Kindertagesbetreuung für unter Dreijährige; abrufbar unter: http://www.bmfsfj.de/bmfsfj/generator/BMFSFJ/Kinder-und-Jugend/kinderbetreuung,did=97458,render=renderPrint.html;
abgerufen am 10.2.2009

Capital.de vom 16.07.2008; abrufbar unter: http://www.capital.de/politik/100006841.html?eid=100003213;
abgerufen am 22.8.2008

Cornelißen, Waltraud (Hrsg.): Gender-Datenreport - 1. Datenreport zur Gleichstellung von Frauen und Männern in der Bundesrepublik Deutschland, 2005, 2. Fassung; abrufbar auch unter: http://www.bmfsfj.de/bmfsfj/generator/Publikationen/genderreport/01-Redaktion/PDF-Anlagen/gesamtdokument,property=pdf,bereich=genderreport,sprache=de,rwb=true.pdf;
abgerufen am 24.9.2008

Gabriele Pauli: Mein persönliches Programm, Von Menschen für Menschen - Beginn einer ganzheitlichen Politik; abrufbar unter: http://www.gabriele-pauli.de/docs/programm_pauli_ 2008.pdf;
abgerufen am 2.6.2009

Kümmerling, Angelika/Jansen, Andreas/Lehndorff, Steffen: IAQ-Report 2008-04, Aktuelle Forschungsergebnisse aus dem Institut Arbeit und Qualifikation, Immer mehr Frauen sind erwerbstätig – aber mit kürzeren Wochenarbeitszeiten; abrufbar unter: http://www.iaq.uni-due.de/iaq-report/2008/report2008-04.pdf;
abgerufen am 30.11.2008

Luef, Christina: Frauen verdienen ein Leben lang weniger, in: Das Online-Familienhandbuch; abrufbar unter: http://www.familienhandbuch.de/cmain/f_Fachbeitrag/a_Familienforschung/s_1773.html;
abgerufen am 7.4.2009

Schwab, Dieter: Stellungnahme zum „Entwurf eines Gesetzes zur Änderung des Unterhaltsrechts" vom 15.6.2006 8BT-Drucksache 16/1830) für die öffentliche Anhörung im Rechtsausschuss des Bundestages am 16.10.2006; abrufbar unter: http://www.bundestag.de/ausschuesse/a06/anhoerungen/05_unterhaltsrecht/04_stn/stellungnahme_prof__schwab.pdf;
abgerufen am 4.4.2008

Spiegel online, „Lohnabstand von Frauen in Deutschland wird größer", 23.2.2009; abrufbar unter: http://www.spiegel.de/wirschaft/0,1518,609256,00.html;
abgerufen am 23.2.2009

Statistisches Bundesamt, Ergebnisse Mikrozensus 2004, Pressebroschüre; abrufbar unter:
http://www.destatis.de/jetspeed/portal/cms/Sites/destatis/Internet/DE/Presse/pk/2005/Mikrozensus/Pressebroschuere__Mikrozensus2004,property=file.pdf;
abgerufen am 10.2.2009

Statistisches Bundesamt, Familienland Deutschland, Pressemitteilung Nr. 264 des Statistischen Bundesamtes vom 22.07.2008; abrufbar unter:
http://www.destatis.de/jetspeed/portal/cms/Sites/destatis/Internet/DE/Presse/pk/2008/Familienland/Familienland__Uebersicht,templateId=renderPrint.psml#Wechsel%20zur%20Pressekonferenz.;
abgerufen am 23.11.2008

Studien zum deutschen und internationalen Familien- und Erbrecht

Herausgegeben von Martin Lipp, Christoph Benicke
und Marina Wellenhofer

Band 1 Jessica Kriewald: Statusrelevante Erklärungen des Familienrechts. 2009.

Band 2 Martin Gilbert: Unmoralische Angebote, Grundrechtskitsch und die kalte Hand des Erblassers. 2009.

Band 3 Anja Vellmer: Religiöse Kindererziehung und religiös begründete Konflikte in der Familie. Eine rechtsübergreifende Darstellung familiärer religiöser Konflikte und der staatlichen Instrumentarien zu ihrer Lösung. 2010.

Band 4 Uta Heidenreich: Auskunfts- und Wertermittlungsansprüche des Pflichtteilsberechtigten. 2010.

Band 5 Ulla Möhn: Vertrauensschutz im intertemporalen Scheidungsunterhaltsrecht. Zugleich eine Analyse des § 36 Nr. 1 EGZPO. 2010.

www.peterlang.de

Peter Lang · Internationaler Verlag der Wissenschaften

Ioannis Lymperidis

Der nacheheliche Unterhalt de lege lata und de lege ferenda

Ein Vorschlag zur Durchsetzung von mehr Eigenverantwortung der Ehepartner nach Beendigung der Ehe

Frankfurt am Main, Berlin, Bern, Bruxelles, New York, Oxford, Wien, 2009. 217 S.
Europäische Hochschulschriften: Reihe 2, Rechtswissenschaft. Bd. 4831
ISBN 978-3-631-58307-4 · br. € 39,–*

In seiner Arbeit untersucht der Autor den nachehelichen Unterhalt. Die Fragen nach der Legitimation für nacheheliche Unterhaltsansprüche und Sinn und Zweck von Unterhaltsleistungen nach Scheidung der Ehe führen ihn im Ergebnis zu einer Neugestaltung des nachehelichen Unterhaltsrechts. Der Gesetzgeber hat durch die Unterhaltsrechtsreform vom 01.01.2008 zu erkennen gegeben, dass er grundsätzlich die gleiche Auffassung vertritt. Doch das Mehr an Eigenverantwortung, das die Reform vorsieht, ist dem Autor nicht weitreichend genug. Seine Vorschläge zur Eingrenzung der Höhe und der Länge von nachehelichen Unterhaltsansprüchen gehen weiter.

Aus dem Inhalt: Abriss über die Geschichte des nachehelichen Unterhalts · Legitimation für Unterhaltsansprüche nach Scheidung · Darstellung der Unterhaltsrechtsreform · Sinn und Zweck von nachehelichem Unterhalt · Möglichkeiten einer Neugestaltung des nachehelichen Unterhaltsrechts